〔第2版〕
仮処分等を活用した反社会的勢力対応の実務と書式
－相談・受任から訴訟までの実践対策－

埼玉弁護士会民事介入暴力対策委員会 編

発行 民事法研究会

第2版はしがき

　平成24年の初版出版から早いもので7年が経過しました。初版出版後、全国の弁護士の皆さんのみならず、裁判所関係者や行政担当者の方々からも大変好評をいただき、このたび第2版の発行に至りました。長年にわたり埼玉弁護士会民事介入暴力対策委員会で地道に培ってきた経験が皆さまの実務のお役に立てていると思うと、望外の幸せです。

　今回の第2版に際しては、民事介入暴力対策をめぐるトレンドの変化を反映させるよう心がけました。具体的には、最近は事例として減ってきている街宣禁止の仮処分のウエイトを落とし、近時のトピックである組事務所の使用差止め（明渡し）を中心に据えました。区分所有法に基づく反社会的勢力の排除、適格団体訴訟、行政機関を債権者とする組事務所使用差止めなど最近の事例を積極に取り入れています。

　また、本書の『仮処分等を活用した反社会的勢力対応の実務と書式』というタイトルに違わず、平成24年暴対法改正により導入された適格団体訴訟、平成25年通達発出後の属性照会、近時重要な判例が頻出している暴排条項の解釈に関する事例を踏まえ、書式と解説を豊富に掲載しています。もちろん、初版出版の時からの基本コンセプトである「民事介入暴力対策の初心者にもわかりやすくかつ実用的である」という点から外れることなく、相談、受任対応から、仮処分一般論、本訴まで、本書を一通り読めば理解できるように工夫しました。

　反社会的勢力に対する取締りが一層厳しくなる中、彼らの活動は形を変えて今もなお私たちの社会を脅かし続けています。初版からさらにアップデートされた本書が、多くの関係者の皆さまのバイブルとなり、1人でも多くの市民を守るための武器となれば幸いです。

　最後になりましたが、多忙の中、本書の改訂作業にご尽力いただいた民事介入暴力対策委員会に所属する弁護士の方々、および本書の編集作業を担当していただいた民事法研究会の田口信義氏、松下寿美子氏に感謝を申し上げる次第です。

　　令和元年7月吉日

埼玉弁護士会
元会長　松　本　輝　夫

刊行にあたって

　本書は、平成22年11月に日本弁護士連合会、埼玉弁護士会、埼玉県警本部、埼玉県暴力追放・薬物乱用防止センター等の主催で行われた、第73回民事介入暴力対策埼玉大会協議会（テーマ「反社会的勢力による不当要求行為の実態と対策～仮処分を中心として」）の協議会資料に加筆・修正を加え、一般書籍として再編したものです。

　ご存じのとおり、すでに全国で暴力団排除条例が施行され、暴力団をはじめとする反社会的行為者への取締りは厳しくなっています。しかし、彼らは今もなお手口を巧妙に変容させながら活発に活動しています。本書のテーマである不当要求行為も、昔の「みかじめ料」のような明らかなものから、一見権利行使のような態様をとった非常に巧妙なものに変化しているのです。

　本書は、そうした新しい不当要求行為に対応するために必要な理論面の考察を行ったうえ、全国で実際にあった事件を基にしたケースを多数掲載し、最近の不当要求行為のやり口を紹介し、対応策を具体的に紹介しています。反社会的行為と闘う弁護士はもちろん、不当要求行為に曝されうる企業担当者、個人経営者および一般市民の皆さんにもお役に立つ内容であると自負しています。

　実は私自身、上記民事介入暴力対策埼玉大会の実行委員長を務めさせていただいたこともあり、本書の基となった協議会資料作成の際は、民事介入暴力対策委員会のメンバーと共に執筆・編集を行いました。約１年の準備期間、数時間にも及ぶ会議を何度も行い、目次の順序から執筆内容の適否まで繰り返し検討しました。とりわけ、真夏の熊谷（日本一の暑さで有名）のホテルで行った２泊３日に及ぶ編集合宿は、辛くも楽しい経験でした。そのようなわけで、個人的にも本書には強い思い入れがありますので、多くの皆様に活用していただければ心からうれしく思います。

　最後になりますが、本書刊行にあたり、共に執筆・編集作業を行った埼玉弁護士会民事介入暴力対策会委員各位、書籍化にあたり編集作業を行った同委員会編集部会委員各位、事務作業を手伝った埼玉弁護士会事務局職員、そ

れに出版の労をとってくださった民事法研究会の関係者の皆様に深く感謝申し上げます。

　平成24年3月

　　　　　　　　　　　　埼玉弁護士会
　　　　　　　　　　　　　　会長　松　本　輝　夫

『仮処分等を活用した反社会的勢力対応の実務と書式〔第2版〕』

目　次

第1部　基礎理論編

第1章　反社会的勢力の最近の動向および把握 …… 2

Ⅰ　反社会的勢力排除の法規制等 …… 2
　1　はじめに …… 2
　2　暴力団対策法の制定・施行 …… 2
　3　平成19年政府指針の公表 …… 3
　4　暴力団排除条例の制定 …… 4
　5　まとめ …… 4
Ⅱ　反社会的勢力に関連する用語の定義 …… 4
　1　暴力団対策法 …… 5
　2　平成19年政府指針 …… 5
　　(1)　反社会的勢力 …… 5
　　(2)　属性要件 …… 6
　　(3)　行為要件 …… 6
　　〔表1〕　行為要件を根拠に買い取る場合の具体的な事例 …… 7
Ⅲ　反社会的勢力の動向 …… 10
　1　非公然化・不透明化 …… 10
　2　属性把握の問題 …… 10
　　(1)　反社会的勢力該当性の判断 …… 10
　　(2)　裁判例 …… 10
　　コラム　暴力団員性 …… 11
　　コラム　準暴力団 …… 12

第2章　反社事件と受任後の対応……13

- Ⅰ　属性照会が必要な理由……13
  - 1　反社会的勢力該当性が必要な理由……13
  - 2　反社勢力の不透明性……13
  - 3　業界による反社チェック体制の構築……14
  - 4　警察に対する照会……15
- Ⅱ　警察に対する属性照会……15
  - 1　警察に対する属性照会の根拠……15
  - 2　警察に対して属性照会できる場合とその範囲……16
  - 3　実際の運用……17
  - 4　警察に対する属性照会の方法……17
    - (1)　照会の要件の確認と資料化……17
    - (2)　対象者情報の特定……17
    - (3)　警察への照会……18
    - (4)　回答を受ける……18
  - 5　弁護士会照会による場合……18
    - (1)　警察への属性照会……18
    - (2)　事前照会の重要性……18
    - (3)　弁護士会照会の申出書の記載例……19
    - 【書式例1】　相手方が反社会的勢力に属することを理由に暴排条項に基づき建物明渡しを求める場合……19
    - 【書式例2】　組長に対する適格団体訴訟（暴対法31条の2）を提起する場合……20
    - 〔参考資料1〕　暴力団排除等のための部外への情報提供について……20
- Ⅲ　法人の反社会的勢力該当性……27
  - 1　反社会的勢力該当性に関する公表情報……27
  - 2　警察に対する属性照会……27
  - 3　公表情報や属性照会では情報が得られない場合……28

(1)　取引に入る段階での検討・取引を開始した後での検討……………28
　(2)　訴訟の場での検討………………………………………………………30

第3章　反社会的勢力に対する受任通知……32

Ⅰ　はじめに………………………………………………………………………32
Ⅱ　受任通知の方法……………………………………………………………32
　1　住所が判明している場合…………………………………………………32
　2　住所が不明の場合…………………………………………………………33
Ⅲ　受任通知の内容……………………………………………………………33
　1　記載内容……………………………………………………………………33
　2　文　体………………………………………………………………………33
　3　落ち度に関する記載………………………………………………………34
Ⅳ　「民暴委員会」の肩書きを付すること…………………………………34
Ⅴ　依頼者への指導……………………………………………………………34
　1　連絡を受けた場合の対応…………………………………………………34
　2　不当要求を断固拒絶すること……………………………………………35
　3　事案をもとにした通知書の記載例………………………………………35
　　【書式例3】　通知書（内容証明郵便）──組との関係解消事案……35
　　【書式例4】　通知書（内容証明郵便）──慰謝料不当請求事案……36

第4章　仮処分制度の利用……39

Ⅰ　仮処分とは……………………………………………………………………39
Ⅱ　仮処分の主な内容…………………………………………………………39
Ⅲ　仮処分のメリット…………………………………………………………39

第5章　街宣、面談禁止の仮処分……41

Ⅰ　仮処分を検討する必要性…………………………………………………41

目　次

Ⅱ　概　説…………………………………………………………41
　1　類　型……………………………………………………41
　2　被保全権利………………………………………………42
　　(1)　被保全権利を何にするか…………………………42
　　(2)　保全の必要性に関する問題点……………………43
Ⅲ　債務者審尋の問題点…………………………………………46
　1　債務者審尋の必要性……………………………………46
　　(1)　はじめに……………………………………………46
　　(2)　無審尋での発令……………………………………47
　　(3)　債務者審尋のメリット……………………………48
　　(4)　債務者審尋のデメリット…………………………48
　　(5)　無審尋の事例………………………………………49
　　(6)　まとめ………………………………………………49
　2　債務者審尋を経た場合の解決方法（和解事案）……50
　　(1)　和解事例の紹介……………………………………50
　　(2)　和解のメリット・デメリット……………………50
　　(3)　まとめ………………………………………………51
Ⅳ　主文および供託金……………………………………………51
　1　主　文……………………………………………………51
　　(1)　主文例………………………………………………51
　　(2)　主文に関する考察…………………………………51
　2　保証金（街宣禁止の仮処分に限定）…………………53
　3　その他……………………………………………………54
　　(1)　債務者無審尋で決定が出されたケース…………54
　　(2)　期間等を制限したケース…………………………54
　　(3)　和解により解決したケース………………………54
　　〔表2〕　仮処分の主文例アンケート調査結果………54
Ⅴ　疎明の方法……………………………………………………66
　1　はじめに…………………………………………………66
　2　当事者を特定するための方法…………………………66

(1)　基本的な考え方………………………………………………66
　　　(2)　具体的な資料…………………………………………………66
　　3　不当要求行為の立証方法…………………………………………69
　　　(1)　街宣現場における証拠収集…………………………………69
　　　〔表3〕　街宣行為対策チェックリスト例……………………70
　　　(2)　不当要求行為に関する資料作成……………………………71
Ⅵ　その他の問題……………………………………………………………72
　　1　間接強制………………………………………………………………72
　　2　仮処分破り……………………………………………………………72

第6章　占有移転禁止の仮処分 ……………73

Ⅰ　概　説………………………………………………………………………73
　　1　占有移転禁止の仮処分とは………………………………………73
　　2　占有移転禁止の仮処分が必要な理由……………………………73
　　3　占有移転禁止の仮処分の3類型…………………………………74
　　　(1)　債務者使用型の場合…………………………………………74
　　　(2)　債権者使用型・執行官保管型の場合………………………74
Ⅱ　占有移転禁止の仮処分の申立ての準備と書式……………………75
　　1　疎明資料の収集………………………………………………………75
　　2　申立てにあたって準備すべき一般的な書類……………………75
　　　(1)　委任状…………………………………………………………75
　　　(2)　法人の当事者(債権者・債務者)がいる場合──登記事項証明書…75
　　　(3)　不動産登記事項証明書・ブルーマップの写し、固定資産税評
　　　　　価証明書・物件の図面………………………………………75
　　　(4)　目　録…………………………………………………………76
　　3　申立ておよび債権者審尋等………………………………………76
　　　(1)　提出書類………………………………………………………76
　　　(2)　債権者審尋日時の決定………………………………………76
　　　(3)　債権者審尋時の持参資料……………………………………76

	(4) 担保の供託	76
	4 担保の提供	77
	(1) 供託所	77
	(2) 供託書の作成	77
Ⅲ	当事者（占有者の特定）	77
	1 債務者となる者	77
	2 債務者不特定の場合	77
Ⅳ	被保全権利	78
Ⅴ	保全の必要性	78
Ⅵ	保全命令	79
	1 申立て	79
	2 審理の方式	79
	3 担保金額の決定	79
	4 保全命令の決定	80
Ⅶ	保全執行の申立てと準備	80
	1 保全執行の申立て	80
	(1) 執行官に対する申立て	80
	(2) 管　轄	81
	(3) 記載事項・添付書類	81
	(4) 予納金等	81
	(5) 解錠の準備	81
	2 執行官との情報共有	81
Ⅷ	保全執行	82
	1 弁護士の立会い	82
	2 執行の流れ	82
	3 執行不能の場合	83
	4 立会いと立入り	83
Ⅸ	仮処分後の対応	84
	1 仮処分後の強制執行	84
	2 和解時の注意	84

【書式例5】　保全命令申立書⋯⋯⋯⋯⋯⋯⋯⋯⋯⋯⋯⋯⋯⋯⋯⋯86
　　【書式例6】　仮処分の供託書⋯⋯⋯⋯⋯⋯⋯⋯⋯⋯⋯⋯⋯⋯⋯⋯89
　　【書式例7】　保全命令決定書⋯⋯⋯⋯⋯⋯⋯⋯⋯⋯⋯⋯⋯⋯⋯⋯90
　　【書式例8】　保全執行申立書⋯⋯⋯⋯⋯⋯⋯⋯⋯⋯⋯⋯⋯⋯⋯⋯91
　　【書式例9】　執行調書⋯⋯⋯⋯⋯⋯⋯⋯⋯⋯⋯⋯⋯⋯⋯⋯⋯⋯⋯92
　　【書式例10】　公示書⋯⋯⋯⋯⋯⋯⋯⋯⋯⋯⋯⋯⋯⋯⋯⋯⋯⋯⋯95
　　【書式例11】　担保取消同意書⋯⋯⋯⋯⋯⋯⋯⋯⋯⋯⋯⋯⋯⋯⋯95
　　【書式例12】　所有権放棄書⋯⋯⋯⋯⋯⋯⋯⋯⋯⋯⋯⋯⋯⋯⋯⋯96
　　コラム　占有者の調査⋯⋯⋯⋯⋯⋯⋯⋯⋯⋯⋯⋯⋯⋯⋯⋯⋯⋯⋯97
　　コラム　事前の解除の必要性⋯⋯⋯⋯⋯⋯⋯⋯⋯⋯⋯⋯⋯⋯⋯⋯98
　　コラム　解　除⋯⋯⋯⋯⋯⋯⋯⋯⋯⋯⋯⋯⋯⋯⋯⋯⋯⋯⋯⋯⋯99

第7章　暴力団事務所の使用差止めの仮処分⋯⋯101

Ⅰ　仮処分の必要性⋯⋯⋯⋯⋯⋯⋯⋯⋯⋯⋯⋯⋯⋯⋯⋯⋯⋯⋯⋯⋯101
Ⅱ　暴力団事務所使用差止めの仮処分の概要⋯⋯⋯⋯⋯⋯⋯⋯⋯⋯102
　1　実体的要件⋯⋯⋯⋯⋯⋯⋯⋯⋯⋯⋯⋯⋯⋯⋯⋯⋯⋯⋯⋯⋯⋯102
　2　被保全権利の内容と疎明⋯⋯⋯⋯⋯⋯⋯⋯⋯⋯⋯⋯⋯⋯⋯⋯102
　　(1)　被保全権利の内容⋯⋯⋯⋯⋯⋯⋯⋯⋯⋯⋯⋯⋯⋯⋯⋯⋯⋯102
　　(2)　疎明（民保13条2項）⋯⋯⋯⋯⋯⋯⋯⋯⋯⋯⋯⋯⋯⋯⋯⋯102
　3　保全の必要性と疎明⋯⋯⋯⋯⋯⋯⋯⋯⋯⋯⋯⋯⋯⋯⋯⋯⋯⋯103
Ⅲ　債権者適格⋯⋯⋯⋯⋯⋯⋯⋯⋯⋯⋯⋯⋯⋯⋯⋯⋯⋯⋯⋯⋯⋯103
　1　自然人が申立人となる場合⋯⋯⋯⋯⋯⋯⋯⋯⋯⋯⋯⋯⋯⋯⋯103
　2　法人が債権者となる場合⋯⋯⋯⋯⋯⋯⋯⋯⋯⋯⋯⋯⋯⋯⋯⋯104
　3　地方公共団体が債権者となる場合⋯⋯⋯⋯⋯⋯⋯⋯⋯⋯⋯⋯105
　　(1)　水戸市の事例⋯⋯⋯⋯⋯⋯⋯⋯⋯⋯⋯⋯⋯⋯⋯⋯⋯⋯⋯⋯105
　　(2)　京都市の事例⋯⋯⋯⋯⋯⋯⋯⋯⋯⋯⋯⋯⋯⋯⋯⋯⋯⋯⋯⋯105
　4　適格団体訴訟の利用⋯⋯⋯⋯⋯⋯⋯⋯⋯⋯⋯⋯⋯⋯⋯⋯⋯⋯106
Ⅳ　債務者適格⋯⋯⋯⋯⋯⋯⋯⋯⋯⋯⋯⋯⋯⋯⋯⋯⋯⋯⋯⋯⋯⋯106

1　組事務所の所有者が組長等の場合……………………………106
　　2　組事務所の所有者が暴力団に建物を使用させている場合…………106
　　3　参考判例……………………………………………………107
　　　(1)　執行官保管等仮処分申立事件（秋田地決平成3・4・18判時1395号133頁）……………………………………………107
　　　(2)　建物使用目的制限等請求事件（大阪地堺支判平成4・5・7判時1452号87頁）……………………………………………108
　　　コラム　地方公共団体が債権者の事例……………………………109

第8章　区分所有法に基づく暴力団事務所の排除……110

Ⅰ　はじめに……………………………………………………110
Ⅱ　区分所有法57条から60条の各種請求……………………111
　1　共同の利益に反する行為の停止等の請求（区分所有法57条）………111
　　(1)　概　要………………………………………………………111
　　(2)　手続的要件…………………………………………………111
　　(3)　実体的要件…………………………………………………112
　　(4)　効　果………………………………………………………112
　2　専有部分の使用禁止の請求（区分所有法58条）………………112
　　(1)　概　要………………………………………………………112
　　(2)　手続的要件…………………………………………………113
　　(3)　実体的要件…………………………………………………113
　　(4)　効　果………………………………………………………113
　3　競売の請求（区分所有法59条）………………………………114
　　(1)　概　要………………………………………………………114
　　(2)　手続的要件…………………………………………………114
　　(3)　実体的要件…………………………………………………115
　　(4)　効　果………………………………………………………115
　4　賃借人などの占有者に対する契約の解除・引渡請求（区分所有

　　　　法60条）……………………………………………………………116
　　　(1)　概　　要……………………………………………………………116
　　　(2)　手続的要件…………………………………………………………116
　　　(3)　実体的要件…………………………………………………………116
　　　(4)　効　　果……………………………………………………………116
　Ⅲ　仮処分の活用……………………………………………………………117
　　1　はじめに………………………………………………………………117
　　2　処分禁止の仮処分の必要性…………………………………………117
　Ⅳ　実務上の留意点…………………………………………………………120
　　1　理事会・住民との連携………………………………………………120
　　　(1)　住民の理解が得られるよう努めること…………………………120
　　　(2)　請求主体を誰にするか……………………………………………121
　　　(3)　相手方への弁明の機会の付与……………………………………121
　　2　警察・暴追センターとの連携………………………………………122
　Ⅴ　具体的な対応……………………………………………………………122
　　1　暴力団組長が区分所有者であり、当該組の暴力団事務所として
　　　使用されている場合…………………………………………………122
　　2　暴力団組長の妻、関連会社、組員などの反社会的勢力が区分所
　　　有権者であり、暴力団組長が占有者として、暴力団事務所とし
　　　て使用されている場合………………………………………………123
　　3　暴力団関係者等ではない第三者が区分所有者であり、暴力団組
　　　長が占有者として暴力団組事務所に賃借されている場合…………123
　　4　すでに暴力団事務所として使用されておらず空室となっている
　　　場合の区分所有法57条ないし60条の各請求の可否…………………124
　　【書式例13】　総会通知書（マンション管理組合）……………125
　　【書式例14】　建物の区分所有等に関する法律44条2項に基づく
　　　　　　　　　掲示……………………………………………………126
　　【書式例15】　訴状（区分所有権等競売請求事件）………………127
　　〔記載例1〕　法58条の場合の請求の趣旨…………………………131
　　〔記載例2〕　法60条の場合の請求の趣旨…………………………131

第9章　適格団体訴訟 …………………………………………… 132

- I　適格団体訴訟とは ……………………………………………… 132
- II　適格団体訴訟制度の概観 ……………………………………… 133
- III　住民に対する説明と協議 ……………………………………… 133
- IV　委託者である住民の特定の方法 ……………………………… 134
- V　訴訟費用・弁護士費用の負担の問題 ………………………… 135
- VI　指定暴力団員以外の者に対する請求の訴訟追行権限 ……… 136
- VII　法的手続の係属中に指定暴力団員がその地位を失った場合 …… 138
- VIII　適格団体訴訟の今後の拡充 …………………………………… 139
    - 【書式例16】　暴力団事務所としての使用差止仮処分命令申立書 … 139
    - 【書式例17】　上申書（無審尋） ……………………………… 155
    - 【書式例18】　上申書（無担保） ……………………………… 157
    - 【書式例19】　上申書（個人情報の取扱い） ………………… 159
    - 【書式例20】　授権書（原本） ………………………………… 164
    - 【書式例21】　授権書（提出用） ……………………………… 165

第10章　暴力団事務所の使用差止めにおける請求（申立て）の趣旨 …………………… 167

- I　請求（申立て）の趣旨の典型 ………………………………… 167
    - 1　暴力団事務所としての使用禁止 ………………………… 167
    - 2　暴力団事務所として使用された結果の除去 …………… 167
    - 3　暴力団組長の立入禁止 …………………………………… 168
    - 4　判例紹介 …………………………………………………… 168
- II　仮処分における執行官保管 …………………………………… 169

第11章　仮処分後の対応（本案訴訟等） ………… 170

- I　保全命令の送達 ………………………………………………… 170

目 次

Ⅱ 本案訴訟……………………………………………………………171
　1 訴訟提起するか否かの見極め………………………………171
　　(1) 事案別の検討…………………………………………………171
　　(2) 担保の取戻し…………………………………………………171
　2 請求内容の検討………………………………………………172
　　(1) 差止請求等……………………………………………………172
　　(2) 明渡請求等……………………………………………………172
　　(3) 損害賠償請求…………………………………………………173
　　(4) 確認請求………………………………………………………173
　　(5) その他…………………………………………………………173
Ⅲ 強制執行手続………………………………………………………173
　1 意　義…………………………………………………………173
　2 直接強制………………………………………………………174
　3 代替執行（民執171条）………………………………………174
　4 間接強制（民執172条）………………………………………174
　コラム 事例紹介……………………………………………………175
Ⅳ 具体的事案からの検討……………………………………………176
　1 はじめに………………………………………………………176
　2 事例紹介………………………………………………………177
　〈事例1〉 暴力団の報復行為事例…………………………………177
　　(1) 事案の概要……………………………………………………177
　　(2) 法的対応………………………………………………………177
　　(3) 本事案の特色…………………………………………………179
　　(4) 反省点…………………………………………………………180
　〈事例2〉 同和団体を名乗る者による違法街宣、ビラまき、面談強要……………………………………………………………180
　　(1) 事案の概要……………………………………………………180
　　(2) 法的対応………………………………………………………181
　　(3) 本事案の特色…………………………………………………181

14

第12章　暴力団排除条項 …………………………………182

- Ⅰ　暴力団排除条項とは ………………………………………182
- Ⅱ　暴力団排除条項を規定する必要性と機能 ………………182
  - 1　必要性 …………………………………………………………182
  - 2　機　能 …………………………………………………………183
    - (1)　契約解除等の根拠 …………………………………………183
    - (2)　反社会的勢力との関係遮断に向けた交渉ツール …………183
    - (3)　反社会的勢力への牽制 ……………………………………183
    - (4)　コンプライアンス宣言 ……………………………………183
- Ⅲ　暴力団排除条項の具体例 …………………………………184
  - 1　全国銀行協会 …………………………………………………184
    - 〔参考資料2〕　銀行取引約定書に盛り込む暴力団排除条項参考例
      （一部改正）……………………………………………184
  - 2　不動産業界 ……………………………………………………185
    - 〔参考資料3〕　不動産売買契約書に盛り込む暴力団排除条項の参
      考例 ……………………………………………………185
- Ⅳ　暴力団排除条項の適用 ……………………………………187
  - 1　属性要件と行為要件 …………………………………………187
  - 2　適用の判断根拠 ………………………………………………187
    - (1)　自力での情報収集 …………………………………………188
    - (2)　暴力団追放運動推進センターからの情報収集 …………188
    - (3)　警察からの情報収集 ………………………………………188
- Ⅴ　暴力団排除条項がない場合の対応 ………………………188
  - 1　暴力団排除条項の追加または誓約書の徴求 ………………188
  - 2　暴力団等反社会的勢力との関係遮断 ………………………189
    - (1)　はじめに ……………………………………………………189
    - (2)　既存の契約条項に基づく解消 ……………………………189
    - (3)　錯誤・詐欺（民法95条・96条）…………………………189
    - (4)　公序良俗違反（民法90条）………………………………190

目 次

　　(5) 法定解除（民法541条等） ································ 190
　　(6) 期間満了時の解消 ·· 190
Ⅵ　暴力団排除条項の有効性について ······························ 191
　1　問題の所在 ·· 191
　2　市営住宅の明渡請求 ·· 191
　　(1) 事案の概要 ·· 191
　　(2) 判決の内容 ·· 192
　　(3) コメント ·· 192
　3　預金契約解約 ·· 193
　　(1) 事案の概要 ·· 193
　　(2) 判　　決 ·· 193
　　(3) コメント ·· 194
　4　保険契約解約 ·· 194
　　(1) 事案の概要 ·· 194
　　(2) 判　　示 ·· 195
　　(3) コメント ·· 195
　5　考　　察 ·· 196

第13章　暴力団排除条例 ·· 197

Ⅰ　はじめに ·· 197
Ⅱ　暴排条例の内容および規制 ···································· 197
　1　条例の構造 ·· 197
　2　利益供与の規制 ·· 198
　3　暴力団事務所の規制 ·· 198
Ⅲ　暴力団排除特別強化地域 ······································ 199
　1　規制の対象 ·· 199
　2　規制の内容 ·· 199
Ⅳ　暴力団排除特別強化地域を設けた暴力団排除条例の具体例
　　と比較 ·· 200

	1	暴力団特別強化地域における事業者に対する規制··············200
	2	暴力団排除特別強化地域における暴力団員に対する規制··········203

第14章　告訴・告発、中止命令等の方法による対応·······205

I　告訴・告発の活用、警察との連携············205
II　中止命令等の暴力団対策法の活用············206
1　はじめに············206
2　中止命令等の対象となる行為············206
3　中止命令等の発出を促す方法············207
【書式例22】　中止命令申立書（暴対法9条19号）············207
III　暴力団代表者等に対する損害賠償請求············209

第15章　組長訴訟·······210

I　暴力団代表者等の責任とは············210
1　暴力団対策法31条の2の導入············210
2　暴力団対策法31条の2の意義············210
3　暴力団対策法31条の2の要件············211
II　暴力団対策法31条の2の運用状況············212
1　これまでの裁判例············212
〔参考資料4〕　暴力団対策法31条の2を根拠とする訴訟事件······213
2　暴力団対策法31条の2への期待および展望············220

目 次

第2部　実践編

序章　第2部の狙いと活用の仕方 …………224

第1章　内容証明郵便を活用した対応 …………225

〈事例1〉　組抜け事案に対し、中止命令により解決された事例………… 225
　【書式例1】　通知書（内容証明郵便）………………………… 225
〈事例2〉　ホームレス自立支援施設が被害者となり、内容証明郵便の
　　　　　送付により解決した事例…………………………………… 227
　【書式例2】　警告書（内容証明郵便）………………………… 227
〈事例3〉　暴力団員の元妻との肉体関係をネタに脅された事例………… 230
　【書式例3】　通知書（内容証明郵便）………………………… 230
〈事例4〉　行政対象暴力に対して警察から相談を受け、内証証明郵便
　　　　　の送付等により解決した事例…………………………… 233
　【書式例4】　通知書（内容証明郵便）………………………… 233
　【書式例5】　告発状（職務強要罪）…………………………… 234

第2章　仮処分の申立てによる対応 …………237

第1節　街宣行為差止めの仮処分 ……………………………………… 237
〈事例1〉　交通事故の示談交渉中の弁護士事務所に対する街宣活動の
　　　　　事例………………………………………………………… 237
　【書式例6】　仮処分命令申立書…………………………………… 237
　〔参考資料1〕　仮処分決定……………………………………… 244
〈事例2〉　ブラックジャーナルが公的団体に街宣をかけた事例……… 246
　【書式例7】　仮処分命令申立書…………………………………… 246
〈事例3〉　自転車ハンドマイクによる街宣活動がなされた事例……… 250

18

【書式例8】　仮処分命令申立書……………………………………250
〈事例4〉　市長選が街宣で妨害されようとした事例………………………258
　　　【書式例9】　仮処分命令申立書……………………………………259
　　　〔参考資料2〕　仮処分決定………………………………………264
〈事例5〉　公共団体の入札行為に対し談合だと因縁をつけて建設会社
　　　　　を街宣した事例……………………………………………………266
　　　【書式例10】　仮処分命令申立書……………………………………266
〈事例6〉　騒音防止条例も利用して仮処分申立てがなされている事例…272
　　　【書式例11】　街宣等禁止仮処分命令申立書………………………272
　　　【書式例12】　債務者への連絡文書……………………………………278
　　　〔参考資料3〕　審尋調書（和解）………………………………279
〈事例7〉　裁判所の予想外の対応に苦慮した事例…………………………282
　　　【書式例13】　街宣禁止等仮処分命令申立書………………………283
第2節　迷惑電話架電禁止、面接強要禁止、立入禁止等の仮処分…291
〈事例8〉　日本弁護士連合会に対し迷惑電話・面接強要がなされた
　　　　　事例……………………………………………………………………291
　　　【書式例14】　仮処分命令申立書……………………………………292
　　　〔参考資料4〕　仮処分決定………………………………………298
〈事例9〉　暴力団関連の団体により公共事業に関して街宣をかけられ
　　　　　そうになった事例………………………………………………299
　　　【書式例15】　仮処分命令申立書……………………………………300
〈事例10〉　会社の支配権争いに端を発して、会社建物への立入禁止等
　　　　　仮処分命令が申し立てられた事例……………………………308
　　　【書式例16】　立入禁止等仮処分命令申立書………………………308
　　　【書式例17】　告訴状……………………………………………………313
〈事例11〉　医療行為についてなされた脅迫に対して面会強要禁止の仮
　　　　　処分がなされた事例………………………………………………316
　　　【書式例18】　面会等禁止仮処分申立書……………………………316
第3節　その他の迷惑行為・不当行為禁止の仮処分………………………321
〈事例12〉　公的施設に常軌を逸した脅迫をした一般人の事例……………321

【書式例19】　面談強要禁止等仮処分命令申立書……………………… 321
　　　〔参考資料５〕　仮処分決定……………………………………………… 324
〈事例13〉　自治会主催の行事に対する業務妨害の事例………………… 326
　　　【書式例20】　仮処分命令申立書………………………………………… 326

第３章　訴訟等の活用による対応 …………… 333

〈事例１〉　勤務先である市役所に街宣をかけられた公務員の事例……… 333
　　　【書式例21】　訴状（街宣活動等禁止請求）…………………………… 333
　　　〔参考資料６〕　判決文①（原審）……………………………………… 341
　　　〔参考資料７〕　判決文②（控訴審）…………………………………… 349
〈事例２〉　県下全域にわたる街宣行為等の禁止をめぐり、仮処分・間
　　　　　　接強制・事実到来執行文付与・強制競売まで至った事例…… 353
　　　【書式例22】　仮処分命令申立書………………………………………… 353
　　　〔参考資料８〕　仮処分決定……………………………………………… 361
　　　【書式例23】　間接強制決定の申立書…………………………………… 362
　　　〔参考資料９〕　決定（間接強制）……………………………………… 366
　　　【書式例24】　事実到来執行文付与の申立書…………………………… 368
　　　【書式例25】　強制競売申立書…………………………………………… 369
　　　〔参考資料10〕　強制競売開始決定……………………………………… 371
〈事例３〉　現町長が街宣され、自宅に車を突入された事例……………… 374
　　　【書式例26】　証拠保全申立書…………………………………………… 374
　　　〔参考資料11〕　証拠保全決定…………………………………………… 383
　　　〔参考資料12〕　判決文（損害賠償等請求事件）……………………… 383
　　　【書式例27】　謝罪広告掲載命令申立書………………………………… 399
　　　〔参考資料13〕　決定文（謝罪広告）…………………………………… 400
〈事例４〉　電柱撤去工事に対する妨害を仮処分等により排除した事例… 402
　　　【書式例28】　工事妨害禁止仮処分命令申立書………………………… 402
　　　〔参考資料14〕　決定文①（工事妨害禁止仮処分申立て）…………… 410
　　　〔参考資料15〕　決定文②（工事妨害禁止仮処分異議申立て）……… 412

【書式例29】　訴状（工事妨害行為差止請求）……………………………414
　　〔参考資料16〕　判決文（工事妨害行為差止請求）…………………………419
〈事例5〉　学校法人に対する街宣行為に対し、差止請求訴訟を起こし
　　　　　　認容された事例………………………………………………………424
　　〔参考資料17〕　判決文（街宣差止め等請求）………………………………424

第4章　その他の方法による対応……………………430

〈事例1〉　会社の支配権争いに関する訴訟中になされた暴行事件に対
　　　　　　して告訴した事例……………………………………………………430
　　【書式例30】　告訴状……………………………………………………………431
〈事例2〉　行政対象暴力に対して警察から相談を受け、告発等により
　　　　　　解決した事例……………………………………………………………434
　　【書式例31】　告発状……………………………………………………………435

・事項索引………………………………………………………………………………437
・判例索引………………………………………………………………………………441
・執筆者一覧……………………………………………………………………………442
・編集後記……………………………………………………………吉澤俊一・444

凡　例

〔法　令〕
区分所有法（区分）＝建物の区分所有等に関する法律
風適法＝風俗営業等の規制及び業務の適正化等に関する法律
暴力団対策法（暴対法）＝暴力団員による不当な行為の防止等に関する法律
民　執＝民事執行法
民執規＝民事執行規則
民　訴＝民事訴訟法
民訴規＝民事訴訟規則
民　保＝民事保全法
民保規＝民事保全規則
道　交＝道路交通法

〔文　献〕
民　集＝最高裁判所民事判例集
集　民＝最高裁判所裁判集民事
裁　時＝裁判所時報
判　時＝判例時報
判　タ＝判例タイムズ
金　判＝金融・商事判例
金　法＝金融法務事情
裁判所ウェブサイト＝最高裁判所ホームページ「裁判例情報」
WLJPCA＝Westlaw Japan
LLI/DB＝判例秘書

　本書では、第1部の書式例は元号を省略して「〇年〇月〇日」と表記し、第2部は原文のまま表記している。

第1部 基礎理論編

第1章 反社会的勢力の最近の動向および把握

■I■ 反社会的勢力排除の法規制等

1 はじめに

　反社会的勢力への対応にあたっては、それらが関連法規等にどのように規定されているかを把握していることが必要である。そのため、まず、反社会的勢力対応に関するこれまでの法規制等の経緯について概括的に述べておく。

2 暴力団対策法の制定・施行

　平成3年5月、暴力団員による不当な行為の防止等に関する法律（以下、「暴力団対策法」という）が制定され、平成4年3月から施行された。

　これによって、初めて、暴力団について法律上の定義づけが行われ、都道府県公安委員会によって指定暴力団とされた団体について規制の対象とするとともに、暴力的要求行為を禁止し、都道府県公安委員会による中止命令等の制度が設けられることになった。

　その後、平成16年の改正により、対立抗争等に係る代表者等の損害賠償責任に関する規定（暴対法31条）が設けられ、さらに、平成20年の改正では、威力利用資金獲得行為に係る損害賠償責任に関する規定（同法31条の2）が設けられた。

　暴力団関係の被害を受けた場合、直接の加害者である末端の組員は刑事処分され、資力に乏しいことが多い。そのため、上記改正以前から、使用者責任（民法715条）を活用する形で、当該暴力団の組長等暴力団組織を代表し、資力を有する者に対する損害賠償請求が行われてきた。使用者責任が認められるためには、その要件に関し、当該暴力団の組織の実体や意思決定、意思

伝達の仕組み等を具体的に主張立証することが必要とされてきたが、暴力団組織内部の事情を具体的に主張立証することは必ずしも容易ではなかった。

改正により追加されたこれらの規定は、その主張立証を緩和するものとなっている。

さらに、平成24年の改正では、国家公安委員会から適格団体として認定を受けた各都道府県の暴力追放運動推進センターが、指定暴力団の事務所の使用によりその生活の平穏等が違法に害されていることを理由として、当該事務所の使用等の差止めの請求をしようとする付近住民等から委託を受けたときは、当該委託をした者のために自己の名をもって、当該請求に関する一切の裁判上または裁判外の行為をする権限を有する制度（適格団体訴訟制度・暴対法32条の4）が設けられた。

3　平成19年政府指針の公表

暴力団対策法は、主に暴力団および暴力団員の活動を規制することを主眼とするものであるが、同法とは別に、企業と反社会的勢力とのかかわりを遮断するための取組みをより一層推進させ、反社会的勢力による被害の防止を目的として、平成19年6月19日、犯罪対策閣僚会議の下に設置された暴力団資金源等総合対策ワーキングチームにおける検討を経て、犯罪対策閣僚会議幹事会申合せとして、「企業が反社会的勢力による被害を防止するための指針」（平成19年政府指針）が公表された。

平成19年政府指針は、企業が、反社会的勢力による被害を防止するための基本原則として、「組織としての対応」「外部専門機関との連携」「取引を含めた一切の関係遮断」「有事における民事と刑事の法的対応」「裏取引や資金提供の禁止」を掲げるほか、以下のような点に言及している。

- ・反社会的勢力との関係遮断を社内規則等で明文化すること
- ・契約書および取引約款における暴力団排除条項の導入
- ・反社会的勢力の情報を集約したデータベースの構築
- ・反社会的勢力との関係遮断を内部統制システムに位置づける必要性

指針は、あらゆる企業を対象として、反社会的勢力による被害を防止するための基本的な理念や具体的な対応を定めたものであり、拘束力はないとさ

れているものの、指針公表後、金融業、証券業、保険業等で各約款に暴力団排除条項が明記されるようになったほか、証券業等一部の団体では、独自で反社会的勢力の情報を集約したデータベースを構築するなどの対応がなされている。

4　暴力団排除条例の制定

平成19年政府指針公表の後、平成22年4月1日に福岡県において暴力団排除条例が施行されたのを皮切りに、平成23年10月1日に東京都と沖縄県で暴力団排除条例が施行されたことをもって、全国47都道府県において、暴力団排除条例が制定施行された。

地域によって、条例の内容は異なるものの、多くの条例において、学校等周辺の暴力団事務所の開設・運営を禁止するなど暴力団等反社会的勢力に対する禁止行為が規定されているほか、都道府県民や企業が暴力団に利益供与することを禁止する規定が設けられ、それらに対する違反行為については、違反者に対する勧告・公表・罰則等の制裁規定も設けられるなど総合的な内容となっている。

5　まとめ

このように、暴力団対策法の制定・改正により、暴力団の活動の規制の強化・責任の強化がなされたほか、平成19年政府指針の公表やその後の企業による反社会的勢力との関係遮断およびそのための制度の構築がなされ、平成23年までの47都道府県における暴力団排除条例の施行を経て、暴力団のみならず、一般企業や市民も規制の対象として、暴力団および反社会的勢力排除の強化が図られてきた。

■Ⅱ■　反社会的勢力に関連する用語の定義

反社会的勢力への対応に関連する法規の制定、各種約款の改正等が行われてきた経緯は前述のとおりであるが、反社会的勢力に関連する用語は、それらの関連する法規・通達等において、定義づけがなされている場合がある。

ところで、平成19年政府指針発表後に、反社会的勢力の排除・関係遮断の取組みとして社内規則・約款等の変更が進み、その後の各地の暴力団排除条例の施行によって、その流れがさらに進んだ。そのなかで導入された反社会的勢力に関する用語は、上記関連法規や通達等の内容を踏まえて盛り込まれた面がある。したがって、関連法規・通達等において、どのように定義づけされているかを把握することも重要である。以下にそれを挙げておく。

1 暴力団対策法

暴力団対策法2条における定義は、以下のとおりである。
① 暴力団　　その団体の構成員（その団体の構成団体の構成員を含む）が集団的にまたは常習的に暴力的不法行為等を行うことを助長するおそれがある団体をいう。なお、暴力的不法行為等とは国家公安委員会規則で定めるものに当たる違法な行為をいう。
② 指定暴力団　　同法3条により、都道府県公安委員会によって、その暴力団員が集団的にまたは常習的に暴力的不法行為等を行うことを助長するおそれが大きい暴力団として指定された暴力団をいう。
③ 指定暴力団連合　　同法4条により、都道府県公安委員会によって、指定暴力団の連合体として指定された暴力団をいう。
④ 指定暴力団等　　指定暴力団または指定暴力団連合をいう。
⑤ 暴力団員　　暴力団の構成員をいう。

2 平成19年政府指針

(1) 反社会的勢力

平成19年政府指針は、「反社会的勢力」を「暴力、威力と詐欺的手法を駆使して経済的利益を追求する集団又は個人」とし、反社会的勢力をとらえるに際しては「暴力団、暴力団関係企業、総会屋、社会運動標ぼうゴロ、政治活動標ぼうゴロ、特殊知能暴力集団等といった属性要件に着目するとともに、暴力的な要求行為、法的な責任を超えた不当な要求といった行為要件にも着目することが重要である」としている。したがって、まず、属性要件の内容を以下に挙げておく。

(2) 属性要件

属性要件については、平成26年警察庁次長通達「組織犯罪対策要綱」では次のように説明されている。

① 暴力団　　その団体の構成員（その団体の構成団体の構成員を含む）が集団的にまたは常習的に暴力的不法行為等を行うことを助長するおそれがある団体をいう。（※暴力団対策法と同じ）

② 暴力団員　　暴力団の構成員をいう。（※暴力団対策法と同じ）

③ 暴力団準構成員　　暴力団または暴力団員の一定の統制の下にあって、暴力団の威力を背景に暴力的不法行為等を行うおそれがある者または暴力団もしくは暴力団員に対し資金、武器等の供給を行うなど暴力団の維持もしくは運営に協力する者のうち暴力団員以外のものをいう。

④ 暴力団関係企業　　暴力団員が実質的にその経営に関与している企業、準構成員もしくは元暴力団員が実質的に経営する企業であって暴力団に資金提供を行うなど暴力団の維持もしくは運営に積極的に協力し、もしくは関与するものまたは業務の遂行等において積極的に暴力団を利用し暴力団の維持もしくは運営に協力している企業をいう。

⑤ 総会屋等　　総会屋、会社ゴロ等企業等を対象に不正な利益を求めて暴力的不法行為等を行うおそれがあり、市民生活の安全に脅威を与える者をいう。

⑥ 社会運動等標ぼうゴロ　　社会運動もしくは政治活動を仮装し、または標ぼうして、不正な利益を求めて暴力的不法行為等を行うおそれがあり、市民生活の安全に脅威を与える者をいう。

⑦ 特殊知能暴力集団等　　①から⑥に掲げる者以外のものであって、暴力団との関係を背景に、その威力を用い、または暴力団と資金的なつながりを有し、構造的な不正の中核となっている集団または個人をいう。

これらの属性要件に該当すれば、一般的には、反社会的勢力に該当すると判断されることになろう。

(3) 行為要件

平成19年政府指針は、反社会的勢力該当性の判断について行為に着目する重要性に言及し、具体例として、暴力的な要求行為、法的な責任を超えた不

当な要求を挙げている。この平成19年政府指針を踏まえ、各種団体が作成した条項やガイドラインに、行為要件やその具体例が挙げられているので、参考になる。

　㋐　金融取引における例

　一般社団法人全国銀行協会が策定した暴力団排除条項参考例や、預金保険機構が定めたガイドライン（特定回収困難債権の買取りに係るガイドライン）における行為要件は次のとおりである。

①　暴力的な要求行為
②　法的な責任を超えた不当な要求行為
③　取引に関して、脅迫的な言動をし、又は暴力を用いる行為
④　風説を流布し、偽計を用い又は威力を用いて貸出先の信用を毀損し、又は貸出先の業務を妨害する行為
⑤　その他上記①～④に準ずる行為

〔表1〕　行為要件を根拠に買い取る場合の具体的な事例

ガイドラインの行為要件	具体的な事例
3.(1)①　暴力的な要求行為	・債務者が、金融機関職員に対し、「競売すれば火をつける。」等の脅迫的な言動により、競売手続の停止を要求した事案。 ・債務者が、金融機関職員に対し、「競売を続けたら殺す。」と脅迫し、競売手続の中断を要求した事案。
3.(1)②　法的な責任を超えた不当な要求行為	・債務者から依頼された者が、競売申立ての通告をなされているにもかかわらず、暴力団の名刺等を示し、執拗に債務の減額要求を行った事案。 ・債務者が、金融機関との訴訟に関して、和解に応じなければマスコミ等を利用して金融機関を中傷する旨申し向けるなど、不当な和解要求を行った事案。
3.(1)③　取引に関して、脅迫的な言動をし、又は暴力を用いる行為	・債務者が、返済交渉に際して、金融機関職員に対し、日本刀をちらつかせたり、「自分の生活を守るためには、敵は殺す。」と発言したりするなど脅迫的な言動をした事案。 ・債務者が、返済交渉に際して、反社会的勢力との

		関係を暗に示したうえ、大声を出して机を叩く、蹴り上げるなどの暴力を用いる行為を行った事案。 ・債務者法人の代表者が、返済交渉に際して、「ふざけた事をしていたら首をとるぞ。」と脅迫的な言動をした事案。 ・債務者法人の役員（取締役）が、返済交渉に際して、金融機関職員が保証人（代表取締役）宅を資産調査したことに因縁をつけ、「報復として担当者の自宅に毎日、若い者を連れて行く。」、「家族はいるのか。」等の脅迫的な言辞を弄した事案。 ・金融機関職員が延滞解消できなければ債権譲渡もあり得る旨説明したところ、債務者が、暴力団の名刺を示したうえ、「債権譲渡なんてことになったら、何をするかわからねえぞ。」等の脅迫的な言動をした事案。 ・保証人が、返済交渉に際し、本人名義の暴力団の名刺を金融機関職員に示し、後日、金融機関職員が「このままでは法的手段をとらざるを得ない。」旨説明をしたところ、「そのときには、ブルドーザーを持ってくる。」等の脅迫的な言動をした事案。 ・金融機関職員が債務者に返済交渉のため架電したところ、債務者が、「誰から、ここにいると聞いた。言わんかい。」「一人で今すぐ近くの公園でも、ここでも来い。必ず一人で来い。」と脅迫的な言辞を弄した事案。 ・債務者及び保証人が、金融機関の代理交渉に当たっていた顧問弁護士の事務所に現れ、大声で騒ぎ、いきなり携帯電話で事務所及び同弁護士を撮影した後、「このまま事件を担当していけばどうなるか、覚えておけ。」等との脅迫的な言辞を弄し、身の危険を感じた当該弁護士が代理交渉を辞退した事案。 ・債務者は、返済交渉に際し、債権引受元の金融機関職員に対し、応接室内で、机・椅子を蹴る、物を投げる、大声を出す等、暴力的な言動を行うとともに、担保不動産の先順位設定者が競売を申し立てたことに関し、「先順位設定者の事務所で、机や椅子を荒らした。」と威迫的な言動をした事案。
3.(1)④	風説を流布し、偽計を用い又は威力を用いて当該金融機関の信用を毀損し、又は当該金融	・債務者が、社会運動標榜ゴロ等を利用して、金融機関に対し、根拠のない誹謗中傷を行うこと等により、日常業務を妨害した事案。 ・債務者が、金融機関の賃料差押えを妨害するため、

	機関の業務を妨害する行為	元暴力団組員との仮装の金銭消費貸借契約証書を公証人に提出のうえ、元組員に建物の賃料債権を譲渡したように装い、賃料を同人の口座に振り込ませて隠匿した事案。 ・債務者が、金融機関の担保物件差押えを妨害するため、債務者法人関係者間で建物内の動産について譲渡担保設定したことを仮装した事案。 ・債務者法人の前代表取締役が、同法人の取引停止処分があった後、金融機関の競売等を妨害するため、同金融機関の根抵当権設定時に担保物件上に存在していなかった車庫を当時から存在していたとして虚偽の登記をした事案。
3.(1)⑤	その他上記①～④に準ずる行為	・元暴力団幹部が代表者である債務者法人の担保物件を、暴力団が組事務所として占有のうえ、隣室との間の壁を壊す等の改造を行い、競売を妨害した事案。 ・債務者法人の代表者が自社の株式を反社会的勢力と繋がりがある者に譲渡したことにより、同法人が反社会的勢力に乗っ取られ、同人らが、同法人の経費支払いを停止し、担保不動産の賃料収入等の売り上げを流失させた事案。 ・債務者法人が、担保物件の一部を暴力団組長に賃貸し、同人に暴力団事務所として使用させて、競売の妨害を図った事案。

※行為要件該当性の判断に当たっては、行為の外形が「具体的な事例」と同様であったとしても、その事実のみをもって該当性があると判断するものではなく、債務者等の属性や活動実態、行為の反復性等を加味し、総合的に判断します。

(イ) 不動産取引における例

　不動産関係団体（全国宅地建物取引業協会連合会、全日本不動産協会、不動産流通経営協会、日本住宅建設産業協会）が策定した不動産売買契約書モデル条項案では、行為要件に着目し、「反社会的勢力の排除」との表題が付された条項中に、「相手方に対する脅迫的な言動又は暴力を用いる行為」「偽計又は威力を用いて相手方の業務を妨害し、又は信用を毀損する行為」を行う者を契約の排除対象とする規定が設けられている。

　個々の行為に着目し、前記した(ア)や(イ)の具体例に該当する場合は、その行為者は、属性を問わずに、反社会的勢力に該当することとなろう。

■Ⅲ■ 反社会的勢力の動向

1 非公然化・不透明化

　暴力団対策法の制定をはじめとする一連の取組みにより、暴力団および反社会的勢力に対する規制が強化されたが、暴力団構成員および準構成員等の数は、平成17年以降減少を続けている。特に平成23年に全国で暴力団排除条例が施行されて以降は、毎年、暴力団対策法施行後の最少人数を更新し続けている状況にある。しかしながら、それらの人数の減少が、反社会的勢力全体の減少をそのまま反映したものとみるのは早計であり、各種規制を免れるため、暴力団等の組織からの離脱を偽装している例が散見される。

　また、反社会的勢力に該当することは、取引において暴力団排除条項のほか各種規制の対象となることを意味する。したがって暴力団や暴力団員であることを明示しない、あるいは、反社会的勢力に該当しない者を形式的な当事者として活動するなど、暴力団の非公然化、不透明化が進行している。

　したがって、排除すべき対象が、反社会的勢力に該当するか否かの判断およびその立証に困難を伴う事案が増しているといえる。

2 属性把握の問題

(1) 反社会的勢力該当性の判断

　反社会的勢力該当性の主張立証に際しては、属性要件および行為要件からとらえることは、平成19年政府指針で言及されているとおりであるが、そのうち、属性要件の立証については属性照会によることが有用である。しかしながら、反社会的勢力の潜在化が進行している現状にかんがみると、属性照会によっては直ちに対象者が反社会的勢力には該当しないとされる場合があることも否定できない。したがって、対象者の具体的な行為、活動内容（行為要件）に着目して立証することの重要性は増しているといえよう。

(2) 裁判例

　行為に着目して反社会的勢力該当性について判断した裁判例としては、以

下のものがあり、参考となる。
　①　東京地方裁判所平成28年2月24日判決
　　　暴力団員ではない者の反社会的勢力該当性に関し、「暴力団に類する暴力的活動を常習的に行う集団」は「反社会的勢力」に含まれるとしたもの。
　②　東京地方裁判所平成28年1月19日判決
　　　リゾート施設利用会員権の販売に関し、組織的かつ継続的に、多数の顧客に対して多数回にわたり、内容虚偽の説明を行って、会員権の購入代金として多額の金員の支払をさせて詐取するという行為に及んでいたことを認定し、「反社会的勢力」とは「暴力、威力と詐欺的手法を駆使して経済的利益を追求する集団又は個人」としたうえで、当該会社を反社会的勢力に該当するとし、同社が詐欺的な手法により会員権の販売代行を行っていることを認識しながら、同社に対する会員権の販売代行の委託を継続し、それによる収益を得ていた別会社も反社会的勢力に該当するとしたもの。

コラム

暴力団員性

　近年、暴力団員に対する規制が強化されるに伴い、暴力団対策法2条に規定する「暴力団員（暴力団構成員）」に該当するか否かが争われる事例が散見される。

　この点、代表取締役が暴力団員であったことを理由とする法人に対する産業廃棄物収集運搬の許可の取消処分が争われた事例（青森地判平成19・2・23判タ1249号68頁）においては、代表取締役は暴力団員ではないとの当該法人の主張に対し、裁判所は、「暴力団員とは、当該暴力団に所属することが客観的に認められる者をいうと解するのが相当である」としたうえで、「当該暴力団側が構成員ではないと言明したからと言って直ちに暴力団構成員の該当性が否定されるものではない」とし、当該代表取締役が暴力団の関係者に対して長期間継続的に送金をしていた事実、暴力団の内部行事に参加していた事実、暴力団から「特別相談役」等の肩書を付

与されていた事実等から、客観的に暴力団に所属する者であると認定した。当事者および当該組織の主張・弁解のみならず、両者の関わる具体的事実を把握することが重要であるといえる。

> **コラム**
>
> ## 準 暴 力 団
>
> 近年、繁華街・歓楽街等において、暴走族の元構成員等を中心とする集団による暴行傷害等の犯罪がみられる。
>
> 警察は、「暴力団と同程度の明確な組織性は有しないものの、これに属する者が集団的に又は常習的に暴力的不法行為等を行っている」集団を、暴力団に準ずる集団(以下、「準暴力団」という)とし、取締り強化の対象としている(平成25年3月7日警察庁「準暴力団に関する実態解明及び取締りの強化について(通達)」)。
>
> そのうえで、実際に数集団を準暴力団として位置づけ、一部はその団体名を公表するなどして、実態解明の徹底および違法行為の取締り等を行っている。また、これら準暴力団に属する者の中には、暴力団等の犯罪組織との密接な関係がうかがわれる者も存在するとされている。
>
> ただし、準暴力団は、その実態が明確でないことが多く、その関係者が所属も含めて、反社会的勢力に該当するといえるかもまた不明確となる場合が多いと予想される。それでもなお、暴力団等の関係やその者からの行為に着目して、排除の対象としていくことになろう。

第2章 反社事件と受任後の対応

Ⅰ 属性照会が必要な理由

1 反社会的勢力該当性が必要な理由

　反社会的勢力との取引は、反社会的勢力の活動を助長し、その取引関係を結んだ者自身も反社会的勢力からの攻撃の対象になりうるので、厳に慎むべきである。各都道府県に規定されている暴力団排除条例でも、通常、事業者に対し、取引の相手方が反社会的勢力でないことを確認することを求めたうえで、反社会的勢力等を相手にした利益供与を禁止している（例として、東京都暴力団排除条例18条1項・24条、埼玉県暴力団排除条例21条1項・19条）。

　そのため、事業者が第三者と取引をしようとするときや、取引を開始した後に取引の相手方が反社会的勢力に属するとの疑いが生じた場合に、取引の相手方が反社会的勢力に属するか否かを確認する必要がある。

2 反社勢力の不透明性

　しかし、取引の相手方が反社会的勢力かどうかは、容易にはわからないことが多い。

　暴力団排除条例の多くは、事業者に、一定の場合には取引をしようとする相手方が暴力団員でないことを確認することを義務付けている（一例として埼玉県暴力団排除条例21条1項）。また、事業者以外の場合においても、第三者と取引をする際には、その取引によるリスクを軽減するため、相手方が反社会的勢力か否かを確認するべきである。

3 業界による反社チェック体制の構築

そこで、相手方が反社会的勢力に属するかを調査する方法として、事業者各自で、または業界ごとに、反社会的勢力のデータベースを構築することが推奨されており、実際に各団体で利用可能である。

たとえば、一般社団法人全国銀行協会では、独自に情報収集して反社データベース（公知情報）を作成しており、会員である各銀行のほか、日本クレジット協会、全国信用金庫協会、全国信用組合中央協会、労働金庫連合会、信託協会、日本貸金業協会、生命保険協会、日本損害保険協会と情報交換をしている。また、日本証券業協会では、金融商品取引および金融商品市場から反社会的勢力を排除するために、証券保安対策支援センターを設置して情報を収集している。さらに、不動産業界（不動産協会、不動産流通経営協会、全国宅地建物取引業協会連合会、全日本不動産協会、日本住宅建設産業協会）では、財団法人不動産流通近代化センターを設置し、反社会的勢力のデータベース（「不動産業反社データベース」）を構築している。

このほか、一部の警察では、暴力団検挙情報をホームページで公開している。それらの情報や報道等の情報を蓄積することで、データベースを作成することができる。

さらに、暴力団排除条例により地方自治体（警察等）から情報提供を受けられる場合もある。警視庁のホームページでは、東京都暴力団排除条例Q&Aを以下のように公開している（http://www.keishicho.metro.tokyo.jp/kurashi/anzen/tsuiho/haijo_seitei/haijo_q_a.html）。

「Q　契約を締結する場合に、契約の相手方が暴力団員であるか否かを確認する方法について教えてください。

A　警察では、暴力団との関係遮断を図るなど暴力団排除活動に取り組まれている事業者の方に対し、契約相手が暴力団関係者かどうかなどの情報を、個々の事案に応じて可能な限り提供します。事業者の方で契約相手が暴力団関係者かもしれないとの疑いを持っているものの、本人に確認することが困難であるような場合などには、最寄りの警察署、組織犯罪対策第三課又は公共財団法人 暴力団追放運動推進都民センターにご相談ください。」

このほか、各都道府県には、暴力団対策法32条の3に基づいて「都道府県暴力追放運動推進センター」が設置されている（名称が若干異なる場合があり、埼玉県には公益財団法人埼玉県暴力追放・薬物乱用防止センターがある。以下、「暴追センター」という）。暴追センターによっては、当該対象者の情報を一定程度公開している場合がある。

4　警察に対する照会

しかし、すべての場合において、データベースが存在し利用できたり、個別の問い合わせで解決できるとは限らない。

そのような場合には、何らかの方法で反社会的勢力に属するか否かの情報を探査することになる。たとえば、各都道府県に設置されているいわゆる暴追センターにおいては、新聞等の反社会的勢力の情報を収集しデータベース化しており、問い合わせることで情報提供を受けられる場合がある。しかし、それで足りるとは限らない。

そこで、相手方が反社会的勢力に属するかどうかを判断するために、警察に相手方が反社会的勢力に属するかを問い合わせること（いわゆる「属性照会」）が有益である。

■Ⅱ■　警察に対する属性照会

1　警察に対する属性照会の根拠

警察に対する属性照会の基本的な考え方は、平成25年12月19日付の警察庁刑事局組織犯罪対策部長による各地方機関の長および各都道府県警察長宛通達「暴力団排除等のための部外への情報提供について」（警察庁丙組企分発第35号、丙組暴発第13号）による（後記［参考資料1］）。

この通達の基本的な考え方は、要旨、警察組織として対応すべきことや情報の正確性に留意しつつ、公益のために必要不可欠性な情報については可能な範囲で積極的かつ適切な情報提供を行うというものである。

2　警察に対して属性照会できる場合とその範囲

　属性照会ができる範囲は、別添の通達に記載されているとおりである。

　通達の記載のうち、事業者に関係すると思われる部分を要約すると、以下のとおりとなる。

　警察は、条例の義務履行の支援、暴力団に係る被害者対策、資金源対策の視点や社会経済の基本となるシステムに暴力団を介入させないという視点から、以下の範囲で、可能な範囲で積極的かつ適切な情報提供をする。

① 　暴排条例上の義務履行の支援に資する場合

　　たとえば、暴排条例では、通常、暴力団への利益供与が禁止されている（埼玉県暴排条例19条1項等）。この義務を履行するために、相手方が反社会的勢力に該当することを確認し、仮に該当するのであればいわゆる暴排条項に基づいて反社会的勢力との契約を解除し、暴力団等との関係を遮断する必要がある場合等がある。

　　このように、条例上の義務履行のために必要な場合にはその範囲で情報提供を受けることができるとされる。

　　なお、暴排条例は、事業者に、一定の場合に取引の相手方等が暴力団員でないことを確認するよう求めているものもあり（埼玉県暴排条例21条1項等）、この義務を履行するために属性照会することも通達上は否定されない。ただし、その必要性や不可欠性については十分な検討が必要である。

② 　暴力団による犯罪や暴力的要求行為等による被害の防止または回復に資する場合や、暴力団の組織の維持または拡大への打撃に資する場合や暴力団組織の維持または拡大への打撃に資する場合

　　被害の発生の防止または回復もしくは暴力団排除活動を促進する必要性が高く暴力団の組織の維持または拡大への打撃に資する場合には、そのために必要な情報の提供を受けることができる。

　以上①②のほかに、無限定に情報提供を求められないよう、照会者が調査を尽くすことが求められている。典型的には、すでに取引をしている相手方の照会をする場合、その相手方が反社会的勢力と疑われる十分な理由が必要

である。

また、悪用や目的外利用を防止するため、情報提供の受け手に適正な情報管理体制が確立していることが必要である。

3　実際の運用

実際の運用として、事業者が属性照会をかける場合には、契約書上に明示の暴排条項があり、仮に取引の相手方が反社会的勢力に該当するとすれば必ず当該条項を適用して関係を遮断するという場合のほかは、情報の開示を受けるには属性照会の必要性や補充性について十分な説明が必要になるといわれている。

4　警察に対する属性照会の方法

警察に対する属性照会の方法・様式は通達には規定されていない。そのため、その照会方法については個別具体的に考えることになる。

属性照会の手順の一例としては次のようなものが考えられる。

(1)　照会の要件の確認と資料化

まず、当該案件において、通達に基づき照会が可能か（照会が必要不可欠か）を確認し、資料化する。

たとえば、事業者が、相手方が暴力団関係者であることを理由に関係遮断（契約解除）したい場合には、暴排条項の入った契約書その他の関係書類を用意する。

このほかにも、警察に対する属性照会をしなければ目的達成が困難であることを示すため、自社データベースや暴追センターへの問い合わせ等、自分で調査した結果を報告書にしたり情報を不必要な者に流出させない体制ができていることを確認するなど、警察からの情報提供によらなければ目的を達成することが困難かつ相当であることを説明する資料を用意することも考える。

(2)　対象者情報の特定

対象者を特定するに足りる資料を用意する。対象者の住民票や本人確認資料の写し、商業登記事項証明書等が考えられる。

(3) 警察への照会

そのうえで、対象者の住居所地または不当要求等の被害者の住居所地、事件発生地を管轄する都道府県警察本部または所轄警察署に対し、電話で、照会をかけたい旨を申し出る。そして、応対した警察官の指示に従い、持参または郵送で資料を提出する。

(4) 回答を受ける

その後、回答の可否および可であればその内容について、口頭または書面で教示を受ける。通常、回答は口頭で教示されるので、照会者側で報告書にする必要がある。

5　弁護士会照会による場合

(1) 警察への属性照会

弁護士法23条の2に基づく弁護士会照会による照会により、警察に属性の照会をするという方法がある。

照会先は、通常、都道府県警察本部または所轄の警察署長である。

照会事項は事例による（後記の例を参考にされたい）。

弁護士会照会による照会について、照会先は法律上の回答義務があるとされる。しかし、その回答義務が及ぶ範囲は、必要かつ相当な範囲に限られるとされる。その必要性および相当性の検討にあたっては、後記通達が参照されるものと思われる。そのため、照会事項については、通達に従い、必要かつ相当な範囲に絞り込むほうが、結果的に、回答を得られやすい。

(2) 事前照会の重要性

弁護士会照会をする場合にも、事前に照会先に事実上の問い合わせをしておくべきである。

弁護士会照会をした場合、照会先は、事前に問い合わせをしてないと、どうしても事案の経緯や実態について十分な情報を得ていない場合が多い。そのため、照会先が必要性および相当性の検討にあたっては、おのずから慎重な姿勢にならざるをえないと予想される。

そのため、弁護士会照会をする場合にも、あらかじめ照会先に対して、属性照会をしたい旨およびその案件の内容を示し、照会したい内容を開示して

打合せをしたうえで弁護士会照会をかけるほうが、結果的に、適時に適切な情報の開示を受けられる場合が多いように思われる。

(3) 弁護士会照会の申出書の記載例

弁護士会照会のための書式や費用は、弁護士会ごとに異なる。しかし、その申出書の記載内容は、主として、「照会を求める事項」「照会を求める理由」「受任事件」である。そして、的確な回答を受けるためには、「照会を求める理由」のために必要最小限の「照会を求める事項」を記載することが肝要である。

【書式例1】 相手方が反社会的勢力に属することを理由に暴排条項に基づき建物明渡しを求める場合

〔照会を求める事項〕
　貴庁は、下記の者（以下、「対象者」という）を、暴力団員による不当な行為の防止等に関する法律（平成3年5月15日法律第77号）第2条に定める暴力団員として把握されていますか。

記

住所　○○○○○
氏名　○○○○（○○年○○月○○日生）

以　上

〔照会を求める理由〕
1　当方依頼者は、対象者に対し、○年○月○日に、期限を○年○月○日と定めて、別紙物件目録記載の物件を貸し渡した（以下、「本件賃貸借契約」という）。
2　本件賃貸借契約の際、対象者は暴力団員ではない旨を確約表明し、依頼者と対象者は、一方が暴力団員に該当する場合には無催告で本件賃貸借契約を解除できる旨の合意をした（以下、当該規定を「暴排条項」という）。
3　依頼者は、対象者が暴力団員であることを理由に、暴排条項に反するとして賃貸借契約を解除した。しかし、対象者は自身が暴力団員であることを否定し、争っている。
4　依頼者は、対象者に対して、賃貸借契約解除を理由として建物明渡訴訟を提起している。その際、対象者が暴力団員であるかが争点となっている。しかし、警察に対する照会のほかに、対象者が暴力団員であるか否かを立証す

ることは困難である。よってこの照会に及んだ。

※解説　契約書上の暴排条項においては、暴力団員に該当するといえれば、所属団体・役職といった情報がなくても暴排条項に該当するといえる。そのため、照会事項としても、暴力団として登録されているか否かだけを問えばよく、その所属団体や役職等を照会することは必要不可欠ではない。

【書式例2】　組長に対する適格団体訴訟（暴対法31条の2）を提起する場合

〔照会事項〕
1　下記の者は指定暴力団の指定暴力団員として把握されていますか。
2　（前項の回答が，「はい」の場合）その者の所属する指定暴力団名をご教示ください。
〔照会の理由〕
（略）

このほか、事例によるが、付近住民等の生活の平穏または業務の遂行の平穏が害されることを証明するために必要な場合等に、都道府県公安委員会に対して、暴力団対策法に基づく中止命令を発出したことがあるかを照会するケースがある。

〔参考資料1〕　暴力団排除等のための部外への情報提供について

（警察庁丙組企分発第35号、丙組暴発第13号）

　暴力団情報については、法令の規定により警察において厳格に管理する責任を負っている一方、一定の場合に部外へ提供することによって、暴力団による危害を防止し、その他社会から暴力団を排除するという暴力団対策の本来の目的のために活用することも当然必要である。
　近年、各都道府県警察において、暴力団排除条例（以下「条例」という。）が施行され、事業者が一定の場合に取引等の相手方が暴力団員・元暴力団員等に該当するかどうかを確認することが義務付けられるとともに、暴力団が資金獲得のために介入するおそれのある建設・証券等の業界を中心として、暴力団員に加え、元暴力団員等を各種取引から排除する仕組みが構築されている。一方、暴力団は、暴力団関係企業や暴力団と共生する者を通じて様々な経済取引

に介入して資金の獲得を図るなど、その組織又は活動の実態を多様化・不透明化させている。このような情勢を受けて、事業者からのこれらの者に関する情報提供についての要望が高まっており、条例においても事業者等に対し、必要な支援を行うことが都道府県の責務として規定されているところである。

　以上のような情勢の変化に的確に対応し、社会からの暴力団の排除を一層推進するため、各都道府県警察においては、「暴力団排除等のための部外への情報提供について」（平成23年12月22日付け警察庁丙組企分発第42号、丙組暴発第19号）に基づき暴力団情報の部外への提供を行っているところであるが、通達発出後の運用実態等を踏まえ、情報提供の在り方を一部見直すこととした。見直し後の暴力団情報の部外への提供については、下記のとおりとするので、その対応に遺漏のないようにされたい。

　なお、上記通達は廃止する。

記

第1　基本的な考え方
　1　組織としての対応の徹底
　　　暴力団情報の提供については、個々の警察官が依頼を受けて個人的に対応するということがあってはならず、必ず、提供の是非について、第6の2に定めるところにより、警察本部の暴力団対策主管課長又は警察署長の責任において組織的な判断を行うこと。
　2　情報の正確性の確保
　　　暴力団提供するに当たっては、第4の1に定めるところにより、必要な補充調査を実施するなどして、当該情報の正確性を担保すること。
　3　情報提供に係る責任の自覚
　　　情報の内容及び情報提供の正当性について警察が立証する責任を負わなければならないとの認識を持つこと。
　4　情報提供の正当性についての十分な検討
　　　暴力団員等の個人情報の提供については、行政機関の保有する個人情報の保護に関する法律及び個人情報保護条例の規定に従って行うこと。特に、相手方が行政機関以外の者である場合には、法令の規定に基づく場合のほかは、当該情報が暴力団排除等の公益目的の達成のために必要であり、かつ、警察からの情報提供によらなければ当該目的を達成することが困難な場合に行うこと。
第2　積極的な情報提供の推進
　1　暴力団犯罪の被害者の被害回復訴訟において組長等の使用者責任を追及

する場合や、暴力団事務所撤去訴訟等暴力団を実質的な相手方とする訴訟を支援する場合は、特に積極的な情報提供を行うこと。
2　債権管理回収業に関する特別措置法及び廃棄物の処理及び清掃に関する法律のように提供することができる情報の内容及びその手続が法令により定められている場合又は他の行政機関、地方公共団体その他の公共的機関との間で暴力団排除を目的として暴力団情報の提供に関する申合せ等が締結されている場合には、これによるものとする。暴力団排除を目的として組織された事業者団体その他これに準ずるものとの間で申合せ等が締結されている場合についても、同様とする。

なお、都道府県警察においてこの申合せ等を結ぶ場合には、事前に警察庁刑事局組織犯罪対策部企画分析課及び暴力団対策課と協議するものとする。
3　第2の1又は2以外の場合には、条例上の義務履行の支援、暴力団に係る被害者対策、資金源対策の視点や社会経済の基本となるシステムに暴力団を介入させないという視点から、第3に示した基準に従いつつ、可能な範囲で積極的かつ適切な情報提供を行うものとする。
4　都道府県暴力追放運動推進センター（以下「センター」という。）に対して相談があった場合にも、同様に第3に示した基準に従い判断した上で、必要な暴力団情報をセンターに提供し、センターが相談者に当該情報を告知することとする。

第3　情報提供の基準

暴力団情報については、警察は厳格に管理する責任を負っていることから、情報提供によって達成される公益の程度によって、情報提供の要件及び提供できる範囲・内容が異なってくる。

そこで、以下の1、2及び3の観点から検討を行い、暴力団対策に資すると認められる場合は、暴力団情報を当該情報を必要とする者に提供すること。
1　提供の必要性
　(1)　条例上の義務履行の支援に資する場合その他法令の規定に基づく場合
事業者が、取引等の相手方が暴力団員、暴力団準構成員、元暴力団員、共生者、暴力団員と社会的に非難されるべき関係を有する者等でないことを確認するなど条例上の義務を履行するために必要と認められる場合には、その義務の履行に必要な範囲で情報を提供するものとする。

その他法令の規定に基づく場合についても、当該法令の定める要件に従って提供するものとする。

(2)　暴力団による犯罪、暴力的要求行為等による被害の防止又は回復に資する場合
　　　情報提供を必要とする事案の具体的内容を検討し、被害が発生し、又は発生するおそれがある場合には、被害の防止又は回復のために必要な情報を提供するものとする。
　(3)　暴力団の組織の維持又は拡大への打撃に資する場合
　　　暴力団の組織としての会合等の開催、暴力団事務所の設置、加入の勧誘、名誉職への就任や栄典を受けること等による権威の獲得、政治・公務その他一定の公的領域への進出、資金獲得等暴力団の組織の維持又は拡大に係る活動に打撃を与えるために必要な場合、その他暴力団排除活動を促進する必要性が高く暴力団の組織の維持又は拡大への打撃に資する場合には、必要な情報を提供するものとする。
2　適正な情報管理
　　情報提供は、その相手方が、提供に係る情報の悪用や目的外利用を防止するための仕組みを確立している場合、提供に係る情報を他の目的に利用しない旨の誓約書を提出している場合、その他情報を適正に管理することができると認められる場合に行うものとする。
3　提供する暴力団情報の範囲
　(1)　第3の1(1)の場合
　　　条例上の義務を履行するために必要な範囲で情報を提供するものとする。この場合において、まずは、情報提供の相手方に対し、契約の相手方等が条例に規定された規制対象者等の属性のいずれかに該当する旨の情報を提供すれば足りるかを検討すること。
　(2)　第3の1(2)及び(3)の場合
　　　次のア、イ、ウの順に慎重な検討を行う。
　　ア　暴力団の活動の実態についての情報（個人情報以外の情報）の提供
　　　　暴力団の義理掛けが行われるおそれがあるという情報、暴力団が特定の場所を事務所としているという情報、傘下組織に係る団体の名称等、個人情報以外の情報の提供によって足りる場合には、これらの情報を提供すること。
　　イ　暴力団員等該当性情報の提供
　　　　上記アによって公益を実現することができないかを検討した上で、次に、相談等に係る者の暴力団員等（暴力団員、暴力団準構成員、元暴力団員、共生者、暴力団員と社会的に非難されるべき関係を有する

者、総会屋及び社会運動等標ぼうゴロをいう。以下同じ。）への該当性に関する情報（以下「暴力団員等該当性情報」という。）を提供することを検討する。

　　ウ　上記イ以外の個人情報の提供

　　　　上記イによって公益を実現することができないかを慎重に検討した上で、それでも公益実現のために必要であると認められる場合には、住所、生年月日、連絡先その他の暴力団員等該当性情報以外の個人情報を提供する。

　　　　なお、前科・前歴情報は、そのまま提供することなく、被害者等の安全確保のために特に必要があると認められる場合に限り、過去に犯した犯罪の態様等の情報を提供すること。また、顔写真の交付は行わないこと。

第４　提供する暴力団情報の内容に係る注意点

　１　情報の正確性の確保について

　　　暴力団情報を提供するに当たっては、その内容の正確性が厳に求められることから、必ず警察本部の暴力団対策主管課等に設置された警察庁情報管理システムによる暴力団情報管理業務により暴力団情報の照会を行い、その結果及び必要な補充調査の結果に基づいて回答すること。

　２　指定暴力団以外の暴力団について

　　　指定暴力団以外の暴力団のうち、特に消長の激しい規模の小さな暴力団については、これが暴力団、すなわち「その団体の構成員が集団的に又は常習的に暴力的不法行為等を行うことを助長するおそれがある団体」（暴力団員による不当な行為の防止等に関する法律第２条第２号）に該当することを明確に認定できる資料の存否につき確認すること。

　３　暴力団準構成員及び元暴力団員等の場合の取扱い

　　(1)　暴力団準構成員

　　　　暴力団準構成員については、当該暴力団準構成員と暴力団との関係の態様及び程度について十分な検討を行い、現に暴力団又は暴力団員の一定の統制の下にあることなどを確認した上で、情報提供の可否を判断すること。

　　(2)　元暴力団員

　　　　現に自らの意思で反社会的団体である暴力団に所属している構成員の場合と異なり、元暴力団員については、暴力団との関係を断ち切って更生しようとしている者もいることから、過去に暴力団員であったことが

法律上の欠格要件となっている場合や、現状が暴力団準構成員、共生者、暴力団員と社会的に非難されるべき関係にある者、総会屋及び社会運動等標ぼうゴロとみなすことができる場合は格別、過去に暴力団に所属していたという事実だけをもって情報提供をしないこと。
- (3) 共生者

   共生者については、暴力団への利益供与の実態、暴力団の利用実態等共生関係を示す具体的な内容を十分に確認した上で、具体的事案ごとに情報提供の可否を判断すること。
- (4) 暴力団員と社会的に非難されるべき関係にある者

   「暴力団員と社会的に非難されるべき関係」とは、例えば、暴力団員が関与している賭博等に参加している場合、暴力団が主催するゴルフコンペや誕生会、還暦祝い等の行事等に出席している場合等、その態様が様々であることから、当該対象者と暴力団員とが関係を有するに至った原因、当該対象者が相手方を暴力団員であると知った時期やその後の対応、暴力団員との交際の内容の軽重等の事情に照らし、具体的事案ごとに情報提供の可否を判断する必要があり、暴力団員と交際しているといった事実だけをもって漫然と「暴力団員と社会的に非難されるべき関係にある者である」といった情報提供をしないこと。
- (5) 総会屋及び社会運動等標ぼうゴロ

   総会屋及び社会運動等標ぼうゴロについては、その活動の態様が様々であることから、漫然と「総会屋である」などと情報を提供しないこと。

   情報提供が求められている個別の事案に応じて、その活動の態様について十分な検討を行い、現に活動が行われているか確認した上で情報を提供すること。
- (6) 暴力団の支配下にある法人

   暴力団の支配下にある法人については、その役員に暴力団員等がいることをもって漫然と「暴力団の支配下にある法人である」といった情報提供をするのではなく、役員等に占める暴力団員等の比率、当該法人の活動実態等についての十分な検討を行い、現に暴力団が当該法人を支配していると認められる場合に情報を提供すること。

第5　情報提供の方式

1　第3の1(1)による情報提供を行うに当たっては、その相手方に対し、情報提供に係る対象者の住所、氏名、生年月日等が分かる身分確認資料及び取引関係を裏付ける資料等の提出を求めるとともに、提出に係る情報を他

の目的に利用しない旨の誓約書の提出を求めること。
　2　情報提供の相手方に守秘義務がある場合等、情報の適正な管理のために必要な仕組みが整備されていると認められるときは、情報提供を文書により行ってよい。これ以外の場合においては、口頭による回答にとどめること。
　3　情報提供は、原則として、当該情報を必要とする当事者に対して、当該相談等の性質に応じた範囲内で行うものとする。ただし、情報提供を受けるべき者の委任を受けた弁護士に提供する場合その他情報提供を受けるべき者本人に提供する場合と同視できる場合はこの限りでない。
第6　暴力団情報の提供に係る記録の整備等
　1　記録の整備
　　警察本部及び警察署の暴力団対策主管課においては、部外への暴力団情報の提供（警察部内の暴力団対策主管部門以外の部門から部外への暴力団情報の提供について協議を受けた場合を含む。）に関し、情報提供の求めの概要、提供の是非についての判断の理由及び結果等について、確実に記録すること。
　2　決裁
　　原則として、所属長又はこれに相当する上級幹部が実際に最終判断を下し、決裁をするものとする。ただし、警察署長が行う情報提供について、以下の条件に当てはまるときは、警部以上の階級にある、暴力団対策主管課長又はこれに相当する幹部において専決処理することも可能とする。すなわち、他の行政機関、地方公共団体その他の公共的機関による、法令等又は暴力団排除を目的とした暴力団情報の提供に関する申合せ等に基づく照会に対して、警察庁情報管理システムによる暴力団情報管理業務の暴力団情報に該当がないことから規制対象者等の属性に該当しない旨を回答する場合に限り、専決処理することも可能とする。
　　また、情報提供を行うことについて緊急かつ明確な必要が認められる場合においては、事後報告としても差し支えない。
　3　警察本部における把握
　　部外からの暴力団情報に係る照会及びそれに対する警察の回答状況については、情報の適正な管理に万全を期するため、各警察本部の暴力団対策主管課において定期的に把握すること。

■Ⅲ■ 法人の反社会的勢力該当性

1 反社会的勢力該当性に関する公表情報

　法人が、暴力団と関係を有することが、行政上の許認可等の関係で、取消・停止等の事由に該当している場合がある。それらの取消・停止等の排除情報は公表されることがあるから、その情報を調べることで、属性を判断することができる。

　たとえば、建設業においては、「役員等のうちに、暴力団員がいる法人」「暴力団員等がその事業活動を支配する者」等は、建設業の許可の欠格事由（取消事由）となっているため、自治体のホームページ等で許認可の取消歴等を確認することで、暴力団関係企業か否かを判断することができる。また、警備業にも同趣旨の規定があり、取消処分は、公安委員会で公表される。

　他にも、暴力団関係事業者は、国や地方自治体が発注する公共事業から排除対象となっており、その排除措置、指名停止措置等一覧表を確認することも有用である。各地で制定されている暴力団排除条例においても、法人の暴力団員との関係が勧告・公表される規定がある。

2 警察に対する属性照会

　「暴力団関係企業」が、平成26年8月18日付の警察庁次長通達「組織犯罪対策要綱」に定義され、また、平成25年12月19日付の警察庁刑事局組織犯罪対策部長による通達「暴力団排除等のための部外への情報提供について」（前掲〔参考資料〕参照）においても、「暴力団の支配下にある法人」も情報提供の対象とされているため、警察に対し、法人に関する属性照会を行い、回答を得る方法が考えられる。

　しかし、「暴力団関係企業」に該当するかの判断は、取締役等役員に暴力団員が登記されているか等の形式的な要件だけではなく、役員等に占める暴力団員等の比率や当該法人の経営や業務の実態等を踏まえて総合的に判断されている模様であり、一般的に、個人が暴力団員に該当するか否かよりも、

判断の過程が複雑となるため、属性照会を行っても、満足な回答が得られない場合があるとされている。

もっとも、照会先に相手先との取引の状況、属性情報取得の必要性を詳しく説明することで、有用な情報が得られる場合がある。事業者が、所轄警察署に赴き、具体的事情を詳細に説明することで、反社会的勢力該当性の判断に資する情報を得られた例が報告されている。具体的な事情を説明することで照会先の理解を得る努力が必要とされる場合も多いであろう。

3　公表情報や属性照会では情報が得られない場合

このような調査・照会を行ってもなお、取引に入ろうとする相手方、取引している相手方法人が反社会的勢力に属するかどうか、判然としない場合がある。そのような場合、どのような判断基準で属性を検討すればよいか。

この点について、明確な基準はない。あくまでも反社会的勢力に属するか否かの基準（行為と属性の相関関係）によって決することになる。

ここでは、相手方が法人である場合の、その調査の方法や考え方を参考として記述する。

(1)　取引に入る段階での検討・取引を開始した後での検討

取引に入る段階において、相手方が反社会的勢力に属するか否かは、リスクヘッジの問題である。相手方が反社会的勢力であると疑わしい場合には取引に入らないというのが鉄則である。取引を開始するか否かは、契約当事者の自由なので、契約を締結しないことに理由を説明する必要はない。契約締結上の過失の問題になるなどの例外を除き、ここでは証明できるか否かという問題は原則として生じない。

では取引に入る前や取引に入った後、相手方が反社会的勢力か否か判断しなければならないときは、どのように検討すべきか。別に記述したとおり、事前にデータベースの整備や警察・暴追センター・民暴委員との連携や相談といった体制を取っておき、まずはそれによる調査をすべきである。そのうえで、そこに登録がなかった場合にも反社会的勢力ではないかを注意すべきである。その際、以下のような点がないかを注意すると参考になる。

(ア) 法人の履歴全部事項証明書（いわゆる登記簿謄本）のチェック
・そもそも取引の相手方が法人登記されているか。名刺等に記載されている商号や本店所在地で営業しているか。
・本店所在地が頻繁に動かされていないか。
・目的が大幅に変更されていないか。目的が、取引しようとする業務の実態と整合しているか（まったく異なる場合には、反社会的勢力がいわゆる「法人格」を購入した可能性がある）。
・役員が近い時期に全員入れ替わっていないか。
・役員に反社会的勢力の者がいないか。
・その法人の意思決定を実質上行っている者が役員として登記されているか。

(イ) 本店・事業所・代表者自宅の不動産登記事項証明書（登記簿謄本）
・いわゆるレンタルオフィスではないか。
・不動産所有者が反社会的勢力ではないか。
・複数の差押え等を受けていないか。

(ウ) 電話やホームページ
・事務所の固定電話があるか。
・電話番号が頻繁に変更されていたり、会社規模にしては不自然に複数の電話番号を使用していないか。

(エ) 会社情報
・銀行取引ができているか。

(オ) 事務所の現地調査
・そもそも、取引をしようとする規模・内容からいって自然な場所や規模の事務所か（高額な取引をしようとするのに、マンションの1室が事務所であって、業界の通例と比べてめずらしい等）。
・事務所に会社の名称が表示されているか。逆に、1つの事務所に複数の法人名が表示されていないか。
・建物の造りに違和感がないか（防犯カメラの数、塀の高さ、窓の大きさ（異様に小さい）等）。

㋕　取引の内容
・不自然に有利な内容の取引を持ち掛けられていないか。
・契約内容が法令に適合する内容か。
・社会保険の加入状況や、その他法令の順守状況。
㋖　その他、打合せをしているときの態様
・従業員への言動（威圧的か否か）。
・現金決済を強く望んでいないか。取引の際指定される口座関係が、会社名と同じか。

このほか、役員の服飾品が過度に華美である場合や、役員が肌の露出を極端に嫌がる場合等が例示されている例もある[1]。

(2)　訴訟の場での検討

たとえば暴排条項等により相手方法人との契約を解除したが相手方法人が訴訟等で反社会的勢力でないと争ってきた場合など、訴訟で相手方の属性が問題になった場合、相手方が反社会的勢力に属することそのものを何らかの形で証明しなければならない場合がある。そして、反社会的勢力に属するか否かを証明するには、間接事実を積み上げていくほかない。

訴訟で主張すべき間接事実は事業ごとに考慮する必要がある。その際、青森地判平成19・2・23判タ1249号68頁の分析という形だが、①立証の対象となる者（個人・法人を問わない。以下同じ）が、反社会的勢力でないとふるまわない行動をしていたこと、②対象となる者が、反社会的勢力から同類として扱われていたこと、の2種類に分類して検討した例があり、参考になる[2]。

この例に従えば、たとえば、①の例として、立証の対象となる法人が、従業員が反社会的勢力の名称を対外的に使用することを黙認していた場合や法人の役員が反社会的勢力である場合、法人のパーティーに反社会的勢力を多数来賓として呼んでいた場合（東京高判平成14・7・16判時1811号91頁）等がある、②としては、反社会的勢力側が、法人役員を「特別相談役」等と肩書をつけて呼んでいた場合等があげられる。

1　反社リスク対策研究会編『反社会的勢力対応の手引』65頁（民事法研究会、2013年）
2　東京弁護士会民事介入暴力対策特別委員会編「反社会的勢力を巡る判例の分析と展開」別冊金融・商事判例54頁（経済法令研究会、2014年）

これらの間接事実の立証方法としては、前項に記載したような反社会的勢力に属することを推認させる事情や暴追センターへの照会結果、新聞記事のほか、現実的には、法人役員等の刑事記録の閲覧・謄写によることが多いと想像できる。

第3章 反社会的勢力に対する受任通知

■Ⅰ■ はじめに

　民暴事件においては、一般市民が反社会的勢力に対し毅然とした態度で法的な主張をしたり不当要求を断固として拒否したりすることは技術的にも心理的にも難しいことが多い。

　このような民暴事件を受任した弁護士としては、被害拡大を防止し、依頼者の心理的負担を早期に軽減するために、相手方となる反社会的勢力に対し、速やかに受任を通知するべきである。

　平成22年に埼玉弁護士会民暴委員会が全国の民暴委員会に行ったアンケート結果によると、弁護士からの受任通知によって（その他の手段をとることなく）不当要求が止んだのは集計全体の40％強であった。

　民暴事件における受任通知は被害者側から反社会的勢力に対する最初の反撃手段であり、その内容および方法がその後の解決に大きな影響を与えるといっても過言ではない。

■Ⅱ■ 受任通知の方法

1　住所が判明している場合

　相手の住所が明らかであれば、通知内容および通知が送達された事実を客観的に明らかにするため、配達証明付内容証明郵便の方法によって受任通知を送付するのが通例である。

　また、時効の援用（民法145条）や賃貸借契約における催告および解除（同法541条）等の法的な意思表示を示す場合は、これを証明する手段として、

内容証明郵便を送付する必要がある。

ただし、相手方が受取りを拒否することもある。この場合は、代替手段として特定記録郵便によって送付するべきである。

2　住所が不明の場合

相手方の住所が不明の場合は受任通知を発送することはできないが、電話番号がわかっていれば、受任事実を電話で通知することになる。この場合は、その後の架電禁止や面談強要禁止等の仮処分を視野に入れ、疎明資料として、電話の内容を録音しておくことが望ましい。

そして、電話の際に、相手方から住所を聞き出すことができれば、重ねて受任通知を発送するべきである。

Ⅲ　受任通知の内容

1　記載内容

基本的には、①受任した事実、②紛争および問題点の特定、③法的主張（相手方の要求に正当な根拠がないこと等）、④結論および方針（行為の中止要求、法律に則った解決を図ること等）、⑤依頼者に接触しないこと等を、簡潔に述べれば十分である。

内容については明瞭簡潔に記載すべきである。なぜなら、詳細に事実を書くことは、説得力を増すことになる反面、相手方に反論の機会を与えてしまうことがあり、また、依頼者が重要な事実を秘匿しあるいは忘却している場合に相手方から思わぬ揚げ足をとられてしまうことがあるからである。

2　文　体

文体については、反社会的勢力が面子を重んじることにかんがみ、威圧的文言を多用することや侮ったような文体は控えたほうがよい。

一方で、相手方の要求が恐喝や強要等の犯罪行為であることが明らかなときは、毅然とした態度を示す必要がある。ましてや、相手にへりくだる必要

はない。

3　落ち度に関する記載

依頼者にも落ち度がある場合、その旨を受任通知に記載すべきか。ケース・バイ・ケースであるが、落ち度に対しては、民事・刑事・行政面で法に則った対応をする姿勢を示し、そのうえで、不当要求には応じる義務も意思もないことを記載するべきである。

■Ⅳ■　「民暴委員会」の肩書きを付すること

相手方が暴力団員であることがある程度明らかな場合、「民暴委員会」の肩書きを付ければ、①民暴事件の取扱いに慣れた複数の弁護士が背後に控えていること、②警察・暴追センターが関与する可能性があること、③中止命令が出される可能性があること等を伝えることができ、心理的効果が高まる。

ただし、暴力団との関係が薄い相手方の場合には、「民暴委員会」の肩書きを付けず、弁護士連名での発送が好ましい。「暴力団と決め付けられた」との新たな言いがかりを与える危険があるからである。

■Ⅴ■　依頼者への指導

1　連絡を受けた場合の対応

反社会的勢力の中には、弁護士からの受任通知を無視して、依頼者本人に対する要求を繰り返す場合もある。

そこで、受任通知を発送する際、事前に、依頼者に対して、反社会的勢力からさらに連絡を受けた場合の対応等についての適切な指導をしておく必要がある。

たとえば、①「すべて弁護士に任せたので、（弁護士から、何も話すなと言われているので）、私からは話せません。弁護士に連絡してください。それでは失礼します」とだけ答えて電話を一方的に切ること、②しつこく連絡して

きても、何度も、上記と同じ対応を繰り返すこと、③押しかけると言われたら、「警察に通報します」と答えること、④実際に押しかけてきたら、躊躇することなく110番通報すること等、具体的な対応を指示するべきである。

2 不当要求を断固拒絶すること

反社会的勢力は、一般市民の恐怖心・自己保身等を悪用して、裏取引などの非合法な手段によって不当な利益を上げようとしてくる。仮に、依頼者側に何らかの落ち度があって、依頼者自身が「公表されたくない。反社会的勢力の要求に応じたほうが楽だ」と思っていたとしても、裏取引をすることなく、法に則った公正な解決をしたほうが将来的に利益になることを依頼者に理解させることが肝要である。

すなわち、一度でも不当要求に応じると不当要求は止むことなく次第に要求の程度がエスカレートしてくること、むしろ、不当要求を断固として拒絶することによって不当要求が止むことを理解させることである。

3 事案をもとにした通知書の記載例

> **事案1** Aは、B組事務所の電話番等をしていた指定暴力団の構成員であった。AがB組との関係を絶ちたいと申し出たところ、同構成員であるCから脅迫的言辞を用いた金品の要求をされるようになった事案。

【書式例3】 通知書（内容証明郵便）——組との関係解消事案

通　知　書

冠省
　当職らは，A（以下「通知人」といいます。）を代理して，貴殿に対し，次のとおり通知します。
1　通知人が貴殿及び暴力団B組との一切の関係を解消する意思を固めていることは，先般，通知人自身が貴殿に申し入れ，また，今般，公安委員会に

より貴殿宛に中止命令が発出されたとおりです。今後は，面談，信書，電話など方法を問わず，通知人及びその親族に対する一切の連絡を厳に控えられるよう申し入れます。
2 　また，貴殿は，通知人自身による上記申し入れを契機として，通知人に対し，「賃料」，「退室修繕費」，「引越し費用」等の費目にて合計〇〇万〇〇円の支払いを要求していますが（以下「本件要求」といいます。），通知人が本件要求に応じるべき法的理由はありません。ついては，通知人が本件要求に応じることは一切ないことを通知します。
3 　なお，通知人名義の株式会社〇〇及び〇〇株式会社を相手方とする各携帯端末利用契約につきましては，通知人において解約手続を進めさせていただきましたので，ご承知おき下さい。
4 　以上につきましては，当職らが通知人より，一切の委任を受けていますので，通知人に対し，今後，何かご連絡などがおありの場合には，すべて当職ら宛てになされますよう併せて通知いたします。
5 　最後に，本通知書の到達後にもかかわらず，通知人またはその親族に対して，貴殿が，自ら連絡を試み，または第三者に連絡を試みさせるようなことがありましたら，当職らは，貴殿，貴殿の所属する団体，場合によりましてはその上位団体の代表者等を相手方とする法的措置を講ずる所存ですので，その旨を付言いたします。

草々

事案2　Aが、暴力団員Bの元妻であるCと男女関係になった後にCと別れたところ、Cから高額な慰謝料を請求されるとともに、暴力団員であるBからも「けじめをつけろ」などと脅された事案。

【書式例4】　通知書（内容証明郵便）――慰謝料不当請求事案

通　知　書

〒〇〇〇-〇〇〇〇
〇〇県〇〇市〇〇町△番地△
〇　〇　〇　〇　殿

前略

当職は，Aから依頼を受け，同人と貴殿との間の男女関係の清算に基づく法的紛争（以下「本件事件」という。）を解決すべく，同人から本件事件に関する示談交渉その他一切の代理権を授与された弁護士です。
　ところで，お互い成人している者同士の恋愛関係においては，付き合うことも別れることも本来自由であります。そのような男女の恋愛関係の間では，ときには相手を傷つけてしまったり，反対に傷つけられてしまうようなこともあると思われます。しかしながら，そのような痛みは，恋愛関係が深まる中で，お互いを思いやる気持ちを育むことで解消していくもので，本来，法的な損害賠償請求等の金銭的解決には馴染まないものです。もっとも，お互いの痛みを解消できずに恋愛関係が終わってしまう男女がいることも，ご承知のことと存じます。このような，本来的に法的な金銭的解決に馴染まない恋愛関係に基づいて生じた痛みが，恋愛関係が終わった途端に法的な根拠をもつ損害賠償請求権に変わることはありません。
　もっとも，Aにおいては，貴殿との恋愛関係を継続していくことはできないものの，貴殿に幸せになって欲しいという気持ちには変わりがないとのことです。また，貴殿が妊娠し，堕胎したことについても，重責を感じているとのことです。
　そこで，Aにおいては，貴殿の痛みが，男女の恋愛関係による痛みを超える痛み，すなわち，Aの不法で法的非難に値する行為によって生じた精神的ないし肉体的な苦痛である場合には，これを法的に償うことを望んでいる次第であります。
　つきましては，本件事件の解決について，今後どのような方法によることが，望ましいのか，当職において検討中ではございますが，弁護士である当職が代理人となった以上，貴殿においても弁護士を代理人に立てられて，代理人弁護士同士の話し合いによって，終局的な解決を図ることが，貴殿及びAにとって，最良の方法であると存じます。
　なお，貴殿において，弁護士にご依頼されない場合には，お互いの公平を担保するために，家庭裁判所の調停による解決が適切と思われますので，当職といたしましては，家庭裁判所に調停を申し立てる所存でございます。
　まずは，本書面において，当職がAの代理人に就任したこと及び今後のお話し合いの方法についてのご提案をさせていただきましたが，今後は，Aとの面談や同人に対する架電は，お控え願いたく存じます。
　そして，Aに対して，ご意見やご要望，当職に対するご意見，ご質問等がございます場合には，お手数ですが，書面ないしお手紙にて当職までお申し付

けください。
　なお，直接，Aに対してご意見やご要望を申しつけられますと，当職から同人にその内容を確認した上で対応しなければならなくなり，貴殿のご意見やご要望が正確に伝わらなかったり，問題を複雑にしたりするだけですので，くれぐれもAとの接触等はお控えください。
　また，本件事件の解決にあたり，資格を有しない者を貴殿の代理人としたり，暴力団関係者等に本件事件の処理を委ねることは，無用なトラブルを招くだけでなく，法規等に違反する行為となるおそれがございますので，お控えください。
　なお，貴殿において，法的根拠に基づかないご要望やご請求，あるいは違法な態様によるご要望やご請求をなされたとしても，当職はこれに応じることができません。また，このような場合には，○○県警察，県民暴力追放センター及び当職の所属している○○県弁護士会民事介入暴力対策委員会に直ちに通報の上，関係当局との間で密に連絡を取りながら然るべく告訴，告発等の手続を取ることになりますので，予めご承知ください。

草々

第4章　仮処分制度の利用

■I■　仮処分とは

　暴力団事務所で抗争事件が起きた場合、周辺住民等の関係者は速やかに暴力団事務所の撤去を求めたいと考えるだろう。
　このような事案では緊急の対応を要する事案も多く、速やかに法的措置を講じることが不可欠であるといえるが、仮処分手続は重大な不利益や急迫の危険から債権者を救済する法的措置の１つである。

■II■　仮処分の主な内容

　仮処分とは民事保全の一種であるが、仮処分が認められるためには、被保全権利と保全の必要性の疎明が求められる（民保13条）。被保全権利の種類については特に限定がない。
　組事務所の排除のケースでは巧妙かつ頻繁な占有移転に対しては当事者恒定効のある占有移転禁止の仮処分が有効であり、処分禁止の仮処分と併せて行うことが考えられる。また、街宣活動や面談強要のような類型の不当要求行為に対しては、街宣活動禁止の仮処分、面談強要禁止等の仮処分、架電禁止の仮処分の申立てが効果的とされ、多くの成功事例が蓄積されている。

■III■　仮処分のメリット

　仮処分には２つのメリットがある。
　メリットの１つは、迅速な法的解決が可能な点にある。仮処分の申立て後は、通常は裁判官面接、さらに、街宣活動禁止の仮処分などの仮の地位を求

める仮処分では債務者審尋を経て決定がなされることになるが、保全手続に関する裁判はすべて決定手続で行われるため（民保3条）、仮処分をめぐる手続は民事裁判の中では迅速な手続といえる。

　もう1つのメリットは、仮処分における審尋手続や仮処分決定により、本訴を行わずして決定や和解により終局的解決に至ることが多いこともあげられる。特に仮処分命令が発令された場合、多くの事案では裁判所の判断に沿った方向で和解等により事実上の決着をみることがあり、紛争類型によっては問題解決の近道となるといえる。

第5章　街宣、面談禁止の仮処分

■Ｉ■　仮処分を検討する必要性

　街宣活動や面談強要などを威嚇の手段として直接、間接的に、違法または不当な要求をする行為は、反社会的勢力による不当要求の典型といえる。
　街宣活動禁止や面談強要禁止等の仮処分など、反社会的勢力による不当要求に関連する仮処分の多くは、本案の勝訴判決を待たずしてそれと同様の利益・満足を債権者のために確保することができる仮処分であり、いわゆる満足的仮処分といわれる。その手続内において、決定・和解等によって紛争が実質的に解決され、事実上、本案訴訟は提起されないことが多い。債権者にしてみれば、仮処分の手続によって紛争を早期にかつ根本的に解決することが可能となる。したがって、街宣活動禁止や面談強要禁止等の仮処分などは、迅速性および実効性の点で有用な法的手段であるといえる。

■Ⅱ■　概　　説

1　類　　型

　街宣活動禁止や面談強要禁止の仮処分は、争いのある権利関係について現に債権者に生じる著しい損害や急迫の危険を回避するためのものであるから、民事保全法23条2項の仮の地位を定める仮処分である。
　その実体的要件は、①被保全権利と②保全の必要性である。

2 被保全権利

(1) 被保全権利を何にするか

　仮の地位を定める仮処分の場合の被保全権利は、本案の訴訟物と密接に関連する。街宣活動禁止や面談強要禁止のような不作為を命ずる場合、被保全権利は差止請求権となり、損害賠償請求権は被保全権利とならないと解されている。

　個人については、名誉・信用の毀損と構成する場合もあるが、平穏な生活を営む人格権が被保全権利として認められている。

　法人については、裁判例において、侵害行為の態様と被侵害利益の内容に応じて、営業権、業務遂行権、名誉権、所有権、株主総会の秩序維持等に関する権利などが被保全権利として認められている。

面談強要行為等差止等請求事件（大阪地判平成28・6・15判時2324号84頁）	
主体：地方公共団体	
被保全権利についての判断	法人の業務は、固定資産および流動資産の使用を前提に、その業務に従事する自然人の労働行為によって構成されているところ、法人の業務に対する妨害が、これら資産の本来予定された利用を著しく害し、かつ、業務に従事する者に受忍限度を超える困惑・不快を与えるときは、これをもって法人の財産権および法人の業務に従事する者の人格権の侵害と評価することができる。 　しかしながら、法人の業務に従事する者の使用者である法人は、その業務に従事する者に対し、上記の受忍限度を超える困惑・不快を生じるような事態を避けるよう配慮する義務を負っていることに加え、業務の妨害が犯罪行為として処罰の対象とされていること（刑法233条、234条）等にかんがみると、当該法人が現に遂行し、または遂行すべき業務は、当該法人の財産権やその業務に従事する者の人格権をも包含する総体として法的保護に値する利益（被侵害利益）に当たるというべきである。そして、法人の業務が、前記のとおり、当該法人の財産権やその業務に従事する者の人格権をも包含する総体としてとらえられることにかんがみると、法人に対して行われた当該法人の業務を妨害する行為が、当該行為を行う者による権利行使として相当と認められる限度を超えており、当該法人の資産の本来予定された利用を著しく害し、かつ、その業務に従事する者に受忍限度を超える困惑・不快を与えるなど、業務に及ぼす支障の程度が著しく、事

	後的な損害賠償を認めるのみでは当該法人に回復の困難な重大な損害が発生すると認められるような場合には、当該法人は、上記妨害行為が、法人において平穏に業務を遂行する権利に対する違法な侵害に当たるものとして、上記妨害行為を行う者に対して、不法行為に基づく損害賠償を請求することができるのみならず、平穏に業務を遂行する権利に基づいて、上記妨害行為の差止めを請求することができるものと解するのが相当である。
侵害についての判断	被告の上記の各行為は、そのほとんどが情報公開請求や、その権利行使に付随して行われているものとはいえ、その頻度や態様等に照らすと、正当な権利行使として認められる限度を超えるものであって、原告の資産の本来予定された利用を著しく害し、かつ、その業務に従事する者に受忍限度を超える困惑・不快を与え、その業務に及ぼす支障の程度が著しいもので、今後も、このような行為が繰り返される蓋然性が高いということができる。そうすると、被告に対して事後的な損害賠償責任を認めるのみでは、原告に回復の困難な重大な損害が発生するおそれがあるというべきである。

(2) 保全の必要性に関する問題点

(ア) 保全の必要性に関する理論

被保全権利と保全の必要性の要件は、条文上は2つの要件として別個に判断されるかのように規定されているが、被保全権利のほかに保全の必要性の疎明が別途必要になるということはあまりないとする見解もあり[1]、両者の関係についてはさまざまなアプローチが考えられるところではある。

しかし、保全の必要性は、被保全権利との関係性を差し置いてその判断ができず、かつ、被保全権利との関係において、保全の必要性の判断がなされるという点に関しては、おおむね争いがないものと考えられる。

(イ) 仮の地位を定める仮処分における保全の必要性

仮の地位を定める仮処分は、「争いがある権利関係について債権者に生ずる著しい損害又は急迫の危険を避けるためこれを必要とするとき」（民保23条2項）に許されるものであり、将来の強制執行の保全を図る制度である仮差押えや係争物に関する仮処分とは性質を異にしている。

仮の地位を定める仮処分は、満足的仮処分という性質をもっていることか

---

1 羽成守『新版 仮差押え・仮処分の法律相談』156頁（青林書院、2013年）。

らも、暫定的な地位を形成する必要性が明らかに存在しなければならず、債務者の被る不利益に比してこの仮処分によって防止しようとする債権者の損害が著しく大きいものであることが必要である。

　㈦　**債権者代理人としてなすべきこと**
　　(A)　街宣行為

　保全の必要性を疎明するにあたり考えなければならないことは、まず、債権者にどのような権利が存在しており、その権利が、現在おかれている状態では、本執行の段階でその権利の満足を得られない、あるいは債権者が現在おかれている状態では、本執行の段階でその権利の満足を得られない、あるいは債権者が現在の権利関係に生じる危険を避けることができないということを、認定可能な間接事実を積み重ねて疎明することである。

　街宣禁止仮処分における被保全権利は、債権者が個人である場合には名誉権や平穏な生活を営む権利としての人格権、債権者が法人である場合には、名誉権、営業権、業務遂行権などが考えられる。街宣活動は、その表現内容や態様により、個人の名誉や平穏な生活を脅かし、または会社・団体等の名誉、信用、業務の円滑な遂行を侵害することがある。

　具体的には、①債務者の摘示する事実が虚偽であること、②街宣行為の態様が社会的相当性を逸脱しており、深刻な被害が生じていること、③債務者の要求の不当性（純粋な政治活動でないこと、嫌がらせ目的であることなど）などを疎明することになる[2]。ただし、被保全権利が平穏な生活を営む権利であるとすると①について必ずしも疎明が必要なわけではなく、街宣行為が権利行使としての相当性を逸脱する態様で行われたことについて疎明できれば、①についての疎明がなくとも差止めが認められている事案も多い。

　債務者が、当該街宣行為においては個人名・団体名を明示しておらず債権者を誹謗中傷していないと反論することがあるが、債権者としては、街宣の現場で街宣を聞いた者であれば容易に債権者について言及していることが理解できると再反論すれば足りるであろう[3]。

　また、債務者が、街宣活動は正当な言論活動であり、その内容は真実であ

2　以上、東京弁護士会民事介入暴力対策委員会編『民事介入暴力対策マニュアル〔第5版〕』173頁（ぎょうせい、2015年）を参考にした。

り、仮に真実の立証ができないとしても真実と信じたことにつき相当な理由があるから、違法性はないと反論することがあるが、内容の反真実性や真実と信じたことにつき相当な理由がないとの反論のほか、上記②ないし③の事情によって街宣行為の態様が正当な言論活動を逸脱していると再反論することになろう[4]。

なお、予想される債務者の抗弁や債権者が本案訴訟において主張することを予想している再抗弁については、被保全権利または保全の必要性に含めて審理すべきとされていることから、上述した再反論については申立ての段階で主張しておくことになる[5]。

(B) 面談強要行為

面談強要禁止の仮処分においては、人格権や業務遂行権の侵害といえるほどの面談強要や重大な名誉毀損事実の告知が存在したのかが問題となる。

面談禁止の仮処分は、債権者の勤務先、友人、親族等に対する債権者の名誉を害する事実の告知の禁止を求める申立てがなされることが多いと指摘されている[6]。この場合、債権者の勤務先、友人、親族等も面談強要の禁止する対象に含める保全の必要性が認められなければならない[7]。なお、親族について、債権者の申立てによって保護することができるのはせいぜいその同居の親族程度であるから、別居の親族については、原則として別の申立てをさせるのが望ましいとされている[8]。

---

3 東京弁護士会民事介入暴力対策特別委員会編「反社会的勢力を巡る判例の分析と展開」別冊金融・商事判例148頁（経済法令研究会、2014年）。
4 東京弁護士会民事介入暴力対策特別委員会編・前掲（注3）148頁。平成7年3月31日東京地方裁判所民事第11部決定平成6年(ヨ)21291号を参考にした。
5 大塚直＝北村喜宣『環境法ケースブック〔第2版〕』117頁（有斐閣、2009年）。
6 以上、瀬木比呂志『民事保全法〔新訂版〕』622頁（日本評論社、2014年）。
7 羽成・前掲（注1）161頁。
8 瀬木・前掲（注6）622頁、羽成・前掲（注1）161頁。

■Ⅲ■ 債務者審尋の問題点

1 債務者審尋の必要性

(1) はじめに

　民事保全法23条4項本文は、口頭弁論または債務者が立ち会うことができる審尋の期日を経なければ、仮の地位を定める仮処分命令を発することができないとする。

　このように、仮処分において、口頭弁論または債務者審尋が必要とされる理由は、①仮処分は、債務者に重大な影響を与えること、②債務者の手続上の地位を保障する必要があること、③仮の地位を定める仮処分には、一般に密行性が乏しいこと、があげられている。[9]

　それを受けて、民事保全規則3条1項は、債務者に対し、相当と認める方法によることができると規定している（なお、実際上、仮処分において口頭弁論が開かれることはほとんどない。したがって、以下は、単に審尋について論述を進めることとする）。

　これは、現実に期日を経ることを要し、電話や書面によって債務者に対し、意見陳述の機会を与えるだけでは足りないと解されているようである。[10]

　一方で、民事保全法23条4項ただし書は、その期日を経ることにより仮処分命令の申立ての目的を達することができない事情があるときは、債務者を呼び出す審尋期日を経ずに仮処分命令を発することができるとしている。

　街宣禁止の仮処分などの不当要求行為の差止めを求める仮処分は、仮の地位を定める仮処分命令となり、原則として債務者審尋が必要となる。

　「第73回民事介入暴力対策埼玉大会協議会資料」を作成するにあたって全国の弁護士に協力いただいたアンケート（以下、「アンケート」は、本アンケートを指す）では、仮処分命令が発せられた事案36件のうち、債務者審尋を経ずに仮処分命令が発せられたと確認できた事案は10件であった。

---

[9] 山﨑潮『民事保全法の解説〔増補改訂版〕』168頁・169頁（金融財政事情研究会、1991年）。
[10] 山﨑潮監修・瀬木比呂志編集代表『注釈民事保全法(上)』321頁（民事法情報センター、1999年）。

債務者審尋が原則としても、どのような場合に無審尋で仮処分命令が発せられたのか、考察する。

(2) **無審尋での発令**

無審尋で発令されるのは、一般的には、呼出しを行うと債務者が侵害行為をする蓋然性が強く、被保全権利との関係で、債務者の事前の行為により仮処分命令の目的を達することができなくなる場合、債権者に重大な危険が切迫していて、審尋の期日を経ていたのでは時間的に債権者の危険が現実化してしまう場合などである。

より具体的には、「債務者が現に重大な違法行為を行っていることが明確に疎明され、かつ、これについての正当な弁解がおよそ考えられない場合」[11]とされ、例として、人格権に基づく仮処分で、いわれのない誹謗中傷の街頭宣伝活動や執拗な嫌がらせ行為が行われている場合があげられている。ただし、債務者の行為であること（行為と行為者の結びつき）は明確に疎明されている必要があるとされている。

この点、北方ジャーナル事件（最判昭和61・6・11民集40巻4号872頁）は、出版物の事前差止事案であり、最高裁判所は、無審尋での差止めが許容される場合を示している。すなわち、「口頭弁論又は債務者審尋を行い、表現内容の真実性等の主張・立証の機会を原則として与えるべきであるが、債権者提出の資料により、表現内容が真実でないこと又は公益目的でないことが明らかである場合には、無審尋の差止めが許される」としている。

ただし、東京地裁保全研究会編『民事保全の実務(上)〔新訂増補版〕』42頁（金融財政事情研究会、2005年）は、「北方ジャーナル事件の判旨は現在も生きているとはいえ、これが新法施行前の判例であることを考えるならば、債務者審尋の必要性が明文で定められた現行法の下では、債務者審尋を省略しうる場合は、実際上、従前より限定的に解する必要があろう」として、無審尋の場合をより限定的に解釈する必要があるとしている。

しかし、後記のとおり、無審尋で仮処分命令が発令された具体的事案を見ると、無審尋での発令が認められる場合を限定的に解釈するのでなく、前記

---

11 山﨑（監）ほか・前掲（注10）266頁。

北方ジャーナル事件で示された要件は、民事保全法23条4項ただし書の例示と考える余地があるとも解される。

(3) 債務者審尋のメリット

債務者審尋によって債務者側を裁判所に呼び出すほうが、解決に結び付くケースもある。以下のような要素がメリットとして考えられる。

(ア) 裁判官からの説得

債務者審尋のメリットは、裁判所という公的な場で不当要求行為者と対峙できることにある。債務者審尋では、債務者側の言い分も聞きながら審理を進めるが、通常、裁判官から債務者側に仮処分手続中の不当要求行為を止めるように説得するので、不当要求行為が止まることも期待できる。

(イ) 裁判官の認識

担当裁判官に、債務者がどういう属性の人物かを裁判官自身の目で見てもらえる。

複数の右翼系団体が、財団法人に長期間、定期的に街宣活動を行っていた事案で、街宣禁止の仮処分の債務者審尋期日に、債務者らが戦闘服を着て、街宣車で裁判所に乗り付けたということがあった。裁判所は街宣車の構内への乗り入れを拒否したため、債務者らは裁判所の入口で裁判所職員と押し問答をしていた。このようなことがあったので、裁判所に街宣行為の権利侵害性を肌で感じてもらうことができた。

(4) 債務者審尋のデメリット

デメリットは、仮処分命令の発令が遅延すること、決定が出される前に依頼者等に重大な権利侵害が発生し、第三者に被害が拡大してしまうおそれがあることである。

アンケート回答の中に、次のような事案があったので紹介する。

ゴルフ場経営会社が手形を乱発し、それらが暴力団関係者の手に渡った。民事再生手続を開始したものの、当該暴力団関係者は、再生手続を無視して取立てを行い、役員等への面談強要や、大株主、関係者家族への脅迫行為に及んだ。弁護団が受任し、仮処分申立てを行うも、裁判官が和解に固執して債務者審尋の期日が数回開かれたため決定が遅れ、その間に、会社本店に火炎瓶が投げ込まれ、大株主の関連会社に盗難車が突っ込む事件が発生、さら

に、役員が刃物で刺傷される事件も発生した。

仮処分決定後も、嫌がらせは続いたが、本案訴訟の判決や、警察による立件・逮捕により沈静化した。

(5) 無審尋の事例

アンケート回答中、債務者審尋を経ずに仮処分命令が発せられた事案は、①明らかな違法街宣が繰り返された事案、②権利として成り立たないことが明らかな損害賠償請求をされた事案、③嫌がらせに怪文書を配布された事案、④複数の団体が入れ替わって街宣活動が行われた事案などである。

これらは、債務者審尋を経るまでもなく、権利侵害性が明らかであること、また、継続的に権利侵害が発生している事案であることから、無審尋が妥当な事案であった。なお、アンケート結果では、傾向として、平成5年頃から平成9年頃までの街宣活動禁止の仮処分事案では、債務者審尋を経ずに仮処分命令を発している例が比較的多かった。

(6) まとめ

仮の地位を定める仮処分では、債務者審尋を経るのが民事保全法の原則である。また、裁判所では、無審尋での仮処分命令をかなり限定的なものとする傾向が見受けられ、無審尋で仮処分命令を発することに必要以上に慎重になるかもしれない。

しかし、債務者審尋を経るべきかは、事案ごとに判断していくべきであり、特に民暴事案は、無審尋で迅速に仮処分命令を発しないと、重大な権利侵害が発生する事案が多いと思われる。

上記(4)の事案は、無審尋で、速やかに仮処分命令を発令すべき典型的な事案であった。再生開始決定が出ているにもかかわらず、強硬な取立てを行っていた悪質事案なのだから、債務者審尋によって債務者の意見を聞く必要などなかったし、山口、住吉、稲川と三大指定暴力団が関わっていたのだから、安易に審尋を重ねても、和解など困難なことは明白であった。裁判官の理解がなく、和解にこだわったため、審尋期日間に火炎瓶による放火、車が事務所に突っ込むという事態が生じ、発令前には専務取締役が刺されるという最悪の結果が生じた。司法が、毅然とした態度を示していれば、このような被害は防げたのかもしれない。

第5章　街宣、面談禁止の仮処分

　この事案は極端な事例ではあるが、民暴事件では、無審尋で仮処分命令を発令すべき事案が、通常の保全事件よりも多いと思われる。そのような事案での仮処分申立てで、担当裁判官がその危険性を十分に理解してくれないような場合は、この事例を疎明資料として紹介するなどして、債務者審尋が不要であると説得することも考えてみるべきである。

2　債務者審尋を経た場合の解決方法（和解事案）

　仮処分申立ての事案では、事件が和解により終了することがある。

(1)　和解事例の紹介

　アンケート結果によると、不当要求行為の差止めだけでなく、損害賠償金の支払いまで認めさせた和解がある。その一方、本案訴訟を提起して、判決確定、和解、取下げ等で終了するまで、依頼者側にも街宣活動を止める自力救済を行ったという弱みがあった事案で、相手方に金銭的な賠償をした、という和解もあった（ただし、和解内容の詳細は不明）。

(2)　和解のメリット・デメリット

　和解の利点は、いうまでもなく、紛争の全体的な解決に資することである。仮処分命令が発令されても、本案訴訟を提起してそれが確定するまでは、仮処分命令は、あくまでも「仮」のものである。保証金取戻しのため、本案訴訟を提起しなければならない場合もある。そういう点で、和解による解決は、早期に紛争を根本的に解決できるメリットが大きい。

　一方、和解にこだわるあまり、債務者側の引き延ばしに乗ってしまい、結局、紛争が解決せず、かえって、前述の事例のように重大な権利侵害が生じてしまうこともある。

　債務者側が和解に応じる事案であっても、不当な対価を和解の条件にするような場合は、安易にこのような和解に乗ってはいけない。不当な対価を与える和解は、後日、同種事案を引き起こす要因となる。また、安易な謝罪文言を入れることも、そこから新たな紛争が発生することになりかねないので、断固拒否しなればならない。

　また、仮処分はあくまでも暫定的な手続であるので、本案訴訟が終結するまで不当要求行為を止めさせるという和解も有益な方法である。

(3) まとめ

　仮処分は、本案訴訟と違い、緊急・迅速な処理が必要である。だからこそ仮処分申立てをするのである。仮処分申立ては、紛争の解決というより、現に発生している権利侵害を止めることが目的なのであるから、和解を目的とするような債務者審尋が繰り返されることは拒否しなければならない。

　一方、和解によって、不当要求行為が根本的に終了することもあるので、臨機応変に対処していく態度も必要である。

　結局のところ、和解による解決が妥当か否かは、事案ごとに判断するしかない。一般的には、債務者側の属性、権利侵害行為の態様、被保全権利の種類、仮処分申立て後の債務者側の態度（不当要求行為を止めているか）、債務者側にも正当な言い分があるのかなどを総合考慮して判断すべきである。

　和解条項は、仮処分段階とはいえ、根本的に紛争を解決できるのなら、それに越したことはない。不当要求行為の差止めを明文化するのはもちろん、和解条項に違反した場合の違約金の条項なども定めておくべきである。

　和解条項が、後日の紛争の原因とならないよう、債権者側の安易な謝罪文言などは拒否したい。

Ⅳ　主文および供託金

1　主　文

(1)　主文例

　仮処分の主文例は、事案によってさまざまなので、「アンケート事例」から抜粋して記載した（後掲〔表2〕参照）（決定書およびアンケート事例に基づく）。

(2)　主文に関する考察

(ア)　仮処分の類型

(A)　不作為を求める仮処分

不作為を求める仮処分には以下のものがみられた。

① 具体的行為を禁止するもの

街宣禁止（街宣車や拡声器を利用）、面談強要禁止、架電禁止、（土地、建物、一定の場所等への）立入禁止、つきまとい等の嫌がらせ行為の禁止、ビラまき行為の禁止、債権者らを誹謗中傷するインターネットホームページの開設禁止、工事妨害禁止等

② 包括的禁止条項

業務妨害行為の禁止、生活妨害行為の禁止、名誉・信用毀損行為の禁止、住居の平穏を妨害する行為の禁止など、包括的禁止条項を盛り込むもの

(B) 作為を求める仮処分

不作為を求めるものが主流であるが、退去（断行の仮処分の事例ではない）、既存のインターネットホームページの閉鎖などの作為を求める仮処分もみられた。

(イ) 仮処分の客体

仮処分の客体としては、以下のものがみられた。

① 債務者のみを対象とするもの
② 債務者のほかに「第三者」を加えるもの

なお、「第三者」について、「代理人その他の第三者」、「代理人、使者、構成員、使用人、関係者またはその他の第三者」とするものがみられた。

(ウ) 街宣禁止の仮処分の禁止範囲（起点、距離）

(A) 禁止範囲の起点

事業所や自宅などを起点とする例が多いが、具体的な街宣行為の態様との関係で、公園等の場所を起点とする例も存在する。

(B) 禁止範囲の比較

禁止範囲は下記のとおりである。

距離の明示は場所の特定のためであり、街宣禁止では、1000m程度は許容可とされるが[12]、禁止範囲は下記のように事案によってさまざまである。被侵害利益と関連づけた比較検討が必要だが、最近は、500メートルから700メートルの範囲で禁止を認めるものが多い。

---

12 山崎（監）ほか・前掲（注10）156頁参照。

なお、禁止範囲を100メートルと限定したものや距離制限を設けなかったものは、いずれも労働事件の性質をもつ事案である。

（禁止範囲）
- 200メートル　　2件
- 300メートル　　1件
- 400メートル　　1件
- 500メートル　　8件
- 700メートル　　5件
- 1000メートル　　1件
- 1500メートル　　1件
- 2000メートル　　3件
- 5000メートル　　1件

2　保証金（街宣禁止の仮処分に限定）

保証金（債務者ないし債権者1人当たりの金額）は下記のとおりである。

これも事案によってさまざまであるが、比較的高額な保証金を決定するものは少なく、むしろ無担保で決定されているものが多く、債務者ないし債権者1名当たり10万円程度の保証金で決定されているものも多い。

なお、訴訟を提起することを条件に街宣行為を止めるとの和解が成立したことがあり、当然のことながら、この場合、保証金を要せず、仮処分決定を得たのと同様の効果が得られる。

（保証金）
- 無担保　　　　8件
- 2万5000円　　1件
- 3万円　　　　1件
- 4万円　　　　1件
- 5万円　　　　1件
- 10万円　　　10件

・15万円	1件
・20万円	1件
・30万円	1件
・40万円	1件
・50万円	1件

3 その他

(1) 債務者無審尋で決定が出されたケース

債務者の審尋を経ないで仮処分決定がなされるケースもある。

ただし、すでに消滅時効期間が経過している債務（債務の存否自体も争いの対象になっている）についての不当要求であったり、すでに仮処分が下りている相手方が別の者を対象に街宣行為を継続したケースであったり、仮処分の効力が期間限定されているケース等の特別な事情が存在するものが多い。

(2) 期間等を制限したケース

禁止期間を制限したり、保護の対象を限定したものがあるが、いずれも裁判所が具体的事案に即して、（限定的に）期間等の制限をしたものと思われる。

(3) 和解により解決したケース

仮処分の申立てないし審尋にて終局的な解決に至るものと、前述したとおり、本訴提起を条件に街宣行為を止めるなどの中間的解決を目的とした和解がされている。

〔表2〕 仮処分の主文例アンケート調査結果

※アンケートの回答に決定書の主文がないものについては、申立書の「申立ての趣旨」あるいは申立内容を掲載した。

主　文	保証金	備　考
債務者は、債権者らの事務所所在地の近隣（正面入口を基点として半径500メートル以内、別紙地図において赤線で示す範囲内）において、自ら下記の行為を行ってはならず、代理人、使用人、従業員またはそのほかの第三者をして下記の行為を行なわせて	¥120,000	・平成18年4月18日決定 ・東京地方裁判所民事第9部 ・債権者3名×4

はならない。 記 街頭宣伝車等の車両または拡声器等を用い、債権者またはその関係者に対する抗議文の朗読や演説あるいはビラ等の配布や張り付け、街頭宣伝車の看板掲示、さらには録音テープまたは音楽を流す等、債権者の平穏な業務遂行に支障を及ぼしたり、営業上の名誉や信用を毀損したりする一切の行為。		万円 ・街宣禁止 ・債務者：右翼団体と名乗る者
債務者は、債権者が占有する別紙物件目録記載の建物に立ち入り、又は債権者、その役員及び職員に対し、架電し、若しくは面会も求めるなどの方法で、直接交渉することを強要してはならない。	¥300,000	・平成18年10月30日決定 ・東京地方裁判所民事第9部 ・面談強要禁止 ・債務者：一般人
会社への立入禁止 役職員に対する直接交渉の禁止	相手方1名につき¥100,000	・東京地方裁判所 ・面談強要禁止など ・指定暴力団員 ・嫌がらせは仮処分でも止まらず、本案訴訟の判決、警察による立件・逮捕により沈静化した。
債務者は、債権者に対し、自ら下記記載の①ないし⑤の各点から（ただし、③については正面入口から、④については西口改札口から、⑤については正面入口から）半径500メートル以内（その各範囲は、別紙図面において、①ないし⑤の符号を付した赤丸印で囲まれた範囲）を徘徊し、大声を張り上げ、街頭宣伝車による演説を行うなどして債権者の名誉及び信用を毀損する一切の行為を行ってはならず、代理人、使用人、従業員又はその他の第二者をして同行為を行わせてはならない。 記 ①　○○所在の債権者自宅 ②　○○所在の駐車場 ③　○○所在の○○市役所 ④　○○所在の○○駅 ⑤　○○所在の○○公園	¥150,000	・平成18年11月6日決定 ・さいたま地方裁判所越谷支部 ・街宣禁止 ・債務者：右翼団体と名乗る者
1　債務者らは、自己又は第三者をして、債権者及	和解による解	・平成19年和解

びその職員に対し、電話・文書・面接等によって、直接交渉を強要する行為をしてはならない。 2　債務者らは、自己又は第三者をして、債権者が経営する○○、及び○○の各場所から半径1キロメートル以内の地域を徘徊し、大声を張り上げ、街頭宣伝車等の車両により演説を行ない、あるいは音楽を流す等、債権者の業務を妨害したり、名誉、信用を侵害する一切の行為をしてはならない。	決のため保証金なし。	・街宣禁止、面談強要禁止 ・債務者：右翼団体と名乗る者
1　債務者は、自己又は第三者をして、正当な法的手続を取ることを除き、債権者の経営する○○に勤務する従業員又は代表者A（以下「従業員ら」という。）に対し、架電又は面会を求める等の方法で直接交渉することを強要してはならない。 2　債務者は、自己又は第三者をして、債権者の経営するAの建物（但し、別紙図面中赤色を付した部分）に立ち入ったり、建物内又は建物の周辺で、大声を上げる等して、債権者の○○を妨害してはならない。 　また、債務者は、自己又は第三者をして、債権者に対し、正当な理由がない限り、債務者の○○を要求してはならない。 3　債務者は、自己又は第三者をして、従業員らの自宅、勤務先及びその近隣において、従業員らの身辺につきまとったり、従業員らを待ち伏せたりしてはならない。	￥50,000	・平成19年8月決定 ・業務妨害禁止、面会強要禁止、立入禁止 ・債務者：一般人
債務者らは、債権者に対し、自ら下記の行為をしてはならず、代理人、使用人、従業員またはその他の第三者をして以下の行為をさせてはならない。 1　○○所在の○○の入っている○○の正面玄関から半径700メートルの範囲内において街頭宣伝車を用いて行進若しくは停車し、街頭宣伝車による演説を行い、スピーカーを使用して大声を上げ、あるいは、音楽、読経、演説テープを放送して、債権者の業務を妨害し、債権者を誹謗中傷して債権者及びその役員、職員の名誉を毀損する一切の行為。 2　債権者の許可なく債権者の事務所がある○○の○○の建物及び敷地に立ち入る行為。 3　債権者の役員及び職員に対し電話、文書、面接等による方法で、債権者に対し直接交渉を強要する行為。	￥200,000	・平成16年4月28日決定 ・さいたま地方裁判所第3民事部 ・債務者2名×10万 ・街宣禁止、面会強要禁止、立入禁止 ・債務者：右翼団体と名乗る者

債務者は、債権者に対し、下記の行為をしてはならない。 記 ○○県○○所在の○○市役所庁舎正面入口（別紙1の図面記載の正面玄関）から半径400メートル以内（別紙2の図面に表示した円の内側）で拡声器による演説を行い債権者及びその代表者、職員の業務を妨害し、並びに誹謗中傷するなどして債権者及びその代表者の業務、名誉、又は信用を毀損する一切の行為。	無担保	・平成21年決定 ・さいたま地方裁判所第3民事部 ・街宣禁止（ただし、街宣車ではなく、ハンドマイク利用） ・債務者：右翼団体と名乗る者
1　債務者らは、債権者に対し、自らの行為をしてはならず、代理人、使用人又はその他第三者をして下記の行為をさせてはならない。 記 ○○所在の債権者の自宅（別紙の図面に表示した円の中心の赤点）から半径500メートル以内の区域（別紙1の図面に表示した円の内側）において、街頭宣伝車を用いて行進、徘徊若しくは停車しながら、街頭宣伝車のスピーカーによる演説を行い、又は、街頭宣伝車を用いずに徘徊若しくは立ち止まりながらハンドマイクを使用して大声を上げ、若しくは音楽、演説テープを放送して、債権者の生活を妨害する一切の行為。 2　債務者らは、債権者に対し、平成○○年○○月○○日まで、自ら下記の行為をしてはならず、代理人、使用人、又はその他の第三者をして下記の行為をさせてはならない。 記 ◇◇所在の債権者選挙事務所から半径500メートル以内（別紙2図面に表示した円の内側）において、街頭宣伝車を用いて行進、徘徊若しくは停車し、街頭宣伝車のスピーカーによる演説を行い、又街頭宣伝車を用いずに徘徊若しくは立ち止まりながら、ハンドマイクを使用して大声を上げ、若しくは、音楽、演説テープを放送して、債権者の業務を妨害する一切の行為。 3　債権者のその余の申立をいずれも却下する。 4　申立手続費用は、これを3分し、その2を債権者の負担とし、その余は債務者らの負担とする。	¥200,000	・平成22年3月8日決定 ・さいたま地方裁判所第3民事部 ・債務者2名×10万円 ・選挙事務所については期間を限定して決定 ・街宣禁止 ・債務者：右翼団体と名乗る者
債務者らは、自ら下記の行為をしてはならず、第三者をして下記の行為を行わせてはならない。 記	¥1,000,000	・平成8年9月20日決定 ・さいたま地方裁

57

1　別紙仮処分対象者目録記載の事務所ないし自宅の入口から半径700メートル以内において、街宣車で徘徊し、演説するなどして、債権者らの業務・生活を妨害し名誉・信用を毀損する一切の行為。 2　別紙仮処分対象者目録記載の事務所ないし自宅に対し、債権者を誹謗中傷する内容のビラを配布し、債権者らの業務・生活を妨害し名誉・信用を毀損する一切の行為。 3　別紙仮処分対象者目録記載の事務所ないし自宅に対し、立ち入り、架電し、面談を強要するなどして、債権者らの業務・生活を妨害する一切の行為。		判所第3民事部 ・債務者2名×50万円 ・街宣禁止、ビラ配布の禁止、立入禁止、面談強要禁止 ・間接強制申立→決定（妨害行為1分当たり25万円）
1　債務者は、自らまたは第三者をして下記の行為を行ってはならない。 記 (1)　債権者が主催する平成○○年○○月○○日の「○○大会」に関する事業遂行業務を妨害する一切の行為。 (2)　上「○○大会」の練習、準備および開催期間中（○○月○○日から○○月○○日までの間）「○○公園」に立ち入る行為。 (3)　「○○大会」に関して、債権者およびその役員に電話をし、あるいは面談を強要する行為。 2　申立費用は、債務者の負担とする。	￥50,000	・平成11年8月27日決定 ・さいたま地方裁判所第3民事部 ・業務妨害禁止、立入禁止、面談強要禁止 ・債務者：一般人
債務者らは債権者らに対し、自ら下記の行為をしてはならず、代理人、使者、構成員、使用人、関係者又はその他の第三者をして下記の行為を行わしめてはならない。 記 別紙物件目録記載の各建物の正面入り口扉から半径2000メートル以内の地域を街頭宣伝車を用いて行進又は停車し、街頭宣伝車による演説を行い、あるいは音楽やお経を放送等して、債権者らの業務を妨害し、又はその名誉及び信用を毀損する一切の行為。	無担保	・平成9年10月1日決定 ・水戸地方裁判所下妻支部 ・間接強制申立て→決定（違反行為1日につき30万円） ・街宣禁止 ・債務者：右翼団体と名乗る者
1　債務者は、債権者らに対し、自ら次の行為をしてはならず、代理人、使用人、従業員又は第三者をして次の行為を行わしめてはならない。 (1)　下記場所及びその付近（正面入口から半径700メートル以内）を徘徊し、大声を張り上げ、街頭	無担保	・平成8年7月29日決定 ・さいたま地方裁判所第3民事部 ・街宣禁止、立入

宣伝車を用いて行進若しくは停車し、街頭宣伝車による演説を行い、スピーカーを使用して大声を上げ、あるいは音楽、読経を放送し、ビラを撒く等して、債権者らの業務を妨害し、又は名誉、信用を毀損する一切の行為。 記 ① 債権者株式会社〇〇本社（住所） ② 債権者代表者の自宅（〇〇県〇〇市〇〇） (2) 債権者らの許可無く、上①及び②の建物及び敷地に立ち入る行為。 2 債務者は、債権者代表者に対し、自ら又は代理人、使用人、従業員若しくは第三者をして、電話、文書、面接等による方法で直接交渉を強要する行為をしてはならない。		禁止、面談強要禁止 ・債務者：右翼団体と名乗る者
1 債務者らは、債権者会社に対し、自ら次の行為をしてはならず、代理人、使用人、従業員又はその他の第三者をして次の行為を行わしめてはならない。 (1) 下記場所及びその付近（正面入口の門から半径500メートル以内）を徘徊し、大声を張り上げ、街頭宣伝車を用いて行進若しくは停車し、街頭宣伝車による演説を行い、スピーカーを使用して大声を上げ、あるいは、音楽、読経を放送し、ビラをまく等して、債権者会社の業務を妨害し、又は名誉、信用を毀損する一切の行為。 記 ① 債権者本社 ② 〇〇市役所 (2) 債権者会社の許可なく、上①の建物及び敷地に立ち入る行為。 2 債務者らは、債権者代表取締役に対し、自ら又は代理人、使用人、従業員若しくは第三者をして、電話、文書、面接等による方法で、直接交渉を強要してはならない。	¥200,000	・平成5年7月29日決定 ・さいたま地方裁判所第3民事部 ・債権者2名×10万円 ・街宣禁止、立入禁止、面談強要禁止 ・債務者：右翼団体と名乗る者
債務者は、債権者らに対し、自ら次の行為をしてはならず、代理人、使用者、従業員又はその他の第三者をして次の行為を行わしめてはならない。 (1) 下記場所及びその付近（正面入口の扉から半径700メートル以内）を徘徊し、大声を張り上げ、街頭宣伝車を用いて行進若しくは停車し、街頭宣伝車による演説を行い、スピーカーを使用して大声を上げ、あるいは、音楽、読経を放送し、ビラ	¥200,000	・平成7年6月12日決定 ・さいたま地方裁判所第3民事部 ・債権者2名×10万円 ・街宣禁止 ・債務者：右翼団

をまく等して、債権者会社の業務ないし職務を妨害し、又は名誉、信用を毀損する一切の行為、及び、債権者個人の名誉を毀損し、誹謗中傷する一切の行為。 記 ① 債権者会社の別紙目録1記載の事務所・教室及びその敷地 ② 債権者個人所有の別紙物件目録2記載の土地・建物		体を名乗る者
1 債務者は、債権者に対し、自ら次の行為をしてはならず、代理人その他の第三者をして次の行為を行わしめてはならない。 記 (1) 下記場所及びその付近(正面入口から半径500メートル以内)を徘徊し、大声を張り上げ、街頭宣伝車を用いて行進若しくは停車し、街頭宣伝車による演説を行い、スピーカーを使用して大声を上げ、あるいは音楽、読経を放送し、ビラをまくなどして、債権者の名誉、信用を毀損し、業務を妨害し、日常生活の平穏を乱す一切の行為。 債権者居住のマンション(特定) (2) 債権者の許可なく、上の建物及び敷地に立ち入る行為。 2 債務者は、債権者に対し、自ら又は代理人若しくは第三者をして、電話、文書、面接等による方法で直接交渉を強要してはならない。	無担保	・平成7年9月27日決定 ・さいたま地方裁判所第3民事部 ・街宣禁止、面談強要禁止 ・債務者:右翼団体と名乗る者
1 債務者は、債権者らに対し、自らにせよ代理人、使用人、従業員又はその第三者によるにせよ、次の行為のいずれをもしてはならない。 記 (1) 下記場所及びその付近(正面入口から半径700メートル以内)を徘徊し、大声を張り上げ、街頭宣伝車を用いて行進若しくは停車し、街頭宣伝車による演説を行い、スピーカーを使用して大声を上げ、あるいは音楽、読経を放送し、ビラを撒く等して、債権者らの業務を妨害し、又は名誉、信用を毀損する一切の行為。 ① 債権者会社(住所) ② 債権者個人の自宅(住所) ③ ○○市役所(住所) (2) 債権者らの許可なく、上①及び②の建物及び敷地に立ち入る行為。	無担保	・平成9年3月21日決定 ・さいたま地方裁判所川越支部 ・街宣禁止、立入禁止、面会強要禁止 ・債務者:右翼団体と名乗る者

2　債務者は、債権者個人に対し、自らにせよ代理人、使用人、従業員若しくは第三者によるにせよ、電話、文書、面接等による方法で直接交渉を強要する行為をしてはならない。		
1　債務者らは、別紙ホームページ目録記載のインターネットホームページを閉鎖せよ。 2　債務者らは、債権者らを誹謗中傷する内容のインターネットホームページを開設してはならない。	和解による解決のため保証金なし	・平成12年頃申立の案件（ホームページの閉鎖、新たなホームページ作成の禁止） ・審尋中に相手方がホームページの削除に同意し、和解成立。 ・債務者：一般人
業務妨害禁止（建物の正面出入口から半径5キロ。期間無制限）	無担保	・平成21年受任の案件 ・街宣禁止 ・債務者：右翼団体と名乗る者
建物2棟のそれぞれの正面出入口から半径1.5キロ、それぞれ2日間の禁止	￥50,000	・平成21年～22年受任の案件 ・街宣禁止 ・債務者：右翼団体と名乗る者
建物2棟のそれぞれの正面出入口から半径2キロ、期間無制限の禁止	￥100,000	・同上関連事件
債務者らは、平成〇〇年〇〇月〇〇日から同月〇〇日までの間、自ら又は第三者をして、下記の1及び2の各行為をし、又はさせてはならない。 1　別紙物件目録(1)ないし(4)の各建物の正面出入口扉から半径2000メートル以内の地域において、街頭宣伝車を行進、徘徊又は停車し、街頭宣伝車により演説を行い、若しくは音楽、演説そのほかの録音物を放送し、又はその場所において大声を張り上げるなどして、債権者らの業務を妨害し、又はその名誉及び信用を毀損する一切の行為。 2　面接又は電話をするなどの方法で、債権者ら及びそれらの家族、従業員、職員並びにその関係者に直接交渉することを強要する行為。	￥600,000	・平成17年決定 ・甲府地方裁判所民事部 ・10万円×6団体 ・街宣禁止、面会強要禁止 ・債務者：右翼団体と名乗る者

債務者は、債権者ら及びその家族並びに債権者の従業員に対し、債権者らと債務者との間の「解体に伴う廃棄物の処理」に関わる事項に関して、自ら下記の行為をしてはならず、また債務者の構成員や第三者をして下記の行為をしてはならない。 記 ① 別紙債権者ないし就業場所目録記載の本社・事務所、村役場、居宅等について、半径500メートル以内を徘徊し、街宣車による演説を行う等、債権者の営業を妨害し又は債権者を誹謗中傷して、債権者の名誉を侵害する等の一切の行為。 ② 債権者及びその社員に対して、面会又は電話により直接交渉を要求する行為。	無担保	・平成13年の案件 ・長野地方裁判所飯田支部 ・街宣禁止、面談強要禁止 ・債務者：右翼団体を名乗る者
（和解により街宣行為が中止された事案）		・平成21年8月の事案 ・長野地方裁判所飯田支部 ・街宣禁止仮処分 ・債務者：右翼団体を名乗る者
（和解により街宣行為が中止された事案）		・平成16年の事案 ・和歌山地方裁判所 ・業務妨害禁止、足場の撤去及び代替執行 ・債務者：右翼団体を名乗る者
1 債務者らは、各債務者自ら、又は第三者をして、以下の行為をしてはならない。 (1) 別紙物件目録1記載の各建物及びその敷地内に立ち入る行為。 (2) 別紙物件目録2記載の各建物内に立ち入る行為。 (3) 前記(1)(2)の各建物及びその敷地の周辺において、債権者らの役員、従業員をまちぶせるために、佇立徘徊する行為。 (4) 債権者らに対し、面接、架電、訪問するなどの方法で、債務者らとの直接の交渉を要求する行為。 (5) 債権者らの役員、従業員及びその親族に対し、面接、架電、訪問するなどの方法で、債務者らとの直接の交渉を要求する行為。	¥200,000	・2万5000円×債権者4名×債務者2名 ・平成21年2月5日決定 ・名古屋地方裁判所民事第2部 ・業務妨害禁止、面談強要禁止、立入禁止 ・債務者：暴力団の元構成員

(6) 債権者らの身辺につきまとったり、脅迫的な言動を弄したりして威迫する行為。 (7) 債権者会社らの役員、従業員及びその親族の身辺につきまとったり、脅迫的な言動を弄したりして威迫する行為。 (8) その他、債権者会社らに対する一切の業務妨害行為。 2　債務者らは、債権者会社らの役員及び従業員から要求を受けたときは直ちに、前記1(1)(2)の各建物及びその敷地内から退去しなければならない。		
1　債権者は、本件仮処分申立に係る本案訴訟を、平成○○年○○月○○日までに名古屋地方裁判所に提起する。 2　債権者と債務者は、前項の本案訴訟につき、本和解調書をもって、名古屋地方裁判所を民事訴訟法11条に定める合意管轄裁判所とする。 3　債務者は、本和解調書中の申立の趣旨記載の行為を直ちに停止し、本案訴訟の判決が確定する時、又は和解若しくは取下げ等により終了する時まで、この停止を継続する。 4　申立費用は各自の負担とする。 ※申立趣旨の行為目録 1　別紙物件目録記載の建物の入口から半径1000メートル以内において、街頭宣伝車を用いて徘徊したり、演説、音楽等を流すなどして、債権者の業務を妨害し、または債権者、債権者の役員及び従業員並びにそれらの親族の信用や名誉を毀損する一切の行為。 2　別紙別件目録記載の建物の入口から半径500メートル以内において、佇立徘徊する行為。 3　債権者、債権者の役員及び従業員並びにそれらの親族を誹謗中傷する内容を債権者の取引先等に架電ないしその内容を記載した文書等を送付するなどして、債権者の業務を妨害し、または債権者、債権者の役員及び従業員並びにその親族の信用や名誉を毀損する一切の行為。 4　債権者の役員及び従業員並びにそれらの親族に対し、面接または架電するなどの方法で、直接交渉を強要する行為。	和解のため保証金なし	・平成22年和解（ただし、訴訟移行を条件に街宣中止をする旨の中間的解決） ・街宣禁止 ・債務者：右翼団体と名乗る者
債務者は、自ら又は第三者をして、債権者が委託した施工業者が別紙工事目録記載の電柱の撤去工事を	無担保	・平成16年頃の案件

すること を妨害してはならない。		・営業妨害禁止 ・債務者：宗教法人
ABについて占有移転禁止、執行官保管、公示命令 Cに対して処分等禁止	￥1,000,000	・債務者2名×40万円、債務者1名×20万円 ・平成14年頃の案件 ・占有移転禁止 ・債務者：反社会的勢力の周辺者
会社事務所・代表者自宅・町役場等から300m以内における街宣等の禁止、会社・代表者との直接交渉の強要の禁止	￥100,000	・平成9年頃の案件 ・街宣禁止、面会強要禁止
相手方と街宣終了を内容とする示談締結（仮処分申立ては取下げにより終了）		・平成14年頃の案件 ・街宣禁止
債務者は、自ら又は第三者をして債権者に対し次の行為をしてはならない。 1　債権者の住所又は勤務先に電話を掛けたり、訪問したり、立ち入る、手紙を郵送するなどの方法により、債権者及びその家族との直接の面会あるいは交渉を求めること。 2　債権者の自宅・勤務先及びその近隣において、債権者及びその家族の身辺につきまとったり、債権者及びその家族を待ち伏せすること。	￥30,000	・平成16年頃の案件 ・宮崎地方裁判所 ・業務妨害禁止、面会強要禁止 ・債務者：右翼団体と関係があると自称する者
当該文書を配布してはならない。	￥50,000	・平成17年頃の案件 ・無審尋 ・文書配布禁止
街宣禁止　禁止範囲500メートル	不明	・平成12年頃の案件 ・街宣禁止 ・債務者：右翼団体と名乗る者（指定暴力団構成員）
1　債務者○○、債務者○○は、自ら若しくは支援者等の第三者をして、次に掲げる行為をし、若し	￥300,000	・平成22年の案件 ・京都地方裁判所

くはさせてはならない。 (1) ○○市○○区○○番地所在の○○学校に赴いて、債権者の代表者、債権者が雇用する教職員及び同校に通学する児童、その他債権者の関係者への面談を強要すること。 (2) 上記○○学校の北門門扉の中心点を起点として、半径200メートルの範囲（別紙図面中赤線で囲まれた範囲）内において、拡声器を使用し、又は大声を上げるなどして、債権者を非難、誹謗中傷するなどの演説をし、またはシュプレヒコールをすること。 (3) 上記(2)記載の範囲内において、債権者を非難、誹謗中傷する内容のビラを配布すること。 (4) 上記(2)記載の範囲内において、債権者を非難、誹謗中傷する内容の文書を記載した旗や幟を掲げ、佇立又は徘徊すること。 2　債権者○○は、別紙自動車目録記載の自動車を、次に掲げる行為に使用し、又は第三者が以下の行為をするのに使用させてはならない。 (1) 上記○○学校において、債権者の代表者、債権者が雇用する教職員及び同校に通学する児童、その他債権者への面談を強要すること。 (2) 上記1(2)記載の範囲内において、拡声器を使用し、又は大声を上げるなどして、債権者を非難、誹謗中傷するなどの演説をし、またはシュプレヒコールをすること。 (3) 上記1(2)記載の範囲内において、債権者を非難、誹謗中傷する内容のビラを配布すること。		・債務者4名×5万円、債務者1名×10万円 ・街宣禁止、面談強要禁止 ・債務者：某市民の会
債務者は、自己又は第三者をして、別紙仮処分対象地目録記載の1記載の建物正面入口から半径200メートル以内の地域、及び別紙仮処分対象地目録記載の2、3記載の各建物正面入口から半径500メートル以内の地域を街頭宣伝車等の車両を用いて行進又は停車し、演説を行い、あるいは徘徊しつつ拡声器を用いて大声を張り上げ、または音楽を流すなどして、債権者らの業務を妨害し、または、名誉、信用を侵害する一切の行為をしてはならない。	￥1,200,000	・平成22年の案件 ・さいたま地方裁判所 ・債務者12名×10万円 ・債務者：右翼団体と名乗る者（複数団体）

第5章 街宣、面談禁止の仮処分

■V■ 疎明の方法

1 はじめに

　街宣活動禁止や面談強要禁止の仮処分において認容決定を得るためには、被保全権利と保全の必要性について疎明しなければならない。疎明であるので、証明までは要求されていないが、債務者審尋の要否や保証金の額等にも影響を与えることがあるため、証明するつもりで必要な証拠の収集を行うべきである。

2 当事者を特定するための方法

(1) 基本的な考え方

　仮処分、本案訴訟等の法的手続を行うための前提として、相手方の特定は必要不可欠となり証明を要する。しかし、誰が街宣活動を行っているかを特定することは、困難を伴うことが多い。代理人である弁護士は、相手方特定のための証拠収集、情報収集を依頼者任せにせず、自ら率先して収集するように努めなければならない。

　また、相手方が属する団体、団体における肩書き、過去の前歴など、相手方の属性を調査することが重要である。過去の街宣活動歴や犯罪歴などがわかれば、相手方が次にどのような行為に出るか予測が可能であり、また裁判官をして仮処分決定を出しやすくさせるための資料にもなるからである。

(2) 具体的な資料

(ｱ) 名刺

　不当要求者が交通事故などの示談交渉に代理人として介入してきたような場合、示談交渉の段階で、被害者本人に対し、所属団体、役職名の記された名刺を渡すことがある。もっとも、暴対法施行後は、名刺などを交付する例は減っている。

(ｲ) 街宣活動時の写真、録音、録画

　不当要求者が街宣活動中に、自らが（私は○○会の△△△△である）と名乗

ることがあり、このような場合の街宣内容を録音または録画して証拠化する。
　また、街宣車の車体には、所属団体名が表示されていることが多いので、街宣車の車体を写真・ビデオなどに記録しておく。
　街宣車の運転者や同乗者の顔・姿を写真・ビデオなどに記録しておくことも重要である。運転者や同乗者の顔・姿の撮影は、街宣車のガラスにフィルムが貼られていたりするため撮影が困難となる場合があるので、街宣車を遠方より望遠レンズで撮影したり、乗り降りの瞬間をとらえて撮影するなどの工夫が必要である。撮影した映像や写真を警察などに照会することによって、街宣行為者を特定することも不可能ではない。
　なお、街宣行為者の承諾を受けることなく写真等の撮影を行うことが許されるかについては、問題となりうるが、写真撮影の方法が一般的に許容される限度を越えない相当なものである限り許されるものと考えられる。
　　(ウ)　不当要求者が使用する車両の車両登録番号からの調査
　相手方が利用している車両のナンバー（自動車登録番号）から、陸運局で登録事項等証明書を取得することにより、当該車両の所有者・使用者を特定することが可能である。ただし、平成19年11月19日以降、登録事項等証明書の交付請求には、自動車登録番号と車台番号（下7桁）の明示が必要となった。ただし、例外として、以下の場合には、（自動車登録番号）または（車台番号の全桁）の明示で請求することができる。

①　私有地における放置車両の所有者・使用者を確認する場合
②　裁判手続の書類として登録事項等証明書が必要不可欠な場合
　　当該車両が裁判手続に確実に関係していることを証する書類として、債務名義等の公的書類の提出または提示（公的書類が存在しない場合は申立書の提出）をする。
③　抹消登録されている車両である等の理由により、自動車登録番号の明示はできないが、車台番号の全桁の明示ができる場合

　上記方法で、登録事項等証明書が取得できなかった場合には、弁護士会照会（詳細については第2章Ⅱ5参照）により、当該車両の所有者・使用者を特定することが可能である。

(エ)　連絡先として指示された電話番号

　相手方の連絡先電話番号が判明している場合には、当該設置場所をNTT等に弁護士会照会して相手方を特定することが可能となる（詳細については第2章Ⅱ5参照）。

　(オ)　政治団体届出の調査

　えせ右翼標榜行為を行う団体は、政治団体としてその地区の選挙管理委員会に政治団体としての届出を行っていることが多い。なお、政治団体はその主たる活動区域の範囲等により、総務省所管団体（全国団体。2以上の都道府県の区域にわたり主として活動する団体など）と都道府県選挙管理委員会所管団体（県内団体。都道府県の区域において主として活動する団体）に区分される。

　総務省所管団体については、総務省のウェブサイト内その他政治団体の一覧表〈http://www.soumu.go.jp/main content/000068055.pdf〉として政治団体の内容が開示されている。都道府県選挙管理委員会所管団体については、各選挙管理委員会に照会をして、代表者など政治団体の内容を調査する。

　また、政治資金制度研究会が編集する『政治団体名簿』（財団法人地方財務協会発行）に、政治団体として登録がある団体の内容が書かれている。

　(カ)　特定非営利活動法人の調査

　最近は、相手方が、特定非営利活動法人（NPO法人）を名乗っている場合があるが、このような場合、下記ホームページで情報を検索することが可能である。

① 　全国の特定非営利活動法人情報
〈http://www.npo-homepage.go.jp/portalsite.html〉
② 　東京都の特定非営利活動法人情報
〈http://www.seikatubunka.metro.tokyo.jp/houjin/npo_houjin/list/d_search.html〉
③ 　埼玉県の特定非営利活動法人情報
〈http://www.saitamaken-npo.net/database/kyoudou/group.php?mode=form〉
④ 　神奈川県の特定非営利活動法人情報
〈http://www.pref.kanagawa.jp/docs/md5/cnt/f160367/index.html〉

⑤　千葉県の特定非営利活動法人情報
〈https://www.pref.chiba.lg.jp/kkbunka/npo/hojokin/juran-kokoku.html〉

(キ)　道路使用許可からの調査

　街宣車を使用して街宣行為をするためには、所轄警察署長の道路使用許可が必要である。これは街宣行為が、「一般交通に著しい影響を及ぼすような通行の形態もしくは方法により道路を使用する行為」（道交77条1項4号）に該当するからである。

　したがって、道路使用許可を調査すれば、申請者や現場責任者が誰なのかを特定する資料の1つになる。道路使用許可の内容を調査するためには、弁護士会照会が必要となる。

(ク)　不当要求者がばらまいたビラなど

　不当要求者がばらまいたビラなども、不当要求者の特定、あるいは、同人に街宣行為などの不当要求行為を依頼した者を特定するために重要な資料になる。

3　不当要求行為の立証方法

(1)　街宣現場における証拠収集

(ア)　録音、録画、写真撮影

　録画等の対象は、街宣車の登録番号、街宣車の横に大書されている団体名、街宣車の運転手その他乗員の顔・姿、拡声器から発せられる音声である。これらの録音録画とともに、どこの場所の街宣であるかということを記録するために背景も十分に取り入れて録画するべきである。なお、近時のデジタルカメラやビデオカメラには、GPS機能が搭載されている機種もあり、記録されたGPSデータによって撮影場所を地図上に表示することが可能となっている。ただし、GPSデータの認識に時間を要したり、誤差が生じることもあるので、過信は禁物である。

　ビデオカメラは、現場の臨場感ある証拠が収集できるだけでなく、最近の機種は鮮明な写真撮影も可能であり、また録画した映像からパソコンソフトを利用して写真化することも可能である。

また、録音された音声は、録音後速やかにテープ起こしを行い、録音反訳書を作成しておくことも必要である。

(イ) **騒音記録**（騒音測定器による測定結果）

拡声器を用いた街宣活動による騒音は、平穏な営業や生活を直接侵害するものであり、また、都道府県の条例で85デシベル以上の拡声器使用が規制されていることが多く、騒音の程度によって条例違反の問題が生じる点からも、騒音の定量化は有効である。

計測した結果は、ビデオ撮影と同様、測定結果報告書の形で書面化して裁判所に提出する。

〔表3〕 街宣行為対策チェックリスト例

街宣行為対策チェックリスト				
分担	ビデオ撮影班	写真撮影班	録音班		記録班
^^^	^^^	^^^	屋外係	屋内係	^^^
総括責任者					
責任者（氏名）					
班員（氏名）					
携帯電話（番号）					
備品	ビデオカメラ ビデオテープ テープ予備 電池 マイク 望遠レンズ 三脚	カメラ フィルム フィルム予備 電池 望遠レンズ 三脚	騒音測定器 テープレコーダー 録音テープ テープ予備 電池 マイク 住宅地図コピー		筆記用具 時計
チェック項目	街宣車のナンバー	街宣車のナンバー	演説開始時刻	演説開始時刻	演説開始時刻

街宣車全体 団体名 運転者 同乗者 周辺の状況 業務妨害の状況	街宣車全体 団体名 運転者 同乗者 周辺の状況 業務妨害の状況	演説終了時刻 移動経路 演説場所 業務妨害状況	演説終了時刻 演説音量	演説終了時刻 演説内容

　なお、測定にあたっては、条例の定める測定方法に従い測定し（通常は、計量法71条により合格とされた騒音計を用い、拡声器から10メートル以上離れた地点で測定する）、正規の測定方法によって測定した旨を測定結果報告書に記載する。測定結果報告書においては、①測定機器の仕様、②測定日時、③測定方法、④測定結果（測定結果のグラフに街宣活動が行われた時間帯を記入し、また、条例規制値の85デシベルを赤線などで示し、これを超えている騒音の状況を見やすくする）を分けて記載するとわかりやすい。

　㈦　不当要求行為者がばらまいたビラなど

　不当要求行為者がばらまいたビラなどは、不当要求行為者の特定などのために重要な資料になるだけでなく、不当要求の内容を特定する資料としても重要である。

　特に、不当要求行為者が、表現の自由を主張する場合には、主張する事実が真実でないことの裏付け資料となる。

　⑵　不当要求行為に関する資料作成

　不当要求行為や街宣行為がなされた場合、不当要求や街宣行為がなされた日時（何時何分から何時何分まで）、街宣車の台数、誹謗中傷の内容等を記録し、また、被害者側の誰が街宣行為を確認したかを記載した報告書（あるいは上申書）をまとめ、その作成者が署名捺印をしておくべきである（なお、その際活用できるチェックリストの例として前掲〔表３〕を参照）。

　ことに、弁護士が、現場に臨み、被害の実態を記録し、作成した報告書は証拠価値が高く有用である。

Ⅵ　その他の問題

1　間接強制

　執拗な街宣行為が予想される場合、執行の方法として、間接強制の決定の内容を仮処分命令で定めることを求めることが考えられる。しかし、仮処分命令に先立って間接強制の決定の内容を定めることは一般的に難しいとされ、債務者の不履行がほぼ確実であることや、債務者が何度も同様の行為を繰り返しており、あらかじめ間接強制の内容を含めないと仮処分命令の実効性が無意味になるというような場合には認められている[13]。

2　仮処分破り

　たとえ街宣禁止仮処分決定で違法街宣行為に対応したとしても、攻撃対象者や攻撃場所を変える、他の団体が順次登場して違法街宣行為を繰り返すということ（仮処分破り）がある。この場合、街宣禁止の本案訴訟だけではなく、当該団体、団体の代表者、あるいは街宣の実行者に対し損害賠償請求訴訟まで提起し、勝訴判決により強制執行を行うという姿勢を示すことにより、他の団体の街宣活動が終息した事例もあるようである[14]。場合によっては、街宣車の所有者も被告として損害賠償請求訴訟を提起し、勝訴判決により差押え、競売も考えてもよいであろう。過去に茨城県において街宣禁止の仮処分・間接強制違反に基づき街宣車を差し押さえて競売で落札された事案もある。

13　瀬木・前掲（注6）365頁、羽成・前掲（注1）157頁（東京地判平成26・7・7の仮処分である東京地判平25(ヨ)第2157号）。
14　東京弁護士会民事介入暴力対策特別委員会編・前掲（注3）150頁。

第6章　占有移転禁止の仮処分

■Ⅰ■　概　説

1　占有移転禁止の仮処分とは

　占有移転禁止の仮処分とは、目的物の引渡しや明渡しの請求権を保全するために、目的物を占有している相手方に対し、目的物の占有の移転を禁止し、目的物の占有を解いて執行官に引き渡すこと等を命じる仮処分であって（民保25条の2第1号）、係争物に関する仮処分（同法23条1項）の1つである。

2　占有移転禁止の仮処分が必要な理由

　占有移転禁止の仮処分は、訴訟の途中で占有者が変わっても判決の効力を及ぼすための仮処分である。

　典型的な例としては、相手方が反社会的勢力に属しているとは知らずに不動産を賃貸してしまった場合に、その後、賃貸人が賃借人に対して反社会的勢力に属することを理由に、賃貸借契約上の暴排条項に基づいて賃貸借契約を解除し、賃借人に当該不動産の明渡しを求める場合等があげられる。

　賃貸人が賃借人を相手に不動産の明渡請求訴訟を提起した場合であっても、事実審口頭弁論終結までの間に賃借人が第三者に占有を移転してしまった場合、所有権に基づく返還請求訴訟では請求は棄却される。また、賃貸借契約に基づく明渡請求訴訟でも、その占有する第三者に対しては判決効が及ばず、強制執行することができなくなってしまう。

　これに対し、占有の移転を禁止する仮処分をあらかじめ執行しておけば、その後に占有者が変わっても、ほとんどすべての場合に、その変更後の占有者に対しても目的物の引渡しや明渡しの強制執行をすることができる。

3　占有移転禁止の仮処分の3類型

占有移転禁止の仮処分には、その執行態様に応じて、債務者使用型、債権者使用型および執行官保管型の3類型があるが、実務上、債務者使用型で行われることが多く、民暴事件でも同様である。

(1)　債務者使用型の場合

仮処分命令の内容に、「執行官は、債務者に上記建物の使用を許さなければならない」等、債務者の使用を許している文言が入っている場合（債務者使用型）には、執行官は単に目的物を執行官保管にする旨を告げ、公示書等を貼付するだけで、執行官が実際に目的物を取り上げることはしない。

(2)　債権者使用型・執行官保管型の場合

他方、「執行官は、債権者に上記建物の使用を許さなければならない」等、債権者の使用を許している文言が入っている場合（債権者使用型）や、誰かに使用を許さなければならない旨の文言がなく、原則どおり、執行官が目的物を保管する場合（執行官保管型）は、係争物の占有を解いて執行官に引き渡させ、執行官において係争物の保管をするか債権者等に引き渡し、かつ、債務者が係争物の占有の移転を禁止されている旨および執行官が係争物を保管している旨を公示する方法によって執行する（民執168条、168条の2）。

実務上債務者使用型で行われることが多いのは前述のとおりであり、債権者使用型や執行官保管型が認められることは少ない。もっとも、占有移転禁止の仮処分ではなく、使用禁止の仮処分ではあるが、執行官保管が認められた事例も存在する。[2]

---

[1]　占有移転禁止の仮処分の効力は、仮処分執行後に債務者の占有を承継した者（民保62条1項1号・2号）および仮処分執行後に債務者の占有と関係なく占有を取得した者のうち、占有移転禁止の仮処分が執行されたことにつき悪意の者（同項1号）に及ぶ。そして、その悪意は推定される（民保62条2項）。そのため、占有者が自ら仮処分執行に善意であることを証明しない限り仮処分の効力が及ぶことになるので、大抵の場合には仮処分執行後に占有を取得した場合にも仮処分の効力を及ぼすことができるといえる。

[2]　東京高決平成14・3・28判タ1105号250頁。

■Ⅱ■ 占有移転禁止の仮処分の申立ての準備と書式

1 疎明資料の収集

被保全権利の存在や保全の必要性等を疎明する資料としては、賃貸借契約書等の契約書類、現場の写真撮影報告書、貸主の陳述書等が考えられる（【書式例5】保全命令申立書は、実在の事案の疎明資料を記載している）。

2 申立てにあたって準備すべき一般的な書類

前項の疎明資料の他に、以下の書類が必要となることが多い。

(1) 委任状

仮処分申立て用の委任状に加え、供託用の委任状、執行申立て用の委任状も用意しておく。

(2) 法人の当事者（債権者・債務者）がいる場合——登記事項証明書

債務者については、代表者事項証明書ではなく全部（履歴）事項証明書を求められる例がある。また、債権者が法人の場合、担保供託時にも供託所に代表者事項証明書を示す必要があるので、債権者についてはもう1通取得しておく（ただし、弁護士による第三者供託が認められる場合には不要である）。

(3) 不動産登記事項証明書・ブルーマップの写し、固定資産税評価証明書・物件の図面

実務上、これらの書類を求める裁判所が多い。

固定資産税評価証明書は、本来は、執行方法が登記である場合に登録免許税算定のために必要なので求められるものであって、占有移転禁止の仮処分では必要不可欠とはいえないように思われる。しかし、担保金算定の参考にするために提出を求められる例がある。時間に余裕があれば取得しておくことが望ましい。固定資産税評価証明書がない場合には、登記所で定める新築建物課税標準価額認定基準表および経年減価補正率表で代えることができる場合が多い。

不動産登記事項証明書、新築建物課税標準価額認定基準表や経年減価補正率表は法務局で取得する。また、固定資産税評価証明書は市区町村役場で取得する。弁護士は、民事保全手続のためであれば、職権で取得することができる。

(4) 目　録

当事者目録等の目録について、大規模庁を中心に、複数通の提出を求められる場合があるので、あらかじめ裁判所に問合せをしておくとよい。

3　申立ておよび債権者審尋等

(1) 提出書類

申立書および疎明資料等を裁判所に提出する。書面の提出は、正本1通で足りる（審尋が行われる場合には、副本を1通提出する必要がある）。提出時に直ちに訂正を求められる可能性があるので、職印も持参する。

債権者審尋を行わない可能性が高い場合は、疎明資料の原本と写し、返信用封筒を提出し、原本還付を受けると手続が迅速である。

(2) 債権者審尋日時の決定

裁判所書記官と打合せをし、債権者審尋をする場合には日時を決める。なお、特別の必要がなければ債権者審尋を実施しない裁判所や、逆にすべての事件で債権者審尋を実施している裁判所もあるので、あらかじめ問い合わせておくとよい。

(3) 債権者審尋時の持参資料

債権者審尋が行われる場合、疎明資料の原本と職印を持参する。債権者審尋では、裁判官が疎明資料の原本を確認する。また、裁判所から書面の訂正の指示を受ける場合があるので、持参した職印で訂正する。

(4) 担保の供託

仮処分決定が下る見込みになった場合、担保を供託することになる。供託の際に必要になるので、①事件番号、②供託金額を確認する。

4 担保の提供

(1) 供託所

裁判官から担保の額、立担保の期間の指定を受けた後、保全申立てをした裁判所の所在地を管轄する供託所に供託する（民保14条1項、4条1項）。

(2) 供託書の作成

供託所に赴き供託書を作成する。供託書の記載については、後掲【書式例6】仮処分の供託書を参照されたい。根拠法は「民事保全法14条1項」と記入すればよい。

Ⅲ 当事者（占有者の特定）

1 債務者となる者

占有移転禁止の仮処分は占有者を債務者として仮処分を申し立てる。占有者は直接占有者に限られ、間接占有者は含まないと解釈されている[3]。

2 債務者不特定の場合

不動産の占有移転禁止の仮処分の場合、その執行前に債務者を特定することが困難な特別な事情があるときには、債務者を特定しないで仮処分の申立てをすることができる。

その場合には、申立書の当事者欄には、債務者の表示として「本件仮処分命令執行の時において別紙物件目録記載の不動産を占有する者」と記載するのが通常である。

なお、占有者不特定で占有移転禁止の仮処分が発令された場合にも、執行の際には執行官が占有者を特定する必要があり、それができなければ執行をすることができない（民保54条の2）。なお、いったん占有者を特定して不動産の占有移転禁止の仮処分が執行された後、何者かに占有が移転され、その

---

3 八木一洋ほか編『民事保全の実務〔第3版増補版〕(上)』300頁（きんざい、2015年）。

者を特定することが困難な特別な事情がある場合に本執行をするときには、債務者を特定しないで執行文の付与を受けることができる（民執27条3項1号）。

■Ⅳ■　被保全権利

　被保全権利は、所有権に基づく返還請求権としての（建物収去）土地明渡請求権、賃貸借契約終了に伴う目的物返還請求権としての建物明渡請求権等が考えられる。
　なお、土地賃貸人が賃借人に対し、土地上の建物の収去と明渡しを求める場合に、すでに賃借人以外の者が占有している場合には、その占有者に対しては、建物退去土地明渡請求権を被保全権利にする。

■Ⅴ■　保全の必要性

　占有移転禁止の仮処分は係争物に関する仮処分である。
　したがって、保全の必要性は、係争物の現状の変更（占有状態の変更）により債権者が権利を実行することができなくなるおそれがあるとき、または、権利の実行に著しい困難を生ずるおそれがあるとき（民保23条1項）に認められるから、第三者に占有が移転される可能性があれば保全の必要性があるといえる。
　反社会的勢力には規範意識に乏しい者が多く、通常事件と比べて、第三者に占有を移転して執行を免れることを画策する可能性が高いことから、相手方が反社会的勢力であることを指摘すれば通常この要件は満たすものと思われる。

■Ⅵ■ 保全命令

1 申立て

　準備が整ったら、占有移転禁止の仮処分を申し立てる。①本案の管轄裁判所または、②係争物の所在地を管轄する地方裁判所が専属管轄となる（民保12条1項）。

　債権者は、被保全権利および保全の必要性を疎明しなければならない（民保13条2項）。なお、債務者不特定の申立ての場合、「債務者を特定することを困難とする特別の事情があること」は訴訟要件または申立ての適法要件と説明されており、疎明では足りず、証明されることを要するとの見解もあるので、十分な資料を収集すべきである。[4]

　書式例、疎明資料については後掲【書式例5】保全命令申立書を参照されたい。

2 審理の方式

　保全命令の申立てについての審理は常に決定手続で行われる（民保3条）。審理方式としては、①書面審理、②審尋、③任意的口頭弁論があるが、占有移転禁止の仮処分のうち債務者使用型の場合には債務者審尋は行われないのが通常であり、実際の審理は書面審理と債権者審尋（債権者に対する裁判官面接）のみによって行われる。

3 担保金額の決定

　債権者審尋は申立て後速やかに行われる。債権者審尋では、疎明資料の原本確認や補正事項の指摘、追加疎明資料の提出を促されるほか、担保金についての意向が尋ねられる。

　担保金について、不動産の占有移転禁止の仮処分のうち債務者使用型の場

---

[4] 菅野博之ほか編『民事保全の実務』115頁（商事法務、2012年）。

合には、一般に「居住建物で１～３か月分・店舗建物で２～５か月分」が目安とされているが、民暴委員の経験談として、民暴事件の場合の担保金は通常事件よりも低めに抑えられているとの指摘がある。

　債権者審尋の後、裁判所から担保金の金額決定と供託書正本等の担保提供の証明書類の提出後に保全決定を下す旨の連絡があるので、速やかに供託所に現金供託を行う等、適宜の方法により担保提供を行う。供託所への現金供託の場合については、【書式例６】仮処分の供託書を参照されたい。

　なお、担保提供期間は実務上３日から７日間程度とされているため、あらかじめ金額を想定して依頼者に担保金を用意してもらうことが望ましい。

4　保全命令の決定

　供託書正本等の担保提供の証明書類を提出すると、保全命令の決定が下される。決定書の記載内容は後掲の【書式例７】保全命令決定書を参照されたい。

■Ⅶ■　保全執行の申立てと準備

1　保全執行の申立て

(1)　執行官に対する申立て

　占有移転禁止の仮処分は、決定を受けただけでは意味がない。決定正本の送達を受けてから２週間以内に（民保43条２項）、債権者が執行官に対して執行の申立てをする必要がある（同法52条１項）。

　なお、占有移転禁止の仮処分の執行については、仮処分命令が債務名義とみなされる（民保52条２項）。

5　司法研修所編『民事弁護教材民事保全改訂〔補正版〕』30頁（日本弁護士連合会、2013年）。
6　これと異なり、不動産仮差押え等の執行機関が裁判所である場合、たとえば不動産処分禁止の仮処分の場合には、執行申立てを行うことなく、裁判所が法務局への登記嘱託を行い、執行が完了するので、執行の申立ては不要である。

(2) 管　轄

保全執行の申立ては、目的物の所在地を管轄する地方裁判所の執行官に対し、書面で申し立てなければならない。

(3) 記載事項・添付書類

申立書には、当事者、執行の場所、執行の方法、執行の目的物、債務名義の表示を記載しなければならない（民保規31条、民執規21条）（【書式例8】保全執行申立書参照）。

添付書類として執行力のある仮処分決定正本が必要である（民保規31条、民執規21条）。

(4) 予納金等

保全執行にあたり予納金が必要となる。金額は各庁によって異なるので事前に裁判所に確認するとよい。

(5) 解錠の準備

執行の際に、占有者が不在の場合や、占有者が執行官の入室を拒むことが予想される場合には、執行時には解錠技術者の同行が必要となる。解錠技術者は債権者側で手配する必要があるが、心当たりがなければ、執行官に相談するとよい。

2　執行官との情報共有

執行官は執行の現場において暴力団員等の占有者と対峙することになるが、保全執行申立書には仮処分命令決定正本が添付されるものの、同正本には決定主文が記載されるのみで、相手方の情報は何も記載されない。

そこで、執行官には速やかに仮処分申立書と陳述書の写しを提供し、情報共有を図るべきである。執行官は、「職務の執行に際し抵抗を受けるときは、その抵抗を排除するために、威力を用い、又は警察上の援助を求めることができる」（民執6条1項本文）ので、情報共有の結果、警察署への警備要請を行うこともあろう。[7]

7　東京弁護士会民事介入暴力対策特別委員会編『民事介入暴力対策マニュアル〔第5版〕』86頁（ぎょうせい、2015年）。

■Ⅷ■ 保全執行

1　弁護士の立会い

執行官によって執行の日時が決められる。

債権者保管型の場合には債権者または代理人の執行への出頭が不可欠であるが（民保52条1項、民執168条3項）、債務者使用型の場合は不可欠ではない。

もっとも、占有移転禁止の仮処分は密行性が高い手続であり（保全命令の発令から1週間後に債務者に保全決定正本を送付することになっており、決定正本送付前に保全執行を行えば、執行官が現場を訪れることで初めて債務者は保全命令の発動を知ることになる）、民暴事件においては、執行の現場で債務者またはその関係者である暴力団関係者からの頑強な抵抗や悪質な妨害が予想されるため、状況を執行官よりも把握している債権者代理人は必ず立ち会うべきである。

2　執行の流れ

執行官は、現地に臨場し、仮処分命令正本を示して執行に着手する旨宣言して執行手続を開始する。

執行官は、当日に目的物内に所在する者から事情を聴取し、また、表札、目的物内にある郵便物や公共料金等請求書などを確認して、占有者を認定する（【書式例9】執行調書）。認定された占有者が保全命令の債務者のとおりであれば、執行官は、債務者に対して執行官保管にする旨を告げ、目的物に対して「債務者は、下記不動産の占有を他人に移転し、または占有名義を変更することは禁止されている」等が記載された公示書（【書式例10】公示書）を剥離しにくい方法で掲示その他相当の方法により公示し（民保規44条1項）、債務者には公示書の損壊等の行為に法律上の制裁がありうることを告げ（同条2項）、執行手続を終了する。

なお、占有移転禁止の仮処分のうち債務者使用型の場合、債務者には目的物を執行官保管にする旨を告げて公示書を貼付するのみで、執行官が債務者

に占有を許すことになるので、債務者が占有を現実に取り上げられることはなく、占有の外観に変更は生じない[8]。

3　執行不能の場合

執行時に執行官により認定された占有者が、保全命令における債務者と異なっていた場合には執行不能となる。また、債務者不特定の申立ても、執行時に執行官により占有を解かれた者が債務者として特定されるが（民保25条の2第2項）、占有者を特定することができない場合には執行不能となる。

民暴事件の場合、相手方からの妨害行為により執行不能になることが考えられるが、執行不能の場合でも執行調書が作成されるため、執行官には誰を債務者と認定したのかの記載を求め、執行調書が再度の保全申立ての際の疎明資料となるように心がけるべきであると指摘されている[9]。

4　立会いと立入り

債権者およびその代理人は保全執行の現場に立ち会うことはできるし、占有者の明示または黙示の同意があれば、建物内に立ち入ることもできる。

たとえば、賃貸借契約を用法順守義務違反（居住用との約束に反して暴力団の組事務所として使用している場合等）で解除したことを理由とする建物明渡請求の前段階として占有移転禁止の仮処分を行う場合、保全執行は建物内の様子を知ることができるチャンスであるから（暴力団の組事務所としての使用を裏付ける代紋、綱領、組長等の写真等が存在する可能性がある）、建物内を観察して写真撮影等の証拠化を図るべきである。

建物内に立ち入ることはできない場合でも、執行官に現場の写真撮影を依頼して執行調書に添付してもらうなどの証拠化を図るべきである。

8　裁判所職員総合研修所監修『民事保全実務講義案〔改訂版〕』59頁（司法協会、2007年）。
9　東京弁護士会民事介入暴力対策特別委員会編・前掲（注7）87頁。

■Ⅸ■ 仮処分後の対応

1 仮処分執行後の強制執行

　保全執行の後は、被保全権利を訴訟物とし、債務者を被告として本訴提起をすることになる。

　仮処分執行後、訴訟提起時または訴訟提起中に占有者に変更があっても別訴提起する必要はなく、仮処分執行後の占有取得者に対しては、本案訴訟の債務名義（保全命令における債務者を被告としたもの）に承継執行文の付与を受け、強制執行を行うことになる。

　承継執行文の付与に際して、債権者は、①第三者が目的物を占有している事実、②その第三者が目的物の占有を取得したのは仮処分執行後である事実を証明する必要がある。[10]具体的には、①第三者が目的物を占有している事実を証明するために、仮処分の点検調書、仮処分債務者に対する強制執行の不能調書謄本や目的物の現況に関する調査報告書が必要となるが、これらの書面と併せて仮処分執行時の執行調書謄本を提出すれば、②その第三者が目的物の占有を取得したのは仮処分執行後である事実が証明されることになる。

　なお、占有移転禁止の仮処分の執行後の占有者について、その者を特定することを困難とする特別の事情がある場合において、債権者がこれらを証する文書を提出したときに限り、債務者を特定しないで執行文を付与することができるとされている（民執27条3項）。

2 和解時の注意

　上記占有移転禁止の仮処分により、また、仮処分に続く本案訴訟により、債務者との間で立退きの和解が成立する見込みが立った場合、保全命令における担保のことを忘れてはならない。

　保全執行に至った事件で担保の取戻しを受けるには、債権者は担保の取消

---

[10] 裁判所職員研修所監修『執行文講義案〔改訂再訂版〕』146頁（司法協会、2016年）。

決定を受けなければならない。担保取消しは、①担保提供者が担保の事由が消滅したことを証明した場合、②担保提供者が担保権利者の同意を得たことを証明した場合および、③権利行使により担保権利者の同意が擬制される場合に認められるが（民保4条2項、民訴79条）、この中でも最も簡便な手続は②担保権利者の同意を得たことを証明した場合であり、そのために担保取消同意書を受け取る必要があるからである（【書式例11】担保取消同意書）。

　ほかにも、残置物がある場合には残置物の所有権放棄書（【書式例12】）の交付を受けたり、鍵を持っている場合には鍵の交付を受けたりする必要があるので、この点も忘れてはならない。

【書式例5】 保全命令申立書

申立ての趣旨

第1　債務者不特定者について
　1　債務者不特定者は，別紙物件目録記載の物件に対する占有を他人に移転し，又は占有名義を変更してはならない。
　2　債務者不特定者は，上記の占有を解いて，これを執行官に引き渡さなければならない。
　3　執行官は，上記物件を保管しなければならない。
　4　執行官は，債務者不特定者に上記物件の使用を許さなければならない。
　5　執行官は，債務者不特定者が上記物件の占有の移転又は占有名義の変更を禁止されていること及び執行官が上記物件を保管していることを公示しなければならない。
第2　債務者○○について
　1　債務者○○は，別紙物件目録記載の物件に対する占有を他人に移転し，又は占有名義を変更してはならない。
　2　債務者○○は，上記の占有を解いて，これを執行官に引き渡さなければならない。
　3　執行官は，上記物件を保管しなければならない。
　4　執行官は，債務者○○に上記物件の使用を許さなければならない。
　5　執行官は，債務者○○が上記物件の占有の移転又は占有名義の変更を禁止されていること及び執行官が上記物件を保管していることを公示しなければならない。

申立ての理由

第1　被保全権利
　1　賃貸借契約の締結
　　債権者は，債務者○○との間で，所有する別紙物件目録記載の建物（本件不動産）について，平成○年4月ころ，次の約定で賃貸借契約を締結した（甲1・賃貸借契約書）。
　　以来，債務者○○は，本件建物の占有（使用）を継続しているが，平成○年6月分を支払ったのを最後に賃料の支払いをしない（甲2・通帳写し）。

2 本件建物の占有
　本件建物の2階部分には債務者○○とその妻△△が住んでいる（甲3・陳述書，甲4・住民票）。
　本件建物の1階部分は，◇◇興業の看板が掲げられているが，中の様子をうかがい知ることはできない（甲5・写真撮影報告書）。債務者○○は債権者に対して契約時に◇◇興業の事務所として使うと述べていたが，平成24年以降，債務者○○とは連絡が取れず，現在の占有状況は不明である（甲3）。
3 解除権の存在
　債務者は○年以上の長期にわたり賃料の支払いを怠っており，信頼関係は破壊されており，無催告解除権を有している。
　解除通知を送付すると占有者を変更する可能性があるため，現時点では解除通知を送付していないが，保全命令の発令の直前に債務者に解除通知を送付する準備を整えている（甲6・内容証明郵便）。
　　※なお解除通知を事前に送付する方法もあるが，後掲コラム（事前の解除の必要性）で触れた通り，事前に送付すると占有移転禁止の実効性を確保できない可能性がある場合には本申立書のように事後にまたは発令時までに送付する方法もある。
4 被保全権利のまとめ
　よって，債権者は債務者に対して，賃料不払いを理由とする賃貸借契約の解除に基づく，本件建物明渡請求権を有する。
第2 保全の必要性
1 債権者は，現在，債務者○○に対して本件建物の明渡しを求める本案訴訟提起の準備をしている。
2 債務者らが本件建物の占有を移転し，または占有名義を変更するおそれもある。
　そのおそれが実現すると，債権者が本案訴訟で勝訴判決を得ても，その執行が不可能または著しく困難になるので，本件建物明渡請求権を保全するため，本申立てに及ぶものである。
第3 債務者を特定することを困難とする特別の事情
1 本件建物1階につき，債務者が不特定であること
　本件建物の1階の表札には「◇◇興業」との名称が掲げられており，債務者○○も契約時に◇◇興業の事務所として使用されていると説明していた（甲3）。

しかし，本件建物所在地を本店所在地とする法人登記は◇◇興業を含めて確認されておらず（甲7・調査報告書），債権者は債務者○○と平成○年以降全く接触できておらず（甲3），建物内の様子もうかがい知ることはできないため（甲5），現在の1階の占有状況は不明である。
2　債務者特定のための調査が困難であること
　　債権者は平成○年○月から○月にかけて計○回，数時間にわたって本件建物前にて本件建物1階に出入りする者がいないかどうかを調査したが，出入りを確認することはできなかった（甲7）。
　　よって，債務者特定のための調査は困難である。
以上

疎明方法

※上記甲1ないし7

添付書類

1	甲号証	各1通
2	委任状	1通
3	全部事項証明書	1通
4	固定資産評価証明書	1通

以上

Ⅸ 仮処分後の対応

【書式例6】 仮処分の供託書

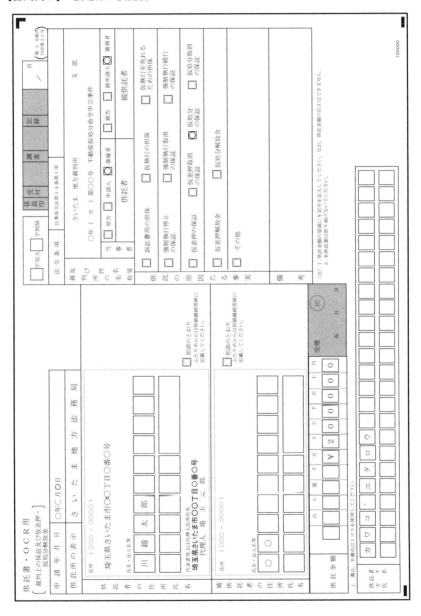

【書式例7】 保全命令決定書

○年(ヨ)第○○号

仮処分決定書

当事者の表示　　別紙当事者目録記載のとおり

　上記当事者間の仮処分命令申立て事件について，当裁判所は，債権者の申立てを相当と認め，債権者に
　債務者　○○のため金20万円
　債務者　債務者―本件仮処分命令執行の時において別紙物件目録2記載の建物（注：目的建物1階部分）を占有する者（以下「債務者不特定者」という。）のため金20万円
の各担保を立てさせて，次のとおり決定する。

　　　　　　　　　　　　　主　　文

第1　債務者不特定者について
　1　債務者不特定者は，別紙物件目録記載の物件に対する占有を他人に移転し，又は占有名義を変更してはならない。
　2　債務者不特定者は，上記の占有を解いて，これを執行官に引き渡さなければならない。
　3　執行官は，上記物件を保管しなければならない。
　4　執行官は，債務者不特定者に上記物件の使用を許さなければならない。
　5　執行官は，債務者不特定者が上記物件の占有の移転又は占有名義の変更を禁止されていること及び執行官が上記物件を保管していることを公示しなければならない。

第2　債務者○○について
　1　債務者○○は，別紙物件目録記載の物件に対する占有を他人に移転し，又は占有名義を変更してはならない。
　2　債務者○○は，上記の占有を解いて，これを執行官に引き渡さなければならない。
　3　執行官は，上記物件を保管しなければならない。
　4　執行官は，債務者○○に上記物件の使用を許さなければならない。

5　執行官は，債務者○○が上記物件の占有の移転又は占有名義の変更を禁止されていること及び執行官が上記物件を保管していることを公示しなければならない。

○年○月○日
　　さいたま地方裁判所第3民事部
　　　　　　　裁判官　○○○○　印

【書式例8】　保全執行申立書

強制　仮差押　仮処分 執行申立書	受　付　印	
さいたま地方裁判所		
執行官　御中 ○年○月○日	予納金 （解錠執行　有・無）	担当 区
住　所　〒 　　　　埼玉県さいたま市○○丁目○番○号		
債　権　者　川越太郎 住　所　〒 　　　　埼玉県さいたま市○○丁目○番○号 　　　　債権者代理人　弁護士　埼玉太郎　印		
債　務　者　別紙当事者目録記載のとおり 目的物の所在場所（執行の場所） 　　　　別紙物件目録のとおり		
執行の目的及び執行の方法 　□　動産執行（家財・商品類・機械・貴金属・その他） 　□　建物明渡・土地明渡・建物退去・代替執行（建物収去等）・不動産引渡・動産引渡・船舶国籍証書等取上・自動車引渡 　■　動産仮差押（家財・商品類・機械・貴金属・その他）		

第6章　占有移転禁止の仮処分

仮処分（動産・不動産・その他） 特別法に基づく保全処分	
目的物件　　　別紙のとおり	
債務名義の表示 　1．さいたま地方裁判所　○年㈣第○号 　　　　　判決・仮執行宣言付支払命令・仮執行宣言付支払督促 　　　　　　　　　　　　調書 　　　　　仮差押命令・仮処分命令　　不動産引渡命令 　2．　　　法務局公証人　　　作成	
昭和　平成　　　　年　第　　　号　　執行調書	
添付書類 　1．執行力ある債務名義の 　　　仮差押・仮処分命令　正本　1通 　2．送　達　証　明　書　　　　1通 　3．資　格　証　明　書　　　　1通 　4．委　　任　　状　　　　　　1通	1　同時送達の申立て　有・無 2　執行調書謄本を関係人に交付 　　されたい。 3　事件終了後，債務名義正本・ 　　送達証明書を返還ください 　　（但し全額弁済を除く）。 4　関連事件の番号

【書式例9】執行調書　　　　　　　　　　　　※執行不能の場合も含めて

仮処分調書		
執行に着手した日時	○年○月○日	午後2時00分
執行を終了した日時		午後2時50分
執行の場所		
執行の目的物		別紙物件目録記載のとおり
執行に立ち会った者		債権者代理人　○○○○ 債務者○○の妻△△

立会証人　〇〇〇〇

執行の内容
1　目的物の現況，占有状態等は別紙調査票のとおり。 2　目的物に対する債務者の占有を解いて執行官の保管とした。 　　債務者に使用を許した。 3　本庁所に添付の公示書写しと同文の公示書を，債務者〇〇については目的建物2階台所の壁面に，債務者〇〇（目的建物1階を占有する者）については目的建物1階の東側壁面に貼付した。 4　債務者に対し，仮処分の公示書の損壊等行為をした場合，法律上の制裁があることを下記の方法により告知した。 　　　　　　　　　　　　　　記 　　□　口頭 　　□　公示書に併記 　　■　公示書に併記かつ本書面を送付 　　　　　　　　　　　　　　　　　　　　　　　　　　　　　　以上

〔別紙〕

（目的物の現況）
　執行の目的物の状況は，別紙物件目録に記載のとおりであり，目的物との同一性が認められる。
（占有状態）
1　執行場所に臨場したところ，目的建物1階の門塀には「◇◇興業」の表札が掲げられており，表札下の郵便受けには債務者〇〇宛の郵便物があった。外階段をあがった目的建物2階の玄関脇にも郵便受けがあり，その中には債務者〇〇宛の郵便物のほか，△△宛の郵便物が投函されていた。
2　立会証人を同行し，目的建物2階の呼び鈴を押したところ，△△が在宅しており，以下を陳述した。
　(1)　目的建物2階は，私と私の夫である〇〇の2人で居住している。
　(2)　目的建物2階には，☆☆や☆☆等が時折目的建物を訪れるが，居住はしておらず，目的は知らない。
　(3)　目的建物1階は〇〇が立ち入っているが，鍵がかかっていて，私は入っ

たことがない。
3 　目的建物2階は，リビングや台所等があり，生活スペースとして利用されている。室内には○○宛の郵便物や△△宛の郵便物があった。なお，1階に繋がる階段は存在しない。
4 　目的建物1階は，全戸不在で施錠されていたため，立会証人を立ち会わせ，解錠技術者に解錠させて内部に立ち入った。内部の状況は，事務机が置かれ，事務所の体裁であるが，現在は使用していないようである。内部には○○個人宛の郵便物が存在した。「◇◇興業　代表取締役○○」なるゴム印が存在したが，債権者代理人から債権者側の調査では執行場所を本店所在地とする「◇◇興業」なる法人登記は存在しないとの陳述があった。
5 　以上の状況から，目的建物の占有の状況は，以下のとおり認めた。
　(1)　建物1階
　　　「◇◇興業」なる表札やゴム印が存在するものの，債権者代理人の陳述によれば執行場所を本店とする法人登記は存在しないとのことであるため，「◇◇興業」とは○○の個人営業と思われる。よって，目的建物1階は，○○の個人営業の事務所として使用しているものと認めた。
　(2)　建物2階
　　　目的物の状況及び関係人の陳述から，目的建物2階は，債務者○○が占有しているものと認めた。なお，△△は○○の占有補助者であると認めた。
(参考事項)
　下記事項により上記の通り認定した。
　　　　　債権者の陳述
　　　　　債権者代理人の陳述
　　　　　債務者の陳述
　　　　　表札
　　　　　目的物件内に存する債務者宛の公共料金等請求書等
　　　　　目的物件内に存する債務者宛の郵便物
　　　　　目的物件内の状況

【書式例10】 公示書

```
                公 示 書

  事件番号
  債権者
  債務者

  表記の事件について，○○地方裁判所がした仮処分決定に基づき，次のとお
り公示する。
1  債務者は，下記不動産の占有を他人に移転し，または，占有名義を変更す
  ることは禁止されている。
2  当職は，○年○月○日下記不動産に対する債務者の占有を解いて，これを
  保管中である。ただし，債務者に限り，使用を許した

（注意）　下記不動産を処分したり，公示書の損壊等をした者は刑罰に処せら
  れる。


○年○月○日
              ○○地方裁判所
                  執行官　○○○○　印
                記
（不動産の表示）　別紙物件目録記載のとおり
                                              以上
```

【書式例11】　担保取消同意書

```
○年(ト)○○号占有移転禁止仮処分申立事件
  申立人
  被申立人
              同　意　書
                                      ○年○月○日
申立人代理人弁護士　○○殿
```

住　所
　担保権利者

　頭書事件について，担保提供者○○が立てた下記担保の取消に同意します。
　　　　　　　　　　　　　　　記
○年○月○日さいたま地方法務局に供託して立てた担保（供託書額面金○万円，供託番号○年度（金）第○号）
　　　　　　　　　　　　　　　　　　　　　　　　　　　　　　　以上

【書式例12】　所有権放棄書

　　年　　月　　日
　　　　　　　　　　　　所有権放棄書
　　　　　　　　様
　　　　　　　　　　住所
　　　　　　　　　　氏名

　私が使用していた建物（住所：　　）内に残置された所有物については，その所有権を放棄し，如何様に処分されても異議はありません。
　　　　　　　　　　　　　　　　　　　　　　　　　　　　　　　以上

> コラム

占有者の調査

　占有移転禁止の仮処分は、当事者を恒定するために、現実の占有者＝直接占有者を相手方にする必要がある。通常事件と異なり、民暴事件の場合には、素性を隠すことも多く、また、昨今の暴排意識の高まりから、暴力団組織の潜在化が進んでいることもあり、仮処分申立て前に直接占有者が何者かを事前に調査するのは容易ではない。そこで、占有者の調査について過去の事例を踏まえて若干の説明をしたい。

(1)　占有者を特定するための調査方法

　占有者を特定するための調査の方法としては、一般に、電気・ガス・水道等の契約先に対する名義人の確認（弁護士会照会等）、駐車車両の所有者・使用者の確認、近隣住民からの事情聴取、郵便受けからはみ出している郵便物の宛名の確認、法人登記簿の確認等が考えられる。

(2)　直接占有者が判然としない場合

　調査の結果、直接占有者が判然としない場合はどうするべきか。たとえば、一般に電気・ガス・水道等の契約者の家族は占有補助者であり独自の占有は有しないものとされているが、契約者が在監中の場合の占有者をどう考えるべきであろうか。この場合、家族は占有補助者にすぎないという考えもあろうが、長期にわたって不在にしている場合にも執行官が直接占有を認定するのかという懸念がある。当委員会が過去に経験した事案では、執行官は、家族に直接占有を認めたうえで、目的物に契約者所有物が残置されていたり、契約者あての郵便物や電気等の領収書が確認できたことから、契約者本人の直接占有も認められると判断し、代理人弁護士に契約者に対する追加の仮処分命令申立てを求めてきたという事例がある。

(3)　債務者不特定の申立て

　調査を尽くしても債務者が特定できないという場合、債務者不特定の申立てを行うことになる。

　もっとも、債務者不特定の申立ての場合、「債務者を特定することを困難とする特別の事情があること」（民保25条の2第1項）は訴訟要件または申立ての適法要件と説明されており、疎明では足りず、証明されることを要するとの見解もあり、経験上も裁判所は厳しく判断しているようである。

この場合の証明資料としては、前記(2)の調査結果の報告書（調査を尽くしたが、判明しなかったこと）のほか、訪問時の報告書（インターホンや呼び鈴を鳴らしても応答がなかった、または、応答あったが対応した者が氏名を名乗らなかった）を書面化して提出する必要がある。また、不特定多数の者が出入りしていて特定が困難であるという場合には、ビデオカメラで出入り口を定点観測する等の方法も考えられる。

> **コラム**　　　　事前の解除の必要性
>
> (1)　事前に解除をせずに対応する工夫の必要性
> 　賃貸借契約解除による建物明渡請求権は、賃貸借契約を解除して初めて発生する。また、所有権に基づく妨害排除請求権としての建物明渡請求権もまた、賃貸借契約が解除されていないと賃借人に使用権原がある。そのため、賃貸借契約解除を契機とした占有移転禁止の仮処分を申し立てる場合には、反社会的勢力を相手にする事案でなければ、通常、その被保全権利があることを疎明するために事前に賃貸借契約を解除しておく（実際上、訴訟提起の前に交渉をすることになるため、その過程で解除されていることが多いと思われる）。
> 　しかし、対反社会的勢力事案においては、賃貸人側が暴力団と対抗しようとしていると気づかれると、相手方に占有移転禁止の仮処分を申し立てられうると気づかれ、第三者に占有を移転される等、不必要な混乱を招くおそれがある。そこで、仮処分の実効性を確保するために、さまざまな工夫がなされている。
>
> (2)　発令とほぼ同時に解除する方法
> 　保全の申立ての際には、事前に解除の意思表示を発していない旨の上申書を添付し、債権者審尋の際に、発令および保全執行の日程を裁判所・執行官と調整したうえで、発令の直前に解除の意思表示を発信する。
>
> (3)　解除をしないという方法
> 　そもそも解除の意思表示を出さずに発令を受ける余地もある。
> 　被保全債権が所有権に基づく建物明渡請求権の場合、解除の意思表示は、あくまでも本案で予想される抗弁事実に対する再抗弁事実にすぎないため、

被保全権利の存否に直接影響しない。

　また、被保全権利が賃貸借契約終了に伴う建物明渡請求権の場合には、解除の意思表示をしていない場合には被保全債権が発生していないことになる。しかし、発生していない債権を被保全債権とした保全命令も発令できないわけではない。たとえば、離婚に伴う財産分与請求権を被保全債権とし、離婚訴訟に基づいてされる財産分与請求の申立てを本案とする民事保全は肯定されている。そのことに照らし（実際上、発令後に必ず解除をすることを裁判官と約束して）、発令を受けるという方法も考えられる。

(4)　まとめ

　以上のような方法が考えらえる。解除をあらかじめするか否かは、第三者に占有移転する可能性と、保全の必要性を疎明できる程度や準備可能な予納金額とを照らし、事案ごとに判断をすることになる。

コラム　解　除

(1)　組事務所としての利用を理由とする解除

　賃貸借契約の対象物件が暴力団事務所として使用されており、その賃貸借契約違反による解除を検討する場合、まずはどの契約条項に違反するのかを確認することになる。

　国土交通省が提供する賃貸住宅標準約款は、平成24年2月に約20年ぶりに改訂され、暴排条項が織り込まれるに至った。この標準約款に沿った契約書であれば賃借物件を暴力団事務所に使用していることが発覚した場合には用法順守義務違反として無催告で解除できることが規定されており（他にも借主が反社会的勢力に該当することが事後的に判明した場合には表明確約条項違反となること等が規定されている）、標準約款に準じた契約書であれば暴排条項違反を理由とする解除を検討することになろう。

(2)　無催告解除

　問題となるのは、暴排条項違反のみによって解除が可能か否かである。このような用法順守義務違反は一般に催告が必要とされているが、賃借人の義務違反が背信的である場合には無催告で解除することができるとされる（最判昭和27・4・25民集6巻4号451頁等）。この点、暴力団事務所は

抗争事件の現場となる等の事情により近隣住民の生命・身体への危険性を高めるものであるし、昨今の反社会的勢力排除の高まりから、借主が反社会的勢力に賃借物件を利用させないことについて高度の信頼があるのであるから、これに違反した場合には特段の事情がない限り信頼関係が破壊されたと評価でき、無催告解除の有効性が否定されることはないと考えられる（なお、市が市営住宅の入居者に対して「入居者が暴力団員であることが判明したとき」との市営住宅条例に該当するとして明渡しを求めた事案がある。条例に基づく明渡請求の事案であり、催告の有無が問題になったわけではないが、大阪高判平成25・6・28民集69巻2号447頁では、信頼関係破壊理論の適用があることを前提としつつ、「信頼関係を破壊しない特段の事情があるということはできない」として、市の請求を認容している）。

なお、暴力団排除条項が存在しない場合には、危険行為条項（「借主は物件内において危険もしくは近隣居住者等の迷惑となる行為をしてはいけない」等）に該当しないかを検討することになる（この種の条項違反を理由とした裁判例として大阪地判平成6・10・31判タ897号128頁、東京地判平成7・10・11判タ915号158頁などがある）。

(3) 失権約款

そもそも約定で解除通知を不要とすればよいとの発想で、失権約款（契約違反により当然解除となる旨の特約）を契約規定に含めるべきとの提案もなされている。もっとも、裁判例においては、失権約款の有効性を限定的にとらえる傾向にあり（最判昭和51・12・17民集30巻11号1136頁等）、失権約款と解釈できる条項があるとしても、その適用には慎重になるべきであろう。

第7章　暴力団事務所の使用差止めの仮処分

■Ｉ■　仮処分の必要性

　暴力団事務所とは暴力団の活動の拠点となっている施設または施設の区画された部分をいう（暴対法15条1項）。暴力団事務所が存在すると、暴力団員の出入り等により周辺住民等の平穏な生活が妨害され、さらには対立抗争時に襲撃の目標となることから周辺住民等の生命身体の安全をも害する危険がある。

　暴力団事務所の使用差止請求訴訟を提起しても判決の確定までに時間がかかってしまうと、これらの危険が現実化することになりかねない。また、周辺住民や自治体の暴排機運が高まっているときに、早期に差止めが認められないと、暴排機運が低下することもあり得るし、暴力団側が差止めを妨害しようと周辺住民に圧力を加えることも考えられる。

　そこで、早期解決のために仮処分の申立てが必要となる。

　使用差止めの仮処分は、暴力団事務所としての使用を禁止することを目的とするものであり、暴力団事務所の明渡しを目的とするものではない。しかし、申立てを契機として暴力団事務所の明渡しを内容とする和解がなされることがあり、仮処分の申立ては抜本的解決のためにも意義がある。和解の際、申立人の側が明渡しの対価を負担することもあり得るので、対価の準備は可能か、対価の負担が利益供与にあたらないかについても検討しておくことも必要になり得る。

■Ⅱ■　暴力団事務所使用差止めの仮処分の概要

1　実体的要件

　暴力団事務所の使用差止めの仮処分は、争いのある権利関係について現に債権者に生じている著しい損害や急迫の危険を回避するため、仮処分の申立てが必要となるもので、民事保全法23条2項の仮の地位を定める仮処分である。

　その実体的要件としては、①被保全権利と、②保全の必要性である。

2　被保全権利の内容と疎明

(1)　被保全権利の内容

　仮の地位を定める仮処分の場合の被保全権利は、本案の訴訟物と密接に関連することになるから、被保全権利についての議論は本案での議論と重なる部分が多い。

　差止め一般の問題として、被保全権利を何にするかについてさまざまな議論がなされたし、現在も工夫の余地があるところではある。

　暴力団事務所の使用差止めの場合、仮処分の被保全権利は、人格権としての平穏生活権や法人の業務遂行権である。

(2)　疎明（民保13条2項）

　疎明の対象は、保全すべき権利または権利関係であり、人格権としての平穏生活権や法人の業務遂行権が受忍限度を超えて違法に侵害されたり、または侵害されるおそれである。[1]

　具体的には、当該暴力団の実態、当該建物およびその付近の状況、当該暴力団ないし関連団体による現在および過去の抗争事件の有無・内容、暴力団および暴力団抗争事件の実態・特色等の諸事情を総合考慮して判断されることになる。[2]

1　静岡地浜松支決昭和62・10・9判時1254号45頁。
2　寺本明広「近隣住民による暴力団組事務所使用差止めの仮処分」判タ1078号182頁。

当該暴力団は抗争事件を起こしていないがその上位団体等が他の暴力団と抗争中である場合には、当該暴力団の暴力団事務所の使用に関しても、平穏生活権等の侵害、侵害のおそれは認められやすい。

新たに暴力団事務所を開設した場合にも、平穏な生活権等の侵害のおそれがあるとして使用差止めの仮処分を認めている[3]。

3　保全の必要性と疎明

仮の地位を定める仮処分命令を発することができるのは、債権者に生ずる著しい損害または急迫の危険を避けるためこれを必要とするときである（民保23条2項）。

現時点で保全を行わずに将来の本執行を待っていたのでは債権者の救済が得られなくなり、またはその現時点での法的地位が危うくされるおそれがあることを疎明することになる。

暴力団事務所の使用差止めにおいては、被保全権利の侵害または侵害のおそれについて具体的に主張疎明がなされれば、本案訴訟の結果を待っていたのではその結果が出るまでの間、債権者の平穏な日常生活を営む権利等が受忍限度を超えて侵害されており、また債権者らの生命、身体が現実に侵害されればその被害の回復は不可能であることからすると、保全の必要性の疎明がなされたことになる。

III　債権者適格

1　自然人が申立人となる場合

暴力団事務所の使用差止仮処分は、人格権である平穏生活権が受忍限度を超えるおそれがある場合に認められるのであるから、差止めの仮処分を求めうる債権者の範囲は、暴力団事務所からの距離と関係することになる。

暴力団事務所の周辺に居住、就業していないが、暴力団事務所に通勤通学

---

[3] 東京地判平成23・9・25（2011WLJPCA09258001）の仮処分である東京地決平成22(ヨ)4236号。

経路が近接している者や、暴力団事務所の近辺に存在する施設を頻繁に利用している者などについても、事案により原告適格が認められると考えられる。

　裁判例において債権者適格が認められるのは、暴力団事務所から500メートル以内に居住、就業している者であることが多い（福岡地久留米支決平成21・3・27判タ1303号302頁）。本案訴訟においても原告適格は組事務所から500メートル以内であることが多い。[4]

　申立人を多数にすれば、裁判官に与える心理的なプレッシャーは大きく、申立人らに有利な心証を得ることができると考えられる。また、申立人を多数にすることにより、暴力団からの攻撃リスクを分散させることも可能にもなると考えられる。

　しかし、通常の事件と同様に申立人が多数に及ぶことによるコストの増大（印紙代、委任状の取得、申立人の住所変更への対応、安全確保）という弊害のみでなく、暴力団関係者が申立人に入り込みやすくなるという弊害もある。また、地域の有力者などが、立場上、申立人に加わることもよくあることであるが、そういった者が、真に暴排に協力的であるとも限らない。

　上記の点を考慮し、関係諸機関と協議して、申立人の構成を決める必要がある。

2　法人が債権者となる場合

　会社などの法人も、業務遂行権を被保全権利として債権者となりうる。この点、京都地裁平成29年4月27日決定は、[5]「法人に対して行われた当該法人の業務を妨害する行為が、当該法人の資産の本来予定された利用を著しく害し、かつ、その業務に従事する者に受忍限度を超える不安を与えるなど、業務に及ぼす支障の程度が著しく、事後的な損害賠償を認めるのみでは当該法人に回復の困難な重大な損害が発生すると認められる場合には、当該法人は、上記妨害行為が、法人において平穏に業務を遂行する権利に対する違法な侵害に当たるものとして、上記妨害行為を行う者に対して、業務遂行権に基づいて、上記妨害行為の差止めを請求することができる」と判断している。

4　東京地判平成24・9・25判例秘書。
5　裁判所ウェブサイト。

3　地方公共団体が債権者となる場合

(1)　水戸市の事例

　平成27年8月、六代目山口組が同組と神戸山口組に分裂し、各地で組事務所への襲撃等が発生し、暴力団事務所の周辺住民の生命身体の安全が脅かされるようになった。住民の人格権や会社の業務遂行権を被保全権利とする構成をとると、周辺住民や会社が申立人にならざるを得なく、報復などをおそれ、申立てを躊躇するおそれもある。この点を克服するためには、適格団体訴訟の活用も考えられるが、授権行為には周辺住民の協力が必要であることに変わりはない。そこで、周辺住民の生命身体の安全の確保の要請から迅速な対応が求められるようになり、平成28年には、市が債権者となって使用差止めの仮処分を求めるようになった。

　平成28年3月5日、水戸市の神戸山口組傘下の暴力団事務所に駐車中のトラックに別のトラックが衝突し、同月6日には同事務所に対する発砲事件が発生した。近くに市の小学校があることから、同月30日、水戸市が債権者となって神戸山口組傘下の暴力団事務所の使用差止めの仮処分の申立てをした（同年4月28日和解成立）。

(2)　京都市の事例

　また、六代目山口組の分裂の余波を受け、平成29年1月11日、会津小鉄会の後継をめぐり、同会の本部事務所に六代目山口組や神戸山口組の組員らが集まり小競り合いとなり警察が出動となる事態となった。

　会津小鉄会の本部事務所近くに京都市の複合施設があることから、同年2月6日、京都市は同事務所の使用差止めの仮処分を求め、同年4月27日同事務所の使用差止めの仮処分が認められた。

　京都地裁平成29年4月27日決定は、「債権者は、普通地方公共団体（地方自治法1条の3第2項）であるところ、地方公共団体は法人とされており（同法2条1項）、上記と別異に解すべき根拠はない。なお、本件施設の場合は、多数の市民の利用を前提とする施設であるから、本件施設の利用のために来館する者の安全が脅かされることがないことも本件施設の平穏な業務遂行のためには不可欠であって、その意味で、本件施設の平穏な業務遂行が違法に

侵害されているか否かを判断するに際して、本件施設の利用のために来館する者の安全が脅かされているか否かも考慮するのが相当である」として、業務遂行権を被保全権利として、市が債権者となることを認めている。

4 適格団体訴訟の利用

暴力団対策法32条の4第3項で「民事訴訟手続、民事保全の命令に関する手続及び執行抗告（民事保全の執行の手続に関する裁判に対する執行抗告を含む。）に係る手続について」とされていることから、保全手続においても適格団体訴訟の枠組みが利用できることについては争いがない。実際、神奈川県、福岡県等で適格団体訴訟の枠組みを利用して保全手続が行われている。

■Ⅳ■ 債務者適格

1 組事務所の所有者が組長等の場合

暴力団組長は、暴力団を主宰し、使用差止めの対象となる建物を暴力団事務所として使用しているのであるから、債務者となることに実務上、争いはない。

また、保全手続ではなく訴訟のケースであるが、暴力団組長の元妻で現在内縁関係にある者に対し、その所有する建物について、いつ暴力団組事務所または連絡事務所として使用されるかも知れないとして、暴力団組事務所または連絡事務所としての使用を禁止した裁判例もある[6]。

2 組事務所の所有者が暴力団に建物を使用させている場合

暴力団に建物を暴力団事務所として使用させている者については、自ら当該建物を組事務所として使用しているのではないから、債務者にならないのではないかとも考えられる。しかし、暴力団に暴力団事務所を使用させている者を債務者とすることについて、実務上異論はないと考えられる。

---

6 大阪地判平成4・5・7判時1452号87頁。

秋田地裁平成3年4月18日の決定は、「従来乙企画は会社とは名ばかりの甲会の一組織であったものであり、現在その関係は不明であるが、依然暴力団事務所として使用させており、乙企画自ら暴力団事務所としての使用を排除することは考えられず、これからも暴力団事務所として使用させるであろうことは当然予想されるところであって、このような状態のもとでは、乙企画が本件建物を暴力団事務所として使用させることは、債務者甲儀一とともに債権者らの人格権を侵害するものといえるからである」としている。

3 参考判例

(1) 執行官保管等仮処分申立事件（秋田地決平成3・4・18判時1395号133頁）

> 人格権侵害に基づく、債務者所有建物の暴力団事務所としての使用差止請求権を被保全権利として当該建物につき、執行官保管の仮処分を命じた事例

「そして、このような債権者らの生命、身体に対する危険、平穏に生活する権利の侵害が、本件建物が暴力団であるA会の本部事務所として使用されていることによるものであることも前記認定事実により明らかであるから、債権者らは、現に暴力団事務所として使用している債務者甲に対し、人格権に基づき、本件建物を暴力団の事務所として使用することの差止めを求めることができる。また、本件建物の所有者乙企画に対しても同様の権利を有するものというべきである。なるほど、乙企画は自ら暴力団事務所として使用しているわけではない。しかし、前記認定のとおり、従来乙企画は会社とは名ばかりのA会の一組織であったものであり、現在その関係は不明であるが、依然暴力団事務所として使用させており、乙企画自ら暴力団事務所としての使用を排除することは考えられず、これからも暴力団事務所として使用させるであろうことは当然予想されるところであって、このような状態のもとでは、乙企画が本件建物を暴力団事務所として使用させることは、債務者甲とともに

債権者らの人格権を侵害するものといえるからである」。

(2) **建物使用目的制限等請求事件（大阪地堺支判平成4・5・7判時1452号87頁）**

暴力団組長の元妻が所有するビルが、暴力団事務所として使用されるおそれがあるとして、住民からの組事務所使用禁止請求が認められた事例

「なお、仮に、被告らが本件建物から退去したとしても、上部団体が再び本件建物を占拠する可能性がある。Ａ会は山口組の三次団体であり、本件建物を被告甲１や被告甲２が使用できなくなっても、上位の団体が使用する蓋然性が高い。

また、被告甲１は昨年の逮捕の時点で４億円の借金があったものであり、本件建物の建設資金については上部団体の援助があったこと、実質上の所有者は上部団体であることが予想される。被告甲１は既に偽装離婚等名義を偽ったこともあるのであり、使用禁止を潜脱するためには、他人の名義を借りる可能性もある。

従って、Ａ会のみならずＢ会、山口組あるいは他の名義人の占有も排除するのでないと、組事務所としての使用禁止の実効性は期待できない」。

> **コラム**
>
> ## 地方公共団体が債権者の事例
>
> 　水戸市の事案は、児童の安全を緊急に確保するために市を巻き込んだ事例であり、市が債権者となった点で画期的である。
>
> 　水戸市の事案の後に出された京都地裁平成29年4月27日の決定は、市を債権者としたうえで、市の資産である福祉ボランティアやNPO法人の活動拠点となる複合施設の業務遂行権を被保全権利とすることを認めた。また、この決定は、施設の業務遂行が違法に侵害されているか否かを判断するにあたって、施設の利用のために来館する者の安全が脅かされているか否かも考慮している。
>
> 　平成29年4月には神戸山口組から任侠団体山口組（同年8月任侠山口組と改名）が分裂するなどし、抗争等の発生が懸念される。今後も、地方公共団体が債権者となって暴力団事務所の使用差止めを求める仮処分は、周辺住民等の生命安全の確保のためには、極めて有用な方法といえる。

第8章 区分所有法に基づく暴力団事務所の排除

■I■ はじめに

　マンションの一室が暴力団事務所として使用されている場合、暴力団員の出入りにより住人の平穏な生活が侵害され、また、暴力団の対立抗争により住人が抗争に巻き込まれ生命・身体の安全が侵害される事態が予想される。

　暴力団構成員もしくはその関係者が、構成員または一般人の名義を使用してマンションの一室を賃貸人たる区分所有者から賃借し、暴力団事務所等として使用することは今日でも決して少なくない。暴力団構成員ではない関係者が賃借しているに過ぎない場合であっても、賃貸人（区分所有者）が暴力団関係者と親しい関係にあるなどの場合であれば、任意での明渡しを期待することは難しい。

　このような場合の暴力団事務所の排除にあたっては、前述した人格権に基づく使用差止請求によるほかに、建物の区分所有等に関する法律（以下、「区分所有法」という）に基づく方法がある。

　区分所有法6条1項は、「区分所有者は、建物の保存に有害な行為その他建物の管理又は使用に関し区分所有者の共同の利益に反する行為をしてはならない」と定めており（いわゆる「共同利益背反行為」）、同法57条から60条（第7節　義務違反者に対する措置）には、共同利益背反行為の停止等の手続が定められている。

　マンションの一室を暴力団事務所として使用することが、区分所有法6条1項が定める「区分所有者の共同の利益に反する行為」に該当することは、実務上、ほぼ争いがない。したがって、マンションの一室が暴力団事務所として使用されている場合、その排除にあたっては、区分所有法57条ないし60条に基づいた排除を検討すべきである。

■Ⅱ■ 区分所有法57条から60条の各種請求

1 共同の利益に反する行為の停止等の請求（区分所有法57条）

(1) 概　要

区分所有法6条1項所定の行為（マンションの一室を暴力団事務所として使用等）をした場合またはその行為をするおそれがある場合、他の区分所有者の全員または管理組合法人は、区分所有者の共同の利益のため、その行為を停止し、その行為の結果を除去し、またはその行為を予防するために必要な措置を取ることを請求することができる（区分所有法57条1項）。区分所有者のみならず、占有者に対しても請求することができる（同法57条4項）。

(2) 手続的要件

区分所有法57条に基づく請求の場合、裁判上のみならず裁判外での権利行使（事実上の勧告など）も可能である。

裁判上の請求の場合、請求権者が、当該違反者を除く区分所有者の全員または管理組合法人に限られており（区分所有法57条1項）、法人格を有しない管理組合（いわゆる権利能力なき社団としての組合）は除かれていることに注意が必要である。ただし、管理者（その選任は規約の定めがない場合は集会の決議による。区分所有法25条1項）または集会において指定された区分所有者（理事長など）は、集会の決議によって請求権者になることができる（区分所有法57条3項）。

なお、判決が下された場合、判決の効力が区分所有者全員に及ぶことになるため、裁判上の請求の場合には、管理組合規約に定めがあるか否かにかかわらず、区分所有者および議決権の各過半数の賛成を必要とする（区分所有法57条2項、39条1項）。

集会での決議にあたっては、停止等を求められる相手方の区分所有者（暴

1　これについては、札幌地判昭和61・2・18判タ582号94頁、名古屋地判昭和62・7・27判タ647号166頁、福岡地判昭和62・5・19判タ651号221頁、福岡地判昭和62・7・14判タ646号141頁、東京地判平成25・1・23判タ1408号375頁ほか多数の裁判例がある。

力団関係者）も出席して議決権を行使できるため、議事の内容が筒抜けとならないよう留意する必要がある。

(3) 実体的要件

「共同利益背反行為」とは、①建物の保存に有害な行為または、②建物の管理または使用に関し有害な行為をいう。前者は、建物の構造を破壊したりする行為であり、後者は、共用部分に違法に物品を備え付けたり放置したりする行為、あるいはいわゆるニューサンス（騒音、悪臭等）も含まれる[2]。

共同利益背反行為該当性は、「当該行為の必要性の程度、これによって他の区分所有者が被る不利益の態様、程度等の諸事情を比較考量して決すべきものである」とされている[3]。

前述のとおり、マンションの一室が暴力団事務所として使用することが共同利益背反行為に該当することは裁判実務上争いがない。

(4) 効果

本請求が認容されることにより、区分所有者もしくは占有者は、本件専有部分を暴力団事務所として使用することはできなくなるし、設置済の鉄板や監視カメラを撤去しなければならない[4]。

しかし一方で、区分所有法57条による請求では、住居として使用することまでは禁止されないし、明渡しも認められない。したがって、住居として使用する旨の外形を維持しつつも、専有部分に暴力団員やその関係者が出入りすることによって、事実上暴力団事務所として使用される可能性は否定できない。

2 専有部分の使用禁止の請求（区分所有法58条）

(1) 概要

共同利益背反行為による障害が著しく、区分所有法57条1項の停止等の請求では事態が解消されない場合、裁判上の手続で、相当期間、当該行為に係

---

[2] 濱崎恭生『建物区分所有法の改正』335頁、336頁（法曹会、1989年）。
[3] 東京高判昭和53・2・27金法875号31頁。
[4] 区分所有法57条に基づく仮処分の認容例として、東京地決平成10・12・8判タ1039号271頁がある。

る区分所有者による専有部分の使用禁止を求めることができる。

(2) 手続的要件

本請求は裁判上でのみ行うことができ（区分所有法58条1項）、かつ、区分所有者および議決権の各4分の3以上の賛成（同条2項）、および義務違反者（暴力団関係者等）に対して弁明の機会を付与する必要がある（同条3項）。また、集会の決議につき特別の定数が定められている事項であることから、集会の招集通知に使用禁止の請求の訴えを提起するという議題を明示しなければならない（同法37条1項・2項、35条1項）。

請求権者は、区分所有法57条3項に基づく場合と同様である。管理組合が法人格を取得していない場合、管理者または集会において指定された区分所有者が訴訟を提起することができる（区分所有法58条4項、57条3項）。

(3) 実体的要件

前述のとおり、①共同利益背反行為が「著し」いこと、②区分所有法57条に基づく当該行為の停止等の請求によっては、その障害を除去して、区分所有者の共同生活の維持を図ることが困難であること、という2点の要件を満たす必要がある。具体的には、その障害を除去して共用部分の利用を確保することが困難である場合や、回復しがたい危険が差し迫っている場合などである。

マンションの一室に入居した暴力団組長が組員数名を同居させて使用しているほか、暴力団抗争を契機として鉄板、砂袋、寝具等を部屋に持ち込んで拠点としていた事案において、本条の請求に基づき、判決確定日から3年間のマンションの使用禁止を認めたものがある。[5]

(4) 効 果

相当期間における当該行為に係る区分所有者による専有部分の使用禁止である。「当該行為に係る区分所有者」による使用の禁止とは、当該区分所有者自身による使用だけではなく、その家族や使用人等の占有補助者、占有機関による使用も禁止される。相当な期間は、共同生活の維持を図るため専有部分の使用を禁止することが必要かつ相当と認められる期間とされる数カ月

---

5 福岡地判昭和62・5・19判タ651号221頁。

程度を下限とし、数年程度を一応の上限と解すべきとの見解がある[6]。

もっとも、本条によって使用禁止の判決を受けた区分所有者は、当該専有部分の使用を禁止されるのであって、当該専有部分を譲渡することや第三者に賃貸することなどは妨げられない。

3 競売の請求（区分所有法59条）

(1) 概　要

共同利益背反行為により区分所有者の共同生活上の障害が著しく、民事上の他の法的方法（区分所有法57条の停止等の請求、同法58条の使用禁止請求等）によってその障害を除去して共用部分の利用の確保等を図ることが困難な場合、義務違反者たる区分所有者に対し、区分所有権および敷地利用権の競売の請求をすることができる。

前述のとおり、区分所有法57条に基づく請求の場合は、共同利益背反行為たる区分所有者の暴力団事務所としての使用を禁止するにとどまり、たとえば住居としての使用は禁止されず、また、区分所有法58条に基づく使用禁止請求も、長くても数年程度の使用が禁止されるにとどまり、第三者への賃貸などは妨げられることはなかった。本条は、使用されている暴力団事務所の区分所有権を直接剥奪するもので、暴力団事務所を終局的に排除するものであり、区分所有法による解決を図るには最も効果的であり、かつ有用である。

(2) 手続的要件

手続的要件は区分所有法58条に基づく場合と同様である（区分所有法59条2項、同法58条2項および3項、同法57条3項）。

なお、民事執行法に基づく通常の競売請求にあたっては、オーバーローンなど、剰余を生じる見込みがない場合（民執63条1項）には、いわゆる無剰余取消しの適用があるが、本条に基づく請求の場合はその適用がない（形式的競売）。なぜなら、本請求は、区分所有者の区分所有権および敷地利用権を売却することによって当該区分所有者から区分所有権を剥奪することを目的としており、競売の申立人に対する配当を予定していないからである[7]。し

6　濱崎・前掲（注2）357頁。
7　東京高判平成16・5・20判タ1210号170頁。

(3) 実体的要件

①共同利益背反行為が著しいこと、②他の民事的方法によっては解決が困難であることであり、区分所有法58条よりも要件としてのハードルは高い。本請求を行うにあたっては、同法57条・58条に基づく請求を前置する必要はないため、直接競売請求することも可能である。

(4) 効 果

競売請求権は、請求認容判決の確定によって発生する形成権であり、前述のとおり無剰余取消しが適用されない。一方で、買受人の地位の安定化のために、消除主義（民執59条1項）の適用があり、担保権が設定されている場合は消滅することになる。

このように、区分所有者から所有権を剥奪することができることから、区分所有法57条および同法58条による一時的な解決と異なり、終局的な解決となる。

判決確定後は、6カ月以内に競売を申し立て、買受人による所有権取得の段階を踏むことになる（区分所有法59条3項）。当該区分所有者またはその者の計算において買い受けようとする者は、買受けの申し出をすることができない（同法59条4項）。しかし、競売は入札により行われるので再び暴力団関係者に落札されることのないよう注意が必要である。

そのため、実務上、裁判所において暴力団関係者以外の者が買受人となる和解が成立することも多い。

なお、令和元年5月10日に成立した「民事執行法の一部を改正する法律」65条の2は、不動産競売における暴力団員の買受け防止の方策として、「買受けの申し出をしようとする者が、暴力団員又は暴力団員でなくなった日か

---

8 東京地方裁判所民事執行センター実務研究会編著『民事執行の実務・不動産執行編(下)〔第3版〕』384頁（金融財政事情研究会、2012年）。
9 認容例として、札幌地判昭和61・2・18判タ582号94頁、名古屋地判昭和62・7・27判タ647号166頁、京都地判平成4・10・22判タ805号196頁、福岡地判平成24・2・9裁判所ウェブサイト。その他、暴力団事務所としての使用はないものの、仙台地判平成20・11・25裁判所ウェブサイトなどがある。

ら5年を経過しない者であることを陳述しなければ、買受けることはできない」、等と定められている。

4 賃借人などの占有者に対する契約の解除・引渡請求（区分所有法60条）

(1) 概　要

区分所有者以外の専有部分の占有者（区分所有法6条3項。以下、「占有者」という）による共同利益背反行為が著しく、他の方法によってはその障害を除去して共用部分の利用の確保を図ることが困難な場合、占有者に対し、契約解除および専有部分の引渡しを求めることができる。[10]

(2) 手続的要件

手続的要件は区分所有法58条および同法59条に基づく場合と同様である（区分所有法60条2項、同法58条2項および3項、同法57条3項）。

占有者が賃借権等の占有権限を有する場合には、貸主である区分所有者と借主である占有者の双方を共同被告として、契約の解除を求めるとともに、占有者に対しては当該専有部分を原告たる区分所有者（区分所有者の全員または管理組合法人）に引き渡すことを求めて、訴えを提起する必要がある（必要的共同訴訟）。占有者が不法占有者である場合には、貸主たる区分所有者は被告とはならず、不法占有者のみを対象とすれば足りる。

(3) 実体的要件

実体的要件は区分所有法59条に基づく場合と同様である。区分所有法59条の競売請求と要件が同一であるため、区分所有者とは異なる占有者が占有している場合、競売請求と併せて行うことが多くなると考えられる。

(4) 効　果

判決に基づき、当該占有者が占有する当該専有部分を、原告である区分所有者の全員または管理組合法人に引渡しをさせ、引渡しを受けた原告は、それを専有部分の区分所有者に引き渡さなければならない。

専有部分の賃借人、使用借人などの区分所有者以外の占有者によって暴力

---

[10] 認容例として、最二小判昭和62・7・17判時1243号28頁、福岡地判昭和62・7・14判タ646号141頁、京都地判平成4・10・22判タ805号196頁がある。

団事務所として使用されている占有状態を排除することができるが、占有排除後に区分所有者等に占有の引き渡しを行う必要があるため（区分所有法60条3項）、そもそも区分所有者等が暴力団構成員やその関係者である場合は、暴力団事務所の完全な排除につながらない場合もありうる。

そのため、競売の請求も併せて行う必要がある。

III　仮処分の活用

1　はじめに

暴力団事務所の排除を行うべき緊急性・必要性が高い場合は、区分所有法57条から60条に基づく各請求権を被保全権利とした仮処分の手段が有用である。たとえば、区分所有法57条の共同利益背反行為の停止等の請求権を被保全権利とした暴力団事務所としての使用の停止および設置された鉄板撤去等の仮処分、同法58条の専有部分の使用禁止請求権を被保全権利とした当該部分の使用禁止の仮処分、同法59条の競売請求権を被保全権利とした処分禁止の仮処分、同法60条の占有者に対する引渡請求権を被保全権利とした占有移転禁止の仮処分等である。

仮処分による場合、本訴に至る前の段階で相手方との話し合い（和解）による解決の可能性があり、相手方からその区分所有権を買い取るなど、競売請求が認容された場合と同様の効果を得て解決を図ることができる場合もあることから、積極的に仮処分の活用を検討すべきである。

2　処分禁止の仮処分の必要性

区分所有法59条に基づく競売請求が認容されるには、口頭弁論終結時点で区分所有者（被告）が当該区分所有権を有していることが必要であるが、口頭弁論終結前に譲渡した場合は、被告適格を欠くことになる[11]。このような場合、新たな所有者を義務承継人（民訴50条）として競売請求をすることがで

11　濱崎・前掲（注2）362頁。

きるか争いがある。共同利益背反行為を行い、またはこれをするおそれがあるのは元の区分所有者であることを踏まえれば、訴訟引き受けは消極にも解されるところであり、そうすると、譲受人に対する競売請求は、譲受人が共同利益背反行為をしまたはするおそれがある場合に、あらためて集会の決議を経て法的措置を講じる必要が生じる。被告が実体のないダミー会社（暴力団関連企業など）に所有権を移転させるなど、濫用的な所有権移転がなされることも懸念されるところであり、訴訟引受けが認められない可能性を踏まえれば、処分禁止の仮処分決定を得ておく必要性は高い。

　一方で、口頭弁論終結後に被告であった区分所有者がその区分所有権および敷地利用権を譲渡した場合は、その譲受人に対し、同訴訟の判決に基づいて競売の申立てをすることができないとされている[12]。となると、せっかく認容判決を得ても、その時点で被告から第三者（暴力団関係者など）に区分所有権が譲渡されてしまえば、結局のところ競売請求できないということになりかねない。

　このようなことから、口頭弁論終結前後の所有権移転により生じうる不都合を回避するため、区分所有法59条に基づく請求を行うにあたっては、同請求権を被保全権利とした処分禁止の仮処分（当事者恒定）が必要かつ有用である。

　ところが、最高裁（平成28年3月18日決定）は、管理費等の滞納を利益背反行為として区分所有法59条の競売を請求した原告が処分禁止の仮処分を求めた事案において、処分禁止の仮処分を認めない決定を維持した。

　理由は以下のとおりである。

〔最二小決平成28・3・18裁時1648号3頁〕

　「民事保全法53条は同1項に規定する登記請求権を保全するための処分禁止の仮処分の執行方法について、同法55条は建物の収去及びその敷地の明渡しの請求権を保全するためのその建物の処分禁止の仮処分の執行方法についてそれぞれ規定しているところ、建物の区分所有等に関する法律59条1項の規定に基づき区分所有権及び敷地利用権の競売を請求する権利は、

12　最決平成23・10・11判時2136号36頁。

民事保全法53条又は55条に規定する上記の各請求権であるとはいえない。上記の競売を請求する権利は、特定の区分所有者が、区分所有者の共同の利益に反する行為をし、又はその行為をするおそれがあることを原因として、区分所有者の共同生活の維持を図るため、他の区分所有者等において、当該行為に係る区分所有者の区分所有権等を競売により強制的に処分させ、もって当該区分所有者を区分所有関係から排除しようとする趣旨のものである。このことからしても、当該区分所有者が任意にその区分所有権等を処分することは、上記趣旨に反するものとはいえず、これを禁止することは相当でない」。

最高裁は、競売請求権は民事保全法53条および同法55条に規定する請求権ではないこと、区分所有者が任意に区分所有権等を処分することになれば、結果的には区分所有者における共同利益背反行為等の解消につながるため、あえて処分禁止の仮処分を認める必要はない、と判断した。

もっとも、最高裁決定にかかる事案は、区分所有者が管理費等の滞納を続けたことが共同利益背反行為に該当するとして競売の申立てがあった事例であり、本稿で想定している区分所有者が反社会的勢力である事案とは異なる。

区分所有者（被告）が反社会的勢力の場合、前述のとおり実体を伴わないダミー会社等に所有権を移転させるなどの濫用的な譲渡は十分に考えられるところである。処分禁止の仮処分の途を閉ざせば、前述のとおり新たな譲受人（暴力団関係者等）を当事者として訴訟追行しなければならず（そして、さらにその譲受人が所有権を移転させる……といったことが延々と行われかねない）、暴力団事務所の排除を行うことができない。これでは、区分所有法59条が競売請求を定めた意味が没却される。また、「民事保全法53条、同55条は、登記請求権や引渡請求権の実現確保のための処分禁止仮処分の執行について規定しているが、23条1項がそれ以外の権利・利益を被保全権利とすることを認めないとはいえないであろう」[13]との見解もあり、民事保全法の規定が区分所有法59条に基づく処分禁止の仮処分を決定的に否定する根拠とはなり得ない。

---

13 下村眞美「判批」平成24年度重要判例解説ジュリスト臨時増刊号132頁（有斐閣）。

したがって、少なくとも暴力団事務所の排除が問題となる濫用的な所有権移転の可能性が認められる事案においては、処分禁止の仮処分は認められるべきであろう。また、「暴力団排除条例が全国の都道府県で施行された今日においては、暴力団への利益供与は厳しく禁止されていることからしても、処分禁止の仮処分を認めたとしても暴力団側が受ける不利益としてはそこまで大きくないものと考えられる」[14]との指摘もある。

なお、区分所有法59条の競売請求権を被保全権利とする処分禁止の仮処分が認められない場合に備え、管理組合側としては、競売請求訴訟係属後の区分所有権の譲渡には、管理組合の許可を要する旨を定めておく、といった方法も提唱されている[15]。

Ⅳ 実務上の留意点

1 理事会・住民との連携

(1) 住民の理解が得られるよう努めること

区分所有法に基づく請求の場合、同法57条の場合は区分所有者および議決権の過半数（区分所有法39条1項）、同法58条以下の請求を行う場合は特別多数決議すなわち区分所有者および議決権の各4分の3以上の賛成を必要とする（同法58条2項）。特別決議の要件は、管理組合規約によって緩和することはできないことから（同法37条2項）、住民の大部分の賛成が必要ということになる。

住民の理解、同意を得ることができなければ手続をとることはできないし、決議が通らなければ、人格権に基づく請求など、別の手段を検討せざるを得ない。

特に、大規模マンションなどの場合は住民も多数に上り、住民も一枚岩と

---

14 横浜弁護士会編『マンション・団地の法律実務』307頁（ぎょうせい、2014年。なお、横浜弁護士会は、2016年神奈川県弁護士会に改称した）。
認容例として、東京地決平成22・12・2ほか多数の裁判例がある。
15 長谷部由起子「判批」平成28年度重要判例解説ジュリスト臨時増刊号149頁（有斐閣）。

はいえないケースも多い。したがって、集会決議を経る以前から準備を進めるべきである。具体的には理事会との打合せ、住民説明会、そして集会（定時総会、臨時総会など）といった流れを経るべきであり、理事会および住民の理解を得られるように準備を進めるべきである。

また、住民説明会では、現状報告のペーパーを用意し、可能な限り住民の質問にも答え、住民の「怖い」、「何かあったらどうする」といった不安の払しょくに努めるとともに、暴力団事務所が存在し続けることの不利益等について丁寧に説明すべきである。

(2) 請求主体を誰にするか

区分所有法58条以下の請求の場合、前述のとおり手続的要件（4分の3以上の賛成）が厳格に定められており、かつ、相手方となる区分所有者に対して弁明の機会の付与が求められる場面があるなど、住民側としては難しい対応が必要となる場合が少なくない。

また、区分所有法57条以下の請求主体は、相手方となる区分所有者を除く区分所有者の全員または管理組合法人であるが（同法57条1項）、区分所有者の全員を当事者（原告）とするのは現実的ではないし、管理組合法人が定められていれば、相手方が暴力団ということもあって当該法人を主体とするのが望ましい。仮に定められていない場合は、積極的に管理組合法人の設立を検討すべきである。

なお、管理者または集会において指定された区分所有者は、集会の決議によって当事者適格の授権を受けることができるが（区分所有法57条3項）、管理者は、管理組合規約上管理組合の理事長となっている場合が多く、相手方が暴力団であることから、理事長1人のみを当事者とすることは適切とは言い難い。管理組合が権利能力なき社団として当事者適格を有さないことは前述のとおりである。

(3) 相手方への弁明の機会の付与

決議にあたっては、相手方となる区分所有者も出席して議決権を行使することができるし、決議にあたってあらかじめ弁明の機会を与えなければならない（区分所有法58条3項等）。弁明の方法は法律上特に指定されていないが、後に争いとならないよう、原則としては、集会の席上にて弁明させる方法に

よるべきである。

なお、弁明の機会を与えたというためには、あらかじめ共同利益背反行為が行われていることの概要を知らせる必要がある。したがって、招集通知等に記載しておくべきである（区分所有法35条1項、37条1項）。

また、占有者も集会に出席して意見を述べることができることから（区分所有法44条1項）、集会を招集する場合には、招集通知を発した後、遅滞なく集会の日時、場所および会議の目的事項をマンション内の見やすい場所に掲示する必要がある（同法44条2項）。

2　警察・暴追センターとの連携

住民の安全確保、関係者の保護対策等について、あらかじめ弁護団と各都道府県警察、暴力追放センター（以下、「暴追センター」という）との間で協議のうえ、住民の安全確保が万全になされるよう努めるべきである。また、弁護団会議や住民説明会に警察担当者も出席してもらい、具体的な保護対策の内容等を住民に説明し、住民の不安の払しょくに努めるべきである。

■V■　具体的な対応

以下、マンションの区分所有者、占有者のいずれが暴力団関係者等であるかにより、取るべき法的手段を検討する。

1　暴力団組長が区分所有者であり、当該組の暴力団事務所として使用されている場合

暴力団組事務所として使用されている場合、区分所有法6条1項の共同利益背反行為に該当することには争いがない。最終的には暴力団事務所の排除をめざすべきであるから、同法59条に基づく競売請求を中心として、同法57条に基づく共同利益背反行為の停止等の請求、同法58条の使用禁止請求などの手段を検討すべきである。

そして、マンションの一室が組事務所として使用されることにより、マンションの住人が抗争に巻き込まれる可能性が生じることは明らかであり、現

在におけるその不安を除去すべき必要性・緊急性がある。

　したがって、上記各請求に先立ち、区分所有法59条の競売請求権を被保全権利とする処分禁止の仮処分、同法58条の使用禁止請求権を被保全権利とする使用禁止の仮処分、同法57条の共同利益背反行為の停止等の請求権を被保全権利とする暴力団事務所としての使用の停止の仮処分などを検討すべきである。

2　暴力団組長の妻、関連会社、組員などの反社会的勢力が区分所有権者であり、暴力団組長が占有者として、暴力団事務所として使用されている場合

　区分所有権者である暴力団組長の妻、関連会社、組員等に対しては、区分所有法59条の競売請求、同法58条の使用禁止請求、同法57条の共同利益背反行為（暴力団事務所としての使用）の停止等の請求、同法60条の引渡し請求などが考えられ、占有者である暴力団組長に対しては、同法60条の引渡し請求、同法57条の共同利益背反行為（暴力団事務所としての使用）の停止等の請求などの手段が考えられる。

　また、上記各請求に先立ち、区分所有者である反社会的勢力に対しては区分所有法59条の競売請求権を被保全権利とする処分禁止の仮処分、同法58条の使用禁止請求権を被保全権利とする使用禁止の仮処分、同法57条の共同利益背反行為の停止等の請求権を被保全権利とする使用停止の仮処分が考えられる。また、占有者である組長に対しては、同法60条の引渡し請求権を被保全権利とする占有移転禁止の仮処分、同法57条の共同利益背反行為の停止等の請求権を被保全権利とする暴力団事務所としての使用停止の仮処分などが考えられる。

3　暴力団関係者等ではない第三者が区分所有者であり、暴力団組長が占有者として暴力団組事務所に賃借されている場合

　賃借人が暴力団関係者等である場合は、区分所有者とのつながりがあり、賃借人が密接交際者であることがうかがわれる。区分所有者が暴力団関係者等であるとの判断が難しい場合でも、区分所有者が組事務所として使用さ

ていることには変わりないから、占有者である組長（暴力団事務所のみならず）に対しても別途法的手段を検討すべきである。

　具体的には、区分所有者に対しては、区分所有法58条の使用禁止請求、同法57条の共同利益背反行為の停止等の請求、同法60条の明渡請求などが考えられ、占有者である暴力団組長に対しては、同法60条の明渡請求、同法57条の共同利益背反行為の停止等の請求などの手段が考えられる。

　上記各請求に先立ち、区分所有法58条の使用禁止請求権を被保全権利とする使用禁止の仮処分、同法57条の共同利益背反行為の停止等の請求権を被保全権利とする使用停止の仮処分が考えられ、占有者に対しては、同法60条の明渡請求権を被保全権利とする占有移転禁止の仮処分、同法57条の共同利益背反行為の停止等の請求権を被保全権利とする暴力団事務所としての使用禁止の仮処分などが考えられる。

4　すでに暴力団事務所として使用されておらず空室となっている場合の区分所有法57条ないし60条の各請求の可否

　共同利益背反行為は、少なくとも口頭弁論終結時まで存在することが必要とされ、訴え提起時には要件が存在していても、口頭弁論終結時に消滅していたときには訴えは棄却される（東京地判平成25・1・23判タ1408号375頁は、口頭弁論終結時に暴力団事務所として使用されていなかったと認定し、区分所有者の共同生活上の障害が著しいということはできないとして、区分所有法59条1項による競売請求を棄却したが、控訴審において当該事務所は反社会的勢力以外の第三者に売却して和解が成立した）。

　暴力団事務所として、外見上使用されていると認めることができない場合、区分所有法57条以下の請求は認められる余地はないのであろうか。

　現に暴力団事務所として使用がされていないとしても、単に暴力団事務所から什器・備品等がすべて運び出されただけにすぎない場合、仮処分により暴力団事務所としての使用停止請求が認諾されている場合、暴力団事務所の暴力団構成員の大半が服役中であり、一時的に使用を停止しているにすぎない、といった場合などが考えられる。

　暴力団事務所として現に使用されているか否かというだけではなく、今後、

暴力団活動に利用される具体的危険性が認められるかという観点から検討されるべきであり、住居として使用を継続しているものの、暴力団関係者の出入りが継続している場合などは、いまだ暴力団事務所としての活動に利用される具体的危険性は存在するものと考えられ、区分所有法57条以下の各請求を躊躇すべきではないと考える。

【書式例13】 総会通知書（マンション管理組合）

○○マンション○○○号室区分所有者
○　○　○　○　殿

　　　　　　　　　　　　　　　　　　　　　　年　　月　　日

通　　知　　書

　　　　　　　　　　　　　　　○○マンション管理組合
　　　　　　　　　　　　　　　理事長　　○　○　○　○

冠省　○○マンション管理組合理事長として、貴殿に以下の通り通知します。

　貴殿は、当マンションの貴殿所有部分（○○○号室）を暴力団事務所として使用し、これに伴い、同暴力団組員らをして貴殿所有部分に常駐させ、さらには当マンションの駐車場および周辺路上に無断・違法駐車させる等、当マンション住民に威圧を加え、他の区分所有者の共同利益に反し、共同生活上の障害を生じさせる行為を継続しております。
　そこで、当組合は、○○マンション管理規約に基づき、○○マンション管理組合臨時総会を後記の要領で開催することを決定しました。
　上記総会においては、貴殿による他の区分所有者の共同利益に反する行為に対する措置として、建物の区分所有等に関する法律59条による区分所有権等競売請求の提訴、これに伴う保全処分および同法律事務を弁護士に依頼する件が議題となります。
　当組合は、同集会において、建物の区分所有等に関する法律59条2項、58条3項の規定に基づき、貴殿に対し、区分所有権等競売請求の提訴につき弁明の機会を設けますので、貴殿においては、同総会に出席のうえ、弁明されるよう通知します。
　なお、出席の有無にかかわらず、総会期日までに弁明書を提出していただ

125

ても結構です。また，代理人による総会出席および議決権の行使も可能ですので，その場合には添付の委任状に必要事項をご記入のうえ，○年○月○日（○）までに当組合にご提出ください。

草々

【書式例14】　建物の区分所有等に関する法律44条2項に基づく掲示

○○マンション○○○号室占有者
○　○　○　○　殿

年　　月　　日

建物の区分所有等に関する法律44条2項に基づく掲示

　　　　　　　　　　○○マンション管理組合
　　　　　　　　　　理事長　　○　○　○

　下記日時場所において開催予定の臨時総会では，貴殿に対する，建物の区分所有等に関する法律（以下，単に「法」といいます。）60条に基づく建物明渡請求権を被保全権利とする占有移転禁止の仮処分の申立て，および同条に基づく明渡請求訴訟提起に関する議案が審議される予定です。
　そこで，法44条2項に基づき，本書を掲示します。
　貴殿が臨時総会に出席される場合は，①出席者の氏名，②出席者と占有者との関係，③連絡先を，当管理組合に書面にてご連絡ください。

記

1　日時　　　　年　　月　　日　午後　　時～　　時頃
2　場所
3　会議の目的たる事項
　　貴殿が賃借したとして使用する○○殿所有にかかる当マンション○○○号室に関し，建物の区分所有等に関する法律60条に基づく建物賃貸借契約解除，建物専有部分引渡請求の提訴，それに伴う保全処分の申立ておよび上記法律事務を弁護士に依頼する件

以上

【書式例15】 訴状（区分所有権等競売請求事件）

訴　状

〇年〇月〇日

〇〇地方裁判所　民事部　御中

　　　　　　　　　　　　　原告訴訟代理人　弁護士　〇　〇　〇　〇

当事者の表示　　別紙当事者目録記載の通り（省略）

区分所有権等競売請求事件
　　訴訟物の価額　　　　　　円
　　貼用印紙額　　　　　　　円

第1　請求の趣旨
1　原告は、被告の有する別紙物件目録記載の区分所有権および敷地利用権について競売を申し立てることができる。
2　訴訟費用は被告の負担とする。
との判決並びに仮執行の宣言を求める。

第2　請求の原因
1　当事者
　(1)　原　告
　　　別紙物件目録の（1棟の建物の表示）欄記載の建物（以下、単に「〇〇マンション」という）には、別紙区分所有者目録記載のとおり〇〇〇名の区分所有者がいる。
　　　原告は、〇〇マンションの区分所有者の共同の利益を増進し、良好な住環境を確保する目的を達成するため区分所有者全員をもって結成された管理組合の管理者たる理事長であり、かつ、〇年〇月〇日に招集された同マンションの臨時総会において、建物の区分所有等に関する法律（以下、単に「法」という）59条2項、57条3項に基づいて本件訴訟を提起すべき者と指定された区分所有者である。
　(2)　被　告
　　　被告は、別紙物件目録記載の区分所有建物（以下、単に「本件専有部

分」という)の所有権および敷地利用権を有する○○マンションの区分所有者である。
2　本件請求の要件
(1)　区分所有法59条
　　同条に基づく競売請求権の要件は,
①　区分所有者が建物の保存に有害な行為および建物の管理または使用に関し区分所有者の共同の利益に反する行為をした場合またはその行為をするおそれがある場合であること
②　当該行為による区分所有者の共同生活上の障害が著しいこと
③　他の方法によってはその障害を除去して共用部分の利用の確保その他区分所有者の共同生活の維持を図ることが困難であること
である。
(2)　建物の保存に有害な行為その他建物の管理または使用に関し区分所有者の共同の利益に反する行為（上記①の要件)
　　被告は，次のとおり○○マンションの建物の保存に有害な行為その他建物の管理又は使用に関し区分所有者の共同の利益に反する行為をした。
ア　被告は，いわゆる暴力団組織である○○組を組織して，その総長を自称し，○年○月○日以降，○○マンション○○○号室の本件専有部分を○○組事務所として使用していて，同所に配下の者を常駐させ，また外部の暴力団関係者を常時出入りさせていた。
イ　被告および被告とともに本件専有部分に出入りする組員は，平成○○年○○月頃，○○マンションの駐車場の無断使用を開始し，これを現在まで継続している。その態様は，正規に契約している駐車場使用権者の利益を損なうものであった。
ウ　マンションにおける共同生活を円滑に維持する上で，ゴミを処理する場所および日時を厳守することは必要不可欠であるが，被告は，このルールをほとんど守っていない。すなわち，○○マンションの各入居者のゴミ搬出日は，横浜市清掃局のゴミ収集日時に合わせ，毎週○・○曜日の朝と決められているにもかかわらず，被告は，日時を選ばず随時ゴミを出し，しかも場所も一定していなかった。
エ　さらに，○年○月○日未明，被告配下の○○組系組員らが，対立関係にあった暴力団組織である××組系組員らとの間で抗争事件を起こし，○○マンションの○○組事務所（○○○号室）および同事務所前の○階通路等がその舞台となった。

　　　　　すなわち，同日午前○○時○○分ころ，××組系組員数名が，○○マンション内に乱入して，○階の右事務所内に立て籠った被告配下の組員らと互いに罵声を浴びせ合いながら厳しく抗争し，さらに××組組員らは○階エレベーター前に備え付けてあった粉末消火器を右事務所に向けて放射したのち，この消火器と同所備え付けの金属製吸殻入れを右事務所玄関扉に叩きつけ，壁面取付けの電気メーター計器類を破壊する等の示威的暴力行為をなして退散した。
　　　　　これに対し，被告の配下の組員らは，再度の襲撃に備え，○階に通じる階段に家具等で防護柵を築いて通路を遮断し，さらに消火栓の箱内に鋭利な細工用鋸を隠し置く等して○○マンションの共用部分を不法に占拠し，他の居住者の利用を排除した。
　　　　　その後，同日午後○○時ころには，××組組員数十名が警察官の制止を振り切って○○マンション内に乱入し，右事務所の玄関扉を蹴飛ばす等の乱暴をし，これに対し，被告の配下の組員らも室内に立て籠って罵声を浴びせ合った。
　　オ　○年○月○日未明，○○市内で○○組系の組員が他の暴力団組員に刃物で腹部を刺されるという事件が発生したことから対立抗争関係が激化し，同日午前○○時○○分ころから，○○マンションの○○組事務所に被告の配下の組員らが集合し始めた。
　　　　　そのため，具体的な殺傷事件に発展するのを防止するため，同日午前○○時○○分ころから，警察官十数名が出動警戒するという騒ぎとなり，右警戒は同月○○日午前○○時ころまで継続された。
　　　　　このように，被告が○○マンション内の専有部分に事務所を設けて暴力団関係者の出入りを許していることにより，将来とも同マンションを舞台として上記のごとき暴力団組織による抗争事件が再発し，他の区分所有者や居住者らの生活の平穏が著しく害されるおそれが十分にある。
(3)　被告の行為による区分所有者の共同生活上の障害が著しいこと（上記②の要件）
　　　前項のごとき被告による専有部分の使用態様や被告とその配下の組員らの行動等により，○○マンションの居住者は常に恐怖におののきながらの生活を余儀なくさせられており，室外に出ることさえままならず，来訪者も訪れにくくなったばかりか，共用部分の利用を阻害されたうえ，無関係な暴力団同士の抗争による殺傷事件の巻添えになる危険にも日夜

曝されていて，区分所有者や居住者の共同生活上の障害はきわめて重大である。
(4) 他の方法によってはその障害を除去して共用部分の利用の確保その他の区分所有者の共同生活の維持を図ることが困難であること（上記③の要件）

そして，上記のように恒常的に駐車場の不正使用，ゴミ捨てルールの不遵守が継続し，さらには無法な抗争事件が複数回にわたって発生していることからすれば，被告の専有部分である○○○号室の一時的使用禁止等の方法によっては，○○マンションの区分所有者の共同生活上の著しい障害を除去し，その平穏な共同生活の維持を図ることはきわめて困難である。
(5) 小　括

このように，原告の本件請求は，区分所有法59条が定める上記①～③の要件を充足している。
3　本件訴訟提起の決議および弁護士への依頼

そこで，被告を除く○○マンションの区分所有者らは，○年○月○日開催の臨時総会において，あらかじめ被告の弁明を聞いたうえ，区分所有者および議決権の各4分の3以上の多数をもって，被告の有する別紙物件目録記載の区分所有権と敷地利用権について競売を請求すること，および同請求については○○マンション管理組合の理事長である原告に対し訴訟追行を委ねること，訴訟提起にあたっては弁護士に依頼することを決議した。
4　結　語

よって原告は，被告を除く他の○○マンションの区分所有者全員のために，建物の区分所有等に関する法律59条の規定に基づき，被告の有する別紙目録記載の区分所有権及び敷地利用権について競売を請求すべく，請求の趣旨記載のとおりの判決を求めて本訴に及んだ。

証　拠　方　法（省略）
付　属　書　類（省略）
当　事　者　目　録（省略）
物　件　目　録（省略）

〔記載例1〕　法58条の場合の請求の趣旨

1　被告による別紙物件目録記載の建物専有部分の使用を本判決確定の日から3年間禁止する。
2　訴訟費用は被告の負担とする。
との判決並びに仮執行の宣言を求める。

〔記載例2〕　法60条の場合の請求の趣旨

1　被告○○（区分所有権者）と被告××（賃借人）との間の別紙物件目録記載の建物部分に関する賃貸借契約を解除する。
2　被告××は、原告に対し、別紙物件目録記載の建物部分から退去してこれを引き渡せ。
3　訴訟費用は被告らの負担とする。
との判決並びに仮執行の宣言を求める。

第9章　適格団体訴訟

■ I ■　適格団体訴訟とは

　適格団体訴訟とは、国家公安委員会により認定された都道府県暴力追放運動推進センター（適格都道府県センター）が、暴力団事務所の付近住民等から委託を受け自己の名をもって（付近において居住し、勤務し、その他日常生活または社会生活を営む者から委託を受け）、暴力団事務所の使用により付近住民等の生活の平穏または業務の遂行の平穏が違法に害されたことを理由に、暴力団事務所の使用等の差止めを求める訴えである（暴対法32条の3第2項6号、32条の4、32条の5）。住民が自ら当事者となることは暴力団による報復等の懸念から躊躇されることも多く、住民の権利の救済が十分になされない状況にあること、市民が平穏な日常生活を営む社会環境を確保することは公益にもかなうことにかんがみ、平成24年の暴力団対策法改正により認められた制度である。

　付近住民等から委託を受けて適格都道府県センターが付近住民等の権利を行使するもので、権利義務の帰属主体とされる者からの授権に基づいて第三者に訴訟担当者としての当事者適格が認められる任意的訴訟担当の一種である。

　すでに、徳島県、広島県、埼玉県、福岡県、神奈川県、福井県、兵庫県、富山県等の暴力追放運動推進センターが住民から委託を受けて、訴外での差止請求、仮処分命令の申立て、本案訴訟の提起を行っており（このうち、徳島県のものは内容証明郵便での請求により、広島県、埼玉県および富山県のものは本案訴訟で和解により終了し、福岡県、神奈川県、福井県および兵庫県のものは申立てを認容する仮処分命令が下されている）、今後他の都道府県においても本制度の活用が予想される（書式例16～21）。

■Ⅱ■ 適格団体訴訟制度の概観

　適格団体訴訟において適格都道府県センターが行使する差止請求権は、前述のとおり、暴力団事務所の使用により生活の平穏または業務の遂行の平穏が違法に害されていることを理由とする付近住民等が有する暴力団事務所の使用等の差止請求権であるから、その差止請求権の発生根拠となる実体的要件は、前章で説明した住民自らが当事者となる人格権等に基づく使用差止請求訴訟と同様である。

　適格都道府県センターが、付近住民等からその差止請求の委託を受けたときは、都道府県センターは、自己の名をもって、当該請求に関する一切の裁判上または裁判外の行為をする権限を有する（暴対法32条の4第1項）。ただし、適格都道府県センターは、その権限を行使する場合において、民事訴訟手続、民事保全の命令に関する手続および執行抗告に係る手続については、弁護士に追行させなければならない（暴対法32条の4第3項）。

　また、適格都道府県センターは、付近住民等の一部からその差止請求の委託を受けたとき、その他の付近住民等がその委託をする機会を確保するため、その旨を通知その他適切な方法により、その他の付近住民等に周知するように努めるものとされている（暴対法32条の4第2項）。

　適格都道府県センターは、委託をした付近住民等に対して報酬を請求することはできない（暴対法32条の4第4項）。ただし、訴訟費用・弁護士費用の実費については、この限りではない。

　委託をした付近住民等は、その委託を取り消すことができる（暴対法32条の4第5項）。

■Ⅲ■ 住民に対する説明と協議

　委託をしようとする付近住民等は、そもそも、暴力団事務所の使用等の差止請求とはどのような内容の請求なのかわからず、委託をするといっても、氏名・住所等が知られ報復等の危害を加えられるおそれがないのか、費用は

かかるのかなど、さまざまな点について不安に思っているのが通常である。

　差止請求に関し適格都道府県センターから委託を受けようとする弁護士は、適格都道府県センター、警察、地方自治体と連携をとり、協同して住民の不安を取り除くように努める必要がある。

　特に、付近住民等は、差止請求の内容について、暴力団組長を含め関係者全員が当該建物から完全に退去して明渡しがなされることまで期待していることが多い。この点について、弁護士等は、和解や協議による解決ができればそのような結果もありうるが、判決になった場合には、暴力団事務所として使用することが禁止されるにとどまることを付近住民等に説明し、理解を得ておく必要がある。

　また、委託した付近住民等の氏名・住所が明らかにされないかという点については、後記Ⅳで詳述するように、裁判所は、基本的には、これを明らかにすることなく法的手続を進めることを認める扱いであることを説明するとともに、万が一、明らかになることがあったとしても、警察が十分な保護対策を行って委託した付近住民等に安全を確保することを説明することが必要である（保護対策については、警察と十分に協議・打合せを行ったうえで、警察から説明してもらうのが住民の不安を除去するのに効果的である）。

　費用の点については、事前に適格都道府県センター等と協議し、委託した付近住民等に最終的な費用負担が発生するのか、それとも、後記Ⅴで詳述するような地方公共団体の補助金制度を利用することなどにより、付近住民等に最終的な費用負担が発生しないで済むのかを確認のうえで、これを住民に説明をする必要がある。

■Ⅳ■　委託者である住民の特定の方法

　訴訟行為をするのに必要な授権は書面で証明しなければならず（民訴規15条）、確定判決の効力は訴訟担当者のみならず被担当者にも及ぶので（民訴115条1項2号）、訴えを適法に成立させ、既判力の範囲を画定するためにも、訴訟の委託者（被担当者）である住民を特定する必要がある。

　しかし、この点、委託者である住民の氏名・住所を明らかにしなければな

らないとすると、住民が報復等を懸念し訴訟を行うことを躊躇しないようにするという適格団体訴訟制度の趣旨が没却されかねない。

そこで、訴訟の委託者である住民を特定するには、必ずしも氏名・住所によることなく、委託者である住民が特定できる他の情報を明らかにすることで足りるとするべきである。[1] 実際、これまで提起された適格団体訴訟（仮処分申立てを含む）においては、住民の氏名・住所を秘匿する必要性が高いことを裁判所に上申することで、住民の氏名・住所によることなく、特定の個人に割り当てられる自動車運転免許証や保険証の番号によって、授権の確認や授権者の特定をすることが認められており、この運用は定着したものと考えてよいと思われる。

具体的には、次のような方法がある。①授権した住民の自動車運転免許証等の番号および住所の一部（詳細な地番を省略したもの）を記載した提出用の授権書と、②自動車運転免許証等の番号の記載に加え、授権した住民の自書による住所（詳細な地番も含むもの）・氏名の記載や押印があり、その自動車運転免許証等のコピーを添付した照合用の授権書を作成する。裁判所には、訴状の受付の際に、提出用の授権書を提出し、照合用の授権書を併せて呈示して、当該住民が授権していることや当該住民が自動車運転免許証等の番号により特定されることを確認してもらう。照合用の授権書は、裁判所による確認後に返還を受け、裁判所の記録には残らないようにする。このようにすれば、債務者・被告が記録の閲覧・謄写をしても、授権した住民の氏名・住所が明らかになることはない。

なお、訴状に委託者目録を添付する場合も、委託者目録に住所・氏名を記載することなく、自動車運転免許証等の番号を記載することにより、授権した住民を特定する扱いが認められている（書式例20〜21）。

■Ⅴ■ 訴訟費用・弁護士費用の負担の問題

訴訟費用・弁護士費用の負担の有無およびその額は、委託者である住民が

---

1 三木浩一「暴追団体訴訟制度の成立の経緯および内容と課題について」NBL1023号14頁。

最も関心を抱く問題の1つである。訴訟費用・弁護士費用は、一次的には適格都道府県センターが負担するものであるが、同センターは受益者である委託者住民に費用の求償を行い、最終的には委託者住民が負担することになる可能性がある（暴対法32条の4第4項は、適格都道府県センターは委託した者に報酬の請求はできないと規定するが、訴訟費用・弁護士費用等の実費はこの限りではない）。しかし、暴力団事務所の使用差止請求訴訟には、市民が平穏な生活を営むための社会環境を整えるという公益的な側面もあり、住民が費用負担の重さのため訴訟委託をするのを躊躇することになれば、公益も損なわれることになる。

そこで、市町村等の地方自治体が条例により暴力団排除を支援するための基金を設け、暴力団排除活動に補助金を出すしくみを整えている場合がある。地方自治体にそのような条例の有無や適用の可否などを相談・確認し、積極的に制度を活用して、住民の費用面での負担の軽減をめざすことが望ましい。

埼玉県の事例では、草加市が草加市暴力団排除支援金条例、同法施行規則および要綱を整え、実際に、埼玉県の適格団体訴訟において訴訟費用および弁護士費用の補助金が交付された。

■Ⅵ■ 指定暴力団員以外の者に対する請求の訴訟追行権限

付近住民等から適格都道府県センターが委託を受けて行う暴力団事務所の使用差止め等の請求は、指定暴力団員に対してなされるのが通常である。それでは、暴力団事務所として使用される建物の所有者・賃借人が指定暴力団員以外の者であり建物を暴力団事務所の用に供しているような場合、適格都道府県センターは付近住民等の委託を受けてこれらの者に対しても暴力団事務所として使用させることの差止めを請求できるのか。

すなわち、適格都道府県センターは、付近住民等の指定暴力団員以外の者に対する使用差止め等の請求についても付近住民等から委託を受けて訴訟追行する権限があるのか（当事者適格が認められるか）、暴力団対策法32条の4の規定からは明確でなく、問題となりうる。

この点、①文理上、適格都道府県センターへの委託の対象となる暴力団対策法32条の4第1項の「当該事務所（指定暴力団等の事務所）の使用及びこれに付随する行為の差止めの請求」との文言は、指定暴力団以外の者に対する請求を排斥するものではない。また、暴力団対策法の規制は、必ずしも指定暴力団員だけを名宛人にするものではない（暴対法10条、12条、12条の5、12条の6）。さらに、暴力団事務所の使用制限命令に関し指定暴力団員を名宛人とする同法15条1項および30条の11第1項は公安委員会が発出する場合であって、付近住民等が人格権に基づいて行う暴力団事務所の使用差止めとは状況が異なる。

　また、②沿革上、暴力団対策法32条の4は、適格都道府県センターに新たな使用差止めの権限を創設・付与したのではなく、過去の裁判例の積み重ねにより認められてきた住民の人格権に基づく使用差止め等の請求の委託を受けるものとされ、これまでの使用差止請求等の延長として設けられた経緯がある。そして、これまでの使用差止め等の請求では、指定暴力団員だけではなく、これと密接な関係のある法人・個人に対しても差止請求が認容されている[2]。

　さらに、③実際上、指定暴力団員に限る改正規定であるとすると、指定暴力団員以外の者に対する使用差止めの仮処分や訴訟を別途行わざるを得なくなり、適格団体訴訟で暴力団事務所の使用を差し止めようとした法の趣旨を没却してしまう。

　これらの事情にかんがみれば、指定暴力団員以外の者に対する使用差止め等の請求も、適格都道府県センターに対する授権の範囲に含まれ、適格都道府県センターは、付近住民等からその委託を受けて訴訟追行する権限がある（当事者適格が認められる）と解すべきである。

2　離婚後も同棲中の暴力団組長の元妻に対しては大阪高判平成5・3・25判タ827号195頁があり、役員が暴力団員である株式会社に対しては福岡高決平成21・7・15判タ1319号273頁等がある。

■Ⅶ■ 法的手続の係属中に指定暴力団員がその地位を失った場合

　暴力団事務所の使用差止請求の債務者・被告となる者は、暴力団事務所の使用主体であり、通常、組織の運営・活動を決定・支配する組長や組長代行である。それでは、債務者・被告とした指定暴力団の組長等が訴訟係属中に破門・絶縁され、その地位を失った場合、または死亡した場合はどうなるのか。住民自らが行う人格権に基づく暴力団事務所の使用差止め等の請求にも共通する問題であるが、ここで論じることとしたい。

　まず、破門・絶縁は請求を免れるための偽装の場合もあると考えられ、その疑いがある場合には、裁判所に偽装である旨を反論・立証して、請求認容の判決を得ることになろう。

　訴訟等の係属中に組織の内紛等で、債務者・被告とした指定暴力団員が真に破門・絶縁されその地位を失う場合もある。この場合、その者に対する請求はその者が暴力団事務所の使用主体でなくなることから理由を失い棄却されると考えられる。そこで、新しく当該暴力団の運営・活動を決定・支配する地位に就いた者（組長等）に訴訟を引き受けさせるため、訴訟引受けの申立てをする必要がある。申立てがされると、裁判所は審尋を経て裁判所が引受決定の判断を行う（民訴50条、民保7条）。当該暴力団の代替わりに過ぎない場合は引受けは認められると思われるが、全く別の指定暴力団傘下の暴力団事務所になる場合には、新たにその組織の危険性から疎明証明が必要と思われるので、引受けが認められないことも考えられる。その場合には、別に仮処分・訴訟を行う必要がある。

　債務者・被告とした指定暴力団員が死亡した場合にも、新しく当該暴力団員の運営・活動を決定・支配する地位（組長等）に就いた者に対し訴訟引受けの申立てをし、裁判所の引受決定を得て、訴訟を引受承継させることになる。

■VIII■ 適格団体訴訟の今後の拡充

　任意的訴訟担当構成をとっている暴力団対策法の適格団体訴訟制度のもとでは、被害者の暴力団員に対する損害賠償請求等の権利の行使にまで制度を拡充することに法理論上の許容性も認められる。[3]

　福岡県議会は平成28年12月20日付「適格都道府県センター訴訟制度の拡大を求める意見書」を国会等に提出し、損害賠償請求等の場面にも適格団体訴訟制度の拡充を求めるなど、社会においても制度拡充の要請は高まりつつあり、今後の立法的な課題といえよう。

【書式例16】　暴力団事務所としての使用差止仮処分命令申立書

```
　　　　　暴力団事務所としての使用差止仮処分命令申立書
                                              ○年○月○日
○○地方裁判所　民事部　御中
                              債権者代理人弁護士　　○○○○
                              同　　　　　　　　　○○○○
                                              （以下，略）
　当事者の表示　　別紙当事者目録記載のとおり
　代理人の表示　　別紙債権者代理人目録記載のとおり
　保全すべき権利　人格権に基づく暴力団事務所としての使用差止請求権
                　　申　立　て　の　趣　旨
1　債務者らは，各自，別紙物件目録記載の建物につき，別紙禁止行為目録記
　載の行為をするなどして，指定暴力団Ａ組ａ一家又はその他の暴力団の事
　務所又は連絡場所若しくは構成員の宿泊所として使用してはならない
2　債務者らは，各自，別紙物件目録記載の建物に立ち入ってはならない
3　債務者らは，各自，下記の物を撤去せよ
                             記
```

3　三木・前掲論文（注1）14頁以下。

(1) 別紙物件目録記載の建物内の指定暴力団A組の代紋及び綱領，指定暴力団A組a一家会長の全身写真，a一家名入り玄関マット，その他これに類似する指定暴力団A組又は指定暴力団A組a一家を表象するもの
(2) 別紙物件目録記載の建物の正面軒先に設置した監視カメラ1個及びケーブル等の附属設備

との裁判を求める。

申　立　て　の　理　由

（被保全権利）
第1　総論
　1　本件申立てについて
　　本件は，別紙物件目録記載の建物（以下「本件建物」という。）を債務者Y_1（以下「債務者Y_1」という。）及び同××（以下「債務者Y_2」という。）が指定暴力団A組a一家（以下「a一家」という。）の暴力団事務所として使用していることにより，本件建物付近に居住する住民らの平穏に生活する権利としての人格権を侵害していることから，付近住民が，暴力団員による不当な行為の防止等に関する法律（以下「暴対法」という。）第32条の4に基づき，暴力団事務所の使用及びこれに付随する行為の差止めの請求を債権者に委託し，債権者が付近住民のためにその申立てをなすものである。
　2　適格団体訴訟について
　　上記暴対法上の制度の趣旨は，①付近住民が自ら当事者となって暴力団事務所の使用等の差止請求をすることは，暴力団による報復等の懸念から躊躇されることも多く，付近住民の権利の救済が十分になされない状況にあること，②平穏な日常生活を営む権利は，地域社会と市民生活の存立を支える不可欠な基盤であり法治国家の基礎をなすものだから，上記請求の目的は付近住民の権利保護に尽きるものではなく，市民が平穏な日常生活を営む社会環境を確保するという公益的な目的を含むものであることに鑑み，暴力団員による不当な行為の防止とその被害の救済等を目的とする都道府県暴力追放運動推進センターが，付近住民から委託を受けて自己の名をもって上記請求を行うことを認めることにより，付近住民が直接暴力団と対峙する事態を回避しつつ，付近住民の権利の救済と社会的利益の確保の促進・実効性を図ろうとするものである（甲1：警察学論集66巻2号64頁以下）。

第2　当事者
 1　債権者と委託者ら
  (1)　債権者について
　　　債権者は，暴力団員による不当な行為の防止とその被害の救済等を目的とする公益財団法人であり，公安委員会から，暴対法32条の3に基づき都道府県暴力追放運動推進センターの指定を受け，また同法32条の5に基づき暴力団事務所の使用等の差止請求業務を行うための認定を受けた適格都道府県センターである（甲2：官報（適格都道府県センターの認定））。
  (2)　委託者らについて
　　　別紙委託者目録記載の委託者らは，本件建物を中心として半径500m以内の距離に居住する○○市○○町の住民である。委託者らは，本件建物がａ一家の暴力団事務所に使用されることにより，平穏に生活する権利が侵害されている者であり，債務者らに対し暴力団事務所の使用等の差止請求権を有する者である。委託者らは，暴対法32条の4に基づき，債権者に暴力団事務所の使用等の差止請求を委託した。
 2　債務者ら
  (1)　ａ一家について
　　　ａ一家は，暴対法3条に基づき指定暴力団とされたＡ組の二次団体を構成する暴力団である（甲3：官報，甲4の1及び2：23条照会申出書及び回答書）。
  (2)　債務者 Y_1 について
　　　債務者 Y_1 は，ａ一家の会長としてこれを主宰し統制・支配する者であり，本件建物をａ一家の事務所として使用している。また，同人は，上部組織（一次団体）である指定暴力団Ａ組の常任相談役の地位にある（甲4の1及び2：23条照会申出書及び回答書）。
  (3)　債務者 Y_2 について
　　　債務者 Y_2 は，渡世名（暴力団員として活動する際の通称）を××と名乗り，ａ一家の会長代行の立場にあり，ａ一家のナンバー2として債務者 Y_1 を補佐する者である。債務者 Y_2 は，債務者 Y_1 が高齢であるため，現在，債務者 Y_1 と共同して，ａ一家を事実上統制・支配し，本件建物をその事務所として使用している（甲4の1及び2：23条照会申出書及び回答書）。また，債務者 Y_2 は，上部組織（一次団体）である指定暴力団Ａ組の副会長の地位にある。

第3 本件建物の状況及び周囲の状況等
 1 本件建物の概況
   本件建物につき,その種類は店舗居宅,構造は鉄骨・木造スレート葺2階建,床面積は1階○○ m^2,2階○○ m^2 である。本件建物は,かつて電気器具・機械の販売・工事を営む会社の店舗として利用されており,暴力団事務所として十分な広さと構造を有している(甲5:建物の全部事項証明書)。
 2 本件建物周辺の環境
   本件建物は○○市○○町○丁目○番地○に所在し,その周辺は,多くの一戸建て,アパート,低層のマンション,店舗などが立ち並ぶ住宅密集地であり,多くの人々が本件建物周辺に居住ないし勤務している(甲6:住宅地図)。
   また,本件建物を中心として半径500m以内の距離には,○○市立○○保育園,○○小学校,○○中学校,児童福祉施設○○学園,公民館○○文化センターなどの公共施設も多数存在し,多くの児童等が日常的に出入りしている(甲6:住宅地図)。
   したがって,本件建物に近接する道路は,本件建物の周辺に居住・勤務する人々,又は上記公共施設を利用する児童等が,生活道路や通学路などとして日常的に利用している。
 3 本件建物が暴力団事務所として使用されるに至る経緯
   本件建物は,かつて○○外2名が共有しており,有限会社○○の店舗であったが,○年○月○日に競売で第三者に売却され,○年○月○日に○○が売買により所有権を取得した(甲5:建物の全部事項証明書)。
   a一家の暴力団事務所は,○年○月ころまで同じ○○市の○○町にあったが移転し,同月ころから,本件建物がa一家の暴力団事務所として使用されるに至った(甲4の1及び2:23条照会申出書及び回答書)。
第4 指定暴力団A組a一家の危険性
 1 暴力団の危険性
  (1) 暴力団の犯罪的傾向
    暴力団とは,その団体の構成員が,殺人,傷害,強盗,恐喝,脅迫等の犯罪行為(暴力的不法行為等)を,集団的に又は常習的に行うことを助長するおそれのある団体であり,そのおそれの大きい団体として公安委員会が指定した暴力団を指定暴力団という(暴対法2条2号,3条)。
    平成29年6月1日現在,22の団体が指定暴力団の指定を受けている(甲

7：平成29年版警察白書149頁。※注　平成30年5月現在，24団体が指定暴力団の指定を受けている。）。

実際，平成28年の罪名別の全検挙人員に対する暴力団構成員等の割合を見ると，覚せい剤取締法違反は48.8％，逮捕監禁罪は45.5％，恐喝罪は46.3％，賭博罪は58.3％，売春防止法違反は17.8％，脅迫罪は19.2％，暴力行為等処罰方違反は14.9％，強盗罪は16.5％，殺人罪は10.2％，傷害罪は11.4％であり（甲8：平成29年版犯罪白書「4－3－2－32表」），暴力団が極めて犯罪的傾向の高い集団であることは一目瞭然である。

(2) 暴力団の組織

暴力団は，盃事という儀式を通じ，親子，兄弟という封建的家父長制を模した序列的・階層的な擬制的血縁関係を築き，組長や会長といわれる親分を頂点とした強固な組織を形成・維持している。さらに，その子分は自らも親分となって子分を持つことで，擬制的血縁関係の連鎖を形成し，1次団体，2次団体，3次団体などと数次にわたる階層的なピラミッド型の系列団体を構成している（この階層構造を反映して，ある団体の名称の表記・呼称は，当該団体が属する上部団体の名称を先に冠して表現されるのが慣例である。例えば，C組という3次団体が，A会という1次団体に属するB一家という2次団体に属する場合，当該3次団体は，A会B一家C組と表記・呼称される。）。

暴力団組織における親子，兄弟の上下関係は理屈を超えた絶対的なものとされ，上命下服の論理により組織は運営されており，親分等の命令に反する場合にはリンチ，指詰め，破門・絶縁という厳しい制裁を加える一方で，その命令に従い功績を挙げる者には報奨を与えることで，組織の構造，論理，秩序を維持している（参照：最二小平成16年11月12日判決，民集58巻8号2078頁）。

(3) 暴力団の実態

暴力団は，正当な権限なく自己の権益の対象範囲として設定した「縄張り」（暴対法9条4号）において，前記のとおり組織化された暴力とその威力を利用して，薬物の密売，管理売春，賭博，恐喝，みかじめ料の徴収など「シノギ」といわれる違法な資金獲得行為を行っている。

したがって，資金獲得行為を確実かつ容易に行うためには，縄張りと暴力団の威力・威信を維持・拡大することが必要不可欠となる。そのため，他の暴力団が自己の暴力団の縄張りを侵害する場合には，その縄張りを維持するため暴力団間の対立抗争に発展し（参照：最二小平成16年

11月12日判決,民集58巻8号2078頁),さらに,前記のとおり,暴力団はピラミッド型の重層的で大規模な系列団体を形成しているから,ある系列団体に属する暴力団と他の系列団体に属する暴力団の対立抗争は,系列団体全体を巻き込んだ対立抗争に容易に拡大していく。

　また,一般市民や企業が暴力団の要求に従わない場合には,暴力団の威力・威信が損なわれることになるから,これを維持・回復するため,暴力団は一般市民や企業に対しても報復的な加害行為を行っている。

　実際,平成19年から平成28年までの暴力団対立抗争に起因する発砲事件等の不法行為は,平成22年および27年を除き毎年発生しており,その発生回数は,多い年（平成25年）で20件に上る。また,上記暴力団対立抗争に起因する不法行為における銃器使用率は,50％を超える年がほとんどであり,74.1％に上る年もある（甲7：平成29年版警察白書151頁「図表4-5」甲8：平成29年版犯罪白書「図表4-3-2-4図」,甲9：警察庁「平成28年における組織犯罪の情勢」19頁「図表2-12」。）。

　また,平成19年から平成28年までの間,暴力団等によると見られる事業者襲撃等事件は,多い年（平成23年）で29件発生していて,毎年死傷者が発生している（甲7：平成29年版警察白書151頁「図表4-5」,甲9：警察庁「平成28年における組織犯罪の情勢」18頁「図表2-11」）。

2　指定暴力団A組の危険性
 (1)　A組について
　　A組は○○県○○を拠点とする指定暴力団であり（甲3：官報）,その勢力範囲は1都1道○府○県の広域に及び,その構成員は構成団体も含めると約○○人で,全国で○番目の規模を持つ暴力団である（甲9：警察庁「平成26年の暴力団情勢」2頁「図表1-2」),甲7：平成26年版警察白書123頁「図表4-2」）。
 (2)　A組と他の指定暴力団との抗争
　　A組は,これまでにB組やC会などの指定暴力団と多数の対立抗争を繰り返してきたが,○年○月○日,B組が○○に拠点を置いていた指定暴力団bをその傘下に治めて○への進出を強めると（甲10の1及び2：ヨミダス文書館),B組との対立抗争はより頻発・激化した。その対立抗争では公共の場で銃火器が多用されるなど,構成員だけではなく,一般市民にも被害や危険が多数及んでいる。その事例は枚挙に暇がないが,近年の特に大きな対立抗争を挙げれば以下のとおりである。
　　ア　○○乱射事件（甲11の1ないし5：実話時代記事等）

　　　　　…………
　　イ　××抗争事件（甲12の1ないし5：ウィキペディア等）
　　　　　…………
　　ウ　▲▲抗争事件（甲13の1ないし4）
　　　　　…………
　　エ　▽▽抗争事件（甲14の1ないし5：ヨミダス文書館）
　　　　　…………
　　オ　○○事件（甲15の1ないし4：「週刊アサヒ芸能」等）
　　　　　…………
3　a一家の危険性
(1)　a一家の地位，構成員，その前科前歴
　　ア　系列団体における地位と構成員について
　　　　a一家は指定暴力団A組の2次団体であり，会長の債務者Y_1はA組の常任相談役，会長代行の債務者Y_2はA組の副会長を務め，その構成員は約○人である（甲4の1及び2：23条照会申出書及び回答書）。
　　イ　債務者Y_1の前科
　　　　　…………
　　ウ　債務者Y_2の前科
　　　　　…………
　　エ　構成員の前科
　　　　約○人の構成員のうち，過去10年間の前科保有者は○人であり，その罪名は殺人，傷害，恐喝，窃盗，暴力行為等処罰に関する法律違反，覚せい剤取締法違反，暴力団員による不当な行為の防止等に関する法律違反，銃砲刀剣類所持等取締法違反，組織的な犯罪の処罰及び犯罪収益の規制等に関する法律違反，○○県迷惑行為防止条例違反である（甲4の1及び2：23条照会申出書及び回答書）。
(2)　a一家の構成員に対する暴対法に基づく中止命令
　　暴対法は，指定暴力団員が指定暴力団の威力を示して口止め料，寄附金等，みかじめ料を要求したり，高金利の債権の取立てや不当な方法による債権の取立て等を禁止しており，その違反行為に対しては公安委員会より中止命令や再発防止命令が発出されるところ（暴対法9条，11条），a一家の構成員に対しては，暴対法に基づき，これまで○件の中止命令，○件の再発防止命令が発出されており，その構成員は，暴対法

に違反する違法行為を多数行っている（甲4の1及び2：23条照会申出書及び回答書）。
  (3) a一家の対外抗争・内部抗争
    ア　内部抗争1（甲17の1ないし6：○○新聞記事等）
      …………
    イ　内部抗争2（甲19の1ないし4：○○新聞記事等）
      …………
    ウ　○○抗争事件（甲15の1ないし4：週刊○○○○記事等）
      …………
    エ　内部抗争3（甲20の1ないし3：刑事記録の判決書等，甲21の1ないし4：○○新聞記事等）
      …………

第5　本件建物が暴力団事務所として使用されていること
 1　本件建物の使用態様
　　債務者Y_1はa一家の会長として本件建物を定期的に訪れており，債務者Y_2は会長代行として本件建物に常駐している。
　　本件建物には，毎日，a一家の構成員が事務所当番として駐在し，毎月10日にはa一家の定例会が行われている。また，本件建物で，○年○月○日，a一家の構成員の組葬が行われた（甲4の1及び2：23条照会申出書及び回答書）。
　　本件建物の内部には，指定暴力団A組の代紋及び綱領，a一家会長の全身写真，a一家名入り玄関マットなど，a一家又はこれが属する指定暴力団A組を表章するものが設置されている（甲4の1及び2：23条照会回答書）。
　　本件建物正面の軒先には監視カメラ1個が設置されている（甲22：写真撮影報告書）。
　　また，本件建物に出入りする暴力団員風の男が，同建物の前で，上半身を裸にして刺青を見せて自動車を洗っている様子が，付近住民により度々目撃されている。
　　以上のように，本件建物に出入りする人物，本件建物で営まれている行事，本件建物の内部に設置された設備・備品等によれば，本件建物がa一家の暴力団事務所として使用されていることは明らかである。
 2　警察による暴力団事務所使用の確認
　　○○県警察本部は，○年○月○日の視察，○年○月○日の捜索，○年○

月○日の視察等により，本件建物がａ一家の暴力団事務所として使用されていることを確認している（甲４の１及び２：23条照会申出書及び回答書）。
3　警察の使用中止要請を拒否したこと
　　○○県警察本部は，○年○月○日，本件建物を訪れ，ａ一家の会長代行である債務者Ｙ２に対し，本件建物をａ一家の暴力団事務所として使用することを中止するように要請したが，債務者Ｙ₂はこれを拒否した（甲４の１及び２：23条照会申出書及び回答書）。
4　結論
　　以上の事情に鑑みれば，本件建物は現にａ一家の暴力団事務所として使用されており，今後もその使用が止む見込みがないことは明らかである。
第6　本件請求の内容
1　人格権に基づく妨害排除等請求権
　　何人にも生命，身体，財産等を侵されることなく平穏な生活を営む自由ないし権利があり，これら人間としての固有の権利である人格権が侵害されたり，又は侵害されるおそれがある場合には，その被害者は，加害者に対し，人格権に基づいて，現に行われている侵害を排除し，又は将来の侵害を予防するため，その行為の差止め，又はその原因の除去を請求することができる（静岡地裁浜松支部昭和62年10月９日決定，那覇地裁平成３年１月23日決定，秋田地裁平成３年４月18日決定，大阪地裁堺支部平成３年９月３日決定，大阪高裁平成６年９月５日決定，神戸地裁平成６年11月28日，神戸地裁平成９年11月21日決定，和解山地裁平成10年８月10日決定，東京地裁平成23年９月25日判決）。
2　本件建物がａ一家の暴力団事務所として使用されることによる付近住民の生命，身体，財産等に対する侵害又はその危険と生活の平穏に対する侵害
　(1)　抗争の発生による生命，身体，財産等の侵害の危険
　　　ア　暴力団事務所の危険性
　　　　前記第４で述べたとおり，そもそも暴力団とは，その構成員の犯罪的傾向が極めて高い集団であり，資金獲得や縄張り維持等のため，暴力団同士の抗争や，事業者等の一般市民に対する加害行為を反復的継続的に行う危険性の高い集団である。
　　　　そして，ひとたび暴力団同士の抗争（内部抗争を含む。）が起こった場合には，暴力団事務所がその襲撃の大きな対象となり，その襲撃

に巻き込まれ無関係な付近家屋へも発砲などされるおそれが高く，暴力団事務所の付近住民の生命，身体，財産等に対する侵害の危険が常に存在している。

　イ　A組系暴力団事務所の危険性

　　前述のとおり，a一家の上部組織であるA組は，これまでも，その縄張りの維持・拡大等のために，B組やC会と数多の抗争を繰り返していることやB組が勢力を拡大し○○への進出を強めていること等の事情に鑑みれば，今後もA組が同様の抗争事件を起こす可能性は極めて高い。そして，前記第4・3(3)ウの○○抗争事件で，A組系の○○一家が起こした事件に対してB組系の暴力団が報復として，直接の対立当事者である○○一家だけではなく同じA組系の別の組織である○○組に対しても襲撃が行われたように，ひとたびA組系の暴力団と他の系列暴力団との抗争が勃発すれば，抗争当事者の下部団体だけでなく，同じA組系に属する無関係の下部団体も，容易にその抗争に巻き込まれ，攻撃の標的となることが明らかである。

　　さらに，前記第4・2(2)イの○○抗争事件において，A組及びB組が，それぞれ敵対暴力団の暴力団事務所に対し，銃弾を発砲したり，トラックを突っ込ませるなど，暴力団事務所をターゲットにした事件を相互に繰り返していることから明らかなとおり，暴力団事務所は常に敵対暴力団から襲撃される高い危険性を内在している。

　　このように，A組の系列に属する暴力団は，直接の対立当事者となるときはもとより，たとえ直接の対立当事者ではなくても，他の暴力団との抗争に巻き込まれ攻撃の標的となり，かつ抗争に巻き込まれた場合には，その拠点となる事務所を襲撃される高い危険に常にさらされている。

　ウ　a一家の暴力団事務所の危険性

　　A組の2次団体であるa一家自体も，前述のとおり，その構成員の犯罪的傾向が極めて高い組織であり，これまでも内部での抗争や他の暴力団との抗争を繰り返していたことに鑑みれば，今後も内部抗争や対外抗争を起こす可能性は極めて高い。特に，a一家は，A組の直属組織であり，代表者の債務者Y_1はその常任相談役，代行の債務者Y_2もその副会長という重要な地位に就いていることから，A組が他の暴力団と抗争になったときは，率先し又は巻き込まれて抗争に関与する可能性が高い。また，これまでa一家が関連した内部抗争や対

外抗争においても、銃火器が多用され、一般市民宅が組関係者宅と間違われて銃撃の被害にあったり（○○抗争事件）、債務者Y_2を狙った巻き添えで債務者Y_2宅の隣家の一般の民家にも銃弾が撃ち込まれるなど、一般市民に被害が及ぶ事件が発生している。

 エ　付近住民の生命、身体、財産に対する侵害の危険

  以上のとおり、a一家という暴力団は、今後も内部抗争や対外抗争を惹起し又はこれに関与する可能性が高いところ、ひとたび、a一家が抗争を惹起し又はこれに関与することになれば、本件建物はa一家の活動拠点として、抗争相手からの最大の攻撃目標となり、その抗争に銃火器等が使用されることで、その巻き添えを被って、委託者ら周辺住民の生命、身体、財産が深刻な危険にさらされることは明らかである。

(2)　犯罪行為の実行現場として利用される危険

 また、債務者Y_2が高利な貸金を取り立てるため一般市民に脅迫、暴行を加え、傷害を負わせた場所として本件建物を利用した事件から明らかなとおり（甲18：刑事記録（Y_2）の判決書）、本件建物は、a一家が犯罪行為を行う場所としても利用されている。本件建物がa一家の暴力団事務所として利用され続けた場合、今後も委託者ら付近住民を含む一般市民が被害者となる犯罪行為が本件建物で行われる可能性は高く、その生命、身体、財産等が危険にさらされることになる。

(3)　付近住民の日常生活における恐怖、不安、不便

 ア　付近住民の恐怖等

  本件建物の前では、a一家の構成員と思しき男が、上半身を裸にして刺青を露わにして自動車を洗っていることが頻繁にあり、付近住民は常に恐怖心や不安感を覚えている。

 イ　通学路を迂回するほどの不安感

  本件建物を中心として半径500m以内の距離には、教育施設が多数存在し、本件建物に近接する道路は児童や学生の通学路などとしても利用されていた（甲6：住宅地図）。特に、○○小学校については、本件建物前の道路を小学校の通学路として指定していたが、本件建物がa一家の暴力団事務所として使用されていることから、児童が構成員等から被害を受けることなどを恐れて、現在は本件建物を迂回するルートに変更することを余儀なくされている。

  委託者らの中には、上記教育施設に家族の児童を通わせる者もおり、

通学路を迂回するだけでなく，子どもには本件建物には近づかないように言い聞かせているなど，本件建物がa一家の暴力団事務所として使用されていることで，付近道路の使用は制限され，住民は恐怖で萎縮した生活を強いられている。

　ウ　交通の妨害

　　○年○月に本件建物でa一家の構成員の組葬が行われた際など，本件建物で組の行事が催されるときには，構成員が表に出てきて威力を示し，本件建物に近接する道路を組関係者の自動車にしか通行させず，トラックや普通自動車など一般の車両は迂回させるように強要し，その道路の通行を妨害している。

(4)　結論

以上述べたとおり，付近住民である委託者らは，本件建物がa一家の暴力団事務所として使用されることによって，常に，暴力団の抗争に巻き込まれて自分だけでなく家族の生命や身体等に危害が及ぶのではないか，自分や家族が暴力団犯罪の被害者になるのではないかという大きな恐怖と不安に怯え，また日常生活における強度の緊張や萎縮のもとに生活しているのであり，これら委託者らの著しく大きな精神的な苦痛は，本件建物が暴力団事務所として使用されるかぎり，消え去ることはない。よって，本件建物がa一家の暴力団事務所として使用されることによって，付近住民である委託者の生命，身体，財産等を侵害されることなく平穏に生活する権利は，現に侵害され，又は侵害されるおそれがあることは明白であるから，債権者は債務者らに対し本件建物を暴力団事務所として使用すること及びその他の侵害行為の差止め並びに侵害の原因の除去を求めることができる。

3　請求の趣旨記載の各行為の差止めが必要かつ相当であること

(1)　請求の趣旨第1項の別紙禁止行為目録記載の各行為について

請求の趣旨第1項の別紙禁止行為目録記載の各行為は，いずれも本件建物を暴力団の事務所として使用するにつき重要な要素となるもので，その徴表となる行為である。よって，上記各行為の差止めをすることは，本件建物のつき暴力団事務所としての使用を差し止めるという目的を達成するための手段として必要かつ相当である。

なお，同目録記載5の行為は，外部からは看取できない行為ではあるが，暴力団としての組織を維持・機能させるために行われるもので，同様である。

また，同目録記載6の行為のうち，建物の外壁や開口部等に鉄板を打ちつける行為は，対立暴力団等からの襲撃に備えた防衛措置であり，また建物に監視カメラや投光機を設置する行為は，一般市民における単なる防犯の意味とは明らかに異なり，対立暴力団等からの襲撃や警察当局の捜査を想定し，これに対処するための行為にほかならないから，いずれも暴力団事務所としての使用を構成し，これを徴表する行為であり，これらの行為を差し止めることも必要かつ相当である。ところで，外壁や開口部等に対する鉄板の打ちつけは，本件建物につき現に行われているものではないが，一般に建物が暴力団事務所として使用される際に多く行われる典型的な行為であり，本件建物は前面がガラス張りであるため本件建物を暴力団事務所として使用するかぎり防衛措置を講じる必要性があることなどから，今後，いつ何時その外壁や開口部等に鉄板が打ちつけられてもおかしくなく，差止めの必要性はなくならない。
(2)　請求の趣旨2項記載の債務者 Y_1, 同 Y_2 の立入りの差止めについて
　ア　債務者 Y_1, 同 Y_2 に対する襲撃に伴う本件建物に対する襲撃の危険性
　　　暴力団組長等は当該暴力団を主宰し統制・支配する者であるから，暴力団の抗争における最大の標的となり，抗争時において攻撃の目標とされるおそれは，他の構成員とは比較にならないほど大きい。
　　　したがって，a一家の会長である債務者 Y_1 が本件建物に日常的に立ち入り，一定時間留まり滞在する限り，いつ何時，債務者 Y_1 を標的とする抗争・襲撃・発砲事件等が惹起されてもおかしくない。
　　　また，債務者 Y_2 は，a一家の会長代行であり，現在，高齢の債務者 Y_1 を補佐して，共同でa一家を統制・支配している者であるから，債務者 Y_2 が本件建物に立ち入る場合にも同 Y_1 と同様の危険がある。実際，債務者 Y_2 は，過去，内部抗争においてその標的となり，本件建物や債務者 Y_2 の自宅，その隣家に銃弾が撃ち込まれたことがあるのは先に述べたとおりである。
　　　よって，債務者 Y_1 及び同 Y_2 が本件建物に立ち入るかぎり，付近住民である委託者の生命，身体，財産の侵害のおそれは常に存在し，委託者の平穏に生活する権利は侵害されることになる。
　イ　債務者 Y_1, 同 Y_2 の立入り自体が暴力団事務所使用の徴表であること
　　　加えて，a一家の会長である債務者 Y_1 及びその代行である債務者

Y_2 が，暴力団事務所としての構造と機能を備えた本件建物に立ち入る行為は，それ自体として，本件建物を暴力団事務所として使用することを構成し，それを徴表する行為でもある。

したがって，仮に，債務者 Y_1 及び同 Y_2 が本件建物に立ち入ることを許せば，本件建物の暴力団事務所としての使用行為を防止することは困難となる。

　ウ　結論

よって，債務者 Y_1 及び同 Y_2 の本件建物への立入りを差し止めることは必要かつ相当である。

第7　結語

よって，債権者は，債務者らに対し，委託者の人格権に基づく暴力団事務所としての使用差止請求権として，申立ての趣旨記載の請求をなしうる権利を有する。

（保全の必要性）

前述のとおり，本件建物が a 一家の暴力団事務所として使用されることによって，委託者住民は常に生命や身体等に対する危険にさらされ，恐怖と不安に怯えている。そして，生命，身体等の安全という人格権は，これが一たび侵害された場合は金銭で償うことができない損害を被る性質のものであるから，早急にその危険と不安を除去すべき緊急の必要性がある。

　　　　　　　　　　疎　明　方　法

甲1　　　　　　　　警察学論集66巻2号
甲2　　　　　　　　官報（適格都道府県センターの認定）
甲3　　　　　　　　官報（指定暴力団の指定）
甲4の1及び2　　　 23条照会申出書及び回答書
甲5　　　　　　　　建物の全部事項証明書
甲6　　　　　　　　住宅地図
甲7　　　　　　　　平成26年版警察白書
甲8　　　　　　　　平成26年版犯罪白書
甲9　　　　　　　　警察庁「平成26年の暴力団情勢」
甲10の1及び2　　　ヨミダス文書館
甲11の1ないし5　　○○○○記事等
甲12の1ないし5　　ウィキペディア記事等

甲13の1ないし4	ヨミダス文書館
甲14の1ないし5	ヨミダス文書館
甲15の1ないし4	週刊○○○○記事等
甲16の1ないし5	○○新聞記事等
甲17の1ないし3	○○新聞記事等
甲18	刑事記録の判決書
甲19の1ないし4	○○新聞記事等
甲20の1ないし3	刑事記録の判決書等
甲21の1ないし4	○○新聞記事等
甲22	写真撮影報告書

添 付 書 類

1　甲号証の写し　　各3通
2　資格証明書　　　1通
3　訴訟委任状　　　1通

以上

物 件 目 録

（建物）
　　所　　在　　○○市○○町○丁目　○○番地○
　　家屋番号　　○○番○
　　種　　類　　店舗，居宅
　　構　　造　　鉄骨・木造スレート葺2階建
　　床面積　　1階　○○m^2
　　　　　　　2階　○○m^2

禁 止 行 為 目 録

1　別紙物件目録記載の建物内で指定暴力団A組a一家又はその他の暴力団の定例会又は儀式を行うこと
2　別紙物件目録記載の建物内に指定暴力団A組a一家又はその他の暴力団の構成員を立ち入らせること
3　別紙物件目録記載の建物内に当番員を置くこと
4　別紙物件目録記載の建物の外壁に指定暴力団A組a一家又はその他の暴力団を表象する紋章，文字板，看板，表札その他これに類するものを設置す

ること
5 別紙物件目録記載の建物内に指定暴力団Ａ組ａ一家又はその他の暴力団の綱領，歴代組長，幹部及び構成員の写真，名札，指定暴力団Ａ組ａ一家又はその他の暴力団を表象する紋章，提灯，その他これに類するものを提示すること
6 別紙物件目録記載の建物の外壁の開口部（窓等）に鉄板等を打ちつけ，又は同建物の外壁に監視カメラ，投光機及びケーブル等の附属設備を設置すること
7 前記１ないし６の行為を指定暴力団Ａ組ａ一家又はその他の暴力団の構成員が行うことを容認，放置すること

当　事　者　目　録

〒〇〇〇-〇〇〇〇　　〇〇県〇〇市〇〇
債権者（受託者）　公益財団法人　〇〇県暴力追放・薬物乱用防止センター
　　　　　　　　上記代表者代表理事　　　〇〇〇
（委託者は別紙委託者目録記載のとおり）

〒〇〇〇-〇〇〇〇　　〇〇県〇〇
　　　　　　　　　　　　　　　債務者 Y_1
〒×××-××××　　××県××
　　　　　　　　　　　　　　　債務者 Y_2

委　託　者　目　録

1　住所　〇〇県〇〇市〇〇（※丁，地番の表記はなし）
　　運転免許証番号　第〇〇〇〇〇〇号
2　住所　〇〇県〇〇市〇〇（※丁，地番の表記はなし）
　　運転免許証番号　第××××××号
3　（以下，略）

債　権　者　代　理　人　目　録

〒〇〇〇-〇〇〇〇　　〇〇県〇〇市〇〇
　　　　　　　　〇〇法律事務所

```
              TEL  〇-〇-〇    FAX  〇-〇-〇
                              弁護士    〇〇〇〇
〒×××-××××  〇〇県××市××
             ××法律事務所
              TEL  ×-×-×     FAX  ×-×-×
                              弁護士    ××××

(以下，略)
```

【書式例17】 上申書（無審尋）

```
                    上  申  書

                                           〇年〇月〇日
〇〇地方裁判所　民事部　御中
                              債権者代理人弁護士    〇〇〇〇
                                         同        〇〇〇〇
                                                (以下，略)
```

第1　上申の趣旨

　　本件申立てについては，民事保全法23条第4項但書に基づき，債務者に対する審尋を実施せずに仮処分命令を下されたく，上申する。

第2　上申の理由

　1　総論

　(1)　仮の地位を定める仮処分申立事件において，債務者審尋期日等の期日を経ることによって申立ての目的を達することができない事情があるときは，債務者審尋を経ずに仮処分命令を発することが認められている（民事保全法23条第4項但書）。

　(2)　「申立ての目的を達することができない事情」とは，債務者審尋を経ることで執行妨害のおそれが高い場合であるとされる。

　　　具体的には密行性・迅速性の要請と手続保障の要請を比較して判断されるが，以下述べるように，本件申立てにおいて，上記事情があることは明らかである。

　2　密行性が要求されること

　(1)　B一家は指定暴力団A組の2次団体であり，会長の債務者Y_1はA組の常任相談役，会長代行の債務者Y_2はA組の副会長という重要な地

位に就いており，本件建物はB一家のみならず，上部組織であるA組にとっても重要な拠点となっている。本件建物が暴力団事務所として使用できなくなれば，B一家だけでなく，A組にとっても，多大な不利益が及ぶことになる。

　このように，債務者は，多大な不利益を回避するため，執行妨害を図る動機がある。
(2)　本件建物が所在する○○市において，B一家を排除する機運が高まっており，○○県警察本部は，○年○月○日，本件建物を訪れ，B一家の会長代行である債務者 Y_2 に対し，本件建物をB一家の暴力団事務所として使用することを中止するように要請している。

　債務者らは，債権者が本件建物の暴力団事務所としての使用差止めを求める訴訟を準備していることを認識している可能性があり，既に執行妨害を検討しているおそれがある。
(3)　以上の事情を鑑みれば，本件申立てが要審尋事件となることで，審理中，本件建物の所有権を，他の暴力団や暴力団関係者，又は暴力団のフロント企業，あるいは属性不明の未知の第三者に移転するなど，債務者らが執行妨害をする危険性が大きい。

3　迅速性が要求されること
(1)　B一家の上部組織であるA組は，これまで，その縄張りの維持・拡大等のために，C組と数多の抗争を繰り返しており，全国各地でA組とC組の抗争事件が発生している（以下「平成○年抗争事件」という。）。平成○年抗争事件は，○年○月までに，全国の都道府県で○件発生し，同年○月にはC組の構成員が射殺されるなど沈静化する気配を見せず，さらに激化している。

　A組の直属組織であるB一家でも，○年○月○日，本件建物にトラックが突っ込み，出入口の一部が破壊されるという事件が発生している。そして，上記トラック突入事件の○時間後に，B一家の構成員がC組系組長の自宅に発砲している。当該発砲は，上記トラック突入事件のわずか○時間後に行われていることから，トラック突入に対する報復として行われたものであることは明らかである。
(2)　このように，B一家は，平成○年抗争事件に深く関与しており，同抗争事件が激化していることも鑑みれば，B一家の活動拠点である本件建物が，再度，襲撃の対象となる危険は極めて大きい。そして，平成○年抗争事件では，銃火器等が使用されていることから，委託者ら周辺住民

が巻き添えを被る可能性は高く，周辺住民の生命，身体及び財産は深刻な危険にさらされている。

　これ以上，委託者ら周辺住民の生命，身体及び財産に深刻な危険が及ぶ状況は容認できるものではなく，迅速に仮処分決定を発令すべきである。

4　債務者らが受ける不利益が小さく，手続保障の要請が乏しいこと
　(1)　本件申立ての趣旨第1項及び第2項について

　　本件申立ての趣旨第1項及び第2項は，本件建物をB一家の暴力団事務所として使用しないことを命ずるものである。

　　本件仮処分決定により債務者らが受ける不利益は，暴力団事務所としての利用ができなくなるものに過ぎず，通常の用法による使用までは制限されないのだから，債務者らに対する制約は軽微なものである。

　　なお，債務者らが本件建物に立ち入れないとしても，同人らがB一家の会長又は会長代行の地位にあることによる必要やむを得ない制約に過ぎず，また，本件建物を暴力団事務所として使用するのでなければ，同人らが本件建物に立ち入る必要性は認められないから，実質的不利益は存在しない。

　(2)　本件申立ての趣旨第3項について

　　本件申立ての趣旨第3項は，B一家を表象する物や監視カメラ等の撤去を命ずるものである。

　　本件建物をB一家の暴力団事務所として使用しないのであれば，B一家を表象する物や監視カメラ等は不要であり，債務者らに対する制約は皆無である。

5　結語

　以上のとおり，本件では，密行性・迅速性の要請が強く，他方で，債務者らの手続保障を図る必要性は乏しいので，上申の趣旨記載のとおり，上申する次第である。

　　　　　　　　　　　　　　　　　　　　　　　　　　　以上

【書式例18】　上申書（無担保）

上　申　書

〇年〇月〇日

○○地方裁判所　民事部　御中

　　　　　　　　　　　　　　　債権者代理人弁護士　　○○○○
　　　　　　　　　　　　　　　　　　　　　　同　　　○○○○
　　　　　　　　　　　　　　　　　　　　　　　　　（以下，略）

第1　上申の趣旨
　　本件について，御庁が仮処分決定をする際には，債権者に担保を立てさせることがないよう，上申する。
第2　上申の理由
　1　仮処分決定により，債務者らに損害が生じないこと
　　　B一家は，平成○年抗争事件に深く関与し，本件建物はB一家の活動拠点として，抗争相手から最大の攻撃目標となり，委託者ら周辺住民の生命，身体及び財産に深刻な危険が及ぶ蓋然性が高い。このような危険を防止するためには，本件申立ての趣旨記載のとおりの仮処分決定を行う必要がある。
　　　他方で，本件申立ての趣旨記載のとおりの仮処分決定が行われた場合であっても，暴力団事務所という違法な活動の拠点としての使用等が制限されるに過ぎず，債務者らには何ら損害は生じない。
　2　同種事案で，債権者に担保を立てさせず仮処分決定をした例が，多数存在すること
　　　暴力団抗争により侵害される周辺住民の人格権を被保全権利とした，建物の暴力団事務所使用差止仮処分事案では，…，…，…など，債権者に担保を立てさせないで，事務所使用禁止仮処分決定をする事例が多数存在する。
　　　本件はまさに，前記各事案と同様に，住民の人格権を被保全権利とした暴力団事務所使用差止仮処分申立てであるから，とりわけ本件について，債権者に立担保を命ずる理由はない。
第3　結語
　　以上のとおり，本件では債権者に立担保を命ずる必要性がないから，御庁が本件について仮処分決定をする際には，債権者に担保を立てさせることがないよう，上申する次第である。

　　　　　　　　　　　　　　　　　　　　　　　　　　　　　以上

【書式例19】 上申書（個人情報の取扱い）

上　申　書

○年○月○日

○○地方裁判所　民事部　御中

債権者代理人弁護士　　○○○○
同　　　　○○○○
（以下，略）

　頭書事件（以下「本件申立て」という。）の債権者への委託者ら（以下「本件委託者ら」という。）の個人情報の取り扱いについて，以下のとおり，上申する。

第1　上申の趣旨
　本件委託者らに関し，「裁判所へ提出用の授権書」及び申立書別紙委託者目録のとおり，本件委託者らを自動車運転免許証番号（以下「運転免許証番号」という。）の記載により特定し，本件申立てにおいて，本件委託者らの住所及び氏名を記載しない取扱いを承認されたい。

第2　上申の理由
　1　はじめに
　　本件申立ては，○○県○○市○○に存する指定暴力団 A 組 a 一家の組事務所（以下，「本件暴力団事務所」という。）から500メートルに居住する本件委託者らが，暴力団員による不当な行為の防止等に関する法律（以下，「暴対法」という。）32条の4第1項に基づき，本件暴力団事務所の使用差止め等の請求を債権者に委任して，指定暴力団員である債務者らに対して，申し立てたものである。
　　債務者らが指定暴力団員であり，a 一家の組員が約○名ほどいることなどから，本件委託者らに対する嫌がらせ・報復のおそれもあることから，本件委託者らの安全等を確保するために，委託者についての特定を住所，氏名でなく，運転免許証番号にて特定する取扱いを求めるものである。
　2　適格団体訴訟において，委託者の住所及び氏名を秘匿する必要性と，委託者を住所及び氏名でなく免許証番号等で特定することの相当性
　　(1)　適格団体訴訟において，委託者の住所及び氏名を秘匿する必要性

第9章　適格団体訴訟

　　ア　適格団体訴訟の制定
　　　　適格団体訴訟は平成24年に改正された暴対法に新たに導入された制度で，暴力団事務所が存在することにより，その付近に居住する住民（以下「付近住民」という。）の生活の安全と地域社会の平穏が害されているものの，付近住民は暴力団員の報復等をおそれ暴力団事務所の使用差止め等の請求を行うことが困難な状況にあるため，付近住民の委任を受けた適格団体が原告となって，暴力団事務所の使用差止め等を求めて暴力団を排除し，もって付近住民の安全と地域社会の平穏を確保するという制度である（資料1・○頁，同○頁右欄から○頁左欄）。
　　イ　委託者の住所及び氏名の秘匿の必要性
　　　㈠　上記適格団体による暴力団事務所の使用差止め等請求訴訟において，判決効の及ぶ者の特定，委託の適法性確保などのために，委託者らの特定が必要となる（資料1・○頁から○頁）。
　　　　　しかし，委託者をその住所及び氏名で特定することが必須であるとすると，訴訟の相手方である暴力団側に委託者の住所や氏名が明らかになり，暴力団側からの嫌がらせや報復等を受けるおそれが依然として存在することになり，委託者の保護が十分には図られないことになり，委託者の住所や氏名が暴力団に晒されることを防止する方策が求められることになる（資料2・○頁，資料1・○頁）。
　　　㈡　実際に，暴力団事務所の使用差止め等の請求に対する嫌がらせ，報復については，昭和○年○月○日，指定暴力団Ｂ組ａ一家の暴力団事務所の追放運動を支援する住民側弁護士が刺された事件（資料3），平成○年○月○日，同Ｂ組ｂ組の暴力団事務所の追放運動をしていた代表者が刺された事件（資料4），平成○年○月○日，指定暴力団Ｃ組の組事務所の撤去に向けた運動の代表者の自宅に発砲された事件（資料5）などがある（資料2・○頁）。
　　　　　また，今年に入って，平成○年○月○日，暴対法31条の2（使用者責任の特則）に基づき指定暴力団Ｂ組の組長に対し損害賠償請求を行っている原告が報復として殴られるなどされたという事件があった（資料6）。
　　　㈢　このような暴力団側からの住民等への嫌がらせや報復が発生している以上，適格団体が原告となっている場合でも，依然として委託者に対する報復のおそれなどは存するのであり，暴力団側からの報

復等を未然に防止するためには，委託者の住所及び氏名を秘匿する方策が求められているのである（資料1・○頁）。
(2) 委託者を，住所及び氏名でなく運転免許証番号等で特定することの相当性
ア 暴力団事務所の使用差止め等の請求訴訟において，委託者の特定が必要になるのは，判決効の及ぶ者の特定，委託の適法性確保などの場面である。
　当該訴訟の委託者について，当該個人を他者と区別でき人違いのおそれがないほど特定可能な方法がとられるのであれば，判決効の及ぶ者の特定などはできるので，委託者の住所及び氏名は必須とはいえない（資料1・○頁右欄）。
　運転免許証や健康保険証等には，住所，氏名及び運転免許証番号や健康保険証番号が記載されており，その性質上重複は考えられず，個人を他者と区別して十分特定しうるものである（資料1・○頁右欄）。
　そして，暴力団事務所の使用差止めの請求等の訴訟の特質として，人格権侵害として当該暴力団事務所から500メートル以内の付近住民であることが必要であるが，運転免許証や健康保険証等の住所を住民票や地図等でその場所を確認することにより，人格権の享有も明らかになる（資料1・○頁から○頁）。
イ 委託者の住所・氏名の秘匿の実例
　実際，適格団体の訴訟として，全国初の○○地方裁判所に提起された指定暴力団Ｄ組傘下の暴力団事務所に対する訴訟（平成○○年(ワ)第○○号）においては，委託者の安全等の確保のために，裁判所に提出する授権を証する書面に委託者らの住所及び氏名を記載せず，免許証番号・健康保険証番号等によって委託者らを特定する取扱いが認められ，訴状及びその後の手続においても委託者らの住所及び氏名を記載しない取扱いがなされた。そして，訴訟遂行においで何らの支障もなく原告と被告との間で和解が成立するに至っている（資料7，8）。
(3) 以上より，暴力団事務所の使用差止め等の適格団体訴訟において，委託者の住所及び氏名を秘匿する必要性があり，また，委託者の特定は住所及び氏名で行う必要はなく運転免許証番号等により行うことが相当である。
3 本件申立てにおける本件委託者らの安全確保の必要性と免許証番号による特定の相当性

(1) 本件委託者らの安全確保の必要性
　ア　本件委託者らに対する報復等の危険性
　　　債務者Y_1は，暴力団員の数が全国で○番目である指定暴力団A組（以下「A組」という。）に属し，A組の幹部を務め，また，債務者Y_2もA組の副会長を務めている。A組の危険性は下記「イ」のとおりである。
　　　また，指定暴力団A組a一家（以下「a一家」という。）は，A組の2次組織であり，構成員は○名ほどではあるものの，構成員の多数は前科を有しており，債務者Y_1はそのようなa一家の会長であり，債務者Y_2はa一家の会長代行である。a一家の危険性は下記「ウ」のとおりである。
　　　そして，a一家は，本件暴力団事務所を拠点として，暴力団の違法，不当な資金獲得活動を行っており，債権者が本件暴力団事務所に対し使用差止め等を求める本件申立てに対し，a一家の唯一の活動の根拠を維持するために，事実上の対抗措置として，本件委託者らの生命身体の安全に危険を発生させる可能性は高く，ひとたびそのような事態が発生した場合には，本件申立ては頓挫する蓋然性が高く，また，今後の全国における暴力団事務所に対する使用差止め等の請求訴訟の提起が著しく阻害されることは自明である。
　　　したがって，本件委託者らの安全を確保する必要性は極めて高いといえる。
　イ　A組の危険性
　　　A組は，他の指定暴力団と抗争事件，発砲事件，殺人事件を多数起こしており，その事件内容も凶悪かつ危険なものばかりであり，多くの一般市民が事件に巻き込まれている。
　　　平成○年から同○年には，○○事件，○○事件（甲11の1ないし5），平成○年には○○抗争事件（甲12の1ないし5，申立書の引用証拠，以下同様である），平成○年には○○抗争事件（○○事件）（甲13の1ないし4），同じく同年には○○抗争事件（甲14の1ないし5），平成○年には○○抗争事件（甲15の1ないし4）等の事件に関与している。
　ウ　a一家の危険性
　　　a一家の構成員は約○人であるが，その構成員のうち，過去10年間の前科保有者は○人であり，その罪名は○罪，○罪等である（甲4の

　　　　1及び2）。
　　　債務者Y₁についていえば，平成○年に○罪，平成○年に○罪でそれぞれ実刑判決を受けており，平成○年には○罪で逮捕されるなどの前科・前歴があり（甲16の1ないし5），債務者Y₂については，平成○年に○罪（甲17の1ないし3：○○新聞記事等），平成○年に○罪で，それぞれ実刑判決を受けている（甲18）。
　　　さらに，暴対法は，指定暴力団員が指定暴力団の威力を示して口止め料，寄附金等，みかじめ料を要求したり，高金利の債権の取立てや不当な方法による債権の取立て等を禁止しており，その違反行為に対しては公安委員会より中止命令や再発防止命令が発出されるところ（暴対法9条，11条），a一家の構成員に対しては，暴対法に基づき，これまで○件の中止命令，○件の再発防止命令が発出されており，その構成員は，暴対法に違反する違法行為を多数行っている（甲4の1及び2）。
(2) 本件申立てにおいて本件委託者らを運転免許証番号で特定することの相当性
　ア　裁判所へ提出用の授権書及び本件申立書の別紙委託者目録には，本件委託者らの住所は町名までの記載で，氏名は記載しておらず，委託者を特定するための情報としては運転免許証番号のみを記載している。
　　　他方，債権者が保管する本件委託者らの授権書原本には，本件委託者らの住所及び氏名並びに運転免許証番号が記載されている。
　　　裁判所において，債権者が提示する授権書原本と提出用の授権書を照合することにより，本件委託者らを特定することは十分可能であり，また，民事訴訟法上要求される判決効が及ぶ者の範囲の特定等の要件は十分に満たされるものである。
　イ　また，本件申立てにおいて，本件委託者らが人格権侵害の主体か否かが問題となるが，本件建物を中心として半径500メートル以内の距離に居住する住民であることについては，債権者が本件委託者らの住所地を表示した住宅地図を裁判所に提示することによって，当該住宅地図によって500メートル以内に居住する住民か否かを確認できるのであるから問題はない（資料1・22頁から23頁）。
4　結　語
　　以上の理由により，上申の趣旨記載の取扱いを認められるよう強くお願いする次第である。

以上のとおり上申致します。

添 付 資 料

資料1　三木浩一『暴追団体訴訟制度の成立の経緯および内容と課題について』（NBL1023号14頁以下）

資料2　三木浩一『暴力団追放団体訴訟の立法における理論と展望』（NBL969号24頁以下）

資料3　〇〇新聞〇〇朝刊

資料4　〇〇新聞地方版

資料5　〇〇新聞〇〇夕刊

資料6　〇〇新聞朝刊

資料7　〇〇新聞朝刊

資料8　〇〇新聞朝刊

【書式例20】　授権書（原本）

授権書（原本）

　　　　　　　　　　　　　　　　　　　　　　年　　月　　日

（委託者）【番号】＿＿＿＿＿＿＿
　　　　　住所

　　　　　氏名　　　　　　　　　　　　　印
　　　　【自動車運転免許証番号・健康保険被保険者番号等】

下記事件について，次のとおり委託する。
記

1　事件の表示
　(1)　事件名
　　　人格権に基づく暴力団事務所使用差止等請求事件
　(2)　事務所所在地
　　　〇〇県〇〇市〇〇×丁目×番××号
　(3)　請求の相手方

　　　　指定暴力団A組a一家
　　　　　　　会長　　Y₁
　　　　　　　代行　　Y₂
　　　　その他，建物の所有者，賃貸人等相手方とすることが相当と認められる者
　２　委託する権限及び範囲
　　　　暴力団による不当な行為の防止等に関する法律第32条の４第１項に基づき，受託者に対し，委託者らのため，上記事務所の使用及びこれに付随する行為の差止めの請求につき，一切の裁判上又は裁判外の行為をする権限を委託する。
　３　委託を受ける法人の所在及び名称
　　　　所在地　　○○市○○区○○×丁目×番×号
　　　　公益財団法人　○○県暴力追放センター
　　　　（○○県適格都道府県センター）
　　　　　　　代表理事　○　○　○　○

【書式例21】　授権書（提出用）

授権書（提出用）

×年×月×日

（委託者）【番号】　×
　　　　住所　○○県○○市○○（地番は記載せず）
　　　　氏名　（氏名は記載せず空欄）　　　　　印
　　　　【自動車運転免許証番号・健康保険被保険者番号等】

　　　　　自動車運転免許証番号第××××××××号

下記事件について，次のとおり委託する。
　　　　　　　　　　　　記
１　事件の表示
　(1)　事件名
　　　人格権に基づく暴力団事務所使用差止等請求事件
　(2)　事務所所在地

165

　　　　　○○県○○市○○×丁目×番×号
　(3)　請求の相手方
　　　指定暴力団Ａ組ａ一家
　　　　　　　会長　　Y_1
　　　　　　　代行　　Y_2
　　　その他，建物の所有者，賃貸人等相手方とすることが相当と認められる者
２　委託する権限及び範囲
　　　暴力団による不当な行為の防止等に関する法律第32条の４第１項に基づき，受託者に対し，委託者らのため，上記事務所の使用及びこれに付随する行為の差止めの請求につき，一切の裁判上又は裁判外の行為をする権限を委託する。
３　委託を受ける法人の所在及び名称
　　　所在地　　○○市○○区○○×丁目×番×号
　　　　　　公益財団法人　○○県暴力追放センター
　　　　　（○○県適格都道府県センター）
　　　　　　　代表理事　　○　○　○　○

第10章　暴力団事務所の使用差止めにおける請求（申立て）の趣旨

■I■　請求（申立て）の趣旨の典型

　暴力団事務所の使用差止めにおける請求・申立ての趣旨は、①当該建物の暴力団事務所としての使用禁止と、②暴力団事務所として使用された結果の除去を内容とするものが多い。

1　暴力団事務所としての使用禁止

　当該建物の暴力団事務所としての使用禁止については、請求を特定するとともに間接強制等の手段を講じやすくするため、禁止されるべき暴力団事務所としての使用方法を具体的に例示して、「下記（別紙）の行為をするなどして、組事務所として使用してはならない」などとするのが通常である。

　禁止する使用方法として典型的なものは、①定例会・儀式の開催、②構成員を立ち入らせること、③当番員を置くこと、④建物外壁に暴力団を表象する紋章、文字板、看板、表札等を設置すること、⑤建物内に暴力団の綱領、歴代組長・幹部・構成員の写真、名札、暴力団を表象する紋章、提灯等を提示すること、⑥建物の外壁開口部に鉄板等を打ち付けること、⑦建物外壁に監視カメラ、投光器等を設置することなどである。

2　暴力団事務所として使用された結果の除去

　暴力団事務所として使用された結果の除去を内容とするものについては、建物外壁の暴力団を表象する紋章、文字板、看板、表札等の撤去、建物内の暴力団の綱領、歴代組長等の写真、名札、暴力団を表象する紋章、提灯等の撤去、建物外壁の監視カメラ、投光器等の撤去を請求するものが典型である。

3 暴力団組長の立入禁止

そのほか、暴力団組長は当該暴力団の象徴として対立抗争時には最も大きな標的となりやすいことなどから、暴力団組長が暴力団事務所として使用されている建物に立ち入ること自体を禁止するよう求めることがある。

4 判例紹介

これらのうち、定例会等の開催、構成員を立ち入らせること、当番員の配置、建物外壁への紋章等の設置は、裁判例は、当該建物を暴力団事務所として使用する方法にあたるとして、その禁止・撤去を認める。

しかし、監視カメラ・投光器の設置禁止・撤去については、通常の店舗や一般家庭でも設置されていること等から認めない裁判例があり（静岡地決昭和62・10・9判タ654号241頁、神戸地決平成6・11・28判時1545号75頁）、建物内の綱領、写真、名札、紋章、提灯等についても、外部から見えず、付近住民に与える危険感、不安感も少ないこと等を理由に認めない裁判例がある（静岡地決昭和62・10・9判タ654号241頁、大阪地堺支決平成3・9・3判時1452号97頁、神戸地決平成6・11・28判時1545号75号、東京地判平成24・9・25判例秘書、横浜地小田原支決平成29・3・31）。

他方で、暴力団事務所としての利用を完全に排除するという観点から、これらを認める裁判例もある（秋田地決平成3・4・18判タ763号279頁、大阪地堺支判平成4・5・7判時1452号87頁。建物内の綱領等について福岡高決平成21・7・15判タ1319号273頁、福岡地決平成28・9・12。監視カメラ等について神戸地決平成9・11・21判タ971号267頁、和歌山地決平成10・8・10判タ1026号294頁）。

また、暴力団組長が暴力団事務所として使用されている建物に立ち入ること自体を禁止することについて、裁判例は、財産権や居住移転の自由を大きく制限するものであること、その他の使用方法を禁止すれば足り必要性は認められないことなどを理由に、これを認めない傾向にある（東京地判平成24・9・25判例秘書、横浜地小田原支決平成29・3・31）。

■Ⅱ■ 仮処分における執行官保管

　暴力団事務所の使用差止めにおける仮処分特有の問題として、建物の暴力団事務所としての使用を禁止するのみならず、建物の執行官保管まで求めることができるのか、本案によって実現される権利内容以上の効力を仮処分に認める結果となるため問題となる。

　この点、法律上仮処分の方法について限定されておらず裁判所の裁量により必要な処分ができること（民保24条）、債権者の被る侵害・危険の程度が甚だしく、かつ切迫し、債務者が不作命令に従わないおそれが強く、間接強制を待っては債権者に酷な結果を招くなど特段の事情がある場合に、債務者が被る不利益を考慮のうえ、例外的に執行官保管の仮処分命令を認める裁判例（秋田地決平成3・4・18判タ763号279号、神戸地決平成9・11・21判タ971号267頁、和歌山地決平成10・8・10判タ1026号294頁、東京高決平成14・3・28判タ1105号250頁、福岡高決平成21・7・15判タ1319号273頁）がある。

　これを認めた裁判例では、具体的に、多数回の発砲事件や連続的な襲撃事件の発生、建物の暴力団事務所としての利用価値の高さや本部事務所であるなどの重要性、それによる攻撃目標となる蓋然性や使用禁止仮処分に従わない蓋然性等を考慮し、住民の生命・身体に対する回復しがたい侵害の危険が差し迫っているものと判断している。

　このような事情がある場合には、仮処分命令の申立ての趣旨に執行官保管を含めることを検討すべきである。

第11章　仮処分後の対応（本案訴訟等）

■Ⅰ■　保全命令の送達

　裁判所の決定は相当と認める方法で告知すれば足り原則として送達を要しないが（民訴119条）、保全命令（保全命令の申立てを認容する決定）は当事者に送達しなければならない（民保17条）。

　債権者に対する送達は、交付送達（民訴101条）による場合や、請書により送達に代えている実務例が多いとされる。なお、債権者に対する送達日は、保全執行期間（2週間）の始期となる（民保43条2項）が、保全執行は保全命令が債務者に送達される前であってもすることができる（民保43条3項）。

　債務者に対する送達は、密行性の要請がある場合には、債権者に対する送達後、期間をおいて行われている（東京地裁保全部では1週間）[1]。債務者が決定書の送達を受けるまでの間に、債権者が執行する機会を残すためである。

　不動産の仮差押えであれば、登記完了後債務者に送達されるのが通常であろう。また、動産仮差押え、占有移転禁止仮処分、明渡断行の仮処分については、保全執行後に発送するのが原則であるが、執行官による同時送達も可能である。

　これに対し密行性の要請のない街宣禁止の仮処分など不作為を命じる仮処分については、発令日に即時発送され、債務者への送達によって効力が生じるとされている。そこで、債務者に送達できなかった場合、不送達の理由に従って債権者は調査・報告を求められ、その結果に基づいて再送達が実施されることになる。また、決定が出たことを債務者に少しでも早く知らせるには、執行官送達の利用も考えられる。

1　須藤典明ほか『民事保全〔改訂版〕』184頁（青林書院、2008年）。

■Ⅱ■　本案訴訟

1　訴訟提起するか否かの見極め

(1)　事案別の検討

　仮処分命令で不当要求が止まらない場合、間接強制、さらには、本案訴訟を提起することになろう。

　次に、仮処分命令で不当要求が止まっても、債務者が起訴命令を申し立てた場合、担保を立てている場合には、本案訴訟を行うことになる。

　そして、もともと本案訴訟を前提としている建物等の明渡しの場合には、本案訴訟を提起することになる。

　さらには、仮処分命令で不当要求が止まった場合でも、本案請求、さらには、不当要求により損害を受けている場合には損害賠償請求を行うことを検討するが、その際には、依頼者の意向を十分尊重する必要がある。

(2)　担保の取戻し

　仮処分で違法行為が止まった場合、本案訴訟を提起せずにそのまま静観する場合には、担保（供託金）はそのまま放置することになる。もし、支払保証委託であれば、預金を凍結されたままになる。

　それでも、街宣活動を差し止めた代償として仕方がない旨発言した裁判官もいると聞くが、無担保ならいざしらず、相当程度以上の金額の供託金については、取戻しを図る場合もあろう。

　なお、担保の取戻方法としては、通常は、以下の場合に担保取消決定を受けて取り戻すことになる（民保4条2項、民訴79条）。

　(ア)　担保の事由が消滅したことを証明した場合

　担保の事由が消滅したことを証明した場合は、典型例として、以下のケースが考えられる。

①　債権者の本案訴訟の勝訴判決が確定したとき
②　債権者が勝訴的和解をしたとき
③　債務者の損害賠償請求訴訟（担保の被担保債権について）の敗訴判決が

第11章　仮処分後の対応（本案訴訟等）

確定したとき
(イ)　担保権利者の同意を得たことを証明した場合
担保権利者の同意を得る場合とは、訴訟上の和解成立が典型例である。
(ウ)　権利行使の催告により同意が擬制される場合
権利行使の催告により同意が擬制される場合とは、訴訟の完結後、権利行使の催告をしても、担保権利者が権利行使しない場合である。このとき、訴訟の完結には、①本案訴訟で債権者が敗訴したとき、②債権者が請求の放棄をしたとき、③債権者が訴えの取下げをしたとき、④債権者の敗訴的和解が成立したとき、⑤債権者が保全命令を取り下げて保全執行が解放されたときなどが含まれる。

2　請求内容の検討

(1)　差止請求等

本案については、仮処分申立てに対応することになり、具体的には、街宣活動禁止、面談強要禁止、組事務所の使用差止め、区分所有法に基づく差止請求、同法に基づく使用禁止請求などが考えられる。

「人格権」（名誉・信用・住居の平穏など）に基づく使用差止めにおいては、受忍限度を超えて違法に侵害され、将来にわたってその危険性が高い場合などに差し止めが認められる。裁判例では、「営業権」や「業務遂行権」を根拠としているものもある。

なお、仮処分決定を受けているのであれば、その内容よりも小さい（狭い）請求にはしないように注意する必要がある。仮処分決定の主文の一部にしか本案訴訟の提起がなかったことになり、仮に勝訴しても担保取消決定が得られない危険性があるからである。[2]

(2)　明渡請求等

賃貸借契約の終了に基づく建物明渡請求、区分所有法に基づく区分所有権の競売請求、同法に基づく占有者に対する引渡請求などが考えられる。

---

[2]　東京弁護士会民事介入暴力対策特別委員会編『民事介入暴力対策マニュアル〔第5版〕』179頁（ぎょうせい、2015年）。

(3) 損害賠償請求

不当要求で損害を受けている場合には、通常の損害賠償と同様、積極的損害、消極的損害の請求が考えられる。

(4) 確認請求

街宣行為や不当要求行為の契機となった紛争についての法律関係の確認を求めることがある。たとえば、債務不存在確認請求などである。

(5) その他

名誉棄損に基づく回復処分（民法723条）として、謝罪広告等も考えられる。たとえば、以下のような主文例が考えられる。[3]

ア　被告は、原告に対し、本判決確定後１か月以内に、別紙目録記載の新聞各紙に、同記載の謝罪広告を、それぞれ同記載の記載条件で１回掲載せよ（謝罪広告）。

イ　被告は、原告に対し、別紙送付先に対し、別紙謝罪文記載のとおりの謝罪文書を各１部ずつ送付せよ（謝罪文送付）。

ウ　被告は、原告に対し、別紙１図面記載①ないし③所在の各掲示板に、別紙２謝罪文記載のとおりの謝罪文を掲載せよ（謝罪文掲示）。

エ　被告は、原告に対し、別紙発言目録１ないし３記載の各発言を削除せよ（インターネット掲示板からの削除）。

■Ⅲ■　強制執行手続

1　意　義

被害回復、不当要求者からの利益剥奪などの目的を達成するためには、最終的には、強制執行により満足を図っていく必要がある。

---

[3] 和久一彦ほか「名誉毀損関係訴訟について——非マスメディア型事件を中心として〔大阪民事実務研究〕」判タ1223号91頁。

2　直接強制

　債務名義として、慰謝料等の損害賠償認容の確定判決が考えられる。また、仮処分決定に違反した行為者に対する間接強制決定を受けて、さらに所有不動産の強制競売申立てをした事案もある。

3　代替執行（民執171条）

　謝罪広告、建物の収去などの代替的作為義務については、授権決定を受けたうえで、実現することができる。
　費用については、前払決定を受けて債務名義として債務者に対して執行できる。前払決定がない場合、あるいはそれより多額の費用を要した場合には、執行費用として後日取り立てることができる（民執42条4項・22条4号の2）。もっとも、債務者が暴力団関係者やえせ右翼の場合、資産がなければ、現実には回収できないこともあろう。

4　間接強制（民執172条）

　たとえば、街宣行為等の差止めについての仮処分決定（もしくは確定判決）に違反した行為者または違反するおそれがある行為者に対して、間接強制の申立てをすることができる（民執172条1項）。具体的には、（仮処分決定または判決で得た）不作為義務と、それに違反した場合に支払うべき金員について申し立てて、間接強制決定（支払予告命令）を受けることになる。
　間接強制の決定を発するには債務者を審尋したうえで発令しなければならない（民執172条3項）。このとき、実務では審尋書を送付して意見陳述の機会を与える取扱いがあるとのことである。なお、この間接強制決定[4]に対して、債務者がさらに不作為義務違反をする場合に、取立てをするには、条件成就執行文の付与を受ける必要がある（同法27条1項）。このとき、事実が到来したことを具体的に証明する文書を提出する必要がある。

4　深沢利一著（園部厚補訂）『民事執行の実務(下)〔補訂版〕』864頁（新日本法規出版、2007年）。

> コラム

事例紹介

① 組事務所での動産執行

組事務所として使用している建物の滞納賃料を回収するため、組事務所の動産に対して動産差押えの強制執行により買い取った事例がある。

実際に差し押さえた動産数点の中に他の指定暴力団から贈られその暴力団の銘が記されている置時計があった。債務者側（暴力団）は、贈った暴力団に対する面子もあり、競り売りにより、評価額合計21万円の動産数点を201万1000円で債務者側に買い取らせることができた。

動産執行の有用性が認められた貴重な一事例である。

② 間接強制の事例

（東京高決平成28・8・10 20判時2338号16頁）

神奈川県において、平成15年1月に地域住民が得た暴力団事務所使用禁止等の仮処分（横浜地方裁判所小田原支部平成14年㈲第111号）についての保全執行として、平成28年になって、間接強制を申し立てた事例がある。

争点として、平成15年当時に暴力団対策法に基づく公安委員会の指定を受けていた指定暴力団5代目a組と平成28年当時の指定暴力団6代目a組は、名称や代表者が異なることから組織は異なるのではないかという点が問題になったところ、東京高等裁判所は同一組織であると認定した。

この事案では、仮処分決定に違反する行為がなく、また、無担保で決定が出ていたことから保証金を取り戻す必要もなく、本案訴訟もなく長期にわたる仮処分決定の効力が認められたことになる。仮処分の有用性が認められた貴重な一事例である。

③ 明渡断行の事例

S県で、債務者側が暴力団事務所として使用していた建物について、賃料未払いによる賃貸借契約解除による建物明渡判決が確定して、強制執行を申し立てたところ、明渡し断行にあたり、高額の費用がかかるといわれたことから、費用をかけて断行するか、債務者と事実上の和解をして強制執行を取り下げるか、悩ましい判断が求められた事例があった。

建物自体3階建てで荷物も多く執行費用が多額になることを予想はしていたものの、債権者は未払い賃料の他に予想以上の多額の費用を支出することに対し当然難色を示したとことから、債務者との間で引越代を出すこ

とで和解し任意の明渡しを受け、強制執行は取り下げた。

■Ⅳ■　具体的事案からの検討

1　はじめに

　仮処分は、将来に予定される「権利の実現」を保全するための裁判手続である。したがって、理論上、本案訴訟さらには強制執行による「権利の実現」を予定するものである。また、仮処分の担保の取戻し等をするためには、本案訴訟を提起しなければならないこともある。

　また、暴力団被害事件という側面からみると、暴力団被害の阻止、暴力団被害の回復、暴力団への経済的打撃、暴力団被害の再発防止等などのためには、仮処分にとどまらず、適宜、組長訴訟や改正暴対法を利用するなどし、暴力団側に対する損害賠償請訴訟等を提起し、さらには強制執行等を行っていく必要性も高い。

　さらには、平成19年、犯罪対策閣僚会議により示された、「企業が反社会的勢力による被害を防止するための指針」の中でも謳われているコンプライアンス（法令遵守）、企業の社会的責任（CSR）ということを徹底すれば、単に、仮処分によって暴力団被害を阻止するだけでなく、暴力団によって惹起された企業の被害を損害賠償請求訴訟等積極的に行っていくことにより回復すべきであるという視点も重要であろう。そして、この視点は、行政権の適正な適用ということからすれば、企業対象暴力にとどまらず、行政対象暴力にも妥当することであろう。

　しかし、他面、弁護士は、常に、個別事案の特質や依頼者の利益、意向等を無視することはできないのであって、事案によっては、依頼者の意向等により本案提起・強制執行等を断念せざるを得ないこともありうるのである。したがって、実際の民暴事件処理にあたって仮処分にとどまらず本案訴訟まで提起するか、強制執行まで行うかなどの判断は、個別の事案に応じた慎重

な検討が必要とならざるを得ない。

　以下、上記視点に立ち、本案提起ないし強制執行等にまで至った、2つの事案を紹介する。

2　事例紹介

〈事例1〉　**暴力団の報復行為事例**（浦和地判平成13・4・27判タ1068号119頁）

　　(1)　事案の概要

　平成9年1月から10月にかけて、指定暴力団K会N一家F三代目乙組組長乙は、右翼甲を標榜し、その組員丙とともにT町町長（当時）に対して、同人を誹謗中傷し町長職の辞職を要求する街宣行為を、59回にもわたり行った。

　T町町長は同年10月1日に街宣禁止の仮処分決定を得たが、組長乙は、10月6日、組員のOに仮処分を無視した街宣を行わせた（名誉毀損事件）。そして、さらに、同日深夜、組員Oは町長宅に車を突入させ、玄関先をバットで損壊した（襲撃事件）。

　街宣禁止の仮処分が出た矢先のかかる行為は、暴力団の報復行為であることが明らかであり、本件は行政対象暴力の最たる事案であった。

　なお、前記組員Oに対しては、平成9年12月25日、某地方裁判所某支部において、邸宅侵入・建造物損壊の罪で懲役3年執行猶予5年の判決が言い渡された。

　　(2)　法的対応

① 街宣禁止の仮処分（某地方裁判所某支部平成9年10月1日決定・地点を基点に半径1000mの街宣禁止・無担保）

　　→これを無視して、10月6日街宣行為および襲撃行為が行われた。

② 間接強制（某地方裁判所某支部平成9年10月14日決定、1日につき金30万円）

③ 某組組事務所証拠保全（動産仮差押え）（某地方裁判所某支部平成10年6月30日決定・7月9日執行）

　　→組長訴訟を念頭に証拠保全活動をしたものであるが、任意提出拒否に備え、動産仮差押えも並行して行った。

④ 損害賠償等請求訴訟（使用者責任追及訴訟等）
　㋐ 平成10年12月17日、組長住所地を管轄する某地方裁判所に提訴
　　Ⓐ 当事者
　　　ⅰ 原告　Ｔ町町長、その父親（襲撃を受け損壊した建物の所有者）
　　　ⅱ 被告　某組組長乙、同組組員Ｏ
　　Ⓑ 請求内容
　　　ⅰ 総額2873万3750円（主として街宣行為に対する慰謝料請求）
　　　ⅱ 謝罪広告（全国紙5紙の某県版への謝罪広告の掲載・後に地方紙を含めた9紙に請求拡張）
　㋑ 18回の口頭弁論期日を経て平成13年4月27日判決
　　→総額608万円の損害賠償並びに全国紙など9紙への謝罪広告の掲載を認めるものであった。
　㋒ 被告らから東京高等裁判所に控訴
　　→7月31日に控訴が取り下げられて確定した。
⑤ 強制執行
　㋐ 金銭執行（平成13年8月22日債権差押命令申立て）
　　→乙の事務所のあるＦ市内の銀行等の計12の金融機関の預金等の債権差押えをしたが、ほとんど空振りに終わった。このときの反省をもとに、弁護団の主体であった関東弁護士会連合会民事介入暴力対策委員会（以下、「関弁連民暴委員会」という）では、民暴被害の効果的な回復方法を模索していくことになった。そして、前橋スナック銃乱射殺人事件（最判平成26・3・14最高裁判所裁判集刑事313号235頁）等暴力団組織の最上位者に対する組長責任追及訴訟につながっていった。
　㋑ 謝罪広告掲載の執行（代替執行）
　　ⅰ 平成13年9月18日授権決定の申立て
　　ⅱ 平成13年11月29日授権決定
　　ⅲ 平成13年12月24日、朝日新聞、読売新聞、毎日新聞、産経新聞、東京新聞等の各朝刊各誌に謝罪広告が掲載された。

Ⅳ　具体的事案からの検討

　(3)　本事案の特色
　㋐　地方政治における民主主義を破壊する行為（行政対象暴力）に対する闘い
　本件は、行政対象暴力の最たる事例であり、地方自治を根幹から揺るがすものであって、これを放置することは到底許されるものではない。暴力団被害の回復、暴力団被害の再発防止、さらには行政権の適正な執行という観点からも、しかるべき法的対応が強く要請される事案であった。
　㋑　弁護士間の県境を越えた協力体制の確立
　本件は、街宣禁止の仮処分申立てを行った東京の弁護士から、関弁連民暴委員会に協力要請のなされた事案であった。当時関弁連民暴委員会は、県境事件の協力体制強化を取組課題としており、県境で発生した本件は、格好の案件であった。また、本件は前述したように行政対象暴力の重大事案ということもあり、関弁民暴委員会が全面的にバックアップし、当時の枢要メンバーはそのほとんどが弁護団に参加した。関東各都県から関弁連メンバーが駆け付け、前橋事件等その後の関弁連民暴委員会バックアップ事件の先駆けとなった。
　㋒　提訴に先立つ証拠保全手続の実施
　重大な行政対象暴力事案に対し適切な法的対応をとるためには、証拠資料の入手が不可欠である。しかし、現実には暴力団組織の証拠収集は相当な困難を伴うものであり、本件ではそれを克服すべく、暴力団事務所に対し証拠保全手続を実施した。
　証拠保全手続の当日は、気温30度を優に超す暑い日であった。組事務所内では、組長が腹いせに部屋の冷房を全部切ってしまったため、汗みどろの作業になった。特に、防弾チョッキを着込んで作業をしていた裁判官は、悲惨の一言であった。同行した裁判所書記官は、危険はないと判断するや早々に防弾チョッキを脱いでしまったが、何を考えたのかワイシャツの下に防弾チョッキを着込んでいた裁判官は、これを脱ぐことができなかったのである。額から汗を滝のように流して作業をする裁判官の姿がとても印象的であった。
　㋓　違法街宣行為に対する名誉回復措置（謝罪広告の掲載等）の確立
　暴力団の違法街宣行為に対しては、従前、街宣禁止の仮処分をかける程度

179

で終了していた。しかし、それのみでは、違法街宣によって著しく侵害された被害者の名誉を回復することはできない。そこで、本件では、慰謝料の請求のみならず、違法街宣を行った暴力団組長らに対し、適切な名誉回復措置として、新聞各紙に謝罪広告の掲載を求めた。暴力団組織は、面子にこだわる傾向があり、慰謝料のみならず、謝罪広告の掲載を認めた本判決は、表現の自由に名を借りた違法街宣に対する効果的な対策を示すものとして、先例的価値があったものと思料されるのである。

(4) 反省点

確かに、暴力団組事務所に対する証拠保全や違法街宣に対する名誉回復措置としての謝罪広告の掲載などの点では一定の成果を上げることができた。しかし、使用者責任追及訴訟においては、実行行為者の直属の組長しか被告とできず、資産のある大物総長を被告とすることができなかった。そのため、結局、本件の被告らに対しては執行不能ということで実質的な被害回復ができなかった。大物総長を被告とすることができなかったのは、この総長に逆らうと家を燃されるという噂が当地では実しやかに囁かれており、依頼者に極度の恐怖心があったためである。

暴力団被害の回復は、前述するように、単に、個別の被害回復にとどまらず暴力団への経済的打撃、暴力団被害の再発防止、コンプライアンス（法令遵守）等の重要な意義を有しているが、依頼者（被害者）の保護対策が不十分な場合には、その実効性が極めて薄くなることを実感させられた。暴力団被害事件については、常に、ついて回る問題ではあるが、あらためて、被害者の保護対策の重要性を痛感させられた次第である。

〈事例２〉 同和団体を名乗る者による違法街宣、ビラまき、面談強要

(1) 事案の概要

Ｓ県甲組合（以下、「Ｓ連」という）が、その子会社に対して、不正融資を行ったなどとして、同和団体を名乗る者が、Ｓ連本部やその役員の自宅、甲組合本支店などＳ県全域で、違法街宣やビラ撒きなどを行い、また、Ｓ連本部の役員や職員等に対し面談強要等の不当要求を繰り返した。

(2) 法的対応

(ア) 仮処分（某地方裁判所平成8年9月20日決定等多数）

S連および埼S県下のすべての甲組合本支店の事務所等を基点として半径700メートル以内での街宣禁止・ビラ撒き・面談禁止の仮処分がなされた。これにより、ほぼS県全域で街宣行為等が禁止されることになった。債務者2名に対し各50万円の担保であった。

(イ) 間接強制（某地方裁判所平成8年12月2日決定）

仮処分命令に反する街宣行為等が繰り返されたため、間接強制の申立てをした。仮処分命令に反する行為をしたときには、妨害行為1分当たり25万円を支払えとの決定を得た。

(ウ) 強制執行

間接強制命令違反があったため、間接強制命令違反に基づき合計金524万9960円の（事実到来）執行文の付与を受け、債務者の不動産（自宅）の差押え（強制競売申立て）をした。

この不動産の強制競売申立てがなされたことにより、ようやく違法街宣行為が収束した（街宣行為等しないことの念書を債務者に入れさせ競売申立てを取り下げた）。

担保の取戻しは権利催告によった。

(3) 本事案の特色

本件は、仮処分命令・間接強制命令がなされたにもかかわらず、違反行為が繰り返されたため、間接強制命令違反に基づき債務名義・執行文を取得し、債務者の不動産（自宅）に対する強制執行に及んだ事案である。

間接強制命令が出ても違法街宣行為等が継続している場合、本案訴訟を経ていては、時間がかかりすぎ迅速性の要請に応えることができないおそれがある。本件の場合には、間接強制命令違反に基づく債務名義により、本案訴訟を経ずして、強制執行に及び、違法街宣行為を収束させた点に大きな特色がある。

このように事案によっては、強制執行という段階まで徹底した法的手続を遂行しなければ、暴力団被害の防止ということを貫徹し得ない場合があるという教訓を与えてくれた事案である。

第12章　暴力団排除条項

■Ⅰ■　暴力団排除条項とは

　暴力団排除条項とは、契約書、規約、取引約款等に設けられる条項であって、暴力団等の反社会的勢力に属する者が取引の相手方となることを拒絶する旨規定し、取引開始後に取引相手が暴力団等反社会的勢力に属する者であると発覚した場合や不当要求が行われた場合には、契約を直ちに解除して取引相手を排除できることを規定する条項をいう。

　なお、上記の①無催告解除条項の他に、②表明保証条項、③禁止行為条項、④調査・報告条項、⑤責任免除条項、⑥損害賠償額の予定・違約罰条項も含めた方が好ましく、これらの条項を含めて暴力団排除条項という場合もある（具体例は下記Ⅲ参照）。

■Ⅱ■　暴力団排除条項を規定する必要性と機能

1　必要性

　暴力団等反社会的勢力の排除は、暴力団対策法による暴力団および暴力団員の活動に対する規制から、平成19年政府指針により、企業には不正な取引だけではなく、暴力団の活動を助長するような一切の取引解消が促されるようになり、さらには、暴力団排除条例では、暴力団等反社会的勢力とわかっていながら取引を続ける企業や市民に対して制裁を課すことを定め、企業や市民に一層の関係遮断が求められる時代となっている。

　それゆえに、暴力団等反社会的勢力を排除しないことを理由に、密接交際者等に該当すると判断された場合は、法令（暴力団排除条例）違反として勧

告・公表・刑罰といった制裁が課される恐れもあり、その結果、新規の融資や取引が拒絶される事態に陥ることも十分予想される。

　そして、暴力団等反社会的勢力に属する者も（場合によっては属性を隠して）企業や市民と取引を行っている以上、企業や市民も、取引を行うにあたっては、その相手方が暴力団等反社会的勢力に属する者であるか否かを確認する必要があり、万一、契約締結後に相手方が暴力団等反社会的勢力に属する者であることが判明した場合に、暴力団等反社会的勢力を排除する必要がある。

　そこで、一般企業や市民にとっても、暴力団排除条項の規定が必要となる。

2　機　能[1]

(1)　契約解除等の根拠

　無催告解除条項を定めれば、契約締結後、相手方が暴力団等反社会的勢力に属する者であることが判明した場合、契約を解除する根拠となる。

　また、責任免除条項には契約解除の際に相手方に対する損害賠償責任を免れる効果、損害賠償額の予定・違約罰条項には契約解除に伴う原状回復義務により解除した当事者が相手方に対して負う売買代金返還債務等を相殺する効果がある。

(2)　反社会的勢力との関係遮断に向けた交渉ツール

　暴力団等反社会的勢力に属する者との取引関係を拒否または解消するために交渉が必要となった場合、暴力団排除条項の存在を前提とした交渉が可能となる。

(3)　反社会的勢力への牽制

　暴力団等反社会的勢力に属する者に対して、後に契約が解除される可能性があることや、自らの属性を偽って契約を締結すれば詐欺罪に問われる可能性があること等を認識させることができ、牽制となる。

(4)　コンプライアンス宣言

　取引の相手方に対して、コンプライアンスを重視していることを示すこと

1　東京弁護士会民事介入暴力対策特別委員会編『民事介入暴力対策マニュアル〔第5版〕』（ぎょうせい、2015年）246頁参照。

ができる。

■Ⅲ■ 暴力団排除条項の具体例

近時、さまざまな業界で暴力団排除条項のモデル案が定められている。以下、代表的なものを紹介する。

1　全国銀行協会

一般社団法人全国銀行協会が「銀行取引約定書に盛り込む暴力団排除条項参考例の一部改正」として定めたものである。

〔参考資料２〕　銀行取引約定書に盛り込む暴力団排除条項参考例（一部改正）

第○条（反社会的勢力の排除）
① 私または保証人は、現在、暴力団、暴力団員、暴力団員でなくなった時から５年を経過しない者、暴力団準構成員、暴力団関係企業、総会屋等、社会運動等標ぼうゴロまたは特殊知能暴力集団等、その他これらに準ずる者（以下、これらを「暴力団員等」という。）に該当しないこと、および次の各号のいずれにも該当しないことを表明し、かつ将来にわたっても該当しないことを確約いたします。
　１．暴力団員等が経営を支配していると認められる関係を有すること
　２．暴力団員等が経営に実質的に関与していると認められる関係を有すること
　３．自己、自社もしくは第三者の不正の利益を図る目的または第三者に損害を加える目的をもってするなど、不当に暴力団員等を利用していると認められる関係を有すること
　４．暴力団員等に対して資金等を提供し、または便宜を供与するなどの関与をしていると認められる関係を有すること
　５．役員または経営に実質的に関与している者が暴力団員等と社会的に非難されるべき関係を有すること
② 私または保証人は、自らまたは第三者を利用して次の各号の一にでも該当する行為を行わないことを確約いたします。
　１．暴力的な要求行為

2．法的な責任を超えた不当な要求行為
   3．取引に関して、脅迫的な言動をし、または暴力を用いる行為
   4．風説を流布し、偽計を用いまたは威力を用いて貴行の信用を毀損し、または貴行の業務を妨害する行為
   5．その他前各号に準ずる行為
③　私または保証人が、暴力団員等もしくは第1項各号のいずれかに該当し、もしくは前項各号のいずれかに該当する行為をし、または第1項の規定にもとづく表明・確約に関して虚偽の申告をしたことが判明し、私との取引を継続することが不適切である場合には、私は貴行から請求があり次第、貴行に対するいっさいの債務の期限の利益を失い、直ちに債務を弁済します。
④　手形の割引を受けた場合、私または保証人が暴力団員等もしくは第1項各号のいずれかに該当し、もしくは第2項各号のいずれかに該当する行為をし、または第1項の規定にもとづく表明・確約に関して虚偽の申告をしたことが判明し、私との取引を継続することが不適切である場合には、全部の手形について、貴行の請求によって手形面記載の金額の買戻債務を負い、直ちに弁済します。この債務を履行するまでは、貴行は手形所持人としていっさいの権利を行使することができます。
⑤　前2項の規定の適用により、私または保証人に損害が生じた場合にも、貴行になんらの請求をしません。また、貴行に損害が生じたときは、私または保証人がその責任を負います。

2　不動産業界

　下記は、平成23年5月末、「不動産流通団体によるとりまとめ」で定められた暴力団排除条項である（国土交通省ホームページより）。
　これは、不動産売買契約における暴力団排除条項であり、解除に伴う原状回復義務としての売買代金返還債務を、損害賠償額の予定・違約罰条項を定めることで相殺可能としている点で、特徴がある。

〔参考資料3〕　不動産売買契約書に盛り込む暴力団排除条項の参考例

（反社会的勢力の排除）
　第〇条　売主および買主は、それぞれ相手方に対し、次の各号の事項を確約す

る。
① 自らが、暴力団、暴力団関係企業、総会屋若しくはこれらに準ずる者またはその構成員（以下、総称して「反社会的勢力」という）ではないこと。
② 自らの役員（業務を執行する社員、取締役、執行役またはこれらに準ずる者をいう）が反社会的勢力ではないこと。
③ 反社会的勢力に自己の名義を利用させ、この契約を締結するものでないこと。
④ 本物件の引き渡しおよび売買代金の全額の支払いのいずれもが終了するまでの間に、自らまたは第三者を利用して、この契約に関して次の行為をしないこと。
　ア　相手方に対する脅迫的な言動または暴力を用いる行為
　イ　偽計または威力を用いて相手方の業務を妨害し、または信用を毀損する行為
2　売主または買主の一方について、次のいずれかに該当した場合には、その相手方は、何らの催告を要せずして、この契約を解除することができる。
　ア　前項①または②の確約に反する申告をしたことが判明した場合
　イ　前項③の確約に反し契約をしたことが判明した場合
　ウ　前項④の確約に反した行為をした場合
3　買主は、売主に対し、自らまたは第三者をして本物件を反社会的勢力の事務所その他の活動に拠点に供しないことを確約する。
4　売り主は、買い主が前項に反した行為をした場合には、何らの催告を要せずして、この契約を解除することができる。
5　第2項又は前項の規定によるこの契約が解除された場合には、解除された者は、その相手方に対し、違約金（損害賠償額の予定）として金〇〇〇〇円（売買代金の20％相当額）を支払うものとする。
6　第2項または第4項の規定によりこの契約が解除された場合には、解除された者は、解除による生じる損害について、その相手方に対し一切の請求を行わない。
7　買主が第3項の規定に違反し、本物件を反社会的勢力の事務所その他の活動の拠点に供したと認められる場合において、売主が第4項の規定によりこの契約を解除するときは、買主は、売主に対し、第5項の違約金に加え、金〇〇〇〇円（売買代金の80％相当額）の違約罰を制裁金として支払うものとする。ただし、宅地建物取引業者が自ら売主となり、かつ宅地建物取引業者でない者が買い主となる場合は、この限りではない。

■Ⅳ■ 暴力団排除条項の適用

1 属性要件と行為要件

　上記具体例のように、多くの暴力団排除条項は属性要件と行為要件から構成されている。

　属性要件とは、属性に着目した規定であり、暴力団員等（「暴力団、暴力団員、暴力団員でなくなった時から5年を経過しない者、暴力団準構成員、暴力団関係企業、総会屋等、社会運動等標ぼうゴロまたは特殊知能暴力集団等、その他これらに準ずる者」と定義されることが多い）に該当することや共生者（たとえば、前項参考資料2の全国銀行協会モデル案①4では「暴力団員等に対して資金等を提供し、または便宜を供与するなどの関与をしていると認められる関係を有すること」等と定義される）に該当することである。

　また、行為要件とは、行為（言動）に着目した規定であり、「暴力的な要求行為を行うこと（前項の全国銀行協会モデル案②）」などに該当することである。

　属性要件と行為要件については、平成19年政府指針における定義に準じた規定となっていることが多い。平成19年政府指針については第1章Ⅱ-2「平成19年政府指針」に具体的に説明したので参照されたい。

2 適用の判断根拠

　取引開始時には契約自由の原則により理由の如何を問わず取引を拒めることから、平素からデータベース構築に取り組むべきであり、当該データベースは、取引開始後に暴力団排除条項を適用して取引を解消する場合にも積極的に活用するべきである。

　もっとも、相手方が暴力団排除条項の該当性を争ってきた場合に備えて、データベースのみならず、以下の方法により、あらためて判断根拠となる情報を収集することが不可欠である。

(1) 自力での情報収集

情報収集の方法として、まずは自力での情報収集が挙げられる。相手方との取引によってこれまで収集してきた資料の他、相手方と接してきた担当者の得た情報は、有力な証拠となりうる。

(2) 暴力団追放運動推進センターからの情報収集

次に、暴力団追放運動推進センターからの情報収集もある。

暴力団追放運動推進センター（名称は各センターにより違いがある）は暴対法32条の3に基づき公安委員会の指定を受けた組織であり、一般的には、過去数年以内の暴力団等反社会的勢力に関する新聞記事を収集整理しており、事業活動からの暴力団排除を目的とすることや目的外利用しないことの誓約書の提出を条件に、情報提供を受けることができる。

(3) 警察からの情報収集

最後に、警察からの情報収集が挙げられる。

警察庁は、平成25年12月19日に発した「暴力団排除等のための部外への情報提供について」と題した通達（情報提供通達）により、一定の条件を満たした場合に警察が収集した情報を外部に提供することを定めている。

暴力団排除条例は暴力団との関係遮断を求めていることから、暴力団排除条項の適用場面は、「条例の義務を履行するために必要と認められる場合」に該当し、「契約の相手方等が条例に規定された規制対象者等の属性のいずれかに該当する旨の情報」の提供を受けることができる。

その方法については、原則として口頭であるが、一定の要件を満たした場合には文書（弁護士会照会に対する回答書等）により受けることができる。

■V■ 暴力団排除条項がない場合の対応

1 暴力団排除条項の追加または誓約書の徴求

既存の契約書に暴力団排除条項が含まれていない場合は、早急に、暴力団排除条項が含まれた契約で締結し直すべきある。

しかし、すべての既存契約に対して修正合意することは、現実的に困難な

場合も考えられる。

そのような場合は、①表明保証条項、②調査・報告条項、③無催告解除条項を規定した誓約書を徴求することで、実質的に契約の修正合意した場合と同様の法的効果が得られる。

なお、誓約書の徴求を拒否された場合、相手方が暴力団等反社会的勢力に属する者であるか、相手方の属性の調査も念頭に置くべきである。

2 暴力団等反社会的勢力との関係遮断

(1) はじめに

契約の相手方が、暴力団等反社会的勢力に属する者であったことが判明した場合、暴力団排除条項がなかったとしても、関係遮断を試みるべきである。

そこで、以下、契約関係の解消の方法について、検討する。

なお、以下の方法で契約関係の解消が可能となったとしても、解消できないリスクや損害賠償請求されるリスク等が高くなることから、あくまでも事後策に過ぎないことに留意すべきである。

(2) 既存の契約条項に基づく解消

既存の契約条項に、解約条項があれば、それを根拠に契約関係の解消が可能となる場合がある。

また、包括的な解除条項（たとえば、「法令や公序良俗に違反するおそれがある場合」「やむを得ない場合」等に解除できる規定）があれば、それを根拠に契約を解除することが可能となる場合もある。なお、相手方との関係維持が暴力団排除条例に抵触することが、「やむを得ない場合」に該当するとして解除できる場合もある。

よって、まずは、既存の契約条項で、契約関係の解消が可能か、よく検討すべきである。

(3) 錯誤・詐欺（民法95条・96条）

「取引の相手方が反社会的勢力に属する者であるとは知らなかった」という錯誤取消が考えられる。

錯誤取消となるには、①主観的な因果関係の存在、②客観的な重要性の存在、③（動機の錯誤の場合）表意者にとって法律行為の動機となった事情が

法律行為の基礎とされていることが表示されていることが要件となる。これらの要件は、暴力団排除・反社会的勢力との関係遮断の気運が高まった現在の社会情勢下において、認められやすいように思われる。なお、表意者に重大な過失がある場合であっても、相手方が表意者に錯誤があることを知り、または重大な過失によって知らなかったとき、あるいは、相手方が表意者と同一の錯誤に陥っていたときは、錯誤取消が認められる。

　また、取引の相手方が属性を偽った場合などは、詐欺取消による関係遮断も考えられる。

　　(4)　公序良俗違反（民法90条）

　前述の通り、暴力団排除・反社会的勢力との関係遮断の気運が高まった現在の社会情勢下においては、暴力団等反社会的勢力に属する者を相手方とする契約が公序良俗に反して無効であるとして、関係遮断することも考えられる。

　　(5)　法定解除（民法541条等）

　相手方の債務不履行等があれば、法定解除も考えられる。

　なお、賃貸借契約における利用義務違反等の債務不履行を理由とする解除をする場合、信頼関係破壊の法理が適用されることになる。この点、賃借人が暴力団員であれば、抗争時に標的とされる可能性があり、その結果、近隣住民の安全を脅かすこと等も信頼関係破壊の要素として主張することも検討すべきである。

　　(6)　期間満了時の解消

　契約の期間満了をもって契約更新拒絶の措置をとることで、関係遮断を行うことも可能となる。

　なお、相手方が暴力団等反社会的勢力に属する者である場合に備えて、（暴力団排除条項を設けることが一番であるが）短期の契約期間としておくことも検討すべきである。

Ⅵ 暴力団排除条項の有効性について

1 問題の所在

　裁判例において、暴力団員等とされた者が、暴力団排除条項が憲法に違反する、または、憲法の趣旨に反するとして、暴力団排除条項の有効性や当該取引解消の有効性を争う事例が散見される。

　現時点で暴力団排除条項に基づく取引解消の有効性を否定した裁判例は公刊物からは確認できないものの、以下、暴力団排除条項の有効性が争われた事例を紹介する。

2 市営住宅の明渡請求

　まず、市営住宅条例に定められた暴力団排除条項に基づく賃貸借契約の解除・明渡等が問題となった事案の最高裁判所第二小法廷平成27年3月27日判決[2]を紹介する。

(1) 事案の概要

　関西の地方公共団体であるXが、後に暴力団員と判明する者Y_1に対して、市営住宅の入居承認をした（Y_1が賃借人となった）。入居後、Xが、市営住宅条例を改正し、「市は、入居者が暴力団員であることが判明したときには、入居者に対し、市営住宅の明渡しを請求することができる」旨の暴力団排除条項を設けたところ、Xは、Y_1が暴力団員であることを把握したため、Y_1に対し、本件規定に基づいて住宅の明渡しを求めた（他に同居人等のY_2・Y_3も被告となった）。

　これに対し、Y_1は、暴力団排除条項は合理的な理由のないまま暴力団員を不利に扱うものであるから憲法14条1項に違反する、本件規定は必要な限度を超えて居住の自由を制限するものであるから憲法22条1項に違反する、等として争った。

2　法曹会編『最高裁判所判例解説民事編（平成27年度）』155頁（法曹会、2018年）。

(2) 判決の内容

最高裁は下記のとおり、法令違憲の主張について、次の①②のとおり判示し、適用違憲の主張も排斥して、上告を棄却した。

---

① 憲法14条1項違反

地方公共団体が住宅を供給する場合において、当該住宅に入居させまたは入居を継続させる者をどのようなものとするのかについては、その性質上、地方公共団体に一定の裁量があるというべきである。

そして、暴力団員は、前記のとおり、集団的にまたは常習的に暴力的不法行為等を行うことを助長するおそれがある団体の構成員と定義されているところ、このような暴力団員が市営住宅に入居し続ける場合には、当該市営住宅の他の入居者等の生活の平穏が害されるおそれを否定することはできない。他方において、暴力団員は、自らの意思により暴力団を脱退し、そうすることで暴力団員でなくなることが可能であり、また、暴力団員が市営住宅の明渡しをせざるを得ないとしても、それは、当該市営住宅には居住することができなくなるというにすぎず、当該市営住宅以外における居住についてまで制限を受けるわけではない。

以上の諸点を考慮すると、本件規定は暴力団員について合理的な理由のない差別をするものということはできない。したがって、本件規定は、憲法14条1項に違反しない。

② 憲法22条違反

また、本件規定により制限される利益は、結局のところ、社会福祉的観点から供給される市営住宅に暴力団員が入居しまたは入居し続ける利益にすぎず、上記の諸点に照らすと、本件規定による居住の制限は、公共の福祉による必要かつ合理的なものであることが明らかである。したがって、本件規定は、憲法22条1項に違反しない。

---

(3) コメント

本件は地方公共団体と私人の紛争であり、正面から、暴力団排除条項の違憲性（憲法14条1項および憲法22条1項違反）が争点となったが、最高裁は合

憲と判断した。

市営住宅の明渡請求に関しては、「原則として一般法である民法及び借家法の適用があり」（最一小判昭和59・12・13民集38巻12号1411頁）、基本的には私人間の賃貸借契約と異なるところはないとされていることから、私人間での契約関係における暴力団排除条項の有効性を検討するにあたり参考となると思われる。

3 預金契約解約

次に紹介するのは、暴力団排除条項に基づいて預金契約を解約された者が、金融機関に対して、解約無効確認を求めた事案である。

当該事案において、最高裁は判断を示すことなく上告を棄却しているが、一審および控訴審では、暴力団排除条項が憲法の趣旨に反していることを理由とする権利濫用または信義則違反の主張に対する判断が示されているため、控訴審福岡高判平成28・10・4金商1504号24頁を紹介する。

(1) 事案の概要

暴力団員とされた者Xが、金融機関Yとの間で預金契約を締結していたところ、Yが預金契約締結以後に預金規定に追加した暴力団排除条項（以下、「本件暴排条項」という）に基づき、預金契約を解約したことに対し、Xが、本件条項が憲法14条1項、22条1項等に反するとして争った事案である。

(2) 判　決

① 本件暴排条項の有効性
　本件各条項は、目的の正当性が認められ、その目的を達成するために反社会的勢力に属する預金契約者に対し解約を求めることにも合理性が認められるから、憲法14条1項、22条1項の趣旨や公序良俗に反するものということはできず、有効（である）。

② 当該解約の有効性
　本件各口座については、控訴人らが社会生活を送る上で不可欠な代替性のない生活口座であるといった事情は認められず、本件各条項に基づき控訴人らとの本件各預金契約を解約することが、信義則違反ないし権

利の濫用に当たるとはいえない。

　(3)　コメント

　憲法は公権力と私人との関係で適用されるのが原則であるが、私人同士の関係においても、公序良俗違反（民法90条）等の私法の一般条項に憲法の趣旨を取り込んで解釈・適用することによって、間接的に私人間の行為を規律しようとする立場（間接適用説）が通説・判例の立場であり、私人間契約における暴力団排除条項についても、この観点から無効と主張されることがある。

　本件において、裁判所は、暴力団排除条項について、暴力団排除の目的を正当であるとし、また、目的を達成するために反社会的勢力に属する預金契約者に解約を求めることに合理性があり有効と判断し、かつ、暴力団排除条項を適用したことも有効であるとして原告の主張を排斥した。

4　保険契約解約

　最後に紹介するのは、暴力団排除条項に基づいて共生者に該当するとして生命保険契約を解約された者が、保険会社に対して、解約が無効であることを前提に、生命保険契約上の地位にあることの確認を求めた事案である[3]。

　(1)　事案の概要

　Xは、土木工事等を目的とする株式会社（Aが代表取締役に就任している）であり、生命保険会社 Y_1・Y_2 との間で、Aを被保険者とする生命保険と損害保険のセット保険を締結した。

　Yらは、Aが暴力団組長Bを加害者とする別件傷害事件の被害者に因縁をつけて工事代金の回収を断念させたという恐喝罪で逮捕されたこと（被害者との示談成立等により、刑事事件としては不起訴となった）、県がXに対して「Xの役員等が暴力団又は暴力団関係者と社会的に非難されるべき関係を有していると認められる」として入札指名業者の排除措置をとったことを理由に、暴力団排除条項を根拠として、Xとの保険契約を解除したところ、X

　3　広島高判岡山支判平成30・3・22金判1546号33頁。なお、本件は上告されずに確定している。

が解除の有効性を争ったものである。

(2) 判　示

裁判所は、原告の「本件排除条項の規定は曖昧かつ広範である上、保険契約者に不利な特約であるから、保険金不正請求を招来する高い蓋然性がある場合に限り適用される規定と限定的に解釈すべきである」との主張に対して以下のとおり判示し、その他の主張もすべて排斥して、控訴を棄却した。

> 本件排除条項の趣旨が、反社会的勢力を社会から排除していくことが社会の秩序や安全性を確保する上で極めて重要な課題であることに鑑み、保険会社として公共の信頼を維持し、業務の適切性及び健全性を確保することにあると解されることは、前記1で引用した原判決が説示するとおりである。また、本件排除条項は、被保険者等が、①反社会的勢力に該当すると認められること、②反社会的勢力に対して資金等を提供し、または便宜を供するなどの関与をしていると認められること、③反社会的勢力を不当に利用していると認められること等に加えて、「その他反社会的勢力と社会的に非難されるべき関係を有していると認められること」と規定するものである。
> そうすると、本件排除条項の「社会的に非難されるべき関係」とは、前記①ないし③に準じるものであって、反社会的勢力を社会から排除していくことの妨げになる、反社会的勢力の不当な活動に積極的に協力するものや、反社会的勢力の不当な活動を積極的に支援するものや、反社会的勢力との関係を積極的に誇示するもの等をいうことは容易に認められる。
> よって、本件排除条項が、控訴人が主張するような意味において不明確ということはできず、上記の観点からその適用すべき場合の限界を画されているといえるから、控訴人の前記主張は採用できない。

(3) コメント

保険法は法定の解除事由より保険契約者側に不利益な特約を無効としているため（片面的強行規定。保険法30条・33条等）、当該暴力団排除条項におけ

る「社会的に非難されるべき関係」との規定が保険法違反として限定解釈すべきかが問題となった。

裁判所は「社会的に非難されるべき関係」との規定が内容不明確とはいえないとして当該暴力団排除条項を有効と判断しており、同種の包括規定の解釈において参考になるものと思われる。

5 考　察

上記で紹介した裁判例を含む関連裁判例からすると、暴力団排除条項自体は、暴力団等反社会的勢力との関係を遮断するという正当な目的のもとに導入の必要性があり、かつ、反社会的勢力等との関係を遮断するためには契約を解除しなければならないことから、目的達成手段としての相当性もあり、有効性（合憲性）が否定される可能性は低い。

もっとも、信義則違反や権利濫用等で無効であるとして暴力団排除条項が争われる可能性があることを念頭に、暴力団排除条項の適切な行使・運用を心掛けていきたい。

第13章　暴力団排除条例

■ I ■　はじめに

　現在、各都道府県において暴力団排除条例（以下、「暴排条例」という）が制定されている。暴力団等の反社会的勢力を排除するためには、警察だけでなく、住民、企業、行政等が一体となって取り組んでいかなければならず、暴力団等の反社会的勢力排除を目的とする条例を整備し啓発することにより、暴力団排除の重要性を社会の共通認識とさせ、社会全体で暴力団排除の活動を行おうとするものである。このような暴排条例が制定されたことについては、企業等を中心として、暴力団による不当要求の防止だけでなく反社会的勢力との関係遮断に向けた取組みが推進されていた背景がある。

　各都道府県の実情に応じて暴排条例の内容および規制方法に違いはあるが、主に、①利益供与の規制、②暴力団事務所の規制を柱とする点で共通している。

　以下、はじめに東京都暴力団排除条例（平成23年10月1日施行。以下、「東京都暴排条例」という）を中心として検討し、次にいくつかの都道府県の暴排条例の特色を比較・検討したい。

■ II ■　暴排条例の内容および規制

1　条例の構造

　東京都暴排条例は、警察だけでなく都、特別区および市町村並びに都民および事業者が、協力、連携して、暴力団を排除する取組みを進めるものであり、そのための各種措置、方策を規定、整備している。

具体的には、東京都暴排条例は、暴力団排除活動の推進に関する基本的施策等（第2章）にて、暴力団排除活動に取り組む都民および事業者への支援、援助を規定し、都民および事業者の役割（第3章）にて各種の措置を求め、禁止措置（第4章）および違反者に対する措置等（第5章）を規定している。

2　利益供与の規制

暴力団は、巧妙に社会に浸透してきており、市民の中にも暴力団と共生し、不法利益の享受、配分を受ける者もいる。事業者等によるみかじめ料の支払いについても暴力団を利用して紛争を解決しようという側面があることは否定できず、そういった金銭の提供が、暴力団の活動を経済的に支えることになるのである。

東京都暴排条例は、事業者から暴力団等の反社会的勢力への金、資金の流れを絶つため威力利用目的の利益供与および暴力団の活動を助長するような利益供与を禁止している（同条例24条1項・3項）。また、事業者から暴力団等反社会的勢力への金、資金の流れを遮断するにあたっては、資金等の提供者である事業者等だけでなく、資金等の受領者、受益者である暴力団等の反社会的勢力をも規制することは、当然、必要不可欠なことであり、この観点からの規定も設けられている（同条例24条2項・4項）。

東京都以外では、威力利用目的での利益供与および暴力団の活動を助長する利益供与だけでなく、暴力団員の不当な優先的取扱いを禁止する暴排条例も存在する。

3　暴力団事務所の規制

暴力団事務所は、暴力団の活動の拠点であることから、その開設を阻止することが暴力団の排除につながる。そのため、東京都暴排条例では、特定の施設から一定距離の区域内での、暴力団事務所の開設・運営を禁止している（同条例22条1項）。また、契約の目的物となる不動産が暴力団事務所として利用されることを防止するべく、不動産取引について一定の規制を設けている（同条例19条、20条、21条6号・7号）。

東京都以外では、暴力団事務所の規制を徹底すべく、不動産取引だけでは

なく、建築請負取引についても同様の規制を設ける暴排条例もある。

■Ⅲ■ 暴力団排除特別強化地域

1 規制の対象

　東京都暴排条例では導入されていないものの、福岡県や愛知県等の暴排条例では、暴力団の排除を徹底するため、暴力団排除特別強化地域を設け、同地域内での風俗営業等の特定の営業者・接客業者（以下、「特定営業者等」という）および暴力団員に対して、特別な規制を課しているものがある。

　暴力団排除特別強化地域で、規制の対象となるのは、特定営業者等および暴力団員である。

　特定営業者等の範囲は、各都道府県の実情に応じて違いがあるものの、多くの暴排条例では、風俗営業等の規制及び業務の適性化等に関する法律（以下、「風適法」という）2条1項に規定する風俗営業、同条5項に規定する性風俗関連特殊営業および同条11項に規定する特定遊興飲食店営業等を特定営業者等としている。一方で、愛知県暴排条例および埼玉県暴排条例では、風適法2条で規定する飲食店に限定せず、喫茶店等の飲食店営業者すべてを特定営業者等として規制の対象としている。

2 規制の内容

　規制の内容も、各都道府県により相違があるが、多くの暴排条例において、特定営業者等が、暴力団員から用心棒の役務の提供を受けることおよび用心棒の役務の提供または営業の容認の対償として利益供与を行うことを禁止し、その対向的行為として、暴力団員が、用心棒の役務を提供することおよび用心棒の役務の提供または営業の容認の対償として利益供与を受けることを禁止している。また、それにとどまらず、京都府暴排条例、熊本県暴排条例および埼玉県暴排条例では、特定営業者等に対し、暴力団員を接客業務に従事させることを禁止するとともに、その対向的行為として、暴力団員が特定営業等の接客業務に従事することを禁止している。特に、埼玉県暴排条例では、

飲食店営業者すべてを特定営業者等として規制の対象としていることから、すべての飲食店での接客業務が禁止されることとなり、暴力団の排除が徹底されている。

　これらの規制に違反した者に対しては、調査・勧告・公表にとどまらず、罰則を課す規定が設けられていることが多いが、接客業務まで禁止する上記3府県の暴排条例では、特定営業者等について自首による減免規定が設けられている。

　さらに、特徴的なものとして、福岡県暴排条例、熊本県暴排条例および山梨県暴排条例では、暴力団員が、標章が掲示された特定営業者等の営業所に立ち入ることを規制する規定が設けられている。これは、特定営業者等の申出により、公安委員会が相当と認めたときは、暴力団員の立入りを禁止する旨の標章を特定営業者等の営業所に掲示するものであり、暴力団員がこの標章に違反して営業所に立ち入った場合には、公安委員会が立入りの中止を命じ、この命令に違反すると、罰則が科せられるというものである。

■Ⅳ■　暴力団排除特別強化地域を設けた暴力団排除条例の具体例と比較

1　暴力団特別強化地域における事業者に対する規制

　近年、暴排条例において、みかじめ料・用心棒代の要求・徴収など暴力団の活動が特に活発な繁華街・歓楽街等を暴力団排除特別強化地域（以下、「特別強化地域」という）に指定し、特別な規制を行うことで暴力団排除の徹底と実効性を図ろうとする都道府県が増えており、注目されている。そこで、特別強化地域の規制を設けるいくつかの都道府県の暴排条例を取り上げ、事業者に対する規制の比較・検討をする。

　右記の表は、8つの都道府県の暴排条例の特別強化地域における事業者に対する規制の概要をまとめたものである。

Ⅳ　暴力団排除特別強化地域を設けた暴力団排除条例の具体例と比較

都道府県	規制の内容	制裁の内容	自首減免
北海道	特定接客業について、①用心棒の提供を受けること、②用心棒代・みかじめ料を供与することの禁止	1年以下の懲役または50万円以下の罰金	なし
埼玉県	特定営業について、①用心棒の提供を受けること、②用心棒代・みかじめ料を供与すること、③暴力団員を従事させることの禁止	1年以下の懲役または50万円以下の罰金	あり
新潟県	特定営業について、①用心棒の提供を受けること、②用心棒代・みかじめ料の供与の禁止	1年以下の懲役または50万円以下の罰金	なし
福井県	特定営業について、①用心棒の提供を受けること、②用心棒代・みかじめ料の供与の禁止	調査、勧告、公表	なし
山梨県	特定接客業について、①用心棒の役務の提供を受けること、②用心棒代・みかじめ料の供与をすることの禁止	1年以下の懲役または50万円以下の罰金	あり
愛知県	特定接客業について、①用心棒の提供を受けること、②用心棒代の供与の禁止	1年以下の懲役または50万円以下の罰金	なし
京都府	特定接客業について、①用心棒の提供を受けることの禁止、②用心棒代・みかじめ料の供与をすることの禁止、③暴力団員を従事させることの禁止	1年以下の懲役または50万円以下の罰金	あり
熊本県	特定接客業について、①用心棒の提供を受けること、②用心棒代・みかじめ料の供与をすること、③暴力団員を従事させることの禁止	1年以下の懲役または50万円以下の罰金	あり

　これを見ると、上の表に挙げたほとんどの暴排条例は、事業者に対し、特

別強化地域において特定営業ないし特定接客業務について、用心棒の役務の提供を受けること、用心棒代・みかじめ料を供与することを禁止している。そして、上の表のうち、福井県のものを除いたすべての暴排条例は、違反者に対して、刑罰（１年以下の懲役または50万円以下の罰金）を科している。これは、繁華街・歓楽街等には事業者・商人が多数おり、暴力団がこれらの者に用心棒の役務を提供したり、これらの者から用心棒代・みかじめ料を徴収する実態があることから、特に厳しくこれを取り締まることで、社会からの暴力団排除を徹底しようとしたものと考えられる。

そのほか、埼玉県、京都府、熊本県の暴排条例では、特別強化地域において特定営業ないし特定接客業について暴力団を従事させることを禁止し、その違反者には刑罰（１年以下の懲役または50万円以下の罰金）を科している。

なお、特定営業ないし特定接客業の内容は、各条例によってそれぞれ内容が定義されており、各条例に共通するものと、異なるものがある点に注意する必要がある。上に挙げた例でいえば、暴力団を特定営業ないし特定接客業に従事させることを禁止している埼玉県、京都府、熊本県の暴排条例におけるその内容は、次の表のとおりである。

都道府県	特定営業ないし特定接客業の内容
埼玉県	（特定営業）　風適法２条１項の風俗営業、同条５項の性風俗関連特殊営業、同条13項の接客業務受託営業、設備を設けて客に飲食させる営業で食品衛生法52条１項の許可を受けて営むもの（風適法２条４項の接待飲食等営業、同条６項の店舗型性風俗特殊営業または同条11項の特定遊興飲食店営業に該当するものを除く）、これらに類するものとして公安委員会規則で定めるもの
京都府	（特定接客業）　風適法２条１項の風俗営業、同条５項の性風俗関連特殊営業、同条11項の特殊遊興飲食店営業、同条13項の接客業務受託営業、深夜において営業する同項４号の酒類提供飲食店営業、その他公安委員会規則で定めるもの
熊本県	（特定接客業）　風適法２条１項の風俗営業、同条６項の店舗型性風俗特殊営業、同条７項の無店舗型性風俗特殊営業（１号に該当する営業に限る）、同条９項の店舗型電話異性紹介営業、同条13項の接客業務受託営業、同項４号の酒類提供飲食店営業、その他公安委員会規則で定めるもの

上の表を見ると、埼玉県、京都府、熊本県の暴力団排除条例に共通するのは、風俗営業（風適法2条1項。キャバレー、クラブ、カップル喫茶、まあじゃん屋、ぱちんこ屋等）、性風俗関連特殊営業（風適法2条5項・7項・9項。ソープランド、ファッションヘルス、ストリップ劇場、ラブホテル、デリバリーヘルス、テレホンクラブ等）、接待業務受託営業（風適法2条13項。コンパニオン派遣業等）を特定営業ないし特定接客業として、特別の規制をしていることである。これらの事業は、社会的な実態として類型的に暴力団との関係性が深く、暴力団の重要な資金源となっているなど、暴力団排除の必要性が高いことから、共通して特定営業ないし特定接客業に指定されていると考えられる。
　特徴的なのは、埼玉県が、これらの営業に加えて、必ずしも営業内容が類型的に暴力団と関係性が深いとはいえないような接待・遊興を目的としない昼間に営業する通常の飲食・喫茶店営業も特定営業に指定し、これらの営業に関して暴力団を客に接する業務に従事させるのを禁止していることである。これは、事業内容と暴力団との関係性の深さというより、むしろ特別強化地域に指定された当該繁華街・歓楽街等と暴力団との関係の深さに着目して、当該地域からの暴力団排除を徹底しようとした趣旨と解される。

2　暴力団排除特別強化地域における暴力団員に対する規制

　特別強化地域を設けて特定営業ないし特定接客業を営む事業者に対し一定の行為を禁止している都道府県の暴力団排除条例においては、その禁止行為の内容に対応して、暴力団がその対向行為を行うことを禁止しているのが一般的である。
　前記1で取り上げた8つの都道府県についても同様であり、事業者に対する禁止行為の内容に対応して、暴力団員が、用心棒の役務の提供をすること、用心棒代・みかじめ料の供与を受けること、または特定営業ないし特定接客業に従事することを禁止し、これに違反する暴力団員には、事業者に対する刑罰（1年以下の懲役または50万円以下の罰金）ないし行政上の措置・制裁（説明・勧告・公表）と同内容の刑罰ないし行政上の措置を暴力団員に科すものとしている。
　これらの条例の規定が適用されたケースとして、愛知県において特別強化

地域内にある風俗店から「あいさつ料」（営業を営むことを容認することの対償たる「みかじめ料」と解される）を受け取ったとして、暴力団員が暴排条例で逮捕された事例などが報道されている。

　このほか、山梨県、福岡県、熊本県では、特別強化地域において、一定の標章を掲示する営業所に暴力団員が立ち入ることを禁止する規定を設けている。両県の暴排条例では、特別強化地域に営業所を置く特定接客業を営む者が、公安委員会に対し、暴力団員がその営業所に立ち入ることを禁止する旨を告知する標章を掲示するように申し出があったとき、公安員会は、特別強化地域における暴力団の排除を強化し、県民が安心して来訪することができる環境を整備し、または安全で安心なまちづくりを推進するために必要であると認めるときは、その営業所の出入口の見やすい場所にその標章を掲示するとしている。暴力団員はその標章が掲示されている営業所に立ち入ることが禁止され、これに違反する暴力団員に対し、公安委員会は、立入りの中止およびそれに必要な事項を命じ、また、さらに反復して立ち入るおそれがあるときは1年を超えない範囲内の期間で立入りを防止するのに必要な事項を命じることができるとしている。この命令に違反した暴力団員には、50万円以下の罰金が科されるものとしている。

第14章 告訴・告発、中止命令等の方法による対応

■Ⅰ■ 告訴・告発の活用、警察との連携

　反社会的勢力からの不当要求行為に対し、被害者の迅速な救済を図るためには、警察や暴追センターとの連携、協力は欠かせないものである。

　反社会的勢力による不当要求行為は、本来、暴力的威力を背景として被害者に対して一定の行為を強要するものであることから、被害者の保護法益を侵害する何らかの犯罪行為（脅迫罪、恐喝罪、強要罪、威力業務妨害罪など）に及ぶ場合が少なくない。自らの生命、身体および財産に対する暴力的な侵害行為に対して何らかの防御手段をもたない一般市民にとって頼りになるのは警察である。反社会的勢力からすれば、警察により検挙されれば自らの経済的活動（いわゆる「しのぎ」）ができなくなることもあり、警察の介入により、不当要求行為が止む可能性は極めて高いといえる。

　もっとも、犯罪行為に該当しうる行為がなされたとしても、証拠がない場合には、警察や検察が動くこともできないため、証拠の収集が必須である。

　警察の介入を促すため、弁護士として行うべきことの１つに、告訴・告発があげられる。告訴・告発が受理されれば、不当要求行為者の検挙が期待され、あるいは、警察が捜査に着手していることが不当要求行為者に察知されることにより不当要求がおのずと止むことが期待できる。しかし、安易な告訴・告発相談は、逆に反社会的勢力から、刑事および民事の両面で揚げ足を取られる危険性があるため、弁護士としては、収集した証拠を十分吟味したうえで、告訴・告発を行う必要がある。

　また、告訴・告発に至る前段階として、不当要求行為者からの不当要求が何らかの犯罪行為に発展するおそれがあるような場合、弁護士としては、被害者を伴い所轄警察署に相談することも肝要である。警察に事前に相談して

205

おくことにより、万一何らかの犯罪的行為があったときは、直ちに警察に通報することにより、警察の迅速な対応が期待できる。なお、警察官が、現場に臨場しても、必ずしも直ちに逮捕等に至らないことが多いかもしれない。しかし、そのことによって、警察の介入を恐れる行為者に対する抑止力が働くことは否定できず、警察に通報しても何ら効果がないというものではない。

このように、弁護士が警察と連携して、何らかの犯罪行為が行われた場合に警察力の発動を求めることは、被害者の被害を早期に救済し事案を解決するためにも有用なことである。

■ II ■　中止命令等の暴力団対策法の活用

1　はじめに

平成4年に施行された暴力団対策法は、都道府県公安委員会による中止命令、再発防止命令を規定している。この命令に違反した場合は、罰則規定により処罰されることとなる。そのため、特に、刑法には該当しないような指定暴力団員からの不当要求行為を止めるための有効な方法である。

弁護士としては、仮処分命令申立て、告訴・告発等の方法と併用して、あるいは単独で中止命令・再発防止命令の発出を促す方法を講じることによって、事案の早期解決をめざすべきである。

ただし、中止命令、再発防止命令の対象となるのは、指定暴力団等の暴力団員の行為に限られること、また、対象となる行為は暴力団対策法に規定される行為に限られることに注意する必要がある。

2　中止命令等の対象となる行為

前述のとおり、中止命令等の対象となる行為は暴力団対策法に定められており、その態様は多岐にわたるが、その1つに暴力的要求行為があげられる。暴力団対策法9条では、指定暴力団等の暴力団員が、その者の所属する指定暴力団等またはその系列上位指定暴力団等の威力を示して金品等を要求する行為を類型化して暴力的要求行為として禁止している。

都道府県公安委員会は、違反者に対して暴力的要求行為の中止命令を、また、さらに反復して当該暴力的要求行為と類似の暴力的要求行為をするおそれがあると認めるときは、1年を超えない範囲内で再発防止命令を発することができるとしている（暴対法11条）。
　なお、これら中止命令、再発防止命令に違反した者は、3年以下の懲役もしくは500万円以下の罰金、またはこれを併科される（暴対法46条第1号）。

3　中止命令等の発出を促す方法

　中止命令は、公安委員会もしくはその委任をうけた警察署長が発出するものであるが（暴対法42条3項）、実務上は多くが警察署長によって発出されている。実際の発出の手順としても、要件等についても熟知している警察等に、被害者が、直接被害申告をして発出を求めることが多い。弁護士が代理人となっている場合は、発出を求めやすいよう事実関係を具体的に記載した書面で申し出るのが望ましく、証拠があればその添付も必要となろう。

【書式例22】　中止命令申立書（暴対法9条19号）

```
                    中止命令申立書
                                              ○年○月○日
○○公安委員会　御中
○○警察署長　殿

    住　所　　埼玉県さいたま市○○
                    被害者　Y
    事務所　　埼玉県さいたま市○○
                    上記代理人弁護士　甲　野　一　郎
                    電話 048-000-0000　FAX 048-000-0000
1　命令を受ける者の特定
  (1)　本(国)籍　　東京都千代田区○○
  (2)　住　　所　　埼玉県さいたま市○○
  (3)　氏　　名　　X
```

(4) 生年月日　　昭和○年○月○日
2　申立ての趣旨
　　上記の者に対し，暴力団員による不当な行為の防止等に関する法律11条1項の規定により，下記3のとおり命令することを求める。
3　命令の内容
　　Xは，Y（埼玉県さいたま市居住）に対し，次の行為をしてはならない。
(1) 平成○年○月○日に発生した交通事故による損害がないにも拘わらず，損害があるとして，損害賠償その他これに類する名目で金品等の供与を要求すること。
(2) 上記の行為をする目的で，電話をかけ，又は，面会を要求すること。
4　命令を申し立てる理由
(1) 上記1記載の命令を受ける者X（以下，「X」という）は，指定暴力団○○組の暴力団員であり，被害者Y（以下，「Y」という）は，平成○年○月○日，埼玉県さいたま市○○町○丁目○番○号先交差点において，交通事故を起こしたが，交通事故の相手方が依頼したXから連絡先として○○組の組事務所の電話番号と名前を告げられているものである。
(2) Xは，平成○年○月○日，Yの携帯電話に電話して，Xが○○組の暴力団員であることを知っているYに対し，「Xだけどわかるよな。お前交通事故の現場で私が全面的に悪いです，と言ったよな。それなのに全然誠意がないな。本当に悪いと思ってるんだろな。」と告げ，Yが困惑して「はい」というと，「事故のとき，車の後部座席に100万円もする骨董品を積んでたんだ。それが壊れてしまったんだよ。100万円払ってくれるだろな。親がいるんだろ，親から借りるなりして，とにかく金払えよ。」などと告げて，自己が所属する指定暴力団の威力を示して，交通事故による損害がないにも拘わらず，損害があるとして，損害賠償として金品を要求したものであり，暴力団員による不当な行為の防止等に関する法律9条19号の規定に違反するものである。
5　添付資料
　被害者の陳述書

（出典）　東京弁護士会民事介入暴力対策特別委員会編『民事介入暴力対策マニュアル〔新版〕』28頁（ぎょうせい、2004年）を参考に作成。

■Ⅲ■ 暴力団代表者等に対する損害賠償請求

　暴力団員が、縄張り内の飲食店に対して、暴力団の威力を示してみかじめ料等を徴求していた等、暴力団員の行為によって損害が生じた場合、当該組員に対して不法行為責任（民法709条）を追及できるが、同組員に資力がない場合が多く、被害者の被害回復の実効性に欠ける。

　そこで、資力があると考えられる組長などの暴力団の代表者等に対し、損害賠償請求をすることを検討すべきである。

　まず、不法行為者（組員）の直属の組長に対しては、①民法719条に基づく共同不法行為責任や、②民法715条に基づく使用者責任の追及が考えられる。

　次に、直属の組長にも資力がない等の場合には、一次団体の組長へ責任追及する方法を講じるべきである。その場合、②の民法715条に基づく使用者責任や、③暴力団対策法31条の2に基づく責任（組長訴訟）を根拠として損害賠償を請求する方法が考えられる。

　以上の責任追及の方法（根拠）につき、それぞれの責任が認められるための要件に鑑みて、個々の事案に応じ、最も適当な方法で責任追及を行うべきである。

　これらの責任追及を積極的に行うことにより、被害者の被害回復が図れるだけでなく、下部組織の組員による不当要求行為を抑制することが期待できると考えられる。

第15章　組長訴訟

■Ⅰ■　暴力団代表者等の責任とは

1　暴力団対策法31条の2の導入

　暴力団によって威力を示して行われる恐喝やみかじめ料の徴収等、資金獲得行為にまつわる違法行為については、それによる被害が生じても、直接の加害者である末端の暴力団員への損害賠償では、賠償資金が乏しいために被害回復が十分なされなかった。このような場合、使用者責任（民法715条）を根拠として、より賠償資力のある当該暴力団の代表者等に損害賠償を請求する方法が考えられる。しかし、使用者責任においては、要件の「事業の執行について」行われたものであることや、代表者等と直接の加害者である暴力団員が当該事業につき使用者・被用者の関係にあったこと等を立証する必要があるところ、これらの立証にあたっては個別の事例ごとに被害者側で具体的に立証しなければならない。内部関係がわからない暴力団の組長と組員との使用関係や、事業内容を立証することは通常困難であり、大きな負担となっていた。
　そのような状況の中で、立法により立証の負担を緩和するために、平成20年の暴力団対策法改正により、同法31条の2すなわち組長訴訟の規定が導入された。

2　暴力団対策法31条の2の意義

　暴力団対策法31条の2は、指定暴力団の代表者等の責任を定めている。つまり、直接の加害者である暴力団員が所属する指定暴力団の一次団体の組長や会長等への損害賠償を可能にする規定である。

同条は民法715条の特則として、被害者の立証の負担を軽減し、かつ、代表者等の免責要件を極めて限定的にすることで、これまで困難であった被害者による実効的な被害回復の道を大きく開いている。また、暴力団の経済的基盤を支える威力利用資金獲得行為そのものを対象とするため、暴力団に対して直接的な経済的打撃を与えることが期待でき、暴力団壊滅にも、大きな効果をもたらすものと考えられている。

3　暴力団対策法31条の2の要件

　暴力団対策法31条の2は、「指定暴力団の代表者等は、当該指定暴力団の指定暴力団員が威力利用資金獲得行為（省略）を行うについて、他人の生命、身体又は財産を侵害したときは、これによって生じた損害を賠償する責任を負う」と規定されている。要件としては、次の3要件に分けて考えることができる。
　①　指定暴力団員が侵害行為を行ったこと
　②　威力利用資金獲得行為を行うについて侵害行為を行ったこと
　③　この侵害行為により他人の生命、身体または財産が侵害されたこと
　ここにいう「威力利用資金獲得行為」とは、当該指定暴力団の威力を利用して生計の維持、財産の形成もしくは事業の遂行のための資金を得、または当該資金を得るために必要な地位を得る行為をいう（暴対法31条の2本文かっこ書き）。
　たとえば、相手方に暴力団組員であることを示して、みかじめ料を要求する行為などが典型的な例とされる。ただ、たとえ直接被害者に威力を示していなくても、暴力団の構成員が組織を背景に違法な行為を行っていること自体が、正に暴力団の威力を利用することに他ならないとして、暴力団組織からの被害を回復するという法の趣旨からは、広く暴力団組員が組織を背景に不法行為を行った場合一般を含むとする考え方もある。後述のように、水戸地方裁判所の判決（令和元年5月23日）では、このような広くとらえる解釈を示した。
　また、免責条項も限定的であるが規定されている。指定暴力団の代表者等が当該指定暴力団員の威力利用資金獲得行為による利益を享受する立場にあ

るとはいえない場合（暴対法31条の2第1号）や、威力利用資金獲得行為による権利利益の侵害について当該指定暴力団の代表者等に予見可能性または結果回避可能性があるとはいえない場合（同条2号）には、当該指定暴力団の代表者等が免責される。

■Ⅱ■　暴力団対策法31条の2の運用状況

1　これまでの裁判例

　平成20年の暴力団対策法改正により同条が追加された後は、全国において、同条に基づく損害賠償請求訴訟が多数提起された。当初、多くの事案は示談・和解により解決され、判決に至った事案においても、民法715条の使用者責任に基づく判決によって終結しており、同条を正面から適用して暴力団の代表者等の法的責任を認めた事案はなかった。

　このような状況の中、東京地方裁判所は、平成28年9月29日、暴力団対策法31条の2を適用して暴力団の代表者の責任を認める判決を下した。おそらく同判決が、同条を適用して暴力団の代表者の損害賠償責任を認めた初めての事案である（東京地判平成28・9・29LLI/DB67132042）。

　同事案は、指定暴力団の下部団体に所属する者から複数回にわたり現金を脅しおよびだまし取られた者らが、同暴力団一次団体の会長らに損害賠償を求めた裁判である。加害行為者の不法行為責任は当然に認められたうえで、加害行為者の行った恐喝行為については「威力を利用」した行為であるとして暴力団対策法を適用したが、詐欺行為については威力を背景にしたと認められないという理由で暴力団対策法に基づく責任を否定した。ただし、同詐欺行為は「組の事業の一環だったというべき」との判断がなされて、民法715条に基づく請求は認められた。

　この判決については、暴力団責任者等の責任の所在が曖昧なままで終了することなく、トップの責任の所在が明確になったという意味で大きな意義がある。また、資金獲得活動によって、組のトップが賠償責任を負うということが明らかとなったことで、そのような暴力団による資金獲得活動に対する

抑止力となることも期待できるものとなった。

一方で、詐欺行為について暴力団対策法に基づく責任が認められなかったことは、今後に向けての課題となった。

そのような中、特殊詐欺事案の被害回復の１つの方途として、暴力団対策法31条の２に基づく損害賠償請求訴訟が複数提起されるようになり、おそらく同条の適用を認めた初めての判決が、水戸地方裁判所で令和元年５月23日に下された。判決中では、「『威力利用資金獲得行為』には、該当指定暴力団の指定暴力団員が、資金獲得行為それ自体に当該指定暴力団の威力を利用する場合のみならず、当該指定暴力団員が指定暴力団の威力を利用して共犯者を集める場合など、資金獲得行為の実行に至る過程において当該指定暴力団の威力を利用する場合も含まれる」という解釈を示し、暴力団対策法31条の２に基づく損害賠償請求を認めた。特殊詐欺事案の被害者の救済および特殊詐欺事案の撲滅に向けての大きな前進といえる画期的な判決であるといえよう。

これに対し、同じく特殊詐欺事案に関する、水戸地方裁判所判決の翌日（令和元年５月24日）に下された東京地方裁判所の判決では、暴力団対策法31条の２および民法715条に基づく請求を認めなかった。判決中では、暴力団対策法31条の２を認めなかった理由につき、「威力利用資金獲得行為」の範囲を示すことなく、当該詐欺グループがどのように管理・統制されていたのか明らかでなく、当該指定暴力団の威力が示されたか不明であるとしている。

特殊詐欺事案についての前記２件は、いずれも控訴中である（令和元年７月１日現在）。

なお、これまでの暴力団対策法31条の２の裁判例は下記のとおりであるため、参照されたい（ほぼ民法715条も選択的に根拠としている）。

〔参考資料４〕　暴力団対策法31条の２を根拠とする訴訟事件

	事件名	提訴日	事件概略	刑事事件	結果・備考
1	上野事件	平成21年７月８日東京地裁	〔原告〕８人 〔被告〕実行犯３人、Y組組長 〔請求金額〕約1500万円 平成20年５月３日、Y組系組員３人が、東京上野のタイ人女性が経営	組員３人に懲役７年。	平成23年１月24日和解・和解金非公開。

			するクラブに押し入り経営者をバットで殴り、現金290万円、腕時計などを奪い強盗致傷を起こした事件（日本経済新聞平成23年1月24日）。		
2	朝来事件	平成21年11月 神戸地裁	〔原告〕会社役員等4人 〔被告〕実行犯4人、Y組組長、同若頭（ただし若頭への請求放棄） 〔請求金額〕約4200万円 平成20年3月ころ、Y組系の組員らが兵庫県の朝来市の運転代行業会社に組員を雇用するよう要求したが拒否されたことから、平成21年4月16日同社事務所にダンプカーで突っ込むなどした事件（毎日新聞平成23年6月7日）。	組長は執行猶予付有罪判決。	平成23年6月6日和解・和解金1300万円。
3	立川事件	平成22年4月 東京地裁立川支部	〔原告〕会社、代表者 〔被告〕組員、組長、Y組組長、同若頭 〔請求金額〕約2000万円 平成20年8月から平成21年3月にかけて、Y組系の組員が、中古車販売業の会社、代表者に対し、支払いが遅れたなどと因縁をつけて、金員等を受領などした事件（毎日新聞平成22年5月1日、中日新聞平成23年10月2日）。	実行犯に懲役3年。	平成23年10月30日和解・和解金1400万円。
4	柏事件	平成22年12月15日 千葉地裁	〔原告〕会社代表者 〔被告〕4次団体組長、S会総裁、同会会長 〔請求金額〕約2200万円 平成16年ころから、S会の4次団体の組長が、中古車販売業の男性に対しあいさつ料などを要求し受け取っていたところ、平成21年5月ころ、男性が支払いを拒んだことから、組長や組員らが男性を拉致、監禁し、暴行を加え、約80万円を奪った事件（朝日新聞平成22年12月16日・平成25年6月19日）。	組長は、強盗致傷・逮捕監禁致傷で懲役13年。	平成25年6月17日和解・和解金1450万円。
5	豊橋事件	平成23年7月14日	〔原告〕被害者 〔被告〕組員、その知人、組長、Y	組員は1年4月の	平成24年9月10日和解

Ⅱ　暴力団対策法31条の2の運用状況

		名古屋地裁	組組長〔請求金額〕1050万円平成21年8月、Y組系の組員が、被害者に対し借金返済名目で現金を要求し、さらには組員と知人の男が被害者に暴行し骨折などの傷害を与えた事件（読売新聞平成23年7月15日・平成24年9月11日）。	実刑。	・和解金850万円。
6	大阪中津事件	平成24年11月7日大阪地裁	〔原告〕被害者〔被告〕所属の組長、上部組織の会長、Y組組長〔請求金額〕約2280万円平成22年12月頃、Y組系の組員らが、相続を受けた被害者に対し、節税対策を持ちかけ、断られるや、段取りが無駄になったと因縁を付け報酬目的で2000万円を恐喝し、また、実行犯らの所属する上部組織の会長が、被害者と接触し200万円での和解を成立させた事件。	恐喝の実行犯3名は①懲役3年執行猶予4年②懲役2年10月③懲役2年8月。	平成26年7月16日判決・判時2241号112頁（民715条）・和解金約2020万円。大阪高裁平成27年1月29日判決・判時2251号53頁・被告らの控訴棄却確定。
7	K会事件①	平成25年2月1日東京地裁	〔原告〕被害者〔被告〕組員、所属の組長、K会会長〔請求金額〕2156万円平成21年10月頃から平成22年2月頃まで、K会系の暴力団員らが、重度の聴覚障害を有する被害者に対し、畏怖または欺罔して、1460万円を交付させた事件。		7事件と12事件は併合。
8	大阪堺事件	平成25年4月30日大阪地裁	〔原告〕被害者〔被告〕実行犯の2次団体の組長、Y組組長〔請求金額〕約1150万円平成21年11月および平成22年6月、Y組系の組長が、被害者の知人に高利の貸付を行うにあたり、被害者に約束手形への裏書・連帯保証をさせ、高利の利息を含め合計約950万	組長は出資法違反により罰金の略式命令。	平成28年5月27日判決・判時2318号69頁（民715条）・1078万1532円。控訴審1100万円で和解。

215

			円を返済させた事件。		平成27年3月2日原告に対し報復と思われる事件が発生し、実行犯は殺人未遂で同年9月15日逮捕。
9	キャバクラ放火殺人事件	平成25年5月20日名古屋地裁	〔原告〕死亡した被害者の両親 〔被告〕実行犯2名、上部団体の総長、Y組組長、同組若頭 〔請求金額〕約1億6000万円 平成22年9月3日、Y組系の組長が、みかじめ料の支払いを拒んでいた名古屋市中村区のキャバクラ店において、組員らとともに放火し、従業員1名を死亡させ、2名を負傷させた事件（朝日新聞平成25年5月21日、読売新聞平成27年7月16日）。	実行犯の元組長無期懲役、元組員懲役30年。	平成27年7月14日和解・和解金1億円。
10	キャバクラ放火殺人事件	平成25年7月16日名古屋地裁	〔原告〕建物の所有者（会社） 〔被告〕実行犯の上部団体の総長、Y組長、同若頭 〔請求金額〕約5700万円 上記9と同じ。	実行犯の元組長無期懲役、元組員懲役30年。	平成28年6月24日和解・和解金額は和解条項により明らかにされず。
11	名古屋みかじめ料返還請求事件	平成25年7月16日名古屋地裁	〔原告〕経営者 〔被告〕3次団体の組長、Y組組長 〔請求金額〕約2258万円 平成10年8月から平成24年まで、Y組系の3次団体の組長が、名古屋市内の飲食店の女性経営者に対し、毎月3万円から10万円、合計1815万円のみかじめ料を支払わせ、平成20年には「払わなければ放火されるぞ」などと脅かし支払いを続けさせた事件。	3次団体組長懲役3年。	平成29年3月31日判決・判時2359号45頁（民715条）・1878万4718円確定。
12	K会事件②	平成25年8月23日東京地裁	〔原告〕被害者26名 〔被告〕組員、所属の組長、K会会長 〔請求金額〕1億8169万8000円		平成28年9月29日判決（暴対法31条の2・民

II　暴力団対策法31条の2の運用状況

			平成20年5月ころから平成22年4月ころまで、K会系の暴力団員らが、重度の聴覚障害を有する被害者らに対し、畏怖または欺罔して、48万円から2900万円を交付させた事件。		715条）約1億9720万円認容。平成30年3月9日控訴審で会長は和解、組長に対しては判決、上告棄却。
13	高松事件	平成26年4月高松地裁	〔原告〕被害者 〔被告〕4次団体の組員、その組長、トップのY組組長 〔請求金額〕約7600万円 平成22年10月から平成23年1月にかけて、Y組系の組員が、被害者に対し被害者の知人らが借金をしており暴力団同士が話をつけるなどと、虚偽の事実を告げて6850万円の金員を喝取および詐取した事件。	組員は詐欺罪等で平成25年に懲役7年。	平成27年12月21日組長、Y組長と6000万円で和解。平成28年3月2日組員に対し約3000万円の判決。
14	豊橋みかじめ料返還請求事件	平成27年1月8日名古屋地裁豊橋支部	〔原告〕経営者 〔被告〕組員ら、Y組組長 〔請求金額〕約3220万円（含む慰謝料） 平成20年1月から平成24年12月まで、Y組系暴力団員が、豊橋市内で飲食店を経営していた男性に対し、みかじめ料を要求し、計約2420万円を受け取っていた事件（朝日新聞平成27年1月9日・平成28年9月1日）。	実行犯の1人は50万円のみかじめ料の恐喝事件で有罪判決。	平成28年8月31日和解・和解金金額非公開。
15	大阪恐喝事件	平成27年1月20日大阪地裁	〔原告〕被害者 〔被告〕組員、組員の所属する組長、Y組組長 〔請求金額〕1105万円 平成25年1月から5月にかけて、Y組系の組員が被害者から11回にわたり、暴力団員であることを示して505万円を脅し取った事件（毎日新聞平成29年9月7日）。	別件も併せて恐喝で懲役3年。	平成29年8月30日和解・和解金500万円。
16	埼玉刺傷事件	平成27年10月	〔原告〕被害者 〔被告〕実行犯らと実行犯の暴力団	懲役7年、同6年、	係属中

217

第15章 組長訴訟

		さいたま地裁	員が所属する上位のY組組長、同若頭 〔請求金額〕約1億7000万円 平成21年3月、Y組系の組員らが被害者に対し、暴力団員らの知人女性に性的暴行を加えたと強弁して謝罪を強要し被害者が拒み抵抗したところ組員らの被害者に対する暴行がエスカレートし共犯者の一人が刃物で被害者を刺し、被害者に片方の下肢切断、腎機能障害を負わせた事件。		同5年、同4年6月、同7年。
17	広島事件	平成28年3月9日広島地裁	〔原告〕経営者3名と関係会社 〔被告〕組長2人、組員、K会会長（収監中） 〔請求金額〕約2200万円 平成24年12月ころから平成25年7月ころにかけて、K会系傘下の組長らと組員が、広島市内の風俗店の経営者らに対しみかじめ料の支払いを求めたところ、拒まれたことから送迎用の車のフロントガラスをたたき割るなどし、また被害者の1人から約60万円を受け取った事件。	実行犯らは組織的恐喝などで起訴、有罪判決。	平成30年5月30日判決・判時2388号69頁（民715条）・約1800万円。 広島高裁平成31年2月2日判決（民715条）・約1600万円。
18	特殊詐欺（1件目）	平成28年6月30日東京地裁	〔原告〕被害者7名 〔被告〕実行犯4名、S会総裁、同会長、同前会長 〔請求金額〕約2億2200万円 S会系の暴力団員らが、被害者らに対し、社債を購入する権利が当たったなどと嘘の電話をかけ、宅配便で現金750万円から8500万円を送らせていた事件（産経ニュース平成28年6月30日）。	実行役など8名が詐欺罪で逮捕起訴、7名判決確定。	係属中
19	特殊詐欺（2件目）	平成29年3月3日東京地裁	〔原告〕被害者1名 〔被告〕実行犯2名、S会総裁、同会会長、同会前会長 〔請求金額〕1950万円 平成26年7月、S会系組員が、被害者に対し息子を名乗り、会社の金を使い込んだとの電話をし、1000万円	実行犯2名が詐欺罪で起訴。	令和元年5月24日判決・実行犯の組員に対し1100万円。総裁（遺族）、会長、

			騙し取った事件（毎日新聞平成29年3月4日、読売新聞令和元年5月24日）。		前会長への請求は棄却。控訴。
20	特殊詐欺（3件目）	平成29年6月30日東京地裁	〔原告〕被害者43名 〔被告〕実行犯4名、S会総裁、同会長、同前会長 〔請求金額〕約7億1500万円 上記18と同じ案件 平成25年5月ころから平成26年6月ころにかけて、S会系の暴力団員らが、被害者らに対し社債を購入する権利が当たったなどと申し向け約85万円から8300万円を騙し取った事件（毎日新聞平成29年6月30日）。	実行役など8名が詐欺罪で逮捕起訴、7名判決確定。	係属中
21	元福岡県警警部銃撃事件	平成29年8月25日福岡地裁	〔原告〕被害者1名 〔被告〕K会総裁ら6名 〔請求金額〕約2900万円 平成24年4月、K会系組員が、福岡県警の元警部を拳銃で撃ち重傷を負わせた事件（産経West平成29年8月25日、日本経済新聞平成31年4月23日・令和元年5月8日）。	実行犯懲役6年。	平成31年4月23日判決・2019WLJPCA04239001（民719条）・約1623万円。 令和元年5月8日控訴。
22	特殊詐欺（4件目）	平成29年8月31日東京地裁	〔原告〕被害者4名 〔被告〕実行犯3名、I会会長 〔請求金額〕2665万円 平成26年9月から同年10月に、I会系暴力団員が、被害者らに対し、息子を装う電話で女性を妊娠させたと示談金名目で、250万円から400万円を騙し取った事件（産経ニュース平成29年8月31日）。	組員ら3名は詐欺罪で有罪判決、2名確定。	係属中
23	特殊詐欺（5件目）	平成30年2月1日東京地裁	〔原告〕被害者1名 〔被告〕実行犯の組員ら5名、I会会長 〔請求金額〕2150万円（慰謝料を含む） 平成28年1月ころ、I会系組員らが、被害者に対し、架空の名義貸しトラブルの解決金名目で1150万円を騙し	組員ら5名は詐欺罪で有罪確定。	平成30年2月27日実行犯欠席裁判 ①363万円、②363万円、③302万5000円、④484万円。

			取った事件。		会長は係属中。
24	歯科医師刺傷事件	平成30年2月26日 福岡地裁	〔原告〕被害者1名 〔被告〕実行犯、K会総裁、同会長、ナンバー3 〔請求金額〕8365万円 平成26年5月、K会系暴力団員が、港湾利権獲得のため、漁協幹部の親族である歯科医師を狙って、刃物で胸や腹、背中などを刺し重症を負わせた事件（毎日新聞平成30年2月26日、朝日新聞平成30年2月26日、日本経済新聞平成31年4月23日・令和元年5月8日）。	組員懲役18年8月、組幹部に懲役30年。	平成31年4月23日判決・2019 WLJPCA 04239002（民715条）・約4824万円。 令和元年5月8日控訴。
25	特殊詐欺（6件目）	平成30年6月 水戸地裁	〔原告〕被害者3名 〔被告〕S会総裁、同会長 〔請求金額〕715万円 平成28年7月から8月に、掛けこが、被害者らに対し、親族を装って「金が必要だ」などと持ちかけ、計500万円を騙し取り、1人は未遂になった事件（茨城新聞2019年5月24日）	組員懲役4年（但し詐欺と他の犯罪）、実行犯について、懲役2年執行猶予4年、懲役2年、保護観察処分。	令和元年5月23日判決（暴対法31条の2）・605万円。控訴。

（注） 提訴日については、不明なものは掲載していない。

2　暴力団対策法31条の2への期待および展望

　第1章でも述べたように、昨今の暴力団および反社会的勢力に対する取締りの強化により、暴力団は非公然化、不透明化が進行している。その影響で、暴力団員であることを名乗ったり、暴力団の威力を背景としたりして、金員等を徴収する等の従来の資金獲得活動の手法から、暴力団であることを表にせずに、企業活動を仮装・悪用するなどして、ヤミ金融、特殊詐欺および株価操縦等の資金獲得活動の手法をとることが多くなった。
　なかでも振り込め詐欺等の特殊詐欺は、近年、多くの被害者を出し、膨大

な額の被害額となってしまっていることは周知のとおりである。

　暴力団の活動からの被害回復においては、まさにこのような暴力団としての属性が非公然化・不透明化している事案においてこそ必要となっている。「威力利用資金獲得行為」の範囲に関して、前掲水戸地方裁判所（令和元年5月23日）は、被害者に直接向けられていなくとも認められることを示した一方、東京地方裁判所（令和元年5月24日）は、詐欺グループ内の管理・統制について立証不十分とした。特殊詐欺は、その手法において、外形的に暴力団との関わり合いが全く見えないだけでなく、詐欺グループ内の統制も不透明であり、暴力団との関わり合いを見て取ることは容易ではない。それは、グループ内で威力が示されていればなおのこと暴力団との関わりを秘匿しようとするものであり、外部の者がその実情を把握し、証明することは非常に困難なことである。その意味において、前記東京地方裁判所の判決は、原告に酷な立証を強いるものと考えられなくもない。今後は、グループ内の管理・統制に関してどの程度の立証を要するかが問題となっていくと思われ、同訴訟の控訴審や他の特殊詐欺事案の今後の訴訟の経緯が注目される。

　これまでの使用者責任に基づくトップに対する損害賠償請求訴訟において、指定暴力団ごとに事業性、使用者性は具体的に認定されてきている。そのため特殊詐欺事案においても使用者責任の追及をはじめとした方法により、被害回復、さらには暴力団の資金を減少させるといった大きな役割を果たすことが期待される。そのためにも、暴追センターや警察等と連携することが今後一層必要となるだろう。

第2部

実践編

序章　第2部の狙いと活用の仕方

　第2部では、ケースごとに書式（申立書、訴状、内容証明郵便等）や参考資料（判決書等）を収録した。

　まず、事案の概要で、どのような事件かを簡単にまとめてある。

　そして、その事件で実際に用いられた書式や参考資料を紹介している。書式や参考資料は、原則として実際に用いられた生の素材であるので、これにより、民暴事件の現場の雰囲気を感じ取っていただけるのではないだろうか。ただ、編集の都合上、変更を加えたものもあるので、ご了承いただきたい。また固有名詞等は伏字としている。

　各書式の末尾に、問題点や注意点を付記した。掲載した書式や参考資料は、すべてが理想的なものばかりというわけではなく、これからの研究を待つものもある。また、事案により、手段や表現が異なることはいうまでもない。批判的に検討され、主体的に書式を利用されることを期待する。そのためのヒントを書き加えた。

第1章　内容証明郵便を活用した対応

〈事例1〉　組抜け事案に対し、中止命令により解決された事例

❖事案の概要❖

　Aは、B組事務所の電話番等をしていた指定暴力団の構成員であった。AがB組との関係を絶ちたいと申し出たところ、同構成員であるCから脅迫的言辞を用いた金品の要求をされるようになった。
　そこで、Cに対して内容証明郵便により不当要求行為の中止を要求するとともに、中止命令の申立てをした。

【書式例1】　通知書（内容証明郵便）

通知書

冠省
　当職らは，A（以下「通知人」といいます。）を代理して，貴殿に対し，次のとおり通知します。
1　通知人が貴殿及び暴力団B組との一切の関係を解消する意思を固めていることは，先般，通知人自身が貴殿に申し入れ，また，今般，公安委員会により貴殿宛に中止命令が発出されたとおりです。今後は，面談，信書，電話など方法を問わず，通知人及びその親族に対する一切の連絡を厳に控えられるよう申し入れます。
2　また，貴殿は，通知人自身による上記申し入れを契機として，通知人に対し，「賃料」，「退室修繕費」，「引越し費用」等の費目にて合計○○万○○円の支払いを要求していますが（以下「本件要求」といいます。），通知人が本件要求に応じるべき法的理由はありません。ついては，通知人が本件要求に

応じることは一切ないことを通知します。
3　なお，通知人名義の株式会社○○及び○○株式会社を相手方とする各携帯端末利用契約につきましては，通知人において解約手続を進めさせていただきましたので，ご承知おき下さい。
4　以上につきましては，当職らが通知人より，一切の委任を受けていますので，通知人に対し，今後，何かご連絡などがおありの場合には，すべて当職ら宛てになされますよう併せて通知いたします。
5　最後に，本通知書の到達後にもかかわらず，通知人またはその親族に対して，貴殿が，自ら連絡を試み，または第三者に連絡を試みさせるようなことがありましたら，当職らは，貴殿，貴殿の所属する団体，場合によりましてはその上位団体の代表者等を相手方とする法的措置を講ずる所存ですので，その旨を付言いたします。

草々

平成○○年○○月○○日
（通知人）
　○　○　○　○
（上記代理人）
　〒○○○-○○○○
　東京都○○区○○△―△―△○○ビル3階
　電　話　○○○―○○○―○○○○　FAX　○○○―○○○―○○○○
　○○法律事務所
　弁護士　○　○　○　○
（被通知人）
　〒○○○-○○○○
　東京都○○区△丁目△番△―△
　○　○　○　○殿

（注）　暴力団構成員が暴力団から離脱しようとした事案である。内容証明郵便の送付、警察の中止命令により要求行為を停止させた。

〈事例2〉 ホームレス自立支援施設が被害者となり、内容証明郵便の送付により解決した事例

❖事案の概要❖

　新聞社を名乗るエセ右翼団体の構成員と称する者Aが、社会福祉事業宿泊所B（生活保護受給者等に低額で住居、食事等を提供するいわゆる低額宿泊施設）に取材名目で押しかけた。これに対し、Bが取材を断ると、AがB付近に街宣車（エセ右翼団体使用の街宣車。「天誅」などと書かれた威圧的なもの）で乗り付け、Bを誹謗中傷する内容の演説を行ったり、同新聞社のホームページ上に事実無根の記事とともに施設の外観写真を掲載するなどして、業務妨害行為を行った事案。

　Bの依頼を受けた代理人からAに対して、上記街宣をやめるよう警告する内容証明郵便を送ったところ、街宣行為は停止した。

【書式例2】　警告書（内容証明郵便）

○○県○○
社主　　○　○　○　○殿
社主付　　　　　　A殿

警告書

冠省
　当職らは社会福祉事業宿泊所「B」の経営主体であるC（以下、「通知会社」という）の依頼により左のとおり通知し警告する。
　貴社は、通知会社の運営する社会福祉事業宿泊所「B」に対し平成○○年○○月○○日、同月○○日、同月○○日、同月○○日、同月○○日、同月○○日、同月○○日、同月○○日と街頭宣伝車にて、専ら貴社社主付Aが拡声器を用いて街宣活動を行っている。
　当該街宣活動にて演説している内容は、ホームレス自立支援低額宿泊施設では入所者に対して劣悪な扱いをしているとか、施設利用者から受け取っている

食費・光熱費が高額であるとか，更には入所者に提供されている食事が酷いといった内容である。

　食費・光熱費や食事の内容については「B」のことをさして非難しているようであるが，「B」における食費・光熱費は決して高額なものではない。また，食事が酷いというのも事実無根の非難である上，自立支援低額宿泊施設で入所者に対して劣悪な扱いをしているとの点についても，本件「B」に関して当該事実はなく，虚偽の風説の流布に当たる行為である。

　貴社が街宣活動をしている動機についてAの演説内容によればAの取材に応じないからとの発言をしている部分があるが，本来取材を受けるか否かの判断は取材を受ける者の自由であり，取材を断ったとして貴社から街宣運動を受ける謂われはない。

　貴社及びAの行っている行為は強要罪や威力業務妨害罪に該当する行為と考慮する。

　よって，直ちに本件街宣行為を一切中止するよう警告する。

　本件警告にも拘わらず中止しない場合には法的手段を講ずることを申し添える。

不一

平成〇〇年〇〇月〇〇日
〇〇県〇〇市〇〇区〇〇町△—△—△
〇〇法律事務所
　　電　話　〇〇〇—〇〇〇—〇〇〇〇
　　ＦＡＸ　〇〇〇—〇〇〇—〇〇〇〇
　　　通知会社代理人
　　　　　　弁護士　〇　〇　〇　〇
　　　　　　弁護士　〇　〇　〇　〇
〇〇県〇〇市〇〇区〇〇町△—△
〇〇ビル〇〇階
〇〇法律事務所
　　電　話　〇〇〇—〇〇〇—〇〇〇〇
　　ＦＡＸ　〇〇〇—〇〇〇—〇〇〇〇
　　　通知会社代理人
　　　　　　弁護士　〇　〇　〇　〇
〇〇県〇〇市〇〇区〇〇△丁目△番△号

```
　　○○ビル○○階
　　○○法律事務所
　　　電　話　○○○―○○○―○○○○
　　　ＦＡＸ　○○○―○○○―○○○○
　　　　通知会社代理人
　　　　　　　弁護士　○　○　○　○
```

(注1)　Aが、「(Bが) 取材に応じなかった」ことを理由に街宣行為を正当化しようとしていたことから、そのような主張に理由はなく、Aの行為は単なる業務妨害行為であることを警告した。

(注2)　内容証明郵便送付と並行し、仮処分・損害賠償請求の準備として、街宣行為の回数、時間について記録し、写真などを撮るよう依頼者に依頼した。なお、結局、内容証明郵便のみで行為が止み、依頼者が満足したことから、仮処分・損害賠償請求には至らなかった。

〈事例3〉 暴力団員の元妻との肉体関係をネタに脅された事例

❖事案の概要❖

　Ａが，暴力団員Ｂの元妻であるＣと男女関係になった後にＣと別れたところ、Ｃから高額な慰謝料を請求されるとともに、暴力団員であるＢからも「けじめをつけろ」などと脅された。
　弁護士は、Ａの代理人として、Ｃに対し、内容証明郵便を送付し、示談によって解決した。

【書式例3】　通知書（内容証明郵便）

通知書

〒〇〇〇-〇〇〇〇
〇〇県〇〇市〇〇町△番地△
〇　〇　〇　〇殿

前略
　当職は，Ａから依頼を受け，同人と貴殿との間の男女関係の清算に基づく法的紛争（以下「本件事件」という。）を解決すべく，同人から本件事件に関する示談交渉その他一切の代理権を授与された弁護士です。
　ところで，お互い成人している者同士の恋愛関係においては，付き合うことも別れることも本来自由であります。そのような男女の恋愛関係の間では，ときには相手を傷つけてしまったり，反対に傷つけられてしまうようなこともあると思われます。しかしながら，そのような痛みは，恋愛関係が深まる中で，お互いを思いやる気持ちを育むことで解消していくもので，本来，法的な損害賠償請求等の金銭的解決には馴染まないものです。もっとも，お互いの痛みを解消できずに恋愛関係が終わってしまう男女がいることも，ご承知のことと存じます。このような，本来的に法的な金銭的解決に馴染まない恋愛関係に基づいて生じた痛みが，恋愛関係が終わった途端に法的な根拠をもつ損害賠償請求権に変わることはありません。

もっとも，Aにおいては，貴殿との恋愛関係を継続していくことはできないものの，貴殿に幸せになって欲しいという気持ちには変わりがないとのことです。また，貴殿が妊娠し，堕胎したことについても，重責を感じているとのことです。
　そこで，Aにおいては，貴殿の痛みが，男女の恋愛関係による痛みを超える痛み，すなわち，Aの不法で法的非難に値する行為によって生じた精神的ないし肉体的な苦痛である場合には，これを法的に償うことを望んでいる次第であります。
　つきましては，本件事件の解決について，今後どのような方法によることが，望ましいのか，当職において検討中ではございますが，弁護士である当職が代理人となった以上，貴殿においても弁護士を代理人に立てられて，代理人弁護士同士の話し合いによって，終局的な解決を図ることが，貴殿及びAにとって，最良の方法であると存じます。
　なお，貴殿において，弁護士にご依頼されない場合には，お互いの公平を担保するために，家庭裁判所の調停による解決が適切と思われますので，当職といたしましては，家庭裁判所に調停を申し立てる所存でございます。
　まずは，本書面において，当職がAの代理人に就任したこと及び今後のお話し合いの方法についてのご提案をさせていただきましたが，今後は，Aとの面談や同人に対する架電は，お控え願いたく存じます。
　そして，Aに対して，ご意見やご要望，当職に対するご意見，ご質問等がございます場合には，お手数ですが，書面ないしお手紙にて当職までお申し付けください。
　なお，直接，Aに対してご意見やご要望を申しつけられますと，当職から同人にその内容を確認した上で対応しなければならなくなり，貴殿のご意見やご要望が正確に伝わらなかったり，問題を複雑にしたりするだけですので，くれぐれもAとの接触等はお控えください。
　また，本件事件の解決にあたり，資格を有しない者を貴殿の代理人としたり，暴力団関係者等に本件事件の処理を委ねることは，無用なトラブルを招くだけでなく，法規等に違反する行為となるおそれがございますので，お控えください。
　なお，貴殿において，法的根拠に基づかないご要望やご請求，あるいは違法な態様によるご要望やご請求をなされたとしても，当職はこれに応じることができません。また，このような場合には，○○県警察，県民暴力追放センター及び当職の所属している○○県弁護士会民事介入暴力対策委員会に直ちに通報

の上，関係当局との間で密に連絡を取りながら然るべく告訴，告発等の手続を取ることになりますので，予めご承知ください。

草々

平成○○年○○月○○日
　〒○○○-○○○○
　○○市○○△―△―△○○ビル○階
　○○法律事務所
　　　電　話　○○○―○○○―○○○○
　　　ＦＡＸ　○○○―○○○―○○○○
　　　弁護士　○　○　○　○

(注1)　本事案は、Cが妊娠・堕胎までしていたことから、示談によって解消したものと考えられる。

(注2)　丁寧な文体の文章でありながら、Cの元夫Bが暴力団員であることへの対応も適切に書かれている点で、参考になると思われる。

〈事例4〉 行政対象暴力に対して警察から相談を受け、
　　　　　内容証明郵便の送付等により解決した事例

❖事案の概要❖

　Aは、建物を売却しようとしたB（公共団体）の職員Cを事務所に呼びつけて、「建物売却に納得できない」「売却には隣地である自分の承諾がいる。暴力団が買ったりしたらたまったものではない」「地区住民の意見を聞け」「公募するのであれば、自分が応募する」などと要求した。Bは、Aの要求を一部受け入れ、売却から貸付へ変更することにして、現状有姿を条件に貸付の相手方を公募したところ、応募したのはAのみであった。Aは、Cほか2名のB職員を上記建物に呼びつけ、建物の修繕・整備を要求するだけでなく、Cに対して怒号を発し暴行に及んだ。その後、Bは警察に相談をしたが、Aの報復を恐れたCらは被害届の提出を拒否した。他方で、Aは、貸付条件について、直接Bのトップと交渉を始めてしまい、Aの不当要求が収まる気配はなかった。
　そこで、警察から相談を受けた弁護士の指導の下で、①受任通知の発送、②Bを告発人とする告発状の提出、③Aに対する貸付拒否の通知書の送付、という対応を行ったところ、Aが逮捕されて不当要求が止んだ。この点で、本事例は、内容証明郵便の送付等により解決した事案であるといえるが、行政、警察および弁護士の連携・協力がうまくいった事案でもある。

【書式例4】　通知書（内容証明郵便）

　　　　　　　　　　　　通知書

　　　　　　　　　　　　　　　　　　平成〇〇年〇〇月〇〇日

〇〇県〇〇市〇〇
　〇　〇　〇　〇殿

前略

　当職は，B市から依頼を受けた代理人であり，同市の代理人として以下のとおり通知申し上げます。

　貴殿は，平成○○年○○月○○日付けで，同市に対し，同市所有・管理に係る○○所在の旧○○コミュニティーセンターの土地・建物の普通財産貸付申請をなされていますが，この件につきましては，同市は，貴殿に対し，上記物件の貸付に応じないことと決定いたしました。

　この決定は同市の最終判断であり，当方は，今後，貴殿あるいは貴殿の代理人との間で，本件について交渉等を行うことは一切ございません。

　本件については，引き続き当職が同市に代わって窓口として対応いたしますので，本件に関することで同市市役所に来庁されたり，同所に電話をされたりすることはなさらぬようお願いします。

草々

通知人　〒○○○-○○○○
　　○○市○○区○○町△丁目△番△号○○法律事務所
　　電話　○○○―○○○―○○○○　　FAX　○○○―○○○―○○○○
　　　○○市代理人　弁護士　○　○　○　○

【書式例5】　告発状（職務強要罪）

告　発　状

平成○○年○○月○○日

○○県○○警察署長　殿

○○市告発代理人
弁護士　○　○　○　○

第1　告発人，被告発人
　告発人
　　〒○○○-○○○○　○○県○○市○○町
　　告発人　○○市
　　代表者市長　○　○　○　○

告発人代理人
　　〒○○○-○○○○　○○市○○区○○町△丁目△番△号○○法律事務所
　　電　話　○○○—○○○—○○○○　ファックス○○○—○○○—○○○○
　　弁護士　○　○　○　○
被告発人
　　住　　居　〒○○○-○○○○　○○県○○市○○町
　　氏　　名　○　○　○　○
　　生年月日　昭和○○年○○月○○日生（○○歳）
　　職　　業　会社役員（有限会社○○取締役）

第2　告発の趣旨
　被告発人の所為は，職務強要罪（刑法第95条第2項）に該当すると思料されるので，捜査の上厳重に処罰されたい。

第3　告発事実
　被告発人は，告発人B市が所有・管理する施設である○○所在の土地・建物を賃借したい旨同市に申請していたものであるが，同市に対し，強いて前記物件を修繕・整備等をさせた上で自己との賃貸借契約締結を承諾させようと企て，平成○○年○○月○○日午前11時ころ，前記場所先において，前記申請の応対に当たっていた同市企画財政部長C（当時○○年），同部財政課参事（当時○○年）及び同課主任（当時○○年）に対し，「雨樋にごみがたまっている。コウモリが屋根裏に巣を作っていたから入口を塞いだので死骸が残っている。消毒しておけ。貸すのだったらそれぐらいのことはしないとまずい。こんなことになったのは行政の怠慢だ。」「市が何人か出せ。金をかけんでも人で応援はできようがな。」「樋の掃除をするかせんかぐらいで協議せにゃいけんのか。行政はそれぐらいの返事ができんのか。」旨申し向けて要求した上，前記Cの腹部に自己の腹部を3回にわたり体当たりさせる暴行を加え，もって，同人らをして前記物件を修繕・整備等をさせた上で自己との賃貸借契約締結を承諾させるために暴行を加えたものである。

（注1）　本事案は、弁護士の対応としては、通知書および告発状の作成・送付という対応のみで済んだものの、不当要求行為者が逮捕された効果が大きいと思われる。この点で、行政や警察との連携の重要性を認識してほしい。
（注2）　行政対象暴力の場合、不当要求行為者が住民等であるため、職員の姿勢

は及び腰になりがちであると思われるが、相談を受けた場合には、本事案を思い出して、速やかに毅然とした対応をとる必要がある。

第2章 仮処分の申立てによる対応

第1節　街宣行為差止めの仮処分

〈事例1〉　交通事故の示談交渉中の弁護士事務所に対する街宣活動の事例

❖事案の概要❖

　政治結社の会長を名乗るAは、乗っていた車両が加害車両に衝突され、加害者Bの代理人（弁護士）と示談交渉をしていた。Aは、加害者代理人から提示されていた和解案を不服として、加害者加入の損害保険会社に対して街宣行為を繰り返していた。

　加害者代理人は、損害保険会社の営業の平穏を保全するため、街宣禁止の仮処分を申し立てたが、Aは、加害者代理人に対しても街宣行為を繰り返すようになった。

　そこで、加害者代理人は、法律事務所付近での加害者代理人に対する街宣活動禁止の仮処分も申し立てた。

【書式例6】　仮処分命令申立書

仮処分命令申立書

平成〇〇年〇〇月〇〇日

〇〇地方裁判所民事第〇〇部　御中

債権者弁護士　〇　〇　〇　〇
同　　　　　　〇　〇　〇　〇

　　　　　　　　　　　　　　　　　　同　　　○　○　○　○
街宣活動禁止仮処分申立事件
当事者の表示
　　別紙当事者目録記載の通り
仮処分により保全すべき権利
　　業務の平穏

　　　　　　　　　申立ての趣旨

別紙主文目録記載の通りの裁判を求める。

　　　　　　　　　申立ての理由

第1　被保全権利
　1．当事者
　⑴　債権者らは，○○弁護士会に所属し弁護士業務を執る者であり，下記交通事故（以下「本件交通事故」という）の加害者である申立外B代理人として，被害者である債務者と交渉を行ってきた者である。
　⑵　債務者は，本件交通事故の被害者であり，政治結社○○会長を名乗る者である。
　　　　　　　　　　　記
　　発生日時　平成○○年○○月○○日午前○○時○○分ころ
　　事故現場　東京都○○区○○　首都高○○号下り
　　当事者　　①第一当事者
　　　　　　　（運転者・所有者）申立外　B（以下，「申立外B」という）
　　　　　　　（車両）　普通乗用自動車（○○300○○　○○）
　　　　　　　②第二当事者
　　　　　　　（運転者）　申立外　F
　　　　　　　（車両）　普通乗用自動車（○○330○○　○○）
　　事故態様　本件事故発生場所において，第一当事者車両が左車線に車線変更後，右にハンドルを切ってしまい，右車線前方にいた第二当事者車両左後部に衝突したとするもの。
　　　　　　　尚，債務者は第二当事者車両に同乗していたものであるが，

本件事故は物件事故として届出し，処理された為，交通事故証明書（甲2）上，債務者は事故当事者としては登場しない。
2．本件申立てに至る経緯
(1) 申立外Bは，損害賠償義務の存在自体は争わず，債権者らは，申立外Bの代理人として債務者に対し，平成〇〇年〇〇月〇〇日付書面にて損害賠償額の提案をした（甲第9号証）が，その物的損害を前提とした申立外B側の賠償額試算は下記のとおりであった。

なお，本件被害車両の所有者は登録事項等証明書（甲3）上の使用者である申立外有限会社Cのようであるが，本件交通事故に関する交渉は全て債務者とその代理人である申立外Dとの間で交渉してきている。

①修理費用（含レッカー代）　　　　　　　　　　　　金145万8103円
②代車費用　　　　　　　　　　　　　　　　　　　　金92万4000円

　　債務者は，レンタカー会社より貸出期間平成〇〇年〇〇月〇〇日〜〇〇月〇〇日迄の〇〇日間金1,100,000円で代車を借受けており，その金額をそのまま申立外B側に請求してきている。

　　しかしながら，上記期間は修理相当期間（1カ月前後）に比して明らかに長きに失する。

　　申立外B側は，平成〇〇年〇〇月〇〇日〜〇〇月〇〇日迄の〇〇日間金924,000円を提案している（甲9）。

③評価損

　　債務者は，修理代の30％程度の金員を評価損として請求している。

　　しかしながら，本件被害車両は初年度登録平成〇〇年〇〇月の，平成〇〇年〇〇月時点での走行距離81,700kmという国産車（日産〇〇）である。

　　従って，評価損は，本件車両においては発生しないものと思料した次第である。

④絵画に関する賠償　　　　　　　　　　　　　　　　金100,000円

　　債務者が，本件被害車両のトランクに入れていたという絵画については，Bの加入する損害保険会社である申立外E（以下「申立外E」という）が依頼した鑑定（甲7）に基づき，金100,000円を提案したものである。

⑤ゴルフクラブ点検費用及びバッグ代　　　　　　　　金70,400円

　　債務者が本件被害車両のトランクに入れていたゴルフクラブとバッグについて，点検費用金50,400円及びバッグ代20,000円を加算し

(甲8，9）金70,400円を提案したものである。
　　　⑥小計　　　　　　　　　　　　　　　　　　　　金255万2503円
　　　　　　上記①〜⑤の合計額は金225万2503円となる。
　　　⑦既払額　　　　　　　　　　　　　　　　　　　金145万8103円
　　　　　　上記⑥の損害額のうち，修理費金145万8103円は，申立外Ｂが加入する損害保険会社である申立外Ｅから申立外修理工場○○（申立外Ｄが経営する修理工場との由である）に既に直接支払済みである。
　　　⑧差引金額　　　　　　　　　　　　　　　　　　金109万4400円
　　　　　　損害項目の小計金255万2503円から既払額金145万8103円を差し引いた金額は金109万4400円となる。
　　　　　　従って，申立外Ｂは債務者らに対し，既払金を除いた金109万4400円の賠償義務があることについては争わないし，現実にその提案もしてきている（甲9）。
(2)　また，本件交通事故は，交通事故証明書上，物損事故とされているが，債務者も申立外Ｆも人的傷害があるとの由である。
　　①債務者について
　　　ア）医療法人財団○○病院
　　　　　　傷病名　頚椎捻挫・腰部打撲
　　　　　　通院　平成○○年○○月○○日（通院日数１日）
　　　イ）医療法人社団○○クリニック
　　　　　　傷病名　肩・腰部背部打撲症
　　　　　　通院　平成○○年○○月○○日（通院日数１日）
　　②申立外Ｆについて
　　　ア）医療法人財団○○病院
　　　　　　傷病名　腰部打撲・頚椎捻挫
　　　　　　通院　平成○○年○○月○○日（通院日数１日）
　　　イ）医療法人社団○○循環器脳神経外科病院
　　　　　　傷病名　頸部外傷・頚椎捻挫・腰椎捻挫
　　　　　　通院　平成○○年○○月○○日（通院日数１日）
　　③債務者らの治療費・投薬料については，
　　　ア）債務者については　金94,675円
　　　イ）申立外Ｆについては　金161,110円
　　　の各治療費，投薬費（当日のタクシー代込）を，申立外Ｂ加入の損

害保険会社である申立外Eにおいて支払済である。
　④債務者らから，具体的な金額の提示は無いものの，
　　ア）申立外Fは，上記治療を基に1カ月の休業損害金の請求
　　イ）債務者らは，申立外株式会社○○における治療を前提とした請求を考えているようであり，申立外Bの代理人として債権者らは上記①・②記載の治療期間を前提とした場合，上記④の各請求には応じられないとの対応をしてきている。
(3)　このような状況下で，債務者は，平成○○年○○月○○日及び平成○○年○○月○○日から同月○○日にかけ毎日（5日間），更に平成○○年○○月○○日午後○○時前後からの15分間程，申立外Bの加入する損害保険会社である申立外Eの本店（○○）に現れ，以下のような街宣活動を行っている。

　　債務者が，車両左右側面に「日の丸」と「政治結社○○」と記され，車両上部にはやはり左右側面に「自然界の共存と共生」と記された看板を掲げ，車両上部前後方にスピーカー及び車両上部後方に「日の丸」の旗を掲げた街宣車（○○300○○　○○）に乗って，申立外Eの会社建物東側車道上に停車させ，大音量で演歌等の音楽を流し，マイクを大音量にした演説を始め（大体連日90～100デシベル以上の騒音である），「Eは○○月○○日の事故について休損・代車代を払え」「保険金不払いはけしからん」「Eは高速道路で発生した事故の保険支払について誠意をみせろ」「事故により車の評価は，著しく低下するものであるのにEの弁護士は評価損を一切認めない」「Eをこれからも厳しく糾弾していく」「○○を散策中の皆様，保険金の不払いで突出しているのはEであることをどうぞ認識して下さい」，「格落ち損害を払わない」「人身について外傷がなくても無傷ではないんだ」「今まで支払ったのは修理費と治療費のみだ」「保険金の不払いをする企業であり，長年にわたり保険金不払いを実施して超高層ビルを建築した，とんでもない企業である。経営姿勢を改めろ」等々の演説を行った。
(4)　このため，債権者らは，債務者の上記街宣活動により申立外Eの被った営業の平穏を保全するため，代理人として街宣禁止の仮処分を申し立て（御庁平成○○年(ヨ)第○○号　街宣禁止仮処分命令申立事件）たが，債務者は，今度は，申立外Eだけではなく債権者らの法律事務所（○○区○○）に対し，以下のような街宣活動を行うという挙に出た。
(5)　債務者らによる債権者らに対する街宣活動は，以下のとおりである。

①平成○○年○○月○○日午後○○時○○分〜○○時○○分

　　上記申立外Eに対し使用している街宣車両を債権者事務所前に停め，大音量で，Eは保険金の不払いをする企業で，その手下が○○法律事務所だ」「保険金不払いを支援している弁護士が○○法律事務所だ」「保険金不払いの実態を世に知られるのを恐れ，隠蔽工作に連日連夜奮闘している，とんでもない弁護士だ」等の演説を行っていた。

②平成○○年○○月○○日午後○○時○○分〜○○時○○分

　　上記○○月○○日同様の街宣車両を用い，「ブタ弁護士○○と○○」「保険金不払いのEの手下の法律事務所それが○○法律事務所だ」「我々は保険金不払いについての実体験に基づき糾弾ののろしをあげている」等々の演説を行っていった。

③平成○○年○○月○○日午後○○時○○分〜○○時○○分

　　この日は，○○警察署の警備により，事務所所在地に停車できなかった街宣車両は，事務所所在地を含む付近をごく低速で3周し，その間，上記のような内容，誹謗中傷を繰り返して行った。

④平成○○年○○月○○日午後○○時○○分〜○○時○○分

　　この日も○○警察署の警備により，債権者事務所所在地に停車できなかった街宣車両は，事務所所在地を含む付近をごく低速で3周し，その間，上記の内容を誹謗中傷を繰り返して行った。

(6) まとめ

　　債務者は，本件交通事故に基づく賠償交渉につき，自己の要求が通らないことに対し，法的解決を求めるのではなく，申立外Eに続き，代理人弁護士たる債権者らの事務所に対しても街宣活動を行うという挙に出たものである。なお，債権者らは，申立外Bの代理人として，平成○○年○○月○○日○○簡易裁判所に調停申立てをなし（事件番号：○○簡易裁判所平成○○年（交）第○○号），解決を法的手段の場に移したものの，債務者がこの手続の中で解決を図るか否かは不明である。

　　何よりも，債務者の街宣車の音量や看板の記載により，債権者らは業務を著しく妨害され，また業務遂行上の名誉や信用も著しく毀損されており，平穏な業務がままならない状況である。従って，債権者らは平穏な業務を遂行する権限に基づき債務者に対し，街宣活動の差止請求権を有する。

第2　保全の必要性

上記のとおり，債務者は本件交通事故に関する法的解決を図ることなく債権者らや損害保険会社に対する連日の街宣活動という挙に出ており，この先街宣活動が継続して為される蓋然性は非常に高く，そのような状況になってしまった場合，債権者らの日常業務が妨害されるというだけでなく，業務遂行上の名誉・信用が著しく毀損され，債権者らは多大な損害を被ることとなり，とても債務者に対する将来の不法行為に基づく損害賠償請求訴訟の判決の確定によって回復できるものではない。
　よって，債権者らは本件申立てに及んだ次第である。

以上

疎明方法

甲第1号証の1・2	名刺写し及び政治団体名簿写し
甲第2号証	交通事故証明書
甲第3号証	登録事項等証明書
甲第4号証	登録事項等証明書
甲第5号証	報告書
甲第6号証の1・2	委任状及び印鑑証明書
甲第7号証	美術鑑定評価書
甲第8号証	クラブ調整及び点検見積書
甲第9号証	賠償額試算書
甲第10号証の1，2	診断書及び診療報酬明細書
甲第11号証の1～3	診断書及び診療報酬明細書
甲第12号証の1，2	診断書及び外来診療費領収書
甲第13号証の1，2	診断書及び診療報酬明細書
甲第14号証の1～3	診療報酬明細書
甲第15号証の1，2	領収書
甲第16号証の1～6	写真
甲第17号証	調停申立書
甲第18号証	仮処分命令申立書
甲第19号証	報告書

添付書類

第2章　仮処分の申立てによる対応

1　疎明方法写　　　各1通

主文目録

　債務者は，債権者らの事務所所在地（○○都○○区○○　△丁目△番△号○○ビル）の近隣（正面入口を基点として半径500メートル以内，別紙地図において赤線で示す範囲内）において，自ら下記の行為を行ってはならず，代理人，使用人，従業員またはそのほかの第三者をして下記の行為を行わせてはならない。

記

　街頭宣伝車等の車両または拡声器等を用い，債権者またはその関係者に対する抗議文の朗読や演説あるいはビラ等の配布や張り付け，街頭宣伝車の看板掲示，さらには録音テープまたは音楽を流す等，債権者の平穏な業務遂行に支障を及ぼしたり，営業上の名誉や信用を毀損したりする一切の行為。

以上

〔参考資料1〕　仮処分決定

仮処分決定

　当事者　　別紙当事者目録記載のとおり

　上記当事者間の平成○○年㈲第○○号　　仮処分命令申立事件について，当裁判所は，債権者の申立てを相当と認め，債権者らに債務者のため各金4万円の担保を立てさせて，次のとおり決定する。

主　　文

　別紙主文目録記載のとおり

平成○○年○○月○○日
　　○○地方裁判所民事第○○部
　　　　裁判官　　○　　○　　○　　○

244

主文目録

　債務者は，債権者らの事務所所在地（○○都○○区○○△丁目△番△号　○○ビル）の近隣（正面入口を基点として半径500メートル以内，別紙地図において赤線で示す範囲内）において，自ら下記の行為を行ってはならず，代理人，使用人，従業員またはそのほかの第三者をして下記の行為を行わせてはならない。

記

　街頭宣伝車等の車両または拡声器を用い，債権者またはその関係者に対する抗議文の朗読や演説あるいはビラ等の配布や張り付け，街頭宣伝車の看板掲示，さらには録音テープまたは音楽を流す等，債権者の平穏な業務遂行に支障を及ぼしたり，営業上の名誉や信用を毀損したりする一切の行為。

以上

（注1）　本事案は、交通事故の賠償交渉中に、交通事故の加害者加入の保険会社に対する街宣行為のみならず、交通事故の加害者の代理人弁護士の事務所に対しても街宣行為をなした点に特徴がある。

（注2）　被保全権利は、代理人弁護士（本件での債権者）の「業務の平穏」である。この業務の平穏が害されていることを示すために、交通事故の交渉経緯・交通事故の加害者加入の保険会社に対する街宣行為とその禁止を求める仮処分を述べたうえで、代理人弁護士（本件での債権者）に対する街宣行為を述べている。申立書を参考にされる場合は、事案を混乱しないように注意していただきたい。

〈事例２〉　ブラックジャーナルが公的団体に街宣をかけた事例

❖事案の概要❖

　Ａは社会福祉法に基づいて設立された社会福祉法人であり、収益を目的とする事業として「自動販売機の設置運営」を行っていた。えせ右翼団体であるＢは、Ａの当該事業につき、Ｂの関連会社を契約対象者とするために、件外Ｄ株式会社とＡとの商品販売契約について内容に問題がある、Ａが消費税の申告を怠っている等虚偽の事実でＡを誹謗中傷する内容の演説を大音量で行う等の街宣活動を行った。Ｂの街宣行動はＡの職務執行のみならずＡ職員に対する誹謗中傷にも及び、Ａの職務執行およびＡの関係者らに多大な精神的動揺、衝撃を与えるものである。

　そこで、ＡはＢに対し、①街宣等によるＡの業務妨害、誹謗中傷して職員の名誉を毀損するいっさいの行為の禁止、②Ａの建物および敷地内に立ち入る行為の禁止、③Ａの役員および職員に対する架電、面接等の強要禁止を求めて仮処分の申立てを申請した、という事案である。

【書式例７】　仮処分命令申立書

仮処分命令申立書

平成○○年○○月○○日

○○地方裁判所第○○民事部保全係　御中

　　　　　　　　　　　債権者代理人弁護士　○　○　○　○　（担当）
　　　　　　　　　　　　　　　　弁護士　○　○　○　○
　　　　　　　　　　　　　　　　弁護士　○　○　○　○　（担当）
　　　　　　　　　　　　　　　　弁護士　○　○　○　○　（担当）

当事者の表示
　　別紙当事者目録記載の通り
街宣活動等禁止仮処分命令申立事件

申立ての趣旨

　債務者らは，債権者に対し，自ら下記の行為をしてはならず，代理人，使用人，従業員またはその他の第三者をして下記の行為をしてはならない。
1　○○所在の債権者の入っている○○の正面玄関から半径700メートル以内を街頭宣伝車を用いて行進若しくは停車し，街頭宣伝車による演説を行い，スピーカーを使用して大声を上げ，あるいは，音楽，読経，演説テープを放送して，債権者の業務を妨害し，債権者を誹謗中傷して債権者及びその役員，職員の名誉を毀損する一切の行為
2　債権者の許可なく債権者の事務所がある○○の○○の建物及び敷地に立ち入る行為
3　債権者の役員及び職員に対し電話，文書，面接等による方法で，債権者に対し直接交渉を強要する行為

との裁判を求める。

申立ての理由

第1．被保全権利
1．債権者は，社会福祉法に基づいて設立された社会福祉法人であり，定款ではその事業として「社会福祉を目的とする事業の企画及び実施」「社会福祉に関する活動への住民の参加のための援助」等の公益を目的とする事業が掲げられているほか（甲2　第2条），収益を目的とする事業として「自動販売機の設置経営」（甲2　第31条）が定められている。
2．債務者B_1は，C新聞社の社主を名乗り同社の肩書きで，C新聞と称する新聞を編集発行し（甲5），債務者B_2はC新聞社広告宣伝部として活動しているもので，C新聞社は街頭宣伝車を数台有する（甲6）団体である。
3．債務者らは，3台の街頭宣伝車（甲6，10）を用いて，自ら又は配下の者をして，平成○○年○○月○○日から債権者を誹謗中傷する内容の演説を大音量で行ったり，時には読経を大音量で流し続けるといった街宣活動を行うようになった。
　　債務者らは債権者○○内に於いて有している自動販売機運営事業について件外D株式会社となしたカップ式飲料及びパック式飲料自動販売機設

置・商品販売契約について内容に問題があること，契約対象者が入札方式により決定されていないこと，さらには債権者が消費税の申告を怠ったと主張して街宣行動を行っているものであるが，債務者らの主張するような契約の内容に問題はないし，消費税の申告手続についても誤りはなく，債権者には契約対象者を入札によって決めなければならないという根拠もないことから，債務者らの主張は債権者に対する言いがかり的なものである上，債務者らの当該主張の背景には件外Ｄ株式会社に代わって，自らの関係会社を契約対象者に無理矢理押し込もうとする意図が存在している。

　右街宣活動はその後，平成○○年○○月○○日，同月○○日，同年○○月○○日，同月○○日，同月○○日，同月○○日，同月○○日，同月○○日と断続的に債権者前路上付近で繰り返し３台の街頭宣伝車を走行させたり又は停車させるなどして行われている（甲９，10）。

　街宣内容は，甲第７号証の録音テープ反訳文のとおりであるが，債権者の職務執行を誹謗中傷しているのみならず，債権者及び債権者の○○にある○○ら職員に対する誹謗中傷にも及んでいる。

４．このような債務者らの街宣活動は，債権者が平穏かつ円滑に職務を遂行する権利を侵害するもののみならず，債権者の役員や職員の名誉を毀損するものである。

　また，債権者は○○（以下「○○」という。）の管理運営を債権者事務所所在地で行っており（甲１，２，３），その会館１階には，○○が設置され（甲４），心身障害者約30名の通園者が平日午前８時30分ころから午後４時00分ころまで在園しているところ，債務者らのなす，特異な外観の車両による大音響を発しての街宣活動は当該施設に通園する者に多大な精神的動揺，衝撃を与えている（甲４，10，11）。

５．債務者らも，表現の自由，政治活動の自由を有するものであるが，本件街宣活動は，前述のように，その事実を歪曲したもので，街宣車によって大音量で演説したり読経を流すという形態からして憲法上保障された範囲を超えたものである。

６．よって債権者は，債務者らの街宣活動が債権者の有する人格権，名誉権（平穏，円滑に職務を遂行する権利）を侵害するものとして，街宣行為の差止め，損害賠償請求を行う権利を有する。

第２．保全の必要性

　債務者らの街頭宣伝活動は，平成○○年○○月○○日から平成○○年○○月○○日まで，断続的になされており執拗である。

これをこのまま放置しておくと，その宣伝内容からして，債権者の社会福祉活動に対する一般人の信頼を毀損し，また街宣行為の態様からして債権者の運営する○○に通園する障害者の心身に悪影響を及ぼし取り返しのつかない損害が発生する虞が大きい。
　よって，債務者の行為は即刻中止させるべきものであることから本申立てをする。

疎明方法

1．甲第1号証　　法人登録簿事項証明書（債権者）
2．甲第2号証　　○○定款
3．甲第3号証　　パンフレット（○○）
4．甲第4号証　　パンフレット○○
5．甲第5号証　　C新聞（写し）
6．甲第6号証　　C新聞社ホームページ（写し）
7．甲第7号証　　平成○○年○○月○○日録音テープ反訳文
8．甲第8号証　　債務者B₂名刺の写し
9．甲第9号証　　報告書（債権者○○）
10．甲第10号証　　報告書（債権者○○）
11．甲第11号証　　地図の写し

添付書類

1．甲号証　　　　各1通
2．訴訟委任状　　1通

第2章　仮処分の申立てによる対応

〈事例3〉　自転車ハンドマイクによる街宣活動がなされた事例

❖事案の概要❖

　債権者は、地方公共団体であるＡ市である。債務者Ｂはえせ右翼団体であるＣ新聞社の一員として活動している者であるが、過去に行政対象暴力を行い服役したことによりＡ市の代表者を逆恨みし、Ａ市およびその代表者が「嘘の起案をした」などと虚偽の事実に基づき誹謗中傷する内容の街宣活動を行った。その行為態様は、ハンドマイク拡声器を使い、67回もの多数回にわたり、Ａ市役所正門等で演説を行うというものであった。このようなＢの行為は憲法で保障された表現の自由・政治活動の自由を逸脱するものであり、Ａ市に対する業務妨害行為および債権者の外部的名誉を侵害する誹謗中傷行為である。そこで、Ａ市は、Ｂに対し、Ａ市役所での街宣活動の禁止を求めて仮処分の申立てをした、という事案である。

【書式例8】　仮処分命令申立書

仮処分命令申立書

平成〇〇年〇〇月〇〇日
〇〇地方裁判所第〇〇民事部保全係　御中

　　　　　　　　　　　債権者代理人弁護士　〇　〇　〇　〇
　　　　　　　　　　　　　　　　　弁護士　〇　〇　〇　〇
　　　　　　　　　　　　　　　　　弁護士　〇　〇　〇　〇
　　　　　　　　　　同　復代理人弁護士　〇　〇　〇　〇
　　　　　　　　　　　　　　　　　弁護士　〇　〇　〇　〇
　　　　　　　　　　　　　　　　　弁護士　〇　〇　〇　〇
　　　　　　　　　　　　　　　　　弁護士　〇　〇　〇　〇

当事者の表示
　　別紙当事者目録記載の通り

業務妨害等禁止仮処分命令申立事件

申立ての趣旨

　債務者は，債権者に対し，自ら下記の行為をしてはならず，代理人，使用人，またはその他の第三者をして下記の行為をさせてはならない。
記
　○○県Ａ市△丁目△番△号所在のＡ市役所庁舎の別紙正面入り口から半径400メートル以内で拡声器による演説を行い債権者及びその代表者，職員の業務を妨害し，並びに誹謗中傷するなどして債権者及びその代表者の業務，名誉，又は，信用を毀損する一切の行為
との裁判を求める。

申立ての理由

第１，被保全権利
１，債権者は，地方公共団体であるＡ市であり，その代表者（市長）はＤである。
２，債務者は，かつてＣ新聞社広告宣伝部の肩書きで活動していた者であり，現在も，組織内での地位は不明であるもののＣ新聞社の一員として活動している。Ｃ新聞社はＡ市内に住所を置き，Ｃ新聞と称する新聞を編集発行し，街頭宣伝車を数台有する団体である（甲３・４・７から９）。
３，債務者は平成○○年○○月○○日から，Ａ市役所正門，東門付近及び南側道路付近で拡声器を用いて，演説を行うようになった（甲１）。
　　当該演説は平成○○年○○月○○日まで合計67回に及び音量としても拡声器から30メートル離れたところでも90デシベルを超える大音量で行っている（甲１・11・18）。
　　演説の内容は大要次のようなものである（甲１中の反訳記録）。
① 　Ａ市は，談合情報が寄せられた際の対応を規定した要綱を作成していない。近隣市は，作成している。このことは，要綱を作成できない理由があるのではないか。
② 　Ａ市社会福祉協議会が，Ｋ場内に設置している自動販売機の事業に関し委託先業者との契約が「うその起案」を作成し，それに基づくもので，不利な契約を締結していた。当時（平成○○・○○年），Ａ市社会

福祉協議会の会長であったD市長（債権者の代表者）は，その責任を取るべきである。
③　特定のA市議会議員に選挙違反があること，その議員は○○会という会派に属していて，○○会はD市長派の会である。
④　A市市議会議員が作っている○○会なる会派が市長に批判的でなく共同歩調をとることは議会政治としておかしい。
等，多岐にわたるが，中心的に演説していることは②の社会福祉協議会の自動販売機に関する契約のことであり（甲1），債権者及びその代表者たる市長に対する中傷，個人攻撃，挑発的演説である。
4．ところで，債務者が今回拡声器による演説を市庁舎付近で行うこととなった経緯には下記のようなものがあり，その実態は刑に服役した者がなす「お礼参り」の行動である。
即ち，
(1)　債務者は，C新聞社の中心的人物として平成○○年○○月○○日から，当時，債権者の代表者である市長が理事となっていた社会福祉法人A市社会福祉協議会に対しC新聞社の名が車体に書かれた3台の街頭宣伝車を用いて，自ら又は配下の者をして，同協議会を誹謗中傷する内容のテープを繰り返し大音響で流し続けたり，またスピーカーを大音量にして誹謗中傷する内容の演説をし，時には読経を流し続けるといった街宣活動を行った（甲3）。
　　同協議会は債務者をC新聞社社主Eと本件の債務者Bの2名として，○○地方裁判所に街宣活動禁止仮処分申立てをなし，平成○○年○○月○○日に同裁判所から下記のとおりの仮処分決定を得た（甲2）。

記

主　文

「債務者らは，債権者に対し，自ら以下の行為をしてはならない，代理人，使用人，従業員，又はその他の第三者をして以下の行為をさせてはならない。
1　○○県A市○○丁目△番△号所在の社会福祉法人A市社会福祉協議会の入っているA市○○会館の正面玄関から半径700メートルの範囲内において，街頭宣伝車を用いて行進若しくは停車し，街頭宣伝車による演説を行い，スピーカーを使用して大声を上げ，あるいは，音楽，読経，演説テープを放送して，債権者の業務を妨害し，債権者を誹謗中傷して債権者及びその役員，職員の名誉を毀損する一切の行為

　　　　2　債権者の許可なく債権者の事務所がある○○県Ａ市△丁目△番△号所在のＡ市○○会館の建物及び敷地に立ち入る行為
　　　　3　債権者の役員及び職員に対し電話，文書，面接等による方法で，債権者に対し直接交渉を強要する行為」
(2)　また，債務者は平成○○年○○月○○日，Ａ市社会福祉協議会の次長職にあった幹部職員に対し，前記(1)の街宣活動が始まる前の平成○○年○○月○○日と同○○日にＡ市市庁舎内において強要未遂行為をなしたとして，○○県警捜査四課と○○県警Ａ警察署の合同捜査班によって逮捕され（甲6），平成○○年○○月○○日，暴力行為等処罰に関する法律違反で懲役1年の実刑判決を受けた。
　　　なお債務者は，平成○○年○○月にも当時の○○県Ｆ町役場の職員を，Ｃ新聞社記者を名乗り，町役場内で脅迫，暴行行為を行った容疑で逮捕され執行猶予付きの懲役刑を科されていた（甲5）。
　　　上記Ａ市の行為もＦ町の行為も市庁舎ないし町庁舎内で白昼堂々となされた悪質なものであるうえ，その背景には下記のとおり威力を用いて自己の利を得ようとする行為である。
(3)　上記(1)のＡ市社会福祉協議会に対する街宣活動及び上記(2)の同協議会の幹部職員に対する暴力行為も，ともにＡ市社会福祉協議会がＫ場に設置している飲料水・ジュース等の自動販売機の設置契約について，社会福祉協議会と民間業者との間で不正があると主張したものであるが（甲7・8・9），債務者やＣ新聞社が当時当該主張をし始める以前にＣ新聞社が販売業者を同行してＫ場内に自動販売機の設置願いが出たことがあったが，これを却下した経緯があり，債務者の当時の行為は，その実は威力を用いて自己の配下の業者が自動販売機を設置出来るようにしようとする思惑からの行為であった（甲6）。ちなみに，Ｃ新聞社社主Ｅは週刊○○のインタビューに対して自己を「恐喝家」と称して，世間では恐喝といわれる行為をしていることを自ら認めている。債務者は，そのようなＥと長年行動をともにしている人間であり，前述のようにＥ同様の行為をしてきたものである。
(4)　債権者ないし債権者の代表者と件外Ｃ新聞社との間では，上述のＡ市社会福祉協議会に対する街宣活動に関係して生じた社会福祉協議会幹部職員に対する暴力行為がＡ市庁舎内で生じていたことなどから，これに毅然と対応するため，市職員らがＣ新聞の受け取りを拒否する行動を起こすなどしてきた。

253

債務者は，平成○○年○○月に服役を終わり，現在，Ａ市内に居住しており，本件演説行為については街頭宣伝車を用いているわけでもないし，Ｃ新聞社の名も一切語っていない。

(5) しかし，債務者の演説内容は社会福祉協議会の自販機設置問題というＣ新聞社の街宣車を用いて街宣活動を行っていた事項と同一の問題であり，債務者自身も，本件ハンドマイク拡声器による演説活動を開始する前の平成○○年○○月○○日にＡ市管財検査課を訪れた際に，対応した同課Ｇ課長に対し，

「俺は運動の世界では相手にはとことんやりますよ。勝つまでやりますよ。変なとこもっていかれたけど。あれで，死ぬ人と，あれをバネに，もう一回やってやろうというのじゃ違うんだから。そこんとこ考えた方がいいよ。俺は後者の方だから。」と発言している（甲10）。

この発言は，債務者がＡ市社会福祉協議会の幹部に対する暴力行為で実刑判決を受けた際の同協議会の理事であった債権者の代表者及び債権者に対し，従来と同一の攻撃を行うことの決意表明である。

(6) 本件で債務者は，前述のように街頭宣伝車を用いず，Ｃ新聞社の社名も語らず，一人でハンドマイク拡声器を用いて演説しているのみであり，警察署への道路使用許可申請もなし，合法な市民の政治活動や意見表明活動を装っている。

しかし，その演説内容は，従来から債務者がＣ新聞社とともに街頭宣伝活動を行い，Ｃ新聞紙上においても「自販機利権奪還」と見出しに掲げ，債務者自身が刑務所内から「糾弾」の署名記事を発表した債権者に対する一連の攻撃行動の延長線上にあるものであり（甲8，9），本件街宣活動を平成○○年頃からの行動と併せて全体的にみると違法な業務妨害及び誹謗中傷行為であることは明らかである。

債権者の多くの職員は，債務者による行政対象暴力が再開されたという認識を抱いているものである（甲14，15，16）。

5. 市民には確かに，意見表明の自由や政治活動の自由が保障されるべきであるが，本件演説の内容について言えば，

上記3①についてはＡ市では，談合情報が寄せられた際の対応を国及び県の対応要領に準じて対応していることから，市独自の要綱を作成していないだけであり，談合情報が寄せられた場合には他市と同様に必要に応じて警察及び公正取引委員会に通報及び連絡をしていること

また，上記3②についても「うその起案」を作成した事実はない

さらに，上記3③④についても市議会議員や，その特定の会派の活動が市長の責任に到底結びつくものではない
などから，債務者の演説は保護されるべき意見表明や政治活動ではなく，債権者及びその代表者を「嘘の起案をした」などと誹謗中傷し，その信用を貶める行為である。

　また，平成○○年に債務者が社会福祉協議会の幹部職員への行政対象暴力の結果，服役しなければならなくなった原因が自己の身勝手な行動にあるにも拘わらず，行為当時，社会福祉協議会の理事であった債権者の代表者にあると逆恨みし，同人に対しての恨みを債権者の行政及び業務執行に対する妨害という形をとっているものである。

　本件街宣行為は行政対象暴力に毅然として抵抗し立ち上がった債権者代表者及び債権者に対するお礼参り的行動であり，保障された表現の自由ないし政治活動の自由を逸脱するものである。

6，その行為態様も，ハンドマイク拡声器とはいえ，その性能は高性能であり（甲19），街宣している場所から30メートル市庁舎側で測定しても90デシベルを超えるほどの大音量となっていて（甲11・12・14・15・18），債権者の職員の業務に対する影響も大きく（甲15・16），周辺住民の平穏に生活する権利の侵害になっている上，市役所周辺は近辺の小学校や幼稚園への通学路ともなっていて通学する子供達の心身にも少なからず影響を与えるものである（甲13）。

　前記のとおり債務者の街宣活動の回数は平成○○年○○月○○日までに67回と執拗であり（甲1），偽計ないし威力による業務妨害以外の何ものでもなく刑法233条，同234条に該当する虞もある行為である。

7，よって債権者は，債務者の本件街宣活動が債権者の有する平穏に業務を遂行する権利を侵害する業務妨害行為及び債権者の外部的名誉を侵害する誹謗中傷行為として，行為の差止め，損害賠償請求を行う権利を有する。

第2，保全の必要性

　債務者の街頭演説活動は，平成○○年○○月○○日から3か月半に渡って，継続的になされており，A市市議会の臨時議会が開かれた平成○○年○○月○○日には午前9時5分から同9時54分まで，同10時21分から同10時35分まで，同11時20分から同午後12時まで，同午後4時55分から同6時30分（但し，途中中断有り）までなされるという執拗なものであり（甲1），通常議会が開催されている○○月○○日からも拡声器を自転車にくくりつけて街宣

行動を行うという行為がなされている。債務者の従来の行動経過からして今後とも同様な活動が繰り返される虞が極めて高い。

　このような債権者対する本件街頭演説活動は，債権者の業務を遂行する権利を侵害するのみならず，行政対象暴力として債権者による行政の円滑な運営を妨げる行為であることから，即刻禁止されるべきものである。

　以上の次第で本申立てをする。

疎明方法

1．甲第1号証　　　　街宣記録表
2．甲第2号証─1　　仮処分決定書
3．甲第2号証─2　　仮処分更正決定書
4．甲第3号証　　　　報告書（平成〇〇年〇〇月〇〇日付乙）
5．甲第4号証　　　　週刊〇〇（平成〇〇年〇〇月〇〇日付）記事
6．甲第5号証　　　　平成〇〇年〇〇月〇〇日新聞記事
7．甲第6号証　　　　平成〇〇年〇〇月〇〇日新聞記事
8．甲第7号証　　　　平成〇〇年〇〇月〇〇日C新聞記事
9．甲第8号証　　　　平成〇〇年〇〇月〇〇日C新聞記事
10．甲第9号証　　　　平成〇〇年〇〇月〇〇日C新聞ブログ記事
11．甲第10号証　　　 報告書
12．甲第11号証　　　 音量測定値表
13．甲第12号証　　　 依頼書
14．甲第13号証　　　 A市役所周辺地図
15．甲第14号証　　　 陳述書
16．甲第15号証　　　 報告書等
17．甲第16号証　　　 報告書
18．甲第17号証　　　 行動記録表
19．甲第18号証　　　 音量測定表
20．甲第19号証　　　 街宣自転車写真
21．甲第20号証　　　 拡声器性能説明書

添付書類

　1．甲号証　　　　　　　　　　　　　　　　各1通
　2．訴訟委任状　　　　　　　　　　　　　　1通

当事者目録

〒○○○-○○○○　○○県A市△丁目△番△号
　　　　　　　　　債権者　A市
　　　　　　　　　代表者　市長○　○　○　○

〒○○○-○○○○　○○県○○市○○区○○町△丁目△番△号
　　　　　　　　　○○法律事務所
　　　　　　　　　電　話　○○○—○○○—○○○○
　　　　　　　　　ＦＡＸ　○○○—○○○—○○○○
　　　　　　　　　債権者代理人
　　　　　　　　　弁護士　○　○　○　○
　　　　　　　　　弁護士　○　○　○　○
〒○○○-○○○○　○○県○○市○○町△丁目△—△
　　　　　　　　　債務者　B

〈事例４〉　市長選が街宣で妨害されようとした事例

❖事案の概要❖

　新聞社を名乗るえせ右翼団体の代表者Ａが、地方公共団体の首長選挙公示前に、立候補予定者Ｂ（現首長）の自宅および選挙事務所前に街宣車で乗り付け、批判的演説等の街宣を行った。

　Ａは、本件以前にもたびたび同地方公共団体との間でトラブルを起こしており、これに対して毅然と法的対応をとったＢに対して悪感情を抱いていた。

　具体的なＡの行為は、住宅街にあるＢ自宅前および駅近くに設置されたＢの選挙事務所入口正面の路上に、街宣車（車体に「天誅」などと書かれた威圧的なもの）で乗り付け、あらかじめ録音されたＢを誹謗中傷する内容の演説テープを大音響で流しながら、マイクを用いてＢに対する批判を繰り返すというものであった。

　このため、Ｂ代理人として、Ｂの平穏に生活する権利および自由に政治活動を行う権利を被保全権利とし、「Ａ等は自ら又はその他の第三者をして、Ｂ自宅及び選挙事務所からそれぞれ半径1000メートル以内において街宣車を用いて行進、徘徊もしくは停車し、街宣車のスピーカーによる演説を行い、あるいは街宣車を用いずに徘徊もしくは立ち止まり、ハンドマイクを使用して大声を上げ、あるいは、音楽、演説テープを放送して、Ｂの業務及び生活を妨害する一切の行為をし、またはさせてはならない、との裁判を求める」との街宣活動禁止仮処分命令申請を行った。

【書式例9】 仮処分命令申立書

仮処分命令申立書

平成○○年○○月○○日

○○地方裁判所第○○民事部保全係　御中

　　　　　　　　　　債権者代理人弁護士　○　○　○　○
　　　　　　　　　　　　　　　　弁護士　○　○　○　○
　　　　　　　　　　　　　　　　弁護士　○　○　○　○
　　　　　　　　　　　　　　　　弁護士　○　○　○　○

当事者の表示
　　別紙当事者目録記載の通り
街宣活動禁止仮処分命令申立事件

申立ての趣旨

　債務者Aらは，債権者Bに対し，自ら下記の行為をしてはならず，代理人，使用人，またはその他の第三者をして下記の行為をさせてはならない。

記

　○○所在の債権者自宅及び○○所在の債権者選挙事務所からそれぞれ半径1000メートル以内（別紙1及び同2図面に表示した円の内側）において，街頭宣伝車を用いて行進，徘徊もしくは停車し，街頭宣伝車のスピーカーによる演説を行い，あるいは街頭宣伝車を用いずに徘徊もしくは立ち止まり，ハンドマイクを使用して大声を上げ，あるいは，音楽，演説テープを放送して，債権者の業務及び生活を妨害する一切の行為
との裁判を求める。

申立ての理由

第1　当事者
　1　債権者は，現在，○○県○○市の市長の職にある者で，また平成○○年○○月○○日公示，同年○○月○○日投票予定の○○市市長選挙に立候補を表明している者である（甲6）。
　　債権者は，平成○○年○○月○○日，○○に選挙事務所を設置し，同所

において，債権者の支持者らと○○市市長選挙における活動計画策定等の政治活動を開始した。
 2　債務者Aは，「○○新聞社」なる団体の「社主」を名乗り，同社の肩書きで「○○新聞」と称する新聞を編集発行し，インターネットのホームページでも同社の記事を掲載している者である。債務者C（以下，「債務者C」という）は，同団体の「社主付」の肩書きを表示した名刺を対外的に配布するなどして活動している者である（甲1，甲2）。
 3　同団体は，街頭宣伝車を有している。その街頭宣伝車は，黒のワゴン車で，外観に日本国旗の絵と「天誅」「国賊は討て！」「○○新聞社」との記載があり，車体上部にはスピーカーがつけられており，スピーカー側面には「天網恢々疎にして漏らさず」との記載があるものである（甲3，甲4）。

第2　被保全権利
 1　債務者らは，以下のとおり，○○所在の債権者自宅前の路上及び○○所在の債権者選挙事務所の入り口正面の路上に「○○新聞」保有の街宣車で乗り付け，債権者を誹謗中傷する内容の演説を予め録音していたテープを同街宣車のスピーカーを用いて大音響で行うという街宣活動を行っている（甲3，甲4，甲5，甲6）。しかも，債務者Aは，その演説のテープを流しながら，マイクを用いて債権者に対する暴言を債権者支持者に威圧的に吐いている（甲5，甲6，甲7）。
　　平成○○年○○月○○日　午前10：00～午前11：00　債権者選挙事務所
　　平成○○年○○月○○日　午後5：10～午後5：25　債権者自宅
　　平成○○年○○月○○日　午後5：30～午後6：40　債権者選挙事務所
　　平成○○年○○月○○日　午後6：00～午後6：30　債権者選挙事務所
（甲6，甲10）
 2　上記演説の内容は，街宣車のスピーカーによりテープを用いて専ら債権者の市長在任についての多選批判を大音量で行う他，債権者の支持者が周辺にいると，下記のように債権者支持者に恫喝するような暴言を吐いている（甲5）。

記

「何言ってるんだ，この野郎。もう1回言ってみろ。こういう事ばっか言うんだ，こいつ。」
「お前らがみんな，○○もひどいことした。」

「なんだよやるのか。」
「すぐこう。すぐこう。おばさん，勘弁してよ。」
3　債権者選挙事務所においては，市長選挙に向けて，債権者の支持者が集まり，債権者の公示後の選挙活動について，債権者の街頭演説の日程などの具体的な計画について会議をしている。しかし，債務者Ａが上記のように債権者事務所前に黒塗りの街宣車で乗り付け，大音響で街宣をしたり，支持者に対して恫喝するような暴言を吐いたことにより，支持者は恐怖を覚え，債権者の支援をすると自分に危害が加えられるのではないか，と恐れてしまっている。そのため，上記のとおり，債権者の公示後の選挙活動の計画や方針についての会議もできる状況ではなくなり，債権者の政治活動に支障が生じている。
4　また，債権者自宅住居は，閑静な住宅街にあるところ，債務者らが上記のような街宣活動を行ったことにより，債権者の生活の平穏は害された（甲6，甲7）。
5　債権者は，債務者らの街宣行為が債権者の有する政治活動の自由を侵害し，且つ債権者の平穏に生活する権利を侵害するものとして，本件街宣行為の差し止め及び，損害賠償請求を行う権利を有する。
6　よって，債権者は，債務者らの街宣活動が債権者の有する政治活動を自由に行う権利及び平穏に生活する権利を侵害するものとして，街宣行為の差し止め，損害賠償請求を行う権利を有する。

第3　保全の必要性
1　債務者らの街宣活動は，上記のとおり，平成○○年○○月○○日から，現在まで断続的に繰り返されている。債権者は，既に述べたとおり，平成○○年○○月○○日公示の次期市長選挙に立候補予定の者であり，同選挙は○○月○○日に投票が行われる予定である。
　債権者は，現職の市長であるが，次期選挙においては一立候補者にすぎず，上記のような威圧的な街宣がこのまま続けられると，債権者の支持者が恐怖して債権者の支援を行うことを躊躇したり，市民が債権者に対する支持を表明し得なくなるおそれがあり，ひいては，債権者が，選挙公示後に選挙活動を行っても，市民の自由意思により行われるべき自由な投票による審判を受けられなくなるおそれが大きい。これは，本来市民の自由意思によって運営されるべき民主政治の根幹を侵害する行為である。
2　また，債務者らの行為は，これまで債務者らが○○市との間で度々起こ

してきたトラブルに対する債権者の毅然とした法的対処について，報復的になされた行政対象暴力の一環であり，悪質な攻撃であるから，早急に禁止する必要性が高い。

ここにいう債務者らのトラブル及び債権者の法的対処の経緯とは，次のとおりである。

(1) 債務者Aは，○○新聞社の中心的人物として平成○○年○○月○○日から，当時，債権者が会長となっていた社会福祉法人○○市社会福祉協議会に対し○○新聞社の名が車体に書かれた3台の街頭宣伝車を用いて，自ら又は配下の者をして，同協議会を誹謗中傷する内容の演説テープを繰り返し大音響で流し続けたり，またスピーカーを大音量にして誹謗中傷する内容の演説をし，時には読経を流し続けるといった街宣活動を行った。

同協議会は本件の債務者であるAとCの2名に対して，○○地方裁判所に街宣活動禁止仮処分申立てをなし，平成○○年○○月○○日に同裁判所から下記のとおりの仮処分決定を得た。

記

主　文

「債務者らは，債権者に対し，自ら以下の行為をしてはならず，代理人，使用人，従業員，又はその他の第三者をして以下の行為をさせてはならない。

1　△△所在の社会福祉法人○○市社会福祉協議会の入っている○○市○○○○○会館の正面玄関から半径700メートルの範囲内において，街頭宣伝車を用いて行進若しくは停車し，街頭宣伝車による演説を行い，スピーカーを使用して大声を上げ，あるいは，音楽，読経，演説テープを放送して，債権者の業務を妨害し，債権者を誹謗中傷して債権者及びその役員，職員の名誉を毀損する一切の行為

2　債権者の許可なく債権者の事務所がある○○所在の○○市○○会館の建物及び敷地に立ち入る行為

3　債権者の役員及び職員に対し電話，文書，面接等による方法で，債権者に対し直接交渉を強要する行為」

(2) また，債務者Cは平成○○年○○月○○日，○○市社会福祉協議会の次長職にあった幹部職員に対し，前記(1)の街宣活動が始まる前の平成○○年○○月○○日と同○○日に○○市市庁舎内において強要未遂行為をなしたとして，○○県警捜査四課と○○県警○○警察署の合同捜査班

によって逮捕され，平成〇〇年〇〇月〇〇日，暴力行為等処罰に関する法律違反で懲役1年の実刑判決を受けた。

(3) さらに，債務者Cは，平成〇〇年〇〇月頃から，〇〇市役所付近で，ハンドマイクを使った街宣活動を繰り返したことにより〇〇市に対して街宣による騒音により業務妨害をしているとして，〇〇市を債権者とする街宣禁止仮処分命令申請事件の申立を受け，平成〇〇年〇〇月〇〇日に〇〇地方裁判所から下記のとおりの街宣禁止の仮処分を受けている。

記

主　文

「債務者は債権者（債権者代理人注：〇〇市役所）に対し，下記の行為をしてはならない。

記

〇〇所在の〇〇市役所庁舎正面入り口…から半径400メートル以内…で拡声器による演説を行い債権者及びその代表者，職員の業務を妨害し，並びに誹謗中傷するなどして債権者及びその代表者の業務，名誉，又は信用を毀損する一切の行為」

3　本件における街宣行為禁止の範囲については，債権者自宅玄関及び債権者選挙事務所入り口からそれぞれ半径1000メートル以内での禁止が必要である（甲8，甲9）。

　債権者選挙事務所においては，上記のとおり，債権者の支持者が常駐して政治活動を行っているところ，債務者らの街宣活動は大音響によるものであり，半径1000メートル以内での禁止をしなければ，事務所内における政治活動などの事務に支障が生じる。

　また，債権者住居は，閑静な住宅街（甲8）にあるため，半径1000メートル以内での街宣の禁止をしなければ，住居内における生活の平穏は保たれない。

　そのため，一般の事業所等の付近における街宣行為禁止の場合とは異なり，本件においては，債権者選挙事務所及び債権者住居のいずれについても，街宣禁止の範囲を広くする必要があるのである。

4　債権者は，平成〇〇年〇〇月〇〇日公示，同年〇〇月〇〇日投票予定の〇〇市市長選挙に立候補予定であるところ，街宣行為の差し止め請求の本訴を提起していたのでは，選挙活動中に債務者らの行動を止めることはできないため，債務者らの行為を即刻中止すべく，本仮処分申立てをした次第である。

〔参考資料２〕　仮処分決定

平成○○年(ヨ)第○○号　街宣活動等禁止仮処分命令申立事件

決　　定

債権者　　B
上記代理人弁護士　　○　○　○　○
同　　○　○　○　○
同　　○　○　○　○
同　　○　○　○　○
上記○○○○復代理人弁護士　　○　○　○
債務者　　○○新聞社社主○○こと
A
債務者　　○○新聞社社主付○○こと
○○

　上記当事者間の頭書事件について，当裁判所は，債権者に債務者らのため各金10万円の担保を立てさせて，次のとおり決定する。

主　文

1　債務者らは，債権者に対し，自ら下記の行為をしてはならず，代理人，使用人又はその他の第三者をして下記の行為をさせてはならない。

記

　○○所在の債権者の自宅（別紙１の図面に表示した円の中心の赤点）から半径500メートル以内の区域（別紙１の図面に表示した円の内側）において，街頭宣伝車を用いて行進，徘徊若しくは停車しながら，街頭宣伝車のスピーカーによる演説を行い，又は，街頭宣伝車を用いずに徘徊若しくは立ち止まりながらハンドマイクを使用して大声を上げ，若しくは音楽，演説テープを放送して，債権者の生活を妨害する一切の行為

2　債務者らは，債権者に対し，平成○○年○○月○○日まで，自ら下記の行為をしてはならず，代理人，使用人又はその他の第三者をして下記の行為をさせてはならない。

記

　○○所在の債権者の選挙事務所（別紙２の図面に表示した円の中心の青点）から半径500メートル以内の区域（別紙２の図面に表示した円の内側）において，街頭宣伝車を用いて行進，徘徊若しくは停車しながら，街頭宣伝

車のスピーカーによる演説を行い，又は，街頭宣伝車を用いずに徘徊若しくは立ち止まりながらハンドマイクを使用して大声を上げ，若しくは音楽，演説テープを放送して，債権者の業務を妨害する一切の行為
 3　債権者のその余の申立てをいずれも却下する。
 4　申立手続費用は，これを3分し，その2を債権者の負担とし，その余は債務者らの負担とする。

理　　由

 1　当事者間に争いのない事実，疎明資料及び審尋の全趣旨によれば，債権者の申立ては，主文1，2項記載の限度において理由があるが，その余の部分については，現時点においては，理由があるとは認められない。
 2　よって，債権者に債務者らのため各金10万円の担保を立てさせて，債権者の申立てにつき主文1ないし3項のとおり，申立手続費用の負担について民事保全法7条，民事訴訟法61条，64条本文，65条1項本文を適用して，主文4項のとおり決定する。
　　　　　　平成〇〇年〇〇月〇〇日
　　〇〇地方裁判所第〇〇民事部
　　　　裁判官　〇　〇　〇　〇

（注1）　決定では、街宣禁止範囲は自宅および選挙事務所からそれぞれ半径500メートルとされた。
（注2）　当初、街宣禁止範囲について、裁判官から半径200メートルで十分でないかなどと言われ、街宣の影響力等について説明する必要があった。
（注3）　仮処分決定発令後送達前に、債務者が別件で逮捕されたため、債務者が逮捕・勾留されている警察署の署長宛に再送達を行う必要があった。

第2章　仮処分の申立てによる対応

〈事例5〉　公共団体の入札行為に対し談合だと因縁をつけて建設会社を街宣した事例

❖事案の概要❖

　Ａ会社は、Ｂ市発注の公共工事の入札に参加し、落札したところ、えせ右翼団体Ｃから談合入札ではないかとの公開質問状を受け、これに対し、そのような事実はない旨の回答をした。Ｃは、Ｂ市に対しても警告書を送付し、担当者に数回にわたって面会を求め、ＡをＢ市の指名業者から外すよう強要し、Ａに対しては街宣を行った。Ａは、一時、示談解決を模索したが結果的には示談解決を拒絶した。これに対して、Ｃは、組織に対する重大な挑戦であり徹底的に抗議活動を貫徹するとして、ＡおよびＡの代表者Ｄ宅に執拗に街宣をかけ、またＢ市役所付近において、大音量の音楽を流した。

　そこで、ＡおよびＤは、Ｃに対して、①街宣の禁止、②建物、敷地内への立入禁止、③Ｄに対する架電、面接等の強要禁止を求めて仮処分の申立てをした。

【書式例10】　仮処分命令申立書

仮処分命令申立書

　　　　　　　　　　　　　　　　　　平成〇〇年〇〇月〇〇日
〇〇地方裁判所〇〇支部　御中
　　　　　　　　　　　　債権者ら代理人弁護士　〇　〇　〇　〇
　　　　　　　　　　　　　　　　　同　　　　　〇　〇　〇　〇
　　　　　　　　　　　　　　　　　同　　　　　〇　〇　〇　〇

　　　　　　　　　当事者　別紙当事者目録記載のとおり
街宣禁止等仮処分申立事件

266

申立ての趣旨

1　債務者は，債権者らに対し，自らにせよ代理人，使用人，従業員又はその他の第三者によるにせよ，左の行為のいずれをもしてはならない。

記

(1)　左記場所及びその付近（正面入口から半径700メートル以内）を徘徊し，大声を張り上げ，街頭宣伝車を用いて行進若しくは停車し，街頭宣伝車による演説を行い，スピーカーを使用して大声を上げ，あるいは音楽，読経を放送し，ビラを撒く等して，債権者らの業務を妨害し，又は名誉，信用を毀損する一切の行為。
　①　債権者Ａ　本社（○○市○○町△番地）
　②　債権者Ｄの自宅（○○市○○町△丁目△番地）
　③　Ｂ市役所（○○市○○町△丁目△番地）
(2)　債権者らの許可なく，右①及び②の建物及び敷地に立ち入る行為。

2　債務者は，債権者Ｄ対し，自らにせよ代理人，使用人，従業員若しくは第三者によるにせよ，電話，文書，面接等による方法で直接交渉を強要する行為をしてはならない。

申立ての理由

第1　保全の必要性

1　当事者
(1)　債権者Ａ（以下，「債権者会社」という）は，土木工事及び建築工事の請負等を業とする会社であり，債権者Ｄ（以下，「債権者Ｄ」という）は債権者会社の代表取締役である。
(2)　債務者は，Ｃ党を名乗る政治結社の総裁の肩書を有するものである（甲1）。

2　公共工事の入札
　債権者会社は，Ｅと共同企業体として，Ｂ市発注の「○○工事」の入札に参加，平成○○年○○月○○日Ｂ市○庁舎における現場説明会を経て，同年○○月○○日右工事を落札した（甲9）。

3　街宣行為等の実情
(1)　債権者会社は，債務者から平成○○年○○月○○日付「公開質問状」なる書面を突然受け取った（甲2）。

その内容は，Ｂ市発注の「○工事」の入札に関し，債権者会社及びＥが共同企業体として落札したとなれば，談合入札になるのではないか，という趣旨のものであった。

これに対し，債権者会社は○○月○○日付「回答書」で，そのような事実はない旨回答した（甲３）。
(2) その後，債務者は，Ｂ市役所に対しても警告書なる文書を送付したり，数回に渡って担当者に面会を求め，債権者会社をＢ市の指名業者から外すよう強要した（甲９）。
(3) そうしたなか，債権者会社は，債務者により平成○○年○○月○○日，○○日の両日，左のとおり債権者会社本店前に街宣をかけられた（甲５）。
① ○○月○○日
午前11時40分から２回
午後１時から２回
② ○○月○○日
午前10時30分
午前11時30分
街宣の内容は，債権者会社が談合入札をしているというものであった。
(4) その後，Ｆなる人物が，街宣をかけられ迷惑しているでしょう，と示談交渉者として介入し，債務者の要求は，次の３点であると言って来た（甲９）。
① 謝罪文の作成
② 担当社員の退社又は転職
③ 示談金1000万円
(5) 債権者会社は，一時は示談解決もやむなしとして，債務者の意向のままに謝罪文を作成したりしたが，最終的には，○○月中頃に至り，担当社員の処遇を巡り意見が対立し示談解決することを拒絶した（甲９）。
(6) これに対し，債務者は，平成○○年○○月○○日付「公開詰問状」なる書面を送付し，担当社員を退社させなかったことをとりあげ，債務者の組織に対する重大な挑戦であるとして，債権者に対し，鉄槌を加え，Ｂ市地域での債権者会社の不正な企業活動を，未来永劫にわたって追及し，最後まで徹底的に抗議行動を貫徹する，旨表明している（甲４）。
(7) 右「公開詰問状」送付後の平成○○年○○月○○日午前11時頃から，債権者会社本店前において，街宣車３台をもって債務者外数名による街

宣行為が開始され，更に同日午後1時30分及び午後2時25分からも同様に街宣行為が繰り返され，以後街宣行為が次のとおり継続された（甲5，9）。

記

① 平成〇〇年〇〇月〇〇日
　　午前11時50分から，午後1時50分から，午後2時50分からそれぞれ2，30分
　　場所　いずれも債権者会社本店前
② 平成〇〇年〇〇月〇〇日
　　午前11時から，午後2時から，午後3時10分からそれぞれ2，30分
　　場所　いずれも債権者会社本店前
　　街宣車3台　人数10人位
　　右以外に債権者D自宅にも来た
③ 平成〇〇年〇〇月〇〇日
　　午前11時から2，30分
　　場所　債権者D自宅付近
　　右以外に債権者会社にも来た
④ 平成〇〇年〇〇月〇〇日
　　午前10時から午後12時30分まで30分間隔
　　場所　債権者D自宅付近
　　街宣車2台
　　右以外にも債権者会社にも来た，但し，音楽のみ
⑤ 平成〇〇年〇〇月〇〇日
　　午前10時から20分間，午後12時15分から5分間
　　場所　債権者会社本店前
　　午前10時40分から
　　場所　債権者D自宅付近
⑥ 平成〇〇年〇〇月から〇〇月にわたって2，3回
　　場所　B市役所付近
　　大音量で音楽を流す

(8) 街宣の詳細は，甲第6号証のとおりであるが，その内容は債権者会社及び債権者Dが談合によりB市発注の工事を落札したと誹謗中傷するもので，街宣行為が債権者会社本店前及び債権者Dの自宅付近にて行

われていること，その態様が執拗であることから，決して正当な政治活動とはいえず，債権者らに向けられた嫌がらせ以外のなにものではなく，このような活動は債権者らの平穏な事業活動あるいは個人の平穏な日常生活を営む権利を著しく侵害するものである。

また，債務者は，B市に対し，債権者らに談合行為があったとして指名業者からはずせとか，債権者らは右翼団体と関係があるとか誹謗中傷し圧力をかけることにより，債権者らの事業活動を妨害しており，街宣行為にも及んでいる。

(9) 以上一連の行為は，刑法上の名誉，信用毀損罪，業務妨害罪に該当するものである。

4　本件入札の実態

本件入札は，いわゆる二段階方式を採っており公正に実施されている。また，本件入札にあたっては，Eとの共同企業体として参加しており，債権者会社は右共同企業体のいわゆる子の立場であり，親であるEに入札，契約等一任しており，債権者会社が入札にあたり談合したことは一切ない（甲9）。

債務者の談合疑惑云々は，全く根拠のない言い掛かりである。

5　結論

債務者は，「公開詰問状」及び街宣活動において，B市の地域で債権者らの不正な事業活動を，未来永劫に渡って封殺すべく，最後まで徹底的にこの抗議活動を貫徹する旨明言しており，今後いかなる手段で債権者らの営業活動，日常生活を妨害してくるか計り知れないものがある。

よって，債務者の名誉・信用毀損，業務妨害等の違法な行為を直ちに禁止する必要がある。

第2　被保全権利

債権者らは，事業所においてあるいは自宅において，「平穏かつ安全に営業を営む権利」あるいは「平穏かつ安全に日常生活を営む権利」を有する（人格権）。

よって，申立ての趣旨のとおり本申立てに及ぶ次第である。

疎明方法

甲1　右翼民族派団体名鑑（抄本）

甲2　公開質問状

甲3　回答書
甲4　公開詰問状
甲5　Y党街宣活動状況報告
甲6　テープ反訳文
甲7　写真
甲8　住宅地図
甲9　報告書

添付書類

1	甲号証（写）	各1通
2	資格証明書	1通
2	委任状	2通

〈事例6〉 騒音防止条例も利用して仮処分申立てがなされている事例

❖事案の概要❖

　Aは、B市に事務所を置く政治団体で、Aの代表者Cは、平成○○年にはB市長に対し、平成○○年にはE新聞社およびB地方裁判所に対する銃撃事件等を起こしている。

　Aは、某県に本店を置く会社Dに対して因縁を付け、執拗に街宣活動を繰り返し、また、Dおよびその役員・従業員・親族を誹謗中傷する架電・ビラ撒き（ただし、架電者・ビラ作成者は不明）も繰り返していた。Aの街宣は、某県が制定する「拡声器による暴騒音の規制に関する条例」の限度を超えるものであった。

　そこで、①街宣禁止、②佇立徘徊禁止、③Dおよびその役員・従業員・親族を誹謗中傷する文書等を取引先等へ送付することの禁止、④Dの役員・従業員・親族に対する面接・架電等の面接強要禁止、の4点につき仮処分の申立てをした。

　なお、仮処分手続の中で、Dが本案提訴すること、Aが上記①～④の行為を直ちに停止することを内容とする和解が成立した。

【書式例11】　街宣等禁止仮処分命令申立書

街宣等禁止仮処分命令申立書

平成○○年○○月○○日

○○地方裁判所○○支部　御中

　　　　　　　　　　　債権者代理人弁護士　○　○　○
　　　　　　　　　　　　　同　　弁護士　○　○　○
　　　　　　　　　　　　　同　　弁護士　○　○　○

　　　　当事者の表示　別紙当事者目録記載のとおり

申立ての趣旨

　債務者は，自ら別紙行為目録記載の行為をしてはならず，その所属する構成員または第三者をして，別紙行為目録記載の行為をさせてはならない。
との裁判を求める。

申立ての理由

第1　当事者
　1　債権者は，○○県○○市に本店を置く，一般区域貨物自動車運送事業等を業とする株式会社である（甲1）。
　　　債権者には，別紙物件目録記載の建物（以下「本店建物」という。）があり（甲15），本店建物の南東500メートルほど先に債権者の倉庫がある（甲2）。
　　　債権者については，上記本店において，約80人の従業員が業務に従事している。
　2　債務者は，B市に主たる事務所を置く政治団体であり（甲3），C氏はその代表者である（甲8）。
　　　債務者は，過去，天誅行動と称して，平成○○年○○月○○日にB市長に対する銃撃事件（甲4の1），平成○○年○○月○○日にE新聞社及びB地裁に対する銃撃事件等を起こしている（甲4の2）。これらは，過去のものではあるが，現在も過去の主な活動として債務者のホームページに掲載されている（甲5）。

第2　被保全権利
　1　債権者は，別紙物件目録記載の土地建物についてそれぞれ賃借権および占有権を有している。なお，別紙物件目録記載の土地建物は債権者の代表者の所有である（甲14ないし甲17）。
　2　債権者は，その所在地において，平穏に営業活動を行う権利を有する（営業的人格権）。
　3　債権者の役員及び従業員は，平穏にその業務を執行する権利を有し（職業遂行の自由），また，債権者の役員及び従業員並びにその親族は，個人として，平穏な生活を営む権利（人格権）を有する。

4 債権者,債権者の役員及び従業員並びにその親族は,名誉を犯されない権利（名誉権・人格権）を有する。

第3 保全の必要性
1 債務者による街宣活動について
 (1) 債務者は,債権者に対して,平成○○年○○月○○日付の「抗議・糾弾文」と題する書面を送付し（甲6),同日から,債権者の本店建物や倉庫周辺,また,○○県○○市○○番所在の株式会社F工場周辺を,債務者の名称を付した街頭宣伝車を用いて街宣活動を行ってきた。なお,債務者と債権者は本件街宣活動前に接点はなかった。また,債務者は,本件街宣活動に先立って,平成○○年○○月○○日付の「腐敗収賄幹部と癒着贈収賄協力業者との関係について」と題する質問状を株式会社Fに送付し,これを債権者にも送付している（甲7)。株式会社Fは債権者の主要取引先である。
　　この点,株式会社Fは,債務者に対して,街宣等禁止仮処分命令の申立てを行い（○○地方裁判所平成○○年(ヨ)第○○号),株式会社Fが本件仮処分申立てにかかる本案訴訟を提起し,債務者が株式会社Fに対する街宣活動を停止することを内容とする和解が成立し（甲8),しばらくは債務者の街宣活動が停止した。
　　その後,平成○○年○○月○○日付書面及び架電により,債務者の代表は債権者の代表取締役に面談を要求し（甲9),これに対して,債権者の代表取締役が面談を断ったところ,しばらく停止していた街宣活動が,平成○○年○○月○○日から,再び債権者の本店建物及び倉庫周辺において始まった。
 (2) 平成○○年○○月○○日以降の街宣活動について,債務者は,土日を除いた平日につきほぼ毎日にわたり,1日平均4回程度,演説や音楽を流す街宣活動を行っている（甲10,11)。
　　○○県が制定する「拡声機による暴騒音の規制に関する条例」（甲12)では,拡声機の音量は,条例規定の測定地点で測定して85デシベルを超えることとなる音（暴騒音）を生じさせてはならないとされているところ（同条例第3条),本件街宣活動では,度々90デシベルないし100デシベルを超える暴騒音を生じさせており（甲10,甲11),債権者だけでなく,周辺住民の平穏をも害している。債権者の本店建物周辺は,閑静な住宅地であり,高校もあって（甲2),付近の住民の平穏な生活や学校

生活に対しても多大な支障を与えている。

　また，街宣車を債権者の本店建物前で停車して街宣活動を行ったり，低速で走行させたりして，債権者の本店建物周辺の道路の通行を妨げている（甲11）。
(3)　本件街宣活動の内容については，債権者においてはパワハラが横行し従業員をいじめ抜いて辞職に追い込み，それを生きがいにしているとか，従業員を労災に加入させず利用価値がなくなれば即刻解雇して犬畜生のように扱っているなど事実に反するもので，債権者を不当に誹謗・中傷して債権者の信用や名誉を毀損し，また債権者の業務を妨害している（甲14）。

　なお，本件街宣活動の内容のひとつであり，平成○○年○○月○○日付の「抗議・糾弾文」にも記載されている債権者の倉庫の違法建築問題であるが，既に，平成○○年○○月○○日に○○県知事から都市計画法43条第1項の許可がおり，現在，是正の完了に向け作業を進めているところである。是正が完了すれば，倉庫として適法に利用することが可能である。
(4)　以上のような債務者の街宣活動により，債権者の役員及び従業員は怯え，精神的に不安になって，業務に集中できない状態が継続している。この点，同業他社が債権者の取引先に対し本件街宣活動を指摘して営業を行っており，取引先の業者も街宣活動を恐れて取引を控えるようになってきており，債権者は現実に仕事が減りつつあって，業務に甚大な支障が生じている。債権者はいわゆる大企業ではなく，今後このような状況が継続すれば，債権者は大打撃を受けて，会社の存続が危ぶまれる状態にある（甲14）。

　また，債権者の役員及び従業員並びにそれらの親族は，長期間の本件街宣活動により，多大な精神的苦痛を負い，地域における平穏な生活がおびやかされている。
2　怪文書の送付及び取引先への架電等について
(1)　本件街宣活動の始まる少し前くらいから，債権者や債権者の役員らを誹謗中傷する差出人不明の怪文書が債権者の代表取締役宛や債権者の取引先等に送付されたり，債権者の役員の孫の写真を付した怪文書が債権者本店所在地周辺に送付されるようになった（甲13の1ないし4）。これら怪文書については，債務者との関係は不明であるが，これら怪文書の配布と本件街宣活動とが相俟って，債権者の役員やその親族は恐怖心

で震え上がっている状況にある。これら怪文書の送付は現在も続いている。

(2) また，平成〇〇年〇〇月，債権者の複数の取引先に対し，このまま債権者と関係を続けるのであれば，関係した会社も糾弾行動の標的になる旨の内容の相手先不明の架電ないし文書の送付があった（甲13の5，甲14）。これらの架電ないし文書の送付についても，債務者との関係は不明であるが，本件街宣活動においても，債権者と契約している会社も同様にその責任を負うべきと債務者が主張していることもあり，これら取引先への架電ないし文書の送付と本件街宣活動とが相俟って，債権者の業務に重大な支障が生じている。ある取引先は実際に取引を停止してきている（甲14）。

3 まとめ

以上のとおり，債務者の本件街宣活動は長期にわたり，極めて執拗なものであり，今後も債務者によって街宣活動が繰り返されるおそれは極めて高い。また，債権者は本件街宣活動によって，業務を妨害され，信用や名誉も傷つけられており，今後もこのような街宣活動が継続されれば，その損害の回復は困難である。

さらに，本件街宣活動によって，債権者の役員及び従業員並びにそれらの親族らは恐怖を感じるなどしており，債権者らの平穏に営業活動を行う権利及び平穏な生活を営む権利は債務者によって著しく侵害されている。

このような，債権者らに生じている著しい損害を避けるため，本仮処分申立てに及んだ次第である。

以上

疎明方法

甲1号証	法人登記事項証明書
甲2号証の1ないし2	地図
甲3号証	政治団体名簿の写し
甲4号証の1ないし2	債務者に関する新聞記事の写し
甲5号証	債務者のホームページ抜粋
甲6号証	「抗議・糾弾文」と題する書面
甲7号証	質問状
甲8号証	審尋調書（和解）の写し
甲9号証	平成〇〇年〇〇月〇〇日付債権者宛書面の写し
甲10号証	街宣活動の記録メモの写し

甲11号証　　　　　　　街宣活動の記録DVD
　（注：平成○○年○○月○○日午後11時ころ，○○月○○日午前11時40分ころ，○○月○○日午後3時55分ころ及び○○月○○日午前11時35分ころ，債権者本店建物周辺において本件街宣活動を撮影ないし音量測定したもの）
甲12号証　　　　　　　拡声機による暴騒音の規制に関する条例
甲13号証の1ないし5　差出人不明の怪文書類
甲14号証　　　　　　　陳述書
甲15号ないし甲17号証　不動産登記事項証明書

添付書類

　　1　甲号証の写し　　　　　　　　　各1通
　　2　資格証明書　　　　　　　　　　1通
　　3　訴訟委任状　　　　　　　　　　1通

行為目録

1　別紙物件目録記載の建物の入口から半径1000メートル以内において，街頭宣伝車を用いて徘徊したり，演説，音楽等を流すなどして，債権者の業務を妨害し，または債権者，債権者の役員及び従業員並びにそれらの親族の信用や名誉を毀損する一切の行為
2　別紙物件目録記載の建物の入口から半径500メートル以内において，佇立徘徊する行為
3　債権者，債権者の役員及び従業員並びにそれらの親族を誹謗中傷する内容を債権者の取引先等に架電ないしその内容を記載した文書等を送付するなどして，債権者の業務を妨害し，または債権者，債権者の役員及び従業員並びにそれらの親族の信用や名誉を毀損する一切の行為
4　債権者の役員及び従業員並びにそれらの親族に対し，面接または架電するなどの方法で，直接交渉を強要する行為

【書式例12】 債務者への連絡文書

〒○○○-○○○○
○○県○○市△町△番△
A塾　代表　C　殿

御連絡

拝啓　当職らは，株式会社D（本店所在地：○○県○○市○○番地○○）（以下「当社」といいます。）の代理人として，貴塾に対し以下のとおりご連絡いたします。

　貴塾は，当社に対し，いわゆる街宣活動等を繰り返しておられますが，かかる行為は，当社の営業的人格権，名誉権，並びに当社の役員及び従業員の人格権，名誉権を侵害するものなので，今月○○日に，○○地方裁判所に対し，街宣禁止仮処分命令を申し立てました（○○地方裁判所平成○○年(ヨ)第○○号）。

　現在貴塾は，街宣活動をしておられない様ですが，今後も一切行わない様，強く申し入れいたします。

　尚，本件につきましては，当職ら（担当：○○）が対応いたしますので，直接当社に連絡することのない様，重ねてお伝え申し上げます。

敬具

平成○○年○○月○○日
○○市○○区○○△丁目△番△号
　　　　　　　○○ビル○○階
○○法律事務所
電　話：○○○—○○○—○○○
FAX：○○○—○○○—○○○
株式会社D代理人
　　　　　弁護士　○　○　○　○
　　　　　弁護士　○　○　○　○
　　　　　弁護士　○　○　○　○

〔参考資料3〕　審尋調書（和解）

裁判官認印

審尋調書（和解）

事 件 の 表 示　平成○○年㈱第○○号
期　　　　日　平成○○年○○月○○日午後○○時○○分
場　　　　所　○○地方裁判所
裁　判　官　○　○　○　○
裁判所書記官　○　○　○　○
出頭した当事者等
　　債権者代理人　○　○　○　○
　　　　同　　　　○　○　○　○
　　　　同　　　　○　○　○　○
　　　　同　　　　○　○　○　○
　　　　同　　　　○　○　○　○
　　　　同　　　　○　○　○　○
　　　　同　　　　○　○　○　○
　　　　同　　　　○　○　○　○
　　　　同　　　　○　○　○　○
　　　　同　　　　○　○　○　○
　　　　同　　　　○　○　○　○
　　　　同　　　　○　○　○　○
　　債務者代表者　○　○　○　○

審尋の要領

債権者
　　　街宣等禁止仮処分命令申立書のとおり
債務者
　　　準備書面⑴のとおり
当事者間に次のとおり和解成立
第1　当事者の表示
　　　別紙当事者目録のとおり
第2　申立ての表示

1 申立ての趣旨
　債務者は，自ら下記の行為をしてはならず，その所属する構成員又は第三者をして，下記の行為をさせてはならない。
記
(1) 別紙物件目録記載の建物の入口から半径1000メートル以内において，街頭宣伝車を用いて徘徊したり，演説，音楽等を流すなどして，債権者の業務を妨害し，又は債権者，債権者の役員及び従業員並びにそれらの親族の信用や名誉を毀損する一切の行為
(2) 別紙物件目録記載の建物の入口から半径500メートル以内において佇立徘徊する行為
(3) 債権者，債権者の役員及び従業員並びにそれらの親族を誹謗中傷する内容を債権者の取引先等に架電し，又はその内容を記載した文書等を送付するなどして，債権者の業務を妨害し，又は債権者，債権者の役員及び従業員並びにそれらの親族の信用や名誉を毀損する一切の行為
(4) 債権者の役員及び従業員並びにそれらの親族に対し，面接又は架電するなどの方法で，直接交渉を強要する行為
2 申立ての原因
　街宣等禁止仮処分命令申立書中の「申立ての理由」記載のとおり
第3 和解条項
1 債権者は，本件仮処分申立てに係る本案訴訟を，平成○○年○○月末日までに○○地方裁判所に提起する。
2 債権者と債務者は，前項の本案訴訟につき，本和解調書をもって，○○地方裁判所を民事訴訟法11条に定める合意管轄裁判所とする。
3 債務者は，本和解調書中の申立ての趣旨記載の行為を直ちに停止し，本案訴訟の判決が確定する時，又は和解若しくは取下げ等により終了する時まで，この停止を継続する。
4 申立費用は各自の負担とする。
　　　　　　　　　　　　　　　　　　裁判所書記官　○　○　○　○

物件目録

（建物）
所在　　　　○○県○○市○○　△番地，△番地△
家屋番号　　△番△

種類	事務所・倉庫	
構造	鉄骨造亜鉛メッキ鋼板葺2階建	
床面積	1階	362.55m²
	2階	307.45m²

(土地1)
所在	○○県○○市○○
地番	△番△
地目	宅地
地積	410.37m²

(土地2)
所在	○○県○○市○○
地番	△番△
地目	宅地
地積	463.68m²

(注1) 本事案は，騒音防止条例に違反した騒音を出して街宣活動をしていることも，仮処分の「保全の必要性」の1つの事情にあげられている。

(注2) 本事案における騒音防止条例は，「85デシベルを超えることとなる音を生じさせてはならない」と定められている。

(注3) 本事案は，和解によって，街宣行為が止まっている。

〈事例7〉 裁判所の予想外の対応に苦慮した事例

❖事案の概要❖

　社団法人A、同法人の会長B、同会長の経営企業Cの3者に対し、右翼団体を名乗る4団体が長期間にわたり街宣行為を行った。

　街宣は1年以上にわたり、街宣回数は70回以上に達した。街宣内容は、当初は交付金使途批判街宣であったが、途中から天下り批判が主となった。具体的内容は、新聞記事記載内容や世間話も多く、街宣を受けていた側の担当者が、要求があるか暗に聞いても、特段の要求がなく、天下りを止めさせて団体の名を上げたいというばかりであった。

　行為者らは警察官の臨場を求めつつ街宣を行い、暴騒音に達しないように気をつけていると主張しており、警察のみによる規制は困難であった。代理人弁護士らが内容証明による申入れをしたが行為者らは無視したため、A、B、Cの3者を債権者とし、右翼団体を名乗る4団体を債務者として1個の仮処分の申立てをした。

　すると、裁判所から、まず、4団体ごとに個別に申立てするように指示され、さらに、4団体はそれぞれ本拠地を異にしており、「不法行為地」は管轄地でないとされて、内2団体に対しては、当該本拠地の遠隔地の管轄裁判所に申立てをするように指示された。やむなく、団体本拠地に申し立てし直したところ、今度は申立てをした先の裁判所が、受理に難色を示したため、再び当初の裁判所に申し立てた。すると、担当裁判官が変更しており、「不法行為地」にも管轄を認めるということで受理された。その後、審尋期日を同一期日にまとめず団体ごとに別の日に入れ、慎重に数回の期日を重ねた。右翼団体の構成員が大勢来庁することを避け、出頭する代理人の数を制限した。さらに街宣場所が団体により微妙に違っていたため同一の禁止範囲とするためには4団体が共同ないし共謀して街宣を行っていることにつき疎明が必要となったが、疎明の程度はかなり高く、最終的な禁止の範囲も「業務妨害となる程度の声の届く範囲」に制限する等、仮処分としてはかなり慎重な審理がなされ

た。

　なお、最終の期日のみは、同一の日の異なる時間帯であったところ、当該日にちが、債務者らが毎週街宣を行っている曜日であったところから、4団体すべての街宣車が裁判所の門前に集まり、街宣車は「証拠物」であるから構内に入れよ等と主張し、書記官らと押し問答となるという事態も生じた。

【書式例13】　街宣禁止等仮処分命令申立書

街宣禁止等仮処分命令申立書

　　　　　　　　　　　　　　　　　　　　　平成○○年○○月○○日
○○地方裁判所　御中
　　　　　　　　　　　　　　　債権者代理人弁護士　○　○　○　○
　　　　　　　　　　　　　　　　　　　　同　　　　○　○　○　○
　　　　　　　　　　　　　　　　　　　　同　　　　○　○　○　○
（以下、○○弁護士会民事介入暴力対策委員会所属弁護士等　26名）
当事者の表示　別紙当事者目録記載のとおり

申立ての趣旨
別紙主文目録記載のとおり

申立ての理由

第1　被保全権利
　1　債権者社団法人A（以下「債権者A」という。）は、○○事業法に基づき○○事業許可を受けた○○県内の事業所を会員として、事業の適正な運営と健全な発展を促進し、公共の福祉に寄与するとともに、業界の社会的・経済的地位の向上、会員間の連携・協調の緊密化を図ることを目的とする社団法人であり、債権者B（以下「債権者B」という。）は、Aの会長であり、債権者C株式会社（以下「債権者C」という。）は、債権者Bが経営する企業である。
　2　債務者は、「○○翼社」なる政治団体であり、右翼太郎が同社社主を名

乗り代表者を務め，右翼次郎は，同社の社員を名乗る。
3　△△〇〇年〇〇月頃から，債務者ら，右翼三郎が会主を名乗る「〇〇会」なる政治団体及び「〇〇党」なる政治団体の党員ないし元党員を名乗る右翼四郎らにより，債権者〇〇協会での交付金使途批判等の街宣が始まった。

・当初は交付金使途批判街宣であったが，現在の街宣内容は，〇〇省・〇〇庁からの天下り批判等が主である。
・街宣行為の経緯は，別紙・街宣一覧表のとおりであるが，債務者らは，「〇〇翼社」「〇〇会」「〇〇党」の3団体共同で街宣活動を行っていると称するとともに，ときに，自称「××会」，自称「〇〇塾」や自称〇〇県の〇〇某他の者も加わるなどして，街宣活動を繰り広げている。
・その内容は，あるいは「国民の血税使って犬畜生より悪い。犬だってワンと吼えるけど，貴様らは金の厚みによってはワンと吼えねえだろう。人間として外道だ。」などの罵詈雑言を交え，あるいは，元公務員である役員の個人名を挙げるなどし，また，その態様は，赤と黒の文字が大書された垂れ幕を掲げた街宣車で乗り付け，紺色の戦闘服を着用し戦闘帽をかぶる等して大声を張り上げ街宣しており，単に騒音で迷惑をかけるのみならず，周囲に，威圧感・恐怖感を与えている。
・街宣場所は，主に，債権者A所在地周辺であるが，ときに債権者Bの自宅周辺や債権者C所在地周辺にも及び，街宣回数は，平成〇〇年の開始当初から，現在の平成〇〇年〇〇月中旬までで，70回以上に達している。

4　このため，債権者らは，業務を著しく妨害され，また，業務上の名誉・信用も著しく毀損され続けており，人格権・財産権に基づき，債務者らに対して街宣活動の差し止め請求権・損害賠償請求権を有する。

第2　保全の必要性
1　債権者らは，当初，債務者らに畏怖し，首をすくめるように我慢していればそのうち終わるだろうと考えていたが，1年以上我慢しても全く止む気配がないどころか，さらにエスカレートしてきたため，我慢の限界に達し，弁護士に依頼し，債務者らのうち，債務者〇〇〇〇及び〇〇〇〇に対して，平成〇〇年〇〇月〇〇日付で，街宣活動の中止を求める通知書を内容証明郵便で発送し，同月〇〇日に送達されたが，債務者らは街宣活動を中止するどころか，「やるんならやってみろ，弁護士だったら

もっとまともな文書を作って来い。」「Aが毅然とした態度でやるのであれば，我々も毅然とした態度でビシビシやる。」などと，さらに街宣するなど，悪質かつ執拗である。
 2 債権者らは，このような街宣活動のため，業務を妨害され，名誉・信用も毀損されている。隣接地マンション住民からは「窓も開けられない」「乳幼児が起きて泣き出してしまう」等近隣住民からは苦情を持ち込まれ，債権者Aに所用があり立ち入る必要がある者も幼児がおびえる等立入りを躊躇せざるをえない状況である。
 3 債権者らは，債務者らに対し，人格権・財産権に基づき，差止請求等の本案訴訟を提起すべく準備中であるが，その勝訴判決を得るまでの間にも債務者の前記侵害行為が継続し，さらに債権者らが回復しがたい損害を被ることは，明らかであるので，本申立てに及んだものである。

疎明方法

1 甲第1号証 「〇〇社」の収支報告書（写し）
2 甲第2号証 「〇〇社」の街宣車写真
3 甲第3号証 「右翼太郎」の名刺（写し）
4 甲第4号証 「〇〇社」機関誌「〇〇」（写し）
5 甲第5号証 「〇〇会」の収支報告書（写し）
6 甲第6号証 「政治結社右翼思想会」の街宣車写真
7 甲第7号証 「右翼三郎」の名刺（写し）
8 甲第8号証 「××会」の街宣車写真
9 甲第9号証 「〇〇社」宛て内容証明（写し）
10 甲第10号証 同配達証明（写し）
11 甲第11号証 「〇〇会」宛て内容証明（写し）
12 甲第12号証 同配達証明（写し）
13 甲第13号証 陳述書
14 甲第14号証 陳述書
15 甲第15号証 陳述書
16 甲第16号証 陳述書
17 甲第17号証 陳述書
18 甲第18号証 陳述書
19 甲第19号証 陳述書

20　甲第20号証　近隣マンション住民に対する陳述書作成の依頼について

添付書類

疎甲号証　　　　　　　　　　　　各1通
訴訟委任状　　　　　　　　　　　3通
資格証明書　　　　　　　　　　　2通

以上

当事者目録

〒○○○―○○○○　　○○県○○市○○区△丁目△番地△
債権者　　　社団法人A
代表者会長　○　○　○　○
〒○○○―○○○○　　○○県○○郡○○町○○△丁目△番地△
債権者　　　　B
〒○○○―○○○○　　○○県○○郡○○町△丁目△番地△
(登記上の住所：〒○○○―○○○○　　○○県○○郡○○町大字○○△番地△)
債権者　　　　　　　C株式会社
代表者代表取締役会長　○　○　○　○
〒○○○―○○○○　　○○県○○市○○区△丁目△番地△
　　　　　　　　　　○○ビル○階
　　　　　　　　電　話　○○○―○○○―○　○　○　○
　　　　　　　　ＦＡＸ　○○○―○○○―○　○　○　○
　　　　　　　　○○法律事務所（送達場所）
　　　　　　　　　　　上記債権者代理人弁護士　○　○　○　○
　　　　　　　　　　　　　　　　　　　　同　　○　○　○　○
　　　　　　　　　　　　　　　　　　　　同　　○　○　○　○
(以下、○○弁護士会民事介入暴力対策委員会所属弁護士等　26名)
〒○○○―○○○○　　○○県○○市○○区○△―△―△
債務者　　○○社
代表者　○　○　○　○

主文目録

債務者は，自己又は第三者をして，別紙仮処分対象地目録記載の1記載建物正面入口から半径200メートル以内の地域，及び別紙仮処分対象地目録記載の2，3記載の各建物正面入口から半径500メートル以内の地域を街頭宣伝車等の車両を用いて行進または停車し，演説を行い，あるいは徘徊しつつ拡声器を用いて大声を上げ，または音楽を流す等して，債権者らの業務を妨害し，または，名誉，信用を侵害する一切の行為をしてはならない。

仮処分対象地目録

1　債権者　社団法人A
　　所在　○○県○○市○○区△丁目△番地△
　　（添付地図1参照）
2　債権者　B自宅
　　所在　○○県○○郡○○町○○△丁目△番地△
　　（添付地図2参照）
3　債権者　C株式会社
　　所在　○○県○○郡○○町△丁目△番地△
　　（添付地図3参照）

平成○○年㈹第○○号　街宣禁止等仮処分命令申立事件
債権者　社団法人A　外2名
債務者

疎明資料説明書

　　　　　　　　　　　　　　　　　　　　　　平成○○年○○月○○日
○○地方裁判所第○○民事部　御中
　　　　　　　　　　　　　　　債権者代理人弁護士　○　○　○　○
　　　　　　　　　　　　　　　　　同　　　　弁護士　○　○　○　○
　　　　　　　　　　　　　　　　　同　　　　弁護士　○　○　○　○

号証	標目 （原本・写しの別）	作成年月日	作成者	立証趣旨	備考
疎甲1	収支報告書 （平成○○年分）	写	H○. ○.○	○○社・右翼一郎 （代表　右翼一郎）	○○社の団体性，所在地，代表者等	
疎甲2	写真 被写体　○○社　街宣車 撮影時期　H○.○.○ 撮影者　○○　○○（債権者○○協会職員）				○○社と○○会の共同での街宣状況等	
	○○社社主				○○社の所在地，代表者，	

疎甲3	名刺	写		右翼新聞社主幹機関紙「○○」 右翼一郎	名刺を手交し威圧している事実等	
疎甲4	機関誌「○○」（5月・6月合併号）	写	H○. ○.○	○○新聞社	○○社の街宣行為での主張等	
疎甲5	収支報告書（平成○○年分）	写		○○会・○○（代表　右翼三郎）	○○会の団体性，所在地，代表者等	
疎甲6	写真 被写体　政治結社　○○会　街宣車 撮影時期　H○.○.○ 撮影者　○○　○○（債権者○○協会職員）				○○会の街宣状況等	
疎甲7	名刺	写		○○会 会主　右翼三郎	○○会の代表者，名刺を手交し威圧している事実等	
疎甲8	写真 被写体　××会こと右翼五郎街宣車 撮影時期　H○.○.○ 撮影者　○○　○○（債権者○○協会職員）				××会こと右翼五郎と○○社と○○会の共同での街宣状況等	
疎甲9	通知書	写	H○. ○.○	弁護士　○○ 弁護士　○○ 弁護士　○○ （債権者○○協会代理人）	債権者の街宣中止の申し入れの事実等	
疎甲10	郵便物等配達証明書	写	H○. ○.○	郵便事業株式会社○○支店	疎甲9の到達の事実等	
疎甲11	通知書	写	H○. ○.○	弁護士　○○ 弁護士　○○ 弁護士　○○ （債権者○○協会代理人）	債権者の街宣中止の申し入れの事実等	
疎甲12	郵便物等配達証明書	写	H○. ○.○	郵便事業株式会社○○支店	疎甲11の到達の事実等	
疎甲13	陳述書	原本	H○. ○.○	社団法人○○県○○協会 常務理事○○	本件街宣行為による被害状況等	
疎甲14	陳述書	原本	H○. ○.○	社団法人○○県○○協会○○	本件街宣行為による被害状況等	
疎甲15	陳述書	原本	H○. ○.○	社団法人○○県○○協会 ○○部　部長○○	本件街宣行為による被害状況等	
疎甲16	陳述書	原本	H○. ○.○	社団法人○○県○○協会 △部○○	本件街宣行為による被害状況等	
疎甲17	陳述書	原本	H○. ○.○	○○事務所長○○	本件街宣行為による被害状況等	
疎甲18	陳述書	原本	H○. ○.○	元○○県○○常務理事	本件街宣行為による被害状況	
疎甲19	陳述書	原本	H○. ○.○	社団法人○○県○○協会 常務理事○○	本件街宣行為による被害状況	

第1節　街宣行為差止めの仮処分

疎甲20	近隣マンション住民に対する陳述書作成の依頼について	原本	H○．○．○	社団法人○○県○協会　常務理事○○	本件街宣行為による被害状況等	
疎甲21	陳述書	原本	H○．○．○	○○事務所○○	本件街宣行為による被害状況等	
疎甲22	陳述書	原本	H○．○．○	社団法人○○県○協会△部長○○	本件街宣行為による被害状況等	
疎甲23	陳述書	原本	H○．○．○	○○県○○基金常務理事○○	本件街宣行為による被害状況等	
疎甲24	陳述書	原本	H○．○．○	社団法人○○県○協会□部長○○	本件街宣行為による被害状況等	
疎甲25	陳述書	原本	H○．○．○	□□協会○○支部○○	本件街宣行為による被害状況等	
疎甲26	陳述書	原本	H○．○．○	社団法人○○県○協会　専務理事○○	本件街宣行為による被害状況等	
疎甲27	近隣マンション住民に対する陳述書作成の依頼について	原本	H○．○．○	社団法人○○県○協会　常任理事○○	本件街宣行為による被害状況等	
疎甲28	航空写真	原本	H○．○．○	インターネットグーグルアースDigital Earth Technology	債権者△△所在地周辺に建物等が少なく閑静な田舎で音がよく通り，相当範囲での街宣禁止が必要であること等	
疎甲29	航空写真	原本	H○．○．○	インターネットグーグルアースDigital Earth Technology	債権者○○自宅所在地周辺に建物等が少なく閑静な田舎で音がよく通り，相当広範囲での街宣禁止が必要であること等	
疎甲30	陳述書（共同性・共謀性の立証）	原本	H○．○．○	社団法人○○県○協会　常任理事○○	債務者らが共謀のうえ，共同行為として本件街宣行為を行っている事実等	
疎甲31	現在事項全部証明書	原本	H○．○	○○地方法務局○文局　登記官　○○	債務者らが共謀のうえ，共同行為として本件街宣行為を行っている事実等（○○党右翼四郎使用の街宣車の所有者が右翼一郎が代表者である企業である事実等）	
疎甲32	登録事項等証明書現在記録	原本	H○．○．○	○○運輸支局長	右翼五郎の住所及び同人使用の街宣車が同人所有であること等	
疎甲33	登録事項証明書現在記録	原本	H○．○．○	○○運輸支局長	債務者らが共謀のうえ，共同行為として本件街宣行為を行っている事実等（○○党右翼四郎使用街宣車の所有者が右翼一郎が代表者である企業である事実等）	

289

第2章　仮処分の申立てによる対応

疎甲34 —1	CD—ROM	H○.○ H○.○ H○.○ H○.○ H○.○ H○.○ H○.○ H○.○	債権者○○協会職員	街宣の内容及び状況（特に音声）等	
疎甲34 —2	写真撮影報告書 被写体　○○社街宣車，○○会街宣車，○○党街宣車 撮影時期　H○.○.○ 撮影者　○○　○○（債権者○○協会職員）			債務者らが共謀のうえ，共同行為として本件街宣行為を行っている事実等	
疎甲34 —3	甲34—1の録音反訳	写			

第2節　迷惑電話架電禁止、面接強要禁止、立入禁止等の仮処分

〈事例8〉　日本弁護士連合会に対し迷惑電話・面接強要がなされた事例

❖事案の概要❖

　Aは、①労働事件の相手方代理人となった弁護士Bが、Aに対する不当解雇の画策に加担した、②雇用紛争調停事件でAの代理人となった弁護士Cが、Aに恐喝等の冤罪をきせる等の不利益誘導を画策した、③Aを被告人とする業務妨害被告事件の私選弁護人となった弁護士Dが背信的な弁護活動をしたとして、○○弁護士会に対して、B、CおよびDの懲戒請求を、順次、申立をした。○○弁護士会は、綱紀委員会の議決により、いずれの申立ても棄却した。

　Aは、上記各議決を不服として、日本弁護士連合会へ対して、順次、異議申出をしたが、日本弁護士連合会は、綱紀委員会の議決に基づいて、いずれも棄却をした。

　Aは、上記各棄却も不服として、日本弁護士連合会の綱紀審査会に対して、順次、綱紀審査の申出をしたが、綱紀審査会は、いずれの棄却決定も相当であった旨の結論を出した。

　Aは、○○弁護士会綱紀委員会の議決によって棄却された後、自らの主張を認めさせるために、○○弁護士会に対し、執拗に架電および来館して役職員に面談を求めることを繰り返し、日本弁護士連合会への異議申出が棄却された頃からは、日本弁護士連合会に対し、架電・来館を繰り返すようになった。架電回数については、多い日には1日で100回以上に上った。

　その後、Aは、ほぼ毎日、手にビデオカメラを持って来館し、事務局内で働く役職員の容姿を撮影し続け、退去要請にも全く応じることはなかった。

第2章　仮処分の申立てによる対応

> そこで、日本弁護士連合会は、平穏な業務執行が著しく害されているとして、①弁護士会館の15～17階への立入禁止、②架電・面接交渉等禁止、の２点につき仮処分の申立てをした。

【書式例14】　仮処分命令申立書

仮処分命令申立書

平成○○年○○月○○日

○○地方裁判所民事第○○部　御中

　　　　　　　　　　　　債権者代理人弁護士　○　○　○　○　印
　　　　　　　　　　　　　　　　　　　同　　○　○　○　○　印
　　　　　　　　　　　　　　　　　　　同　　○　○　○　○　印

立入、架電、面接交渉等禁止仮処分申立事件

　　　　当事者の表示　　　　別紙当事者目録記載のとおり
　　　　仮処分により保全すべき権利　平穏な業務遂行権

申立ての趣旨

別紙主文目録記載のとおり

申立ての理由

第１．被保全権利

　　債権者は，弁護士法第45条１項に基づき，全国の弁護士会によって設立され，弁護士（弁護士法人を含む。以下同じ）の使命及び職務に鑑み，その品位を保持し，弁護士の事務の改善進歩を図るため，弁護士及び弁護士会の指導・連絡及び監督に関する事務を行うことを目的とする法人であり（同法第45条２項・３項），その目的遂行のため別紙物件目録記載の建物（以下「本件建物」という）等において，平穏な業務を行う権利を有する（業務遂行権，憲法第11条・13条）。

第2．保全の必要性
 1．債務者は，
  ① 債務者自身が当事者となった労働事件の相手方代理人を務めた申立外B弁護士に対し，債務者自身に対する不当解雇の画策に加担したとして，
  ② 債務者自身が当事者となった雇用紛争調停事件（○○簡易裁判所平成○○年(ノ)第○○号事件）で債務者が代理人として依頼した申立外C弁護士に対し，依頼者である債務者に恐喝等の冤罪をきせ，不利に陥れ，不利益誘導を画策したとして，
  ③ 債務者自身が業務妨害罪の罪名で被告人となった刑事事件で私選弁護人として依頼した申立外D弁護士に対し，その弁護活動が被告人である債務者の利益を擁護する弁護活動とはほど遠く，背信的であったとして，
  上記3名の弁護士が所属する○○弁護士会に対し，別紙「懲戒請求等時系列表」（以下「本件懲戒請求等時系列表」という）記載の日時にそれぞれ懲戒請求を申し立てたが（①について平成○○年○○月○○日，②について平成○○年○○月○○日，③について平成○○年○○月○○日），これらの懲戒申立ては本件懲戒請求等時系列表記載の日時に○○弁護士会綱紀委員会の議決によって棄却された（①について平成○○年○○月○○日，②について平成○○年○○月○○日，③について平成○○年○○月○○日）。
 2．債務者は○○弁護士会の上記議決を不服として，本件懲戒請求等時系列表記載の日時に債権者に対する異議申出をなしたが（①について平成○○年○○月○○日，②について平成○○年○○月○○日，③について平成○○年○○月○○日），これら異議申出に対しても債権者は綱紀委員会の議決に基づき本件懲戒請求等時系列表記載の日時に，棄却した（①について平成○○年○○月○○日，②について平成○○年○○月○○日，③について平成○○年○○月○○日）。
 3．債務者は，上記棄却決定も不服とし債権者の綱紀審査会に対し，本件懲戒請求等時系列表記載の日時に綱紀審査の申出をしたが（①について平成○○年○○月○○日，②について平成○○年○○月○○日，③について平成○○年○○月○○日），これら申出に対しても債権者綱紀審査会は綱紀委員会の認定及び判断に誤りはなく，決定は相当であった旨の結論を出した（①について平成○○年○○月○○日，②について平成○○年○○月○

○日，③について平成○○年○○月○○日）。
4．以上の経過より明らかなように，適法かつ有効に行われた各手続に基づき，債務者の上記3名の弁護士に対する懲戒申立は内容的にも手続的にも認められないことが確定したものである（弁護士法第58条・第64条・第64条の3）。
5．しかるに，債務者は上記各手続きを採っていた平成○○年○○月以降から○○弁護士会に対し自らの懲戒請求の主張を認めさせるために，執拗に架電及び来館し役職員に面談を求めることを繰り返すようになった。その後，上記各手続きの経過とともに，平成○○年○○月末ころからは，債権者に標的を移し，債権者に対し，自らの懲戒の主張を認めさせようと，架電・来館を繰り返すようになった。

　その執拗さは，別紙「架電・来館記録」及び「債務者の架電・来館時の対応記録」記載のとおりである。
(1) 架電回数については，平成○○年○○月から○○月迄の間は架電が連日続けられ，月に数百回，多い日には1日で100回以上の架電が繰り返された。
(2) その内容も「○○弁護士会が来館及び架電を拒否するのをやめるよう指導せよ」・「○○弁護士会が自分を退去させることの理由を明示せよ」等という同じ内容・要求の繰り返しであり，債権者がそのような「指導」をすることはできない旨説明しても納得せず，同じ要求を何十回，何百回と繰り返すという状況であった。
(3) 平成○○年○○月及び○○月には，架電・来館日数ともに少なくなったものの，○○月以降，再度頻繁に本件建物に来館し，債権者に自らの懲戒請求を認めさせるために面談を強要するようになり，○○月以降は土日を除くほぼ毎日午後4時ころ本件建物に来館して5時ころまでの1時間前後債権者事務局に居座り，手にビデオカメラを持ち事務局内で働く役職員の容姿を撮影し続け，自らの懲戒請求を認めさせるよう主張をくり返し退去要請にも全く応じないという状況となった。
(4) 債務者の主張は，「綱紀審査会や綱紀委員会の議決書には理由が記載されていない。懲戒手続をやり直せ」「○○弁護士会の綱紀委員会の議決書は対象弁護士に書かせた偽造である」「なぜ電話を切るのか説明しろ」等々の繰り返しであり，債権者側が「議決書や決議書記載のとおりであり，これ以上の対応はできない」「電話を切るのはやむをえない対応である」旨回答するのに対し，同じやりとりが繰り返されている状況

である。
6．債権者は，市民に開かれた司法を実践するために，極力債務者の申入れを聞き取り，丁寧に対応してきたが，それも限界であった。即ち，上記のような債務者の執拗な架電や来館による面談強要により
 (1) 債権者職員は，連続して数十回から百回を超える架電に対応せざるをえないため，対応する債権者職員の業務が止まるだけでなく，また債務者から電話がかかってくるのではないかと不安と緊張感が高まり，精神的ストレスが大きくなってしまった。そのため通常業務に戻るのに時間がかかるようになり，
 (2) 債務者が来館し，債権者に面談を求め同じ主張を繰り返す際直接対応にあたっている債権者総務部長と審査部長は，午後4時ころから5時ころまでの1時間は債務者の対応に終始し他の仕事が全くできないばかりか，債務者が毎回毎回同じ主張を繰り返すため，精神的にも相当疲弊している。
 (3) 債務者は来館し，債権者事務局に来ると，受付付近に立ちビデオカメラで撮影するため，受付の女性職員は不安と恐怖から退避せざるを得ず，この間受付・電話交換業務が出来ない事態が生じている。
 (4) また債務者はビデオカメラを受付に向けているため，受付の奥で働く総務課員とその周辺の職員，特に女性職員は自分の容姿が撮られ，何かされるのではないかという不安と恐怖により，とても業務を続けることが出来ない。
 (5) さらに毎日，午後4時近くになると債務者が本件建物に来館し債権者事務局を訪ねて来て，同じ主張を繰り返し，ビデオカメラを回したりするのではないかと思われ，債権者役職員は仕事が手につかず，他の来館者への対応も十分にできない等の障害が発生している。
等，債権者の平穏な業務執行は著しく害されている。
7．債務者の上記各行動に鑑みると，平穏な業務遂行権に基づく立入りや架電，面接交渉の差止請求訴訟の判決確定を待っていたのでは，債権者（その役員及び職員を含む）の業務の平穏は回復不能な損害を被る虞が大きく，本申立てに及んだ次第である。

疎明方法

甲第1号証　平成〇〇年〇〇月〇〇日付抗議及び回答要求書

甲第2号証　平成〇〇年〇〇月〇〇日付「貴殿からの書面について」と題する書面
甲第3号証　平成〇〇年〇〇月〇〇日付抗議及び回答要求書
甲第4号証　平成〇〇年〇〇月〇〇日付「貴殿からの書面について」と題する書面
甲第5号証　報告書

附属書類

1．甲号証写し　　　　　　　　　　　　各1通
2．資格証明書　　　　　　　　　　　　1通
3．訴訟委任状　　　　　　　　　　　　1通

当事者目録

〒100-0013　東京都千代田区霞が関1丁目1番3号
　　　　　　債権者　日本弁護士連合会
　　　　　　代表者　会長　〇〇〇〇
（送達場所）
〒〇〇〇-〇〇〇〇　東京都〇〇区〇〇△丁目△番△号　〇〇ビル〇〇階
　　　　　　　　　　　　〇〇法律事務所　TEL　〇〇〇—〇〇〇—〇〇〇〇
　　　　　　　　　　　　　　　　　　　　FAX　〇〇〇—〇〇〇—〇〇〇〇
　　　　　　　　　　　　債権者代理人弁護士　〇　〇　〇　〇
　　　　　　　　　　　　　　　同　　　　　　〇　〇　〇　〇
　　　　　　　　　　　　　　　同　　　　　　〇　〇　〇　〇
〒〇〇〇-〇〇〇〇　〇〇都〇〇区〇〇〇〇号
　　　　　　債務者　〇　〇　〇〇

主文目録

　債務者は，債権者が占有する別紙物件目録記載の建物に立ち入り，又は債権者，その役員及び職員に対し，架電し，若しくは面会を求めるなどの方法で，直接交渉することを強要してはならない。

物件目録

所　在　　千代田区霞ヶ関1丁目1番地3
家屋番号　1番1
種　類　　事務所，駐車場，店舗
構　造　　鉄骨鉄筋コンクリート造陸屋根地下2階付17階建
床面積　　　　1階　1124.45m^2
　　　　　　　2階　1560.55m^2
　　　　　　　3階　1164.27m^2
　　　　　　　4階　1420.05m^2
　　　　　　　5階　1400.53m^2
　　　　　　　6階　1384.64m^2
　　　　　　　7階　1269.64m^2
　　　　　　　8階　 836.78m^2
　　　　　　　9階　1234.97m^2
　　　　　　　10階　1175.17m^2
　　　　　　　11階　1278.44m^2
　　　　　　　12階　1198.41m^2
　　　　　　　13階　 994.98m^2
　　　　　　　14階　1278.44m^2
　　　　　　　15階　1278.44m^2
　　　　　　　16階　1213.43m^2
　　　　　　　17階　1162.87m^2
　　　　　　地下1階　2150.95m^2
　　　　　　地下2階　1316.59m^2
の内の15～17階部分

〔参考資料4〕 仮処分決定

仮処分決定

当事者　別紙当事者目録記載のとおり

　上記当事者間の平成○○年㈪第○○号　仮処分命令申立事件について，当裁判所は，債権者の申立てを相当と認め，
　　債権者に　金30万円
の担保を立てさせて，次のとおり決定する。

主　文

別紙主文目録記載のとおり

　　平成○○年○○月○○日
　　　　○○地方裁判所民事第○部
　　　　　裁判官　○　○　○　○

主文目録

　債務者は，債権者が占有する別紙物件目録記載の建物に立ち入り，又は債権者，その役員及び職員に対し，架電し，若しくは面会を求めるなどの方法で，直接交渉することを強要してはならない。

（注1）　本事案は、仮処分の申立人（債権者）が日本弁護士連合会である点に特徴がある。
（注2）　事案の処理にあたり、「『市民に開かれた弁護士会』という日本弁護士会の趣旨に反しないか」という点が問題となったようであるが、常軌を逸したクレーマーに対しては、毅然とした態度で紛争解決を図る必要があり、日本弁護士連合会がとった手段に問題はないと考える。
（注3）　資料として添付していないが、「架電・来館記録」や「債務者の架電・来館時の対応記録」という一覧表で示すことで、行為者（債務者）の執拗さを明らかにした。事案を裁判所に理解してもらうために、参考になると思われる。

〈事例9〉 暴力団関連の団体により公共事業に関して街宣をかけられそうになった事例

❖事案の概要❖

　ある地方公共団体から建築物解体工事を請け負った土建会社Ａが、同工事により発生した産業廃棄物の不法投棄を行っていたところ、この事実を知ったえせ右翼団体Ｂ（実体は指定暴力団）が、Ａに対し公開質問状への回答およびＡの社長Ｃへの面談の各強要や、あるいは、Ａや上記地方公共団体庁舎付近で、Ａの名誉・信用を毀損する街宣活動を行った。

　本件工事で生じた産業廃棄物を、Ａの従業員が本来の処分先以外の場所に不法投棄していた。このことに気づいたＡは、地方公共団体に対し、不法投棄の事実の報告と再発防止措置について報告し、不法投棄から3カ月以内に、不法投棄した産業廃棄物をすべて撤去していた。Ａは上記不法投棄により、指名停止期間3カ月の行政処分を受けることになった。

　一方、不法投棄の事実を知ったＢは、不法投棄の約半月後から、Ａに押しかけ、Ｃに面談を要求し、公開質問状への回答を強要した。

　この質問状に対して、Ａは、不法投棄した産業廃棄物を撤去したこと、再発防止に向けて社員を教育指導する旨の回答をしたが、Ｂはこれに不満を抱き、不法投棄をした2カ月半後から、地方公共団体庁舎、Ａ付近で街宣活動を始めた。

　上記街宣は、街宣車1台によるものだったが、上記街宣の後、ＢはＡに対し、地元の暴力団関連団体に事態の収拾を依頼するよう申し向けた。

　Ａがこの申出を拒否したところ、街宣車22台が、「地方公共団体とＡの癒着を止めろ、（Ｃ）出てこい、この野郎、人殺し、殺人者」などと大音量でがなりたて、読経音のテープを流す等しながら、地方公共団体庁舎やＡ付近で、街宣活動を行うようになった。

また街宣の中途、Bの団体員の一部が、A社屋に立ち入ろうとし（ただし、警察官に取り押さえられ未遂に終わった）、地方公共団体庁舎に立ち入り、上記街宣活動での言動と同趣旨の暴言をはいた。
　確かに、Aには、産業廃棄物の不法投棄という落ち度はあったものの、善後策を講じていたのだから、Bに指弾される必要はなかったのである。それにもかかわらず、Bが上記不当要求行為ひいては街宣活動を行ったため、Aの「平穏かつ安全に営業を営む権利」、企業としての「名誉及び信用を保持する権利」等およびCの「平穏かつ安全に日常生活を営む権利」を被保全権利とし、「債務者は自ら、あるいは代理人、使用人、従業員又はその他の第三者をして、A本社及び庁舎及びその付近（正面入り口の門から半径500メートル以内）で街宣活動、ビラまき等、Aの業務を妨害し、又は名誉、信用を毀損する一切の行為をしてはならない。Aの許可なく、A本社に立ち入ってはならない。Cに対し、電話、文書、面接等による方法で直接交渉を強要してはならない」との裁判を求める、業務妨害等禁止仮処分申立てを行った。

【書式例15】　仮処分命令申立書

仮処分命令申立書

平成○○年○○月○○日

○○地方裁判所○○支部　御中

　　　　　　　　　　　　　　　債権者代理人
　　　　　　　　　　　　　　　　弁護士　○　○　○　○
　　　　　　　　　　　　　　　　同　　　○　○　○　○

当事者の表示　別紙当事者目録記載のとおり
業務妨害等禁止の仮処分申立事件

申立ての趣旨

1　債務者らは，債権者Ａ株式会社に対し，自ら左の行為をしてはならず，代理人，使用人，従業員又はその他の第三者をして左の行為を行なわしめてはならない。
(1)　左記場所及びその付近（正面入口の門から半径500メートル以内）を徘徊し，大声を張り上げ，街頭宣伝車を用いて行進若しくは停車し，街頭宣伝車による演説を行い，スピーカー使用して大声を上げ，あるいは，音楽，読経を放送し，ビラをまく等して，債権者Ａ株式会社の業務を妨害し，又は名誉，信用を毀損する一切の行為。

記

①　債権者Ａ社本社（○○△丁目△番△号）
②　○○市役所（○○△丁目△番地）
(2)　債権者Ａ株式会社の許可なく，右①の建物及び敷地に立ち入る行為。
2　債務者らは，債権者Ｃに対し，自ら又は代理人，使用人，従業員若しくは第三者をして，電話，文書，面接等による方法で直接交渉を強要する行為をしてはならない。

申立ての理由

第１　被保全権利
1　Ａ（以下「債権者会社」という）は土木請負・建築請負等を営業目的とする株式会社であり，Ｃ（以下「債権者Ｃ」という）は同社の代表取締役である（甲１，２）。
2　債権者会社は，○○△丁目△番△号所在の土地・建物を所有し，右土地・建物を自由に使用・収益・処分する権利を有している（所有権）（甲３の１ないし４）。
3　債権者会社は，右所在地において「平穏かつ安全に営業を営む権利」を有しているばかりでなく，社会一般に対し企業としての「名誉及び信用を保持する権利」を有している（人格権）。
4　債権者Ｃは，「平穏かつ安全に日常生活を営む権利」を有している（人格権）。

第２　保全の必要性
1　廃棄物投棄の事実経過

(1) 平成○○年○○月○○日，債権者会社は，○○市○○公社と市倉庫建築物解体工事（以下「本件工事」という）の請負契約を締結した（甲6）。

　なお，○○市○○公社は，公有地の拡大の推進に関する法律に基づいて，○○市が全額出資して設立した公法人であり，○○市長が理事長を兼務し，事務所は前記○○市役所建物内に有し，先買いした土地を○○市に継続的に売り渡すことを本来の使命とした○○市の分身と言える団体である（甲5）。

(2) 同月○○日，債権者会社は，本件工事に伴って排出される廃棄物に関し，株式会社○○（収集運搬業者），○○株式会社（処分業者）との間で，産業廃棄物の委託処理に関する契約を締結した（甲7ないし8の2）。

(3) 同年○○月○○日及び同月○○日，株式会社○○の雇った運転手によって，本件工事に伴って排出された廃棄物（コンクリート塊）約150立方㍍（10トントラック12台分）が処分先である○○株式会社以外の場所に投棄された。

(4) 同年○○月○○日，債権者会社は，右処分地外投棄について，株式会社○○，投棄車両の運転手，投棄場所の所有者○○より事情聴取し，投棄車両は2台であったとの報告を受けた。

(5) 同月○○日，債権者会社は，投棄場所より，廃棄物（10トントラック2台分）を収集・撤去した。

(6) 同年○○月○○日，債権者会社は，○○市に対し，「今回の処分地外投棄について，深く反省し，今後はこのようなことを二度と起こさぬよう全社員及び下請業者を十分教育する」旨の始末書を提出した（甲10）。

(7) 同年○○月○○日，債権者会社は，再度の調査により，投棄された廃棄物が10トントラック12台分であったことを確認した。

(8) 同月○○日より○○日，債権者会社は，投棄場所より，廃棄物（合計4トントラック51台分）を収集・撤去した。

　なお，その際，自社の投棄廃棄物はもとより，現場に既投棄の他社の投棄廃棄物も合わせて撤去し（合計・自社投棄量の約3倍分），撤去跡地は清掃した（甲11）。

(9) 同月○○日，債権者会社は，○○市より，指名停止期間3カ月の行政処分を受けた（甲9，12）。

2　業務妨害，名誉・信用毀損，面接強要等の実情

(1) 平成○○年○○月○○日午後1時頃，○○会と名のる者数名が債権者会社本社を訪れ，社長（債権者C）に対し面談を要求した。社長（債権者C）は不在であった（甲13）。

同日午後5時頃，○○会の○○，○○，同連盟の○○外1名が債権者会社本社を訪れ，社長（債権者C）に対し面談を要求し，社長（債権者C）と面談した。

その際の彼らの話の内容は，「債権者会社で請け負っている解体工事の現場から○○へガラを不法投棄しているという事実は本当か，もし事実であればこれは大変な問題であり，どういう責任をとるのか，責任をとるなら，新聞に謝罪広告文を出すとか，指名を辞退するとか，市民にお詫びをしろ」といったものであった（甲14）。

(2) 同月○○日午後5時頃，○○連盟の○○こと○○及び○○が債権者会社本社を訪れ，社長（債権者C）に対し面談を要求し，社長と面談した。

また，彼らは，○○連盟（代表・○○）作成名義の公開質問状を持参し，同月○○日までに回答をなすよう要求した（甲15）。

(3) 同月○○日午後5時頃，○○の○○が債権者会社本社を訪れ，社長（債権者C）に対し，前記公開質問状の回答を求め，社長（債権者C）は，「下請業者によって処分地外に投棄された事実が確認できたので，当社の責任で撤去した。今後このようなことがないよう社員，協力会社，作業員等を徹底的に指導・教育する」旨回答した。

これに対し，右○○は，「右回答は不十分である。これでは○○連合としても納得せず，街宣活動をやることになるだろう。○○連盟も○○連合の一員なので街頭活動は止められない。」旨を通告した。

(4) 同年○○月○○日より○○月○○日各午前11時頃，○○の街宣車1台が，○○駅西口，○○市役所，債権者会社本社の順路で巡回しながら，異常に巨大な音量のスピーカーで女性の声のテープを流した。

その内容は「債権者会社が廃棄物の不法投棄を行った。これに対し○○市の処分は軽すぎる。我々は市当局の不正を正すため抗議運動を展開していく所存である。今回の工事で不法投棄した下請会社の代表者○○は債権者会社によってその責任を追及され自殺行為のような交通事故を起こした。債権者会社の指名取消を要求する。」といったものだった（甲16）。

もとより，債権者会社と○○の交通事故は何等関連性を有するものではない（甲17，18）。

(5) 同年〇〇月〇〇日午後4時20分頃，〇〇会の〇〇某より債権者会社本社に電話があり，債権者会社の従業員である総務課長〇〇が応対した。
その内容は「今回の問題が始末書で終わるというのは納得がいかない。街宣車で不正を正そうという話もある。下請会社である株式会社〇〇の代表取締役〇〇が交通事故で亡くなったのも何らかの繋がりがあると思わざるを得ない。右翼も動き出してしまうと途中で止める訳にはいかない。こういう状態が続くのは会社としても困るだろう。弱みに付け込む訳ではないが，地元の〇〇連盟と話し合って，一定の結論を出せば直ぐ収まることだと思う。」といったものだった（甲19）。

(6) 同月〇〇日午前11時頃より3回にわたり，街宣車22台が〇〇駅西口，〇〇市役所，債権者会社本社（1回目午前11時50分・2回目午後1時25分・3回目午後1時59分）の順路で巡回しながら，異常に巨大な音量のスピーカーで後記のような内容をがなり立て，絶叫し，読経音を流す等して，債権者会社の業務を妨害し，名誉・信用を毀損した。
その内容は「〇〇は市の指名業者を辞退せよ。〇〇は不正取引を止めろ。〇〇市当局は〇〇との癒着を止めろ。おら，出て来て返事しろ，このやろう。明日も来るぞ。社長出て来い，おら。この殺人業者。役所なんかとつるんでさあ不正なんかやってる会社ぶっ潰した方がいいよ。出て来い，この野郎。人殺し。殺人者。」といったものだった。
右街宣行為には，〇〇連盟，〇〇，〇〇同盟，〇〇会，〇〇，〇〇会，〇〇塾，〇〇会，〇〇の会，〇〇会，〇〇会等の右翼団体が参加した。
2回目の街宣の際，街宣車から降りた男2名が債権者会社に突入しようとしたが，警察官によって阻止された。また，5，6台の街宣車が〇〇市役所の玄関前ロータリーに侵入し，異常に巨大な音量のスピーカーで「市長を出せ，〇〇の指名を取り消せ」等とがなり立て，読経音を流す等して，債権者会社の名誉・信用を毀損した。さらに，5，6名の男が街宣車から降り，市役所玄関から1階ロビー内に侵入し，前同様に大声を上げる等して債権者会社の名誉・信用を毀損した（甲20ないし29）。

(7) 以後，数回にわたり，地元の〇〇系暴力団〇〇一家と繋がりがあると噂される同業者より債権者会社に対し，〇〇連盟との面談・話し合いを慫慂する連絡があったが，債権者会社はこれを拒否した。
また，右同業者より，債務者らは，衆議院議員選挙後に，50台の街宣車による街宣行為を行うと言っている旨の連絡を受けた。

3 債務者ら

債務者B$_1$こと○○は，政治結社○○連盟（政治団体として政治資金規制法6条による届を○○県選挙管理委員会に提出している）の代表であり，債務者B$_2$は同連盟の代表・代行であって，いずれも所謂右翼運動に従事している者である（甲30）。
　また，債務者Bこと○○は，暴力団○○の組員である。
4　これまで述べてきた債務者らの行為は，刑法233条（信用毀損・業務妨害）若しくは同法234条（威力業務妨害）及び同法222条（脅迫）に該当し，軽犯罪法1条13号及び31号に該当する違法な行為である。
　また，前記廃棄物投棄の問題は，前述のように，処分地外に投棄された事実判明後，債権者会社において，迅速かつ誠実に事後処理を行い，○○市からは厳正な行政処分が下されている。従って，この問題について，右以上に債務者らから何等糾弾される謂れは存しない。
　しかるに，前述のとおり，債務者らの街宣行為，面談強要行為は執拗であって，今後も債権者会社及び債権者Cに対し，継続されると考えられる。現に，債権者の面談拒否の通告後，債務者らは前記のように今後50台の街宣車による街宣行為を予告している。
　債権者会社は，○○連盟より公開質問状を受領した時以来，○○警察署に相談しながら（○○警察署では本件騒動を暴対法施行後の暴力団の新たな資金獲得活動であるとの見方をしている），毅然とした対応を堅持してきた。今後も，債権者としては，かかる方針を維持するつもりである。
　以上の次第であり，債務者らの業務妨害行為，面談要求行為を直ちに禁止する必要があるので，本申立てに及ぶ（申立ての理由全般について・甲31）。

疎明方法

1　甲1　　　　　資格証明書（債権者会社）
2　甲2　　　　　会社案内
3　甲3の1，2　土地登記事項証明書
4　甲4　　　　　建物登記事項証明書
5　甲5　　　　　資格証明書（土地開発公社）
6　甲6　　　　　工事請負契約書
7　甲7　　　　　産業廃棄物の委託処理に関する契約書
8　甲8の1，2　産業廃棄物処理業許可証

9	甲9	報告書（債権者会社）
10	甲10	始末書
11	甲11	写真（廃棄物撤去の状況）
12	甲12	指名停止の決定
13	甲13	供述書（○○）
14	甲14	供述書（○○）
15	甲15	公開質問状
16	甲16	テープ反訳文（街宣・○○月○○日）
17	甲17	新聞切り抜き
18	甲18	報告書（○○）
19	甲19	テープ反訳文（電話・○○月○○日）
20	甲20	街宣経路図
21	甲21	写真（債権者会社全景）
22	甲22	写真（市役所全景・1階ロビー）
23	甲23	写真（街宣状況）
24	甲24	写真（街宣状況）
25	甲25	テープ反訳文（街宣・○○月○○日・債権者会社）
26	甲26	テープ反訳文（街宣・○○月○○日・市役所）
27	甲27	供述書（○○）
28	甲28	供述書（○○）
29	甲29	供述書（○○，○○）
30	甲30	名刺（債務者ら）
31	甲31	報告書（債権者○○）

添付書類

1	甲号証	各1通
2	資格証明書	1通
3	委任状	1通

当事者目録

〒○○○-○○○○
○○市△－△－△

債権者　A株式会社
右代表者代表取締役　C
〒○○○-○○○○
○○市△―△―△
債権者　C
〒○○○-○○○○
○○市△―△―△　○○4階
右債権者両名代理人弁護士　○　○　○　○
〒○○○-○○○○
○○市△―△―△
同　　　　　　　　　　　　○　○　○　○
〒○○○-○○○○
○○市△―△―△○5階
同　　　　　　　　　　　　○　○　○　○
〒○○○-○○○○
○○市△―△―△
債務者　B_1
代表　○　○　○　○
こと
　　　○　○　○　○
〒○○○-○○○○
○○市△―△―△
債務者　B_2
代表・代行○　○　○　○
こと
　　　○　○　○　○

第2章　仮処分の申立てによる対応

〈事例10〉　会社の支配権争いに端を発して、会社建物への立入禁止等仮処分命令が申し立てられた事例

❖事案の概要❖

　人材派遣業等を営むＡ社では、代表取締役であるＢとその妻であり株主でもあるＣとの間で経営支配権をめぐって争いが生じていた。Ｃは、Ａ社を被告として、株主総会決議不存在確認訴訟を提起した。
　Ｃの実質的代理人として行動するＤおよびＥは、Ａ社に乗り込みＢとの面談を強要するだけでなく、Ｅは前記訴訟におけるＡ社の訴訟代理人弁護士ＦおよびＧに対して手拳で殴打する等の暴行事件を法廷棟で起こした。その後もＤらは、Ｂが取締役を務めるＨ社、Ｉ社およびＪ社を訪れたり、電話をかけたりしてＢとの面談を強要し、Ｂと面会した際には、前記訴訟の断念や金銭の支払いを要求していた。それ以外にもＤらは、Ｈ社等の役員の自宅を訪れ面談を強要している。
　そこで、Ｂ、Ｈ社、Ｉ社およびＪ社が、ＤおよびＥに対して、①迷惑電話架電・面談強要禁止、②会社への立入禁止の２点につき仮処分の申立てをするとともに、ＦおよびＧが、Ｅの前記暴行事件につき刑事告訴した（Ｅは暴行罪で逮捕され、懲役１年、執行猶予３年の判決が下された）。

【書式例16】　立入禁止等仮処分命令申立書

立入禁止等仮処分命令申立書

平成〇〇年〇〇月〇〇日

〇〇地方裁判所　御中

債権者ら代理人　弁護士　〇　〇　〇　〇
　　　　　同　　　　　　弁護士　〇　〇　〇　〇
　　　　　同　　　　　　弁護士　〇　〇　〇　〇

当事者の表示　別紙当事者目録記載のとおり

申立ての趣旨

1　債務者DおよびE（以下「債務者ら」という）は，債務者自ら，又は第三者をして，別紙本社目録記載の敷地内に立ち入ってはならない。
2　債務者らは，要求を受けたときは直ちに，前記敷地から退去しなければならない。
3　債務者らは，債務者自ら，又は第三者をして，債権者株式会社H，債権者株式会社I，債権者株式会社J（以下「債権者会社ら」という）の役員，従業員及びその家族，並びに債権者Bに対し，面接，架電するなどの方法で，債務者らとの面談を要求してはならない。
4　債務者らは，前記以外の場所においても債権者会社らの役員，従業員及びその家族，並びに債権者Bの身辺につきまとってはならない。

との裁判を求める。

申立ての理由

第1　被保全権利

　　債権者株式会社Hは，人材派遣業を営む株式会社である。債権者株式会社Iは，リース業等を営む株式会社である。債権者株式会社Jはソフト開発等を営む株式会社である。当該各債権者会社らは，それぞれの所在地において，平穏に営業活動を行う権利を有する（営業の自由）。

　　また，当該債権者会社らの役員及び従業員は，平穏にその業務を執行する権利を有し（職業遂行の自由），また，債権者会社らの役員，従業員及びその家族，並びに債権者Bは，個人として，平穏な生活を営む権利（人格権）を有する。

第2　保全の必要性
　1　当事者
　　(1)　債権者Bは，債権者株式会社H，債権者株式会社Iの代表取締役であり，債権者株式会社Jの取締役である。
　　　　債権者株式会社Hは，人材派遣業等を営む株式会社である。債権者

株式会社Ｉは，リース業等を営む株式会社である。債権者株式会社Ｊは，ソフト開発等を営む株式会社である。
　(2)　債務者Ｄは，暴力団の元大物幹部であり，申立外Ｃの実質的な代理人として債権者らに面談を要求している者である。
　　債務者Ｅは，申立外Ｃの実質的な代理人として，Ｄと行動を共にし，債権者らに面談を要求している者である。
２　債務者らの面談強要行為
　(1)　平成○○年○○月○○日，債権者Ｂが○○市○○区の観光ホテルで「○○」の例会に出席中，申立外Ｃとともに債務者らが押しかけ，債権者Ｂを会場の外に連れ出し，後述する訴訟の準備書面の内容に対する不満や離婚の要求などを大声で一方的にまくし立てた。あまりの大声にホテルの従業員からホテルの外に出るよう何度も注意を受け，一度はホテルの外に出たが，結局，ホテル内の喫茶店で申立外Ｃの要求に応じて，債権者Ｂは離婚届用紙に署名捺印した（甲７号証）。
　(2)　平成○○年○○月○○日午前10時ころ，債権者株式会社Ｊの事務所に，債務者らが突然押しかけ，債権者Ｂとの面談のため債権者Ｂに電話するよう強い調子で要求し，債権者Ｂに電話をした従業員から電話を奪い取ったり，「Ａに給料返せよ」，「社長に会えるまで毎日くるからな」等の暴言を吐いたりするなどした（甲１号証）。
　(3)　平成○○年○○月○○日午前９時ころ，債権者株式会社Ｈの事務所に，債務者らが突然押しかけ，債権者Ｂとの面談のため連絡を取るように要求し，連絡が取れないと従業員から言われると大声をあげるなどし，「ここ(H)はもう危ないよ，Ａに行った方がいいよ」などと言い従業員を畏怖された（甲２号証）。
　(4)　平成○○年○○月○○日午前10時20分ころ，債権者株式会社Ｉの事務所に，債務者らが突然押しかけ，債権者Ｂとの面談のため連絡をとるよう要求し，無理矢理会社の中に入ろうとした（甲３号証）。
　(5)　上記以外にも，債務者らは，度々債権者株式会社らを訪れたり，電話をかけたりするなどしており，債務者らとの面談を要求している。最近では，債権者会社の役員の自宅にも訪れたりして面談を要求しており，その危険度は高まってきている（甲１，２，３，４，７号証）。
３　紛争の経緯
　　債権者Ｂは，平成○○年に申立外Ｃと結婚し，その翌々年の平成○○年に株式会社Ａに入社した。平成○○年に株式会社Ａの代表取締役に就

任し，平成〇〇年〇〇月〇〇日に代表取締役を解任され，現在は取締役である。

　債権者Bは，株式会社Aに入社して以来，Cの実父である亡〇〇に信任を受け，〇〇から全株式1000株の内400株の譲渡を受けた。

　その後，平成〇〇年〇〇月〇〇日，〇〇が韓国旅行中に急死し，相続が発生した。この時から，〇〇の残した遺産を巡り，様々な人物が介入してくるようになった。債務者らもその一人である。当時，債権者BとCには夫婦の問題で争いがあり，別居中であったところ，「会社をBに乗っ取られるぞ」，「Bは会社の金を横領している」等そそのかし，債務者らは当時株式会社Aの株式600株を有していたCに強い影響を与えた。

　平成〇〇年〇〇月〇〇日，Cが，株式会社Aを被告として株主総会決議不存在確認請求の訴訟（平成〇〇(ワ)〇〇号）を提起した。

　当時株式会社Aの代表取締役は債権者Bであった。

　債務者らは，上述のとおりCに対し強い影響力を持ち，上記訴訟前から実質的なCの代理人として行動していた。債務者らは，債権者Bに頻繁に面談を求め，A本社に乗り込み，業務の邪魔であると言われ続けても退出せず，A本社で一度，〇〇法律事務所で一度警察の介入があった。

　さらに，債務者らは，平成〇〇年〇〇月〇〇日，上記訴訟の期日直後，〇〇地方裁判所法廷棟4階の廊下において株式会社Aの訴訟代理人である，F弁護士とG弁護士に対して手拳で殴打する等の暴行事件を起こしている（甲4，5号証）。この件については平成〇〇年〇〇月〇〇日，Eに対する告訴が〇〇県警察〇〇警察署に受理されている（甲6号証）。

　その後も，債務者らの面談強要は収まらず，債権者Bと面会した際には，訴訟を断念するよう強要したり，金銭を支払え等の要求をしたりしているのである。

　尚，債権者Bと申立外Cは，平成〇〇年〇〇月〇〇日，離婚届が提出され，協議離婚が成立している。

4　平穏な生活および営業活動への影響

　そもそも，債務者らは，Cや株式会社Aと何の関係も持たない者である。それであるのに，Cの実質的な代理人として行動している。

　この点，Cには，弁護士の代理人が就任しているにもかかわらず，実際にはCは，弁護士の代理人を介せず，債務者らを介在させている。上記のとおり債務者Dは元暴力団員であり，債務者Eは上記暴行事件の実行行為者である。債権者Bとしては，弁護士の代理人とであれば交渉する

311

ことは可能であるが，このような暴力団関係者，事件屋ともいえる輩を相手にすることは，自己の生命・身体に危険を感じ，平穏な生活が脅かされることになり，面談することは不可能である。

　また，債務者らが債権者Ｂとの面談を求め，債権者会社らに押しかけ，大声をあげたり，暴言を吐いたりすることによって，債権者会社らは業務に多大な支障が生じている。債権者会社らの役員，従業員は，これらの面談強要行為のため，債権者会社らでの業務の執行が困難な状況となっている。

　さらに，債務者らは，債権者会社の役員の自宅にまで押しかけているため，債権者会社らの役員，従業員及びその家族は，恐怖を感じ，平穏な生活が侵害されている。

5　結語

　以上のとおり，債務者らは，債権者会社の事務所等を訪れ，暴言を吐いたり，脅迫的言辞を用いたりして面談の要求を繰り返している。

　その結果，債権者Ｂや債権者会社らの役員，従業員及びその家族らは恐怖を感じるなどしており，債権者らの平穏に営業活動を行う権利及び平穏な生活を営む権利は債務者らによって著しく侵害されている。

　また，債務者らの面談要求等は日に日にエスカレートしており，これからも続く可能性が高く，債権者らの平穏に営業活動を行う権利及び平穏な生活を営む権利に対して，急迫の危険が生じている。

　このような，債権者らに生じている急迫の危険を避けるため，申立ての趣旨記載の裁判を求める次第である。

疎明方法

甲1号証　株式会社Ｊの社内報告書
甲2号証　株式会社Ｈの社内報告書
甲3号証　株式会社Ｉの社内報告書
甲4号証　Ｆ陳述書
甲5号証　Ｇ陳述書
甲6号証　告訴状
甲7号証　Ｂ陳述書

【書式例17】 告訴状

告訴状

平成○○年○○月○○日

○○県警察○○警察署　御中

○○市○○区○○△丁目△番△号
○○2階
告訴人　F
○○市○○区○○△丁目△番△号
○○8階
告訴人　G
〒○○-○○○○　○○市○○区○○△丁目△番△号
○○ビル○○階
告訴人ら代理人　弁護士　○　○　○　○
同　　　　　　弁護士　○　○　○　○
電　話　○○○―○○―○○
ＦＡＸ　○○○―○○―○○
○○市○○区○○町△番地
被告訴人　E

告訴の趣旨

　下記告訴事実記載にかかる被告訴人の行為は，暴行罪（刑法第208条）に該当するので，捜査の上，厳重に処罰（訴追）されたく，告訴いたします。

告訴事実

　被告訴人は，平成○○年○○月○○日午後○○時○○分ころ，○○地方裁判所（○○市○○△―△―△）法廷棟4階法廷前廊下において，告訴人F（以下「F」という）の右腕をつかんで振り回し，廊下の壁に向かってAを投げつけ，次に，告訴人G（以下「G」という）に対し，シャツの襟を右腕でつかみあげ，Gの左胸上部を手拳で数回殴打する等の暴行を加えたものである。

告訴に至る経緯

313

1　告訴人両名は弁護士である。
　　平成○○年○○月○○日，原告Cが，株式会社Aを被告として株主総会決議不存在確認請求の訴訟（平成○○年(ワ)○○号）を提起した。告訴人両名は，株式会社Aの訴訟代理人となり，上記訴訟の業務を行っていた。
2　被告訴人は，暴力団の元大物幹部であるDと行動を共にしている者である。
　　被告訴人及びDは，Cに対し強い影響力を持ち，実質的にCの代理人として行動している。
3　被告訴人及びDは，上記訴訟前から当時の株式会社A代表取締役Bに面談を求め，A本社に乗り込み，業務の邪魔であると言われ続けても退出せず，A本社で一度，○○法律事務所で一度警察の介入を受けた。
4　平成○○年○○月○○日，上記訴訟の期日直後，○○地方裁判所法廷棟4階の廊下において，Dが準備書面の内容等に不満があるとしてFを呼び止めた。Fは○○で裁判があり急いでいたので，その旨を告げ，エレベーターで降りようとしたところ，被告訴人が「逃げるな」と怒鳴りながら，エレベーターに乗ろうとしていたFの右腕をつかんで振り回し，エレベーター反対側の壁に向かってFを投げつけた。Fは持っていた鞄を落とし，上半身を壁に打ち付けた。
　　それを見たGが強い口調で暴力は止めろと告げると，被告訴人は「なんだー」と言いながら，Gの首筋のシャツの襟を右腕でつかみ上げた。Gは暴力を止めるように言い続けたが，更に被告訴人は，Gの左胸上部を手拳で殴打した。この後，被告訴人は，Gに対し，襟をつかんで押し，手拳で胸部を殴打するという暴行を3回繰り返した。
　　騒ぎを聞きつけた○○地方裁判所の民事○○部○○係の女性書記官が暴力を止める様に口頭で制止したが，被告訴人の手拳でGの胸部を殴打するという暴行は続き，Gが警察に行くと告げると，更に被告訴人は「警察に行こうじゃないか」と言いながら，襟をつかみ手拳でGの胸部を殴打するという暴行を2回繰り返した。
　　尚，本件暴行については，上記訴訟における原告Cの訴訟代理人である○○弁護士が，被告訴人の暴行事件について認め，代理人としてお詫びを申し上げる旨の準備書面を裁判所に提出している。
5　以上の被告訴人の行為は，暴行罪に該当するものである。被告訴人の行為は，訴訟の相手方やその代理人までをも暴力によって服従させようとするものであり，絶対に許されないものである。

以上の次第で，被告訴人の厳重な処罰を求めるため，ここに告訴するものである。

添付書類

1	準備書面の写し（原告側・被告側）	各1通
2	告訴人F上申書	1通
3	告訴人G上申書	1通
4	委任状	各1通

（注）　人材派遣業者における支配権をめぐる争いに関連して、暴力団が関与し、不当要求行為や暴力行為等が繰り返され、代理人弁護士に対しても暴行が加えられた事案である。立入禁止等仮処分命令を申し立てた。また、暴行事件につき刑事告訴し、行為者が逮捕され、要求行為は停止した。

〈事例11〉 医療行為についてなされた脅迫に対して面会強要禁止の仮処分がなされた事例

❖事案の概要❖

　Aは、歯科医院を開業している歯科医師Bから抜歯する治療を受けた。Aは、治療から約3年経過後、歯科医師会を通じて、全身倦怠感や体重減少は前記抜歯治療が原因であると主張してきた。Bは、代理人弁護士を通じてこれらの症状と抜歯治療との間に相当因果関係はない旨の通知を送り、今後は代理人弁護士を窓口とするように伝えた。しかし、Aは、Bに直接架電して、「お宅の場所は確認できた。今から乗り込んでいいんだが」「自分の知り合いに右翼がいる。街宣車でお宅の周りを走らせてもいいんだが」「自分が生きている限りお宅への恨みはあらゆる方法で絶対晴らしてやる」などと脅迫的文言を申し向けてきた。さらに、Aは、Bの自宅玄関前に来訪し呼び鈴を鳴らすなどの行為を繰り返した。

　こうしたことから、Bは、Aによって平穏かつ安全に生活する権利（人格権）を侵害されたことを理由として、①Bの自宅または勤務先への架電、訪問、立入り、手紙を郵送するなどの方法によって、BおよびBの家族との直接の面会あるいは交渉を求めることの禁止、②Bの自宅または勤務先およびその近隣において、Bおよびその家族の身辺に付きまとったり待ち伏せすることの禁止を求める仮処分の申立てをした事案である。

【書式例18】　面会等禁止仮処分申立書

面会等禁止仮処分申立書

平成〇〇年〇〇月〇〇日

　〇〇地方裁判所　御中

債権者代理人弁護士　○　○　○　○
同　　　弁護士　○　○　○　○

当事者の表示

〒○○○-○○○○
　　債権者　○　○　○　○
　　○○法律事務所（送達場所）
　　　上記代理人弁護士　○　○　○　○
　　　　同　　　弁護士　○　○　○　○
　　　　　　電話　○○○―○○○―○○○○
　　　　　　FAX　○○○―○○○―○○○○
〒○○○-○○○○
　　債務者　○　○　○　○

申立ての趣旨

　債務者は，自ら又は第三者をして，債権者に対し次の行為をしてはならない。
1　債権者の住所又は勤務先に電話をかけたり，訪問したり，立ち入る，手紙を郵送する等の方法により債権者及びその家族との直接の面会あるいは交渉を求めること
2　債権者の自宅・勤務先及びその近隣において，債権者及びその家族の身辺に付きまとったり，債権者及びその家族を待ち伏せすること
との裁判を求める。

申立ての理由

第1　被保全権利
　1　当事者
　　(1)　債権者は，○○市内で歯科医院を開業している歯科医師である。そして，債権者は，一国民として，平穏かつ安全に生活する権利（人格権）を有していることは言うまでもない。
　　(2)　債務者は，○○市内に住む○○歳の無職の男性である。
　2　債権者の歯科医院における債務者の抜歯治療
　　(1)　平成○○年○○月○○日，債務者は，債権者の歯科医院において，左

317

下5番の歯を抜歯する治療をした。しかし，同日の夜から抜歯していない上顎部が痛いということで同月○○日，同月○○日，同月○○日，同月○○日，同月○○日に債務者が同医院に通院した後，一度も来院なく，連絡もなかった。

(2) ところが，平成○○年○○月○○日，債務者は，○○歯科医師会（以下，「○○歯科医師会」という。）を通じて，自己の全身倦怠感や体重減少は前記歯科医院での抜歯治療のためであると，約3年も経過しているのに主張してきた。

(3) そこで，○○歯科医師会は，債務者に対し，○○病院歯科口腔外科の○○歯科医師で受診して検査を受けるように求めた。その後，○○歯科医師の報告書によると，債務者は糖尿病の疑いを指摘されながら自覚症状なく放置していたことが記載されている（疎甲1，○○様　検査結果報告書）。

このことに加え，債務者が，約3年間もの長期間，身体の異常等について債権者や○○歯科医師会に対して何ら申し出てこなかったことを考え合わせると，債務者の訴える全身倦怠感等の症状が債権者の前記抜歯治療によるものか，また，前記抜歯治療に過誤があったのかどうかは極めて疑わしいと考えられる。もちろん担当医師である債権者は，治療に問題はなかったと述べている。

(4) 以上の結果であったため，債権者は，代理人弁護士を通じて，前記抜歯治療と債務者の全身倦怠感等の症状との間には相当因果関係はないと考える旨の通知を送り，今後は，代理人弁護士を窓口として交渉するように伝えた（疎甲2，平成○○年○○月○○日付御通知）。

その後しばらくは，債務者は代理人弁護士と話し合いをし，平成○○年○○月○○日午後3時に○○法律事務所にて面会し話し合う約束をした。ところが，その直前，債務者はキャンセルの連絡をしてきて，「また連絡する」との言葉を残したまま，連絡が途絶えていた。

(5) ところが，平成○○年○○月○○日午後8時20分ころ，突然，債務者は，債権者に直接架電し，「お宅の場所は今日確認できた。今から乗り込んで良いんだが。」「自分の知り合いに右翼の○○会がいる。少々お金を払えば街宣車でお宅の周りを走らせても良いんだが。」「自分が生きている限り，お宅への恨みはあらゆる方法で絶対晴らしてやる。これだけは絶対忘れるな。」などと脅迫的文言を申し向けてきた（疎甲3，「○○法律事務所殿」から始まる書面）。

同月○○日，代理人弁護士○○が債務者に架電すると，債務者は同様に，街宣車を頼むようなことや警察に逮捕されてでも債権者に恨みを晴らすなどといったことを申し向けてきた（疎甲4，CD－R）。
 (6) 平成○○年○○月○○日の午後8時ころ，債務者は，債権者の自宅玄関前に来訪し，呼び鈴を鳴らしたので，債権者は警察に通報したが，警察が駆けつけたときにはすでに債務者は立ち去っていた。
 (7) 同月○○日の朝，債務者は，再度，債権者の自宅玄関前に来訪し呼び鈴を鳴らしたので，債権者は再び警察に通報し，駆けつけた警察官に○○警察署へ任意同行され，債務者は同所にて事情聴取を受けた。
 (8) 債権者は，これらの行為によって，平穏かつ安全に生活する権利（人格権）を侵害され，その結果，多大な精神的苦痛を受けた。
　よって，債権者は，同人格権に基づく前記侵害行為の差止請求権及び不法行為に基づく損害賠償請求権を有し，御庁に本訴を準備中である。
第2　保全の必要性
　以上の経過を債権者から聞いた代理人弁護士は，再度，債務者に対し，債権者に直接連絡を取らないように伝えた。しかしながら，債務者は再び債権者や○○歯科医師会に対し架電し，債権者との面会等を要求したり，反社会的勢力に依頼して恨みを晴らしてやるなどと言ってきた。
　また，債務者は，平成○○年○○月○○日午後8時30分ころ，債権者の自宅に携帯電話から2回架電し，その都度，債権者宅の電話機に債務者所持の携帯電話番号（080－○○○－○○○）が表示された。
　このような状況の下で，債権者はもちろん，その家族も，債務者からの脅迫や面会強要に脅かされる日々を送らなければならず，平穏かつ安全に生活する権利（人格権）を回復しがたいほどに侵害され，多大な損害を受けるおそれが高い。
　よって，申立ての趣旨記載のとおり仮処分を求める。

疎明方法

1　疎甲第1号証　「○○様　検査結果報告書」と題する書面
2　疎甲第2号証　平成○○年○○月○○日付け御通知
3　疎甲第3号証　「○○法律事務所殿」から始まる書面（FAX）
4　疎甲第4号証　CD－R（架電時の内容を電磁的記録に録音したもの）
　　　　　　　　（再生ソフトCD－R付き）

第2章　仮処分の申立てによる対応

5　疎甲第5号証　陳述書

添付書類

　　1　疎甲号証写し　　　　　　　　　　　各1通
　　2　訴訟委任状　　　　　　　　　　　　1通

第3節　その他の迷惑行為・不当行為禁止の仮処分

〈事例12〉　公的施設に常軌を逸した脅迫をした一般人の事例

> ❖事案の概要❖
>
> 公共的色彩の強い施設（代表者A）が提供したサービスを受けた一般人Bが、それに不満をもち、同施設に押しかけ、怒声を上げたり、「おれを殺せ」と言いながら、自分の首に縄を巻き付け、「30年間つきまとう」等の言動を続け、また、興奮して同施設の職員Cを追いかけ、1階から6階まで駆け上がるという異常な執着がみられた。
>
> Aは、人格権を被保全権利として、面会強要の禁止、建物内への立入禁止、建物内外で大声を張り上げる等の禁止、従業員らへの付きまとい、待ち伏せ禁止の仮処分決定を申し立てたところ、裁判所は金5万円の担保を立てさせ、上記仮処分決定を行った。
>
> 仮処分により、Aの行為は止んだため、被害回復措置等は行っていない。

【書式例19】　面談強要禁止等仮処分命令申立書

```
            面談強要禁止等仮処分命令申立書

                             平成〇〇年〇〇月〇〇日
〇〇地方裁判所〇〇支部　御中
                    債権者代理人弁護士　〇　〇　〇　〇
                                同　　〇　〇　〇　〇
                                同　　〇　〇　〇　〇
当事者の表示　　　別紙当事者目録記載のとおり
```

申立ての趣旨

別紙主文目録記載のとおり

申立ての理由

第1 被保全権利
1 債権者Aは，○○を本拠地として，○○を行い，○○を目的とする○○である。債権者Cは，○○において○○を経営するものであり，債権者が経営するAの○○である。
2 債務者は，Aにおいて，平成○○年○○月○○日及び同年○○月○○日に，○○を受けた。○○○○であった。
3 平成○○年○○月○○日，債務者及び債務者の父の両名は，突然Aを訪れ，Cを詰問するとともに，債務者は，同日以降も，○○のみならず，○○，一般人が訪れることを予定していない○○等に迄突如現われ，怒声を上げたりCらを電話口に出せと迫る等の行為を繰り返した。

債務者は，「○○を受けたが，○○は，Cではなかった。誰が○○したのか？」，「○○中の○○の態度が悪い。真実を知っているぞ。」等と事実無根の苦情を執拗に繰り返している。
4 同年○○月○○日，債務者の父が債務者から委任を受けたとして，Aに架電して来たため，同年○○月○○日午後6時45分～午後10時に，債務者，債務者の父ら出席の上，○○説明会が実施された。
5 ○○説明会の最初の1時間は，債務者の父及び債務者の弟であるDに対し，○○に関し，○○手順も含め，詳細に報告した。

続いて，債務者が同席した上で，開示済みの○○をもとに説明が行われ，債務者の疑いは，飽くまでも誤解に基づくものであることを粘り強く説明したものの，「最初の○○は，Cはやっていない。」等の一点張りであり，他のことは，全く聞く耳を持たず，「俺を殺せ。」と言いながら，債務者の首に縄を巻いたり，「30年間付きまとう。」等の強要的・脅迫的な言動を弄し続けた。

そして，○○説明会打ち切り後，債務者は，興奮してCを追いかけ，本部棟1階から6階まで駆け上がったため，複数の者が追いかけ，ようやく制止した。
6 同月○○日午前11時ころ，Cは，○○のために，○○外のEにて業務中，「Cに，○○のところへ連絡を頂きたい。電話番号は，○○」とのメ

モを受け取ったため，○○県内で開業している○○からの電話であろうと考え，折り返し架電したものの，不在のためか，繋がらなかった。

ところが，後になり，この電話番号が債務者の自宅の番号であることが判明した。

Cが○○外の○○に応援に行っていることは，債務者からは，凡そ知る由もない事情であることに鑑み，債務者ないしその周辺者がCの動向をつぶさに監視し続けたり，Cを尾行したりしていた可能性が極めて高い。

7　ところで，債権者は，地域に根差す○○として，日々○○行為に携わっているところ，債務者に長時間の面談や電話応対を繰り返し強要され，その○○活動に多大な支障を来たしている。

また，Cを初め，○○らとしては，債務者にいつ押しかけられたり，電話（怪電話）をかけられるか，あるいは，債務者による自傷他害の恐れが現実化するか不安であり，債権者の平穏は，害されている。

さらに，静謐な環境が要求される○○に大声で怒鳴り散らしたりして，他の○○らから苦情が寄せられ，債権者は，対応のため，多くの時間を割かざるを得ない状況に追い込まれている。

第2　保全の必要性
1　前記のとおり，債務者は，頻繁かつ執拗にAに押しかけ，Cを初め，債権者に面会を強要したり，架電したり，○○で怒声を張り上げる等，債権者の○○行為を妨害する行為を継続している。
2　そして，○○説明会での常軌を逸した言動やEへの架電等に鑑み，今後，債務者がますます面談を強要したり，電話等により威迫したり，場合によっては，自己または他人の生命や身体の安全を脅かす暴挙に出る可能性も高い。
3　債権者は，債務者に対し，人格権に基づき，差止請求等の本案訴訟を提起すべく準備中であるが，その勝訴判決を得るまでの間にも債務者の前記侵害行為が継続し，債権者が回復しがたい損害を被ることは，明らかであるので，本申立てに及んだものである。

疎明方法

　　　1　甲第1号証　　　上申書（○○作成）
　　　2　甲第2号証　　　上申書（○○作成）
　　　3　甲第3号証　　　上申書（○○作成）

```
    4  甲第4号証の1～3    報告書（○○作成）
    5  甲第5号証          録音CD
    6  甲第6号証          ○○各階概要図
    7  甲第7号証          構内配置略図

                        添付書類
疎甲号証                                    各1通
訴訟委任状                                   1通
資格証明書                                   1通
                                          以上
```

主文目録

1　債務者は，自己又は第三者をして，債権者の経営するAの建物（但し，別紙図面中赤色を付した部分）に立ち入ったり，建物内又は建物の周辺で，大声を張り上げる等して，債権者の○○を妨害してはならない。
　　また，債務者は，自己又は第三者をして，債権者に対し，正当な理由がない限り，債務者の○○を要求してはならない。
2　債務者は，自己又は第三者をして，正当な法的手続を取ることを除き，債権者の経営するAに勤務する従業員又は代表者○○に対し，架電又は面会を求める等の方法で直接交渉することを強要してはならない。
3　債務者は，自己又は第三者をして，○○らの自宅，勤務先及びその近隣において，○○らの身辺に付きまとったり，○○らを待ち伏せしたりしてはならない。

〔参考資料5〕　仮処分決定

```
                    仮処分決定
○○県○○
   債　権　者　○　○　○　○
   上 記 代 表 者　A
   上記代理人弁護士　○　○　○　○
        同            ○　○　○　○
```

　　　　　　同　　　○　○　○　○
○○県○○
　債　務　者　B
　上記当事者間の平成○○年(ヨ)第○○号面談強要禁止等仮処分命令申立事件について，当裁判所は，債権者の申立てを相当と認め，債権者に
　　金5万円
の担保を立てさせ，次のとおり決定する。

　　　　　　　　　　　主　　文

1　債務者は，自己又は第三者をして，正当な法的手続を取ることを除き，債権者の経営する○○に勤務する従業員又は代表者A（以下「従業員ら」という。）に対し，架電又は面会を求める等の方法で直接交渉することを強要してはならない。
2　債務者は，自己又は第三者をして，債権者Aの経営する建物（但し，別紙図面中赤色を付した部分）に立ち入ったり，建物内又は建物の周辺で，大声を張り上げる等して，債権者の○○を妨害してはならない。
　　また，債務者は，自己又は第三者をして，債権者に対し，正当な理由がない限り，債務者の○○を要求してはならない。
3　債務者は，自己又は第三者をして，従業員らの自宅，勤務先及びその近隣において，従業員らの身辺につきまとったり，従業員らを待ち伏せたりしてはならない。
　　平成○○年○○月○○日
　　　　○○地方裁判所○○
　　　　　　裁判官　○　○　○　○

（注1）　事実に即して、仮処分の主文を考えることが必要で、付きまとい、待ち伏せ禁止まで、本件は必要であったと思われる。
（注2）　被害回復措置をとらなかったことについては、依頼者の利益を優先するとやむを得ないと考えられる。
（注3）　仮処分の前に、刑事的な対応の可否も考える必要があるだろう。

〈事例13〉 自治会主催の行事に対する業務妨害の事例

❖事案の概要❖

Aは、自治会の各種催し物に対して、度重なる妨害を行ってきた。前年は、盆踊り大会の現場に来て、「提灯が車に接触して傷がついた」等言いがかりをつけて、住民を大声で罵倒し、町内親睦大運動会でも、「打ち上げ花火の音がうるさい」と威嚇的な態度で妨害してきた。こうしたことから、自治会は、その年の盆踊り大会ではさらなる妨害行為が予想されると判断して、協議の結果、中止とした。秋に予定されている運動会は、住民の交流と親睦を目的とする重要なもので、楽しみにしている人も多くいた。

そこで、その準備を実施したところ、同じように妨害行為が繰り返されその対応にあたっていた町内会長は精神疾患にかかったが、ぜひとも開催したいとの町民の強い意向を受け、その妨害行為を排除するため、①運動会に関する事業遂行業務妨害禁止、②練習・準備・開催場所となる公園への立ち入り禁止、③架電・面談強要禁止、の3点につき仮処分の申立てをした。

【書式例20】 仮処分命令申立書

仮処分命令申立書

平成〇〇年〇〇月〇〇日

〇〇地方裁判所　御中

債権者代理人　〇　〇　〇　〇

当事者の表示　　別紙当事者目録記載のとおり
仮処分により保全すべき権利　　人格権（平穏に業務する権利）

申立ての趣旨

債務者は，自らまたは第三者をして下記の行為を行ってはならない。

記

(1) 債権者の事業遂行業務を妨害する一切の行為
(2) 債権者が主催する平成○○年○○月○○日（雨天で中止になった場合は○○月○○日）の「○○町親善大運動会」の練習，準備および開催期間中（○○月○○日から○○月○○日までの間）○○町△丁目所在の「○○公園」に立ち入る行為
(3) 「○○町親善大運動会」に関して，債権者およびその役員に電話をし，あるいは面談を強要する行為

との裁判を求める。

申立ての理由

第1．当事者
 1．債権者は，○○市○○町内に居住する者および事業を営む者で（以下「住民」という）かつ，目的である「町内の連帯と親睦ならびに明るく住みよい町づくり」に賛同する者をもって組織する社団である。
   債権者は，法人格を有しないが，最高意思決定機関である総会の承認で選ばれた会長が会務を統理し，本会を代表し，会の運営は会費，交付金および寄付金等によって賄い，毎年定時総会において収支決算の承認を得ている，いわゆる「権利能力なき社団」である（甲第1および2号証）。
 2．債務者は，○○町内に住居を持つ者であるが，本自治会には未加入者である。

第2．被保全権利
 1．債権者は，自治会の目的事業の一環として昭和○○年より，毎年○○月上旬の日曜日に「○○町親善大運動会」を開催しており，今年も○○月○○日に（当日雨天で中止になった場合は，○○月○○日に変更予定），「○○公園」で例年通り子供や高齢者らを含め，老若男女を問わず住民多数の参加を得て，運動会を予定している（甲第4ないし8号証）。
 2．右運動会は，町内住民の多数の参加が予定されており，健康維持と増進，親子のスキンシップおよび交流と親睦を図るもので，「家族みんなで楽しい一日」を掛け声に住民は参加を楽しみにしている。

　　　　債権者は，既に市役所から◯◯月◯◯日および◯◯日の「◯◯公園」内
　　　　の行為（使用）許可を得て（甲第6号証），右事業（運動会）を成功させ
　　　　るべく準備しており，何人といえども住民の右「楽しみ」を妨害すること
　　　　は出来ない。
　　　　　つまり，債権者は債権者の右運動会を平穏に実施する権利，逆から言え
　　　　ば第三者によって何らかの妨害を受けることがあれば，それを排除する権
　　　　利を有する（妨害排除請求権）。

第3，保全の必要性
　1，債務者は，債権者および地元商工会等の催す行事（例えば盆踊り大会な
　　ど）の現場に来ては，役員等に面談を強要し，理不尽な要求行為を威圧的
　　な言動で繰り返し，これによって畏怖し，困惑した商工会関係者は，行事
　　を途中で中止し，あるいは計画を取りやめることを余儀なくされている。
　2，例えば，
　　(1)　◯◯町祭礼運営会（甲第10号証）
　　　　昨年◯◯月◯◯日，恒例の祭礼が行われる◯◯町△丁目所在の「◯◯
　　　神社」の境内で町内多数の住民の奉仕によって御輿，灯籠，提灯等の飾
　　　り付けを行っていた午前10時頃，突然債務者が現場に現れ，
　　　　① 午前5時58分頃に打ち上げた花火の件（予定より約2分早かったこ
　　　　　とに対するクレーム）
　　　　② 道路の電柱を利用して取り付けた提灯が路面に出ている件
　　　　③ 提灯が債務者の車の一部に接触して傷が付いたとの件
　　　等と言い掛かりをつけ，大声で罵倒を繰り返したが，警察官の出動によ
　　　り債務者は退散した。
　　(2)　昨年の運動会（甲第9号証）
　　　　昨年◯◯月◯◯日，債権者が主催する◯◯公園での運動会において債
　　　務者は，
　　　　① 打ち上げ花火の音がうるさい
　　　　② 自治会未加入者の権利をどう考えているのか
　　　　③ 自治会が公園を専用することは許されない
　　　等，盛り上がっているその場の情況や雰囲気を無視して威嚇的な態度で
　　　役員関係者にクレームをつけて妨害したため，運動会の進行は混乱する
　　　ことになったが警察の出動でその場は収まった。
　　(3)　◯◯西口商工◯◯会（甲第11および12号証）

本年○○月○○日と○○日の2日間○○公園で「盆踊り大会」を予定していた。
　その時の債務者の一連の嫌がらせ行為は，次のとおりである。
① 　盆踊り大会の前日（○○日）に○○公園で踊りの練習をしていた最中に債務者が現れ，「練習は許可の対象外である」と難癖をつけては大声で怒鳴り，役員等に身体をすり寄せて挑発する態度を繰り返したため，危険を感じて練習は途中で中止することにした。
② 　盆踊り大会の当日（○○日），盆踊りの最中に債務者は今度は「グランド以外の使用は違法だ」と訴えて来た。
　「○○公園」は，グランド部分とその西側に接続する広場が一体となった公園であり，全体を一般的に「○○公園」と称している。
　商工会は長年盆踊り大会の会場として公園全体を使用してきた慣例があり，公園使用許可申請に当たっても従来と同じ内容で許可を得ている関係から，当然のこととして公園全部を盆踊りの会場として使用していた。
　ところが，債務者は（許認可の権限がないにもかかわらず），商工会の役員らに対し，グランド以外の土地の使用を禁ずるよう激しく責め立てたため，当日の盆踊りを続行させるには債務者の要請を受ける以外に方法はないと判断して，やむなくグランド外に設置していたアーチ（2ヵ所）を撤去した。
③ 　その他
　・開催時刻以前の音楽の中止
　・生バンド演奏の禁止
　・グランド外の仮設の配電盤の撤去要求
等の言い掛かり的嫌がらせ行為を執拗かつ威圧的に繰り返し，商工会の役員の中には債務者との対応で身体の変調を来した者も出た（甲第13号証）。
　計画では，翌日（○○日）も盆踊り大会を継続することになっていたが，
　・翌日も債務者の右同様の行為が予想されること
　・危険を回避する必要性
　・住民に嫌な思いをさせること
　・盆踊り大会に混乱が予想されること
等から○○日の大会をやむなく中止することにした。

一人の違法不当な言動で住民多数の楽しみを奪ってしまう結果となった。
　(4)　盆踊り大会中止決定
　　　○○町△丁目商工○○会は，本年○○月○○日，○○日の２日間「○○公園」において盆踊り大会を開催する予定で準備中であったが，○○月○○日の役員会で，
　　① 　会場予定に隣接する○○神社での昨年祭礼運営会が債務者によって妨害を受けたこと
　　② 　最近の債務者の各種妨害行為の情報が入り，今回予定の盆踊り大会も債務者による妨害行為を受ける蓋然性があること
　　③ 　危険を回避する必要性
　などの理由から中止を決意せざるを得なかった。
3，以上の債務者の一連の行為は，債権者および地元商工会の事業活動を妨害するもので，社会的相当性を欠いた違法行為であると同時に，債務者が市役所を巻き込んで本件関係者らを困惑させる行為は，正に「間接暴力」ということができる。
　　自治会あるいは商工会が，長年の慣行に従って住民の交流と親睦を目的とする各種行事は，多数の住民が容認し，かつ参加を楽しみにしている以上，法的に保護されるものである。
　　住民の生活基盤は，地域の秩序と協調の中で成り立つものであり，一住民（債務者）といえども，大多数の者が賛同し楽しみにしている行事を中止させ，又は妨害する行為は許されないことは当然のことである。
　　債務者による妨害行為があってからでは，住民および債権者の権利の回復を図ることができない。
　　そこで，債権者は事業の平穏に遂行する権利（人格権）を保全するため，本仮処分命令を求めるものである。

疎明方法

１，甲第１号証　　　○○町自治会会則
２，甲第２号証　　　各部事業報告
３，甲第３号証　　　住宅地図
４，甲第４号証　　　○○公園の公園台帳，現況平面図
５，甲第５号証　　　会報
６，甲第６号証　　　都市公園内行為許可書

第3節　その他の迷惑行為・不当行為禁止の仮処分

```
7．甲第7号証　　　実施計画書
8．甲第8号証　　　プログラム
9．甲第9号証　　　都市公園内行為許可申請書
10．甲第10号証　　報告書（債権者）
11．甲第11号証　　報告書（○○町祭礼運営会）
12．甲第12号証　　報告書（○○町西口商工○○会）
13．甲第13号証　　診断書
14．甲第14号証　　都市公園行為許可書
15．甲第15号証　　報告書（○○町○丁目商工○○会）
16．甲第16号証　　都市公園行為許可書
```

添付書類

1．右甲号証写　各1通
2．訴訟委任状　1通

当事者目録

〒○○○-○○○○
○○市○○町△丁目△番地△
債権者　○○町自治会
右代表者会長　○　○　○　○
　〒○○○-○○○○　○○市○○△丁目△番△号
○○ビル○階（送達場所）
　電　話　○○○—○○○—○○○○
　ＦＡＸ　○○○—○○○—○○○○
右債権者代理人
　　弁護士　○　○　○　○
　〒○○○-○○○○　○○市○○町○○○
　債務者　○　○　○　○

（注1）　本事案における被保全権利は、債権者（地元自治会）の事業（運動会）を平穏に遂行する権利（人格権）である。申立書の「被保全権利」にて、「住民の楽しみ」と「債権者の業務を平穏に遂行する権利」との関係を明確

331

に示したほうが、好ましいと考える。
（注2） 保全の必要性では、債務者のクレームにより、債権者が被った過去の事例だけでなく、他の者の主催した盆踊り等が妨害された事実も述べられている。
（注3） 悪質クレーマーによるトラブルが増加すると予想されるため、今後の対応の参考となると思われる。

第3章 訴訟等の活用による対応

〈事例１〉　勤務先である市役所に街宣をかけられた公務員の事例

❖事案の概要❖

　右翼団体を名乗る者Ａが、公務員Ｂの個人的な事実についてＢの勤務先を訪問し、また電話で、街宣活動をすることを告げた（なお、Ａは和解をほのめかしていた）。その後、10日間以上、ＡはＢの自宅、勤務先などにまで街宣活動を行った。

　Ｂは、街宣行為の中止を求める内容証明をＡに出したが、止まらないことから、人格権、名誉権に基づき街宣禁止、架電禁止の仮処分の申立てを行い、裁判所から街宣禁止の仮処分決定がなされた。

　Ａは、保全異議を申し立てたが、Ｂが街宣禁止、損害賠償の訴訟を提起したことから、保全異議を取り下げ、訴訟で争った。一審では仮処分の主文どおりの判決と金110万円の損害賠償が認められ、控訴審でも維持された。

【書式例21】　訴状（街宣活動等禁止請求）

訴　状   　　　　　　　　　　　　　　　　　　平成○○年○○月○○日 ○○地方裁判所○○支部　御中 　　　　　　　　　　　原告訴訟代理人弁護士　○　○　○　○ 　　　　　　　　　　　同　　　　　　　　上　○　○　○　○ 　　　　　　　　　　　同　　　　　　　　上　○　○　○　○

当事者　別紙当事者目録記載のとおり
街宣活動等禁止請求事件
　　訴訟物の価額　　　490万円
　　貼用印紙額　　　　3万円

請求の趣旨

第1　被告は，原告に対し，自ら下記記載の①ないし⑤の各点から（ただし，③については正面入口から，④については西口改札口から，⑤については正面入り口から）半径500メートル以内（その各範囲は，別紙図面において，①ないし⑤の符号を付した赤丸印で囲まれた範囲）を徘徊し，大声を張り上げ，街頭宣伝車による演説を行うなどして原告の名誉及び信用を毀損する一切の行為を行ってはならず，代理人，使用人，従業員又はその他の第三者をして同行為を行わせてはならない

記

（略）
第2　被告は，原告に対し，330万円及びこれに対する平成〇〇年〇〇月〇〇日から支払済みまで年5分の割合による金員を支払え
第3　訴訟費用は被告の負担とする
との判決並びに仮執行の宣言を求める。

請求の原因

第1　当事者
　1　原告は，〇〇に勤務する者であり，現在〇〇を務めている。
　2　被告は，政治結社〇〇の会長を名乗る者である。
第2　被告の侵害行為
　1　被告が街宣活動をなすまでの経緯
　(1)　原告は，〇〇県〇〇（以下「〇〇の土地」という。），同〇〇（以下「〇〇の土地」という。）の各土地及び〇〇の土地上に「〇〇」という名称の店舗用及び居住用マンション（以下「〇〇」という。）を所有しており，従前〇〇の賃借人に対し，駐車場として〇〇の土地を賃貸していた。

(2) ○○の土地及び○○の土地の横には，株式会社○○ビル（以下「○○ビル」という。）の所有する○○等の土地（以下「○○等の土地」という。）が隣接している。

　平成○○年○○月ころ，○○ビルは，○○等の土地上に店舗用建物を建設し，これを株式会社○○（以下「○○」という。）の経営するスーパー「○○」に賃貸することとなった。

　そうであるところ，○○は，原告に対し，スーパー「○○」の駐車場用地として，○○等の土地に隣接する○○の土地を賃借したい旨申し入れてきた。

　原告は，上記申し入れを了承し，平成○○年○○月ころ，○○との間で，○○の土地につき賃貸借契約を締結した。

(3) ところが，平成○○年○○月ころ，原告は，第三者より，原告が○○の土地を駐車場利用者と○○とに二重貸ししているのではないかとの指摘を受けた。

　そこで，原告は，○○との前記賃貸借契約を解約するとともに，至急，○○の土地の代替地を用意して，○○の賃借人には代替地を利用してもらうよう調整し，その後に，○○ビルとの間で，○○の土地につき賃貸借契約を結ぶことにした。

　原告は，○○の土地と道路を挟んで真向かいに存する○○の土地（以下「○○の土地」という。）を賃借し，駐車場用地としての整備工事をなした上で，平成○○年○○月中には，○○の賃借人に対して，以後，駐車場を○○の土地ではなく○○の土地に変更する旨を口頭にて申し入れ，もって駐車場の変更を了するとともに，○○ビルに対し，○○の土地をスーパー「○○」用地として貸し渡した。

(4) ところで，○○ビル側は，原告に対し，「開発に御協力していただいていますし，マンション住民の方もこちら（スーパー「○○」）のお客さんと重なるでしょうから，大いに駐車場を使用されて結構です。」などと，○○の土地がスーパー「○○」用地として貸し渡された後にも，○○の賃借人にあっては同地を使用してよい旨申し出た。

　そこで，原告は，上記○○ビルからの申し出を○○の賃借人に伝えた。

　それゆえ，○○の賃借人の中には，○○の土地に駐車場が確保された後も，○○の土地を駐車場代わりに利用していた者もいた。

　もっとも，○○の土地は，上記のとおり，○○ビルがその好意により○○の賃借人に使用させていたにすぎず，同マンションの賃借人が原告

より駐車場として賃借していたのは代替地として用意された○○の土地である。
　したがって，○○の土地は，○○ビルと○○の賃借人と二重に賃貸されているものでは決してない。
(5)　そうしたところ，平成○○年○○月○○日午後，政治結社○○の会長を名乗る被告が，突然に，○○に来所し，勤務中の原告を訪ねてきた。
　被告は，原告に対し，「○○のところの駐車場の二重契約について，お聞きしたいことがある。」などと申し向けてきた。
　原告は，被告に対し，「別の場所に駐車場を確保して対応しているので，二重契約ではないと思います。賃借人のかたがたには『アパートの契約は，家賃……円，管理費……円，駐車場……円という内容であり，駐車場は場所が変わりました』と説明してあります。」などと回答したが，被告は，一向に納得せず，20分ほどしてからようやく退去した。
　被告は，同月○○日の午後及び同年○○月○○日の午後にも，○○に来所し，原告に対し，上記と同様の趣旨のことを申し向けてきた。
(6)　同○○日午後，被告は，○○にて勤務中の原告に対し，架電をし，駐車場の二重契約について認めないなら街宣活動を準備すると申し向けてきた。
　原告は，被告に対し，街宣活動の目的を尋ねたところ，被告は「和解ということもある。」などと回答した。
　なお，原告は，同日の午前中，被告から架電を受ける前に，○○警察署警備課を訪れて相談をしている。
2　被告による街宣活動の内容
(1)　同○○日午後3時ころ，被告は，街宣活動を開始した。
　当日は，○○市内にて商工祭りが行われており，街中には人出があふれていたところ，その○○の会場周辺を，右翼団体特有の威嚇的な街頭宣伝車1台にて，拡声器を用い，大きな音量で，「原告は，自分のアパート及び○○の駐車場ということで，5年間にわたり二重契約している。○○は，このような原告を職員としているが，許されるものではない。」などと被告作成にかかる街宣文（以下「街宣文」という。）を叫ぶように読み上げながら，○○及び原告の自宅にまで街頭宣伝車を走行させ，延べ1時間半くらい，街宣活動を続けた。
　原告は，翌○○日午前中にも○○警察署警備課を訪れて相談した。
(2)　その後も，被告は，以下の日時及び場所において街宣活動を行った。

そこでの街宣内容は，街頭宣伝車1台にて，下記各場所周辺を走行しながら，のみならず，被告の事務所が存する○○付近から下記各場所へ移動ないし下記各場所間で移動する道すがらでさえも，街宣文を拡声器にて読み上げるというものである。

① 同○○日午後1時30分ころから約30分　○○周辺

同日午後4時ころから約1時間　○○周辺，○○周辺，及び原告自宅周辺

なお，同日午後2時ころ，被告は，○○を訪れ，○○に対し，街宣文を記載した書面を交付している。

② 同○○日午前10時ころから約2時間　○○駅西口周辺，○○周辺，○○周辺，及び原告の自宅周辺

なお，上記街宣活動の際，○○警察署警察官が街頭宣伝車を追跡したところ，被告は拡声器のボリュームを落としていた。以後も被告は警察官が追跡している時には拡声器のボリュームを落とすも，追跡がなされていない時は拡声器のボリュームを大きくしている。

同日午後1時30分ころから約1時間　○○駅西口周辺，○○周辺，○○周辺，及び原告自宅周辺

③ 同○○日午後2時ころから約1時間　○○駅西口周辺，○○周辺，○○周辺，及び原告自宅周辺

④ 同○○日午後12時ころから約1時間　○○駅西口周辺，○○周辺，○○周辺，及び原告自宅周辺

⑤ 同○○日午後4時ころから約1時間　○○周辺，及び原告の自宅周辺

⑥ 同○○日午後1時ころから約1時間　○○周辺，及び原告の自宅周辺

なお，上記街宣活動は，とりわけ拡声器のボリュームが大きかったこともあって，原告は○○警察署に通報している。

⑦ 同○○日午前9時30分ころから約1時間30分

○○駅西口周辺及び○○周辺

なお，上記街宣活動の際，被告は街頭宣伝車を○○敷地内に進入させた。

原告は，直ちに○○警察署に通報した。

同日午後1時ころから約2時間　○○駅西口周辺，○○周辺，○○周辺，及び原告の自宅周辺

⑧　同〇〇日午後12時30分ころから約1時間　〇〇周辺
⑨　同〇〇日午後3時ころから約1時間　〇〇周辺
　なお，上記街宣活動の際，〇〇警察署警察官が街頭宣伝車を追跡したことから，被告は拡声器のボリュームを落としていた
⑩　同〇〇日午後12時30分ころから約1時間　〇〇駅西口周辺，〇〇周辺

(3)　上記のとおり，被告は，平成〇〇年〇〇月〇〇日より前記の街宣活動を開始した後，ほぼ連日，〇〇駅西口，〇〇，〇〇，及び原告の自宅の各周辺等を街宣活動車にて低速度で走行しながら，のみならず，被告の事務所が存する〇〇付近から上記各場所へ移動ないし上記各場所間で移動する道すがらでさえも，拡声器を用いて街宣文を繰り返し読み上げているものであり，その態様は執拗かつ悪質である。

　もとより，街宣活動の内容は事実無根であるが，いずれにせよ，このような違法な街宣活動は，表現の自由，政治的自由の保障の及ぶところではない。

　また，原告は，〇〇市役所の職員であり，他面，本件で被告が問題として取り上げている駐車場の問題は，私人の私生活上の行状であるところ，私人の私生活上の行状に関して事実の公共性を認めた最高裁判決（最判昭和56年4月16日刑集35・3・84）のいう「そのたずさわる社会的活動の性質及びこれを通じて社会に及ぼす影響力の程度」との基準に照らしても，本件の駐車場問題が公共の利害に関する事実にあたるとはいえないものである。

(4)　原告の自宅は，〇〇駅や〇〇に比較的近い位置にあるところ，被告の前記のごとき街宣活動は，原告が平穏かつ安全に日常生活を営むことを阻害するのみならず，〇〇を妨害し，原告の名誉ないし社会的信用を著しく失墜させるものである。

3　原告の被告に対する街宣活動等中止の要請とその後の状況
(1)　原告は，被告に対し，平成〇〇年〇〇月〇〇日，直ちに街宣活動を中止するよう求める通知書を内容証明郵便で発送し，同〇〇日被告に送達されたが，被告は街宣活動を一向に中止しなかった。

　そこで，原告は，同〇〇日，御庁に対し，被告の街宣活動を禁止する旨の仮処分を申立てた（平成〇〇年(ヨ)第〇〇号仮処分命令申立事件。以下「本件仮処分命令申立事件」という。）。

(2)　しかるに，被告は，仮処分命令申立書の送達を受けた後も，前記の街

宣活動を引き続き行った。
 (3) 平成○○年○○月○○日，本件仮処分命令申立事件につき，仮処分決定が出された（以下「本件仮処分決定」という。）。
　　上記決定書が送達されたころ，ようやく，被告は街宣活動を中止した。
第3　原告の差止請求
1　差止請求権の根拠
 (1) 原告は，○○内にて勤務し，かつ居住する市民であって，その人格権（憲法13条後段）に基づき，平穏かつ安全に日常生活を営む権利を有するのみならず，人の品性，徳行，名声，信用等の人格的価値について社会から受ける客観的評価であるところの名誉権を有している。
 (2) 北方ジャーナル事件判決（最大判昭和61年6月11日民集40巻4号872頁）は「人の品性，徳行，名声，信用等の人格的価値について社会から受ける客観的評価である名誉を違法に侵害された者は，損害賠償（民法710条）又は名誉回復のための処分（同法723条）を求めることができるほか，人格権としての名誉権に基づき，加害者に対し，現に行われている侵害行為を排除し，又は将来生ずべき侵害を予防するため，侵害行為の差止めを求めることができる」とし，「けだし，名誉は生命，身体とともに極めて重大な保護法益であり，人格権としての名誉権は，物権の場合と同様に排他性を有する権利というべきであるからである」と論決している。
 (3) そうであるところ，原告は，被告より，前記のとおり街宣活動を繰り返され，上記の平穏かつ安全に日常生活を営む権利，ひいては，名誉権を毀損されたものである。
 (4) したがって，原告は，人格権に基づき，被告に対して街宣活動の差止請求権を有する。
2　将来に侵害が生ずる蓋然性及び当該侵害に対する予防の必要性について
 (1) 被告は，平成○○年○○月○○日より前記の街宣活動を開始した後，同○○日付の原告作成にかかる街宣活動中止要請通知書を受領した後も街宣活動を継続し，そればかりか，原告が同○○日に本件仮処分命令申立てをなし，同申立書が送達された後も，街宣活動を継続したものである。
 (2) 前記のとおり，平成○○年○○月○○日に本件仮処分決定が出され，同決定書が送達されたころ，ようやく，被告は街宣活動を中止した。
　　しかしながら，被告は，御庁に対し，同○○日付にて，本件仮処分命

令申立事件に対する保全異議申立てをなしている。

　被告は，上記申立書の中で，自己がこれまでなしてきた街宣活動につき，「表現の自由の範疇にあり，問題ないとの意見を伺っており」，「債務者は債権者に対し，何等職務の妨害もしていない」，「債務者は，当該街宣活動において該当する法令は全て手続を完了して法律を遵守し法に抵触する活動は一切ありません。」などと，その正当性を主張している。

　そうであれば，被告は，将来，街宣活動を再開し，これを継続する蓋然性が，極めて，高い。

(3)　他面，原告は，現在も○○内に居住し，かつ○○に勤務する者であるところ，被告が街宣活動を再開すれば，原告にあって平穏かつ安全に日常生活を営むことが阻害されるのみならず，原告の○○が妨害され，原告の名誉ないし社会的信用が著しく失墜させられてしまう等，原告の人格権が著しく損なわれることは明らかである。

　とりわけ，本件仮処分決定により，一旦，被告の街宣活動が中止されたにもかかわらず，当該街宣活動が再開されるのであれば，これを見聞した○○において，「事実無根の内容」「私人の私生活上の行状」を喧伝する当該街宣活動が正当なものであるがゆえに許容されたなどと受け止めるおそれがある。かかる場合，原告が被る損害は一層深刻となる。

　したがって，当該侵害に対する予防の必要性がある。

(4)　上記のとおり，原告にあっては，将来に侵害が生ずる蓋然性及び当該侵害に対する予防の必要性が認められる。

3　以上の次第であるから，原告は，被告に対し，請求の趣旨第1項記載の街宣活動差止めを求めるものである。

第4　原告の損害賠償請求

1　前記のとおり，原告は，被告の街宣活動により，「人の品性，徳行，名声，信用等の人格的価値について社会から受ける客観的評価である名誉を違法に侵害された」（前記北方ジャーナル事件判決）ものである。

　したがって，原告は，被告に対し，損害賠償請求権を有する。

2　まず，原告は，被告の街宣活動により，多大な精神的苦痛を被った。

　被告が原告に対して街宣活動を開始した平成○○年○○月○○日から，同○○日（被告の街宣活動は同日以後も継続しているが，原告は同日までは被告の街宣活動の日時場所等を記録していた。）までにあっても，被告の街宣活動の内容や原告の人格権が侵害された程度等に鑑みれば，原告が被告に対して請求しうる慰謝料の金額は300万円を下るものではないと思

料する。
  3 また，原告は，被告に対し街宣活動禁止等を求めるにあたって，弁護士である原告訴訟代理人らに本訴の提起追行を委任せざるを得なかった。
    そこで，被告にあっては，少なくとも，原告の弁護士費用に関し，上記慰謝料請求額の1割に相当する額である金30万円は負担するべきである。
  4 したがって，原告は，被告に対し，民法709条，同710条に基づき，合計金330万円の損害賠償を請求するものである。
第5 よって，原告は，被告に対し，請求の趣旨記載の判決を求める。

証拠方法

追って，提出する。

添付書類

1	訴状副本	1通
2	訴訟委任状	2通

〔参考資料6〕 判決文①（原審）

平成○○年○○月○○日判決言渡　同日原本領収　裁判所書記官　○○○○
平成○○年(ワ)第○○号　街宣活動等禁止等請求事件
(口頭弁論終結日　平成○○年○○月○○日)

判　決

　　　　　原告　　○　○　○　○
同訴訟代理人弁護士　○　○　○　○
　　　　　同　　　○　○　○　○
　　　　　同　　　○　○　○　○
　　　　　被告　　○　○　○　○

主　文

1 被告は，原告に対し，自ら，別紙所在地目録記載①ないし⑤の各地点から半径500メートル以内（別紙図面において，①ないし⑤の符号を付した赤線

で囲まれた各範囲内）を徘徊し，大声を張り上げ，街頭宣伝車による演説を行うなどして，原告の名誉及び信用を毀損する一切の行為をしてはならず，代理人，使用人，従業員又はその他の第三者をして同行為をしてはならない。
2 被告は，原告に対し，金110万円及びこれに対する平成○○年○○月○○日から支払済みまで年5分の割合による金員を支払え。
3 原告のその余の請求を棄却する。
4 訴訟費用は被告の負担とする。
5 この判決は，第2項に限り，仮に執行することができる。

事実及び理由

第1 請求
1 主文第1項に同旨
2 被告は，原告に対し，金330万円及びこれに対する平成○○年○○月○○日から支払済みまで年5分の割合により金員を支払え。

第2 事案の概要

本件は，原告が，被告の街頭宣伝活動（以下「街宣活動」という。）により，原告の平穏かつ安全に日常生活を営む権利が侵害され，原告の○○市役所における職務が妨害され，原告の名誉ないし社会的信用が毀損されたと主張して，被告に対し，人格権に基づいて街宣活動の差止めを求めるとともに，不法行為に基づく損害賠償を求めた事案である。

1 争いのない事実，当裁判所に顕著な事実，証拠（甲1，8，9，原告本人，被告本人）及び弁論の全趣旨により認められる事実

(1) 当事者等（争いがない，原告本人，被告本人，弁論の全趣旨）

ア 原告は，○○市役所において，同市役所の職員として勤務する者であり，原告の肩書住所地の自宅（以下「原告自宅」という。）に居住している。

原告は，後記の本件街宣活動が行われた当時，同市役所の○○の地位にあった。

イ 被告は，○○の会長（代表者）であり，通称名を○○と名乗る者である。

(2) ア 原告は，○○所在の土地並びに○○の土地にある○○マンションという名称の建物（以下「○○マンション」という。）を所有している（争いがない）。

イ　原告は，○○の土地を，駐車場として，○○マンションの賃借人に対して賃貸していた（争いがない。以下，○○の土地を「本件駐車場」という。）。
　　ウ　平成○○年○○月ころ，原告の所有する○○及び本件駐車場の隣接地を所有する株式会社○○は，同隣接地に店舗用建物を建築し，スーパーを経営する株式会社○○（以下「○○」という。）に対して同建物を賃貸した（争いがない）。
　　　○○は，原告に対し，本件駐車場を，同建物において営業するスーパー「○○」の駐車場として賃借したい旨を申し入れ，原告は，平成○○年○○月ころ，○○との間で，本件駐車場の賃貸借契約を締結した（争いがない）。
　　　（なお，原告は，○○との間で本件駐車場の賃貸借契約を締結した後，同契約を解約するとともに，○○マンションの賃借人に対しては本件駐車場の代替地を準備して駐車場の場所の変更をし，その上で，改めて，○○との間で，本件駐車場の賃貸借契約を締結した旨を主張するが，被告はこれを争っている。）
(3)ア　被告は，平成○○年○○月○○日午後，○○市役所を訪れ，同所において勤務中の原告に対し，本件駐車場について二重の賃貸借契約が締結されているとして，「○○のところの駐車場の二重契約について，お聞きしたいことがある。」などと申し向けた（争いがない）。
　　　そこで，原告は，被告に対し，別の場所に駐車場を確保して対応しているので二重契約ではない旨や，○○マンションの賃借人に駐車場の場所が変わったことを説明した旨を回答した（争いがない）。
　　イ　被告は，同年○○月○○日ころの午後及び同年○○月○○日午後にも，○○市役所を訪れ，同所において勤務中の原告に対し，本件駐車場が二重契約である旨の指摘をした（争いがない，甲８，９）。
(1)　本件街宣活動（争いがない，原告本人，被告本人）
　　被告は，平成○○年○○月○○日から，以下の各日時（いずれも，平成○○年である。）に，以下の各場所周辺において（イないしセについては，被告の事務所がある○○付近から以下の各場所への移動中及び各場所間の移動中も含む。），街頭宣伝車１台を走行させ，被告作成にかかる別紙街宣文記載の文言又はこれと同趣旨の文言による声明を流して，街宣活動を行った（以下，併せて「本件街宣活動」という。）。
　　ア　○○月○○日　午後３時ころから約１時間30分

○○市内で行われていた商工祭りの会場付近から○○マンション及び原告自宅付近まで

イ ○○月○○日　午後1時30分ころから約30分間
　○○市役所周辺

ウ ○○月○○日　午後4時ころから約1時間
　○○市役所，○○マンション，原告自宅各周辺

エ ○○月○○日　午前10時ころから約2時間
　○○駅西口，○○市役所，○○マンション，原告自宅各周辺

オ ○○月○○日　午後1時30分ころから約1時間
　○○駅西口，○○市役所，○○マンション，原告自宅各周辺

カ ○○月○○日　午後2時ころから約1時間
　○○駅西口，○○市役所，○○マンション，原告自宅各周辺

キ ○○月○○日　午後0時ころから約1時間
　○○駅西口，○○市役所，○○マンション，原告自宅各周辺

ク ○○月○○日　午後4時ころから約1時間
　○○マンション，原告自宅各周辺

ケ ○○月○○日　午後1時ころから約1時間
　○○マンション，原告自宅各周辺

コ ○○月○○日　午前9時30分ころから約1時間30分
　○○駅西口，○○市役所各周辺

サ ○○月○○日　午後1時ころから約2時間
　○○駅西口，○○市役所，○○マンション，原告自宅各周辺

シ ○○月○○日　午後0時30分ころから約1時間
　○○市役所周辺

ス ○○月○○日　午後3時ころから約1時間
　○○市役所周辺

セ ○○月○○日　午後0時30分ころから約1時間
　○○駅西口，○○市役所各周辺

(5) 原告は，同年○○月○○日，被告に対し，直ちに街宣活動を中止するよう求める旨の通知書を内容証明郵便で発送し，翌○○日，被告に配達されたが，被告は，街宣活動を中止しなかった（争いがない）。

(6) 本件仮処分決定

原告は，同年○○月○○日，○○地方裁判所○○支部に対し，原告を債権者，被告を債務者として，街宣活動の禁止の仮処分命令を申し立て

たところ，同年○○月○○日，被告に対し，自ら，別紙所在地目録記載①ないし⑤の各地点から半径500メートル以内（別紙図面において，①ないし⑤の符号を付した赤線で囲まれた各範囲内）を徘徊し，大声を張り上げ，街頭宣伝車による演説を行うなどして原告の名誉及び信用を毀損する一切の行為を行ってはならず，代理人，使用人，従業員又はその他の第三者をして同行為を行わせてはならない旨の仮処分決定（以下「本件仮処分決定」という。）がされた（争いがない，甲1）。

(7) 被告は，仮処分命令申立書の送達を受けた後も，前記(4)と同様の街宣活動を行い，本件仮処分決定が被告に送達されたころ，街宣活動を中止した（争いがない）。

(8) 保全異議の申立て

　被告は，同年○○月○○日付けで，本件仮処分決定に対する保全異議を申し立てた（争いがない）。

　しかしその後，被告は，原告が同年○○月○○日に本件訴訟を提起したことに伴い，保全異議の申立てを取り下げた（顕著な事実）。

2　当事者の主張

（原告の主張）

(1) 被告の本件街宣活動は，原告が平穏かつ安全に日常生活を営む権利を侵害するのみならず，原告の○○市役所における職務を妨害し，原告の名誉ないし社会的信用を著しく毀損させる違法なものであり，人格権を侵害するとともに，不法行為に当たる。

(2) 差止めの必要性

　被告は，今後，本件街宣活動と同様の街宣活動を再開する蓋然性が高い上，原告は，○○市役所に勤務する一般職の職員にすぎず，報道やメディアの場を通じての言論による対抗をすることはできないから，被告による街宣活動が阻止されなければ，原告の名誉権をはじめとする人格権は，その権利としての実効性を失う。

(3) 損害賠償請求

　原告は，被告の執拗かつ悪質な本件街宣活動により，多大な精神的苦痛を受けたものであり，被告の街宣活動の内容や原告の人格権が侵害された程度等に鑑みれば，原告が被告に対して請求し得る慰謝料の額は300万円を下回るものではない。

　また，原告は，弁護士に本件訴訟の提起追行を委任せざるを得なかったものであり，被告は，原告に対し，弁護士費用相当額の30万円を支払

第3章　訴訟等の活用による対応

うべきである。
(4) 被告の本件街宣活動は，その表現の内容及び態様からして，表現の自由の保障の及ぶところではない。

　仮に，被告の本件街宣活動が表現の自由の保障により保護を受けうるとしても，被告の摘示する事実は，公共の利害に関するものとはいえず，かつ，本件街宣活動の目的が専ら公益を図る目的に出たものであるともいえない。

(5) よって，原告は，被告に対し，人格権に基づく妨害排除請求権に基づき，自ら，別紙所在地目録記載①ないし⑤の各地点から半径500メートル以内（別紙図面において，①ないし⑤の符号を付した赤線で囲まれた各範囲内）を徘徊し，大声を張り上げ，街頭宣伝車による演説を行うなどして，原告の名誉及び信用を毀損する一切の行為をしないこと，及び，代理人，使用人，従業員又はその他の第三者をして同行為をしないことを求めるとともに，不法行為に基づき，330万円及びこれに対する不法行為日以後の日である平成○○年○○月○○日から支払済みまで民法所定の年5分の割合による遅延損害金の支払を求める。

（被告の主張）
(1) 原告の主張をすべて争う。
(2) 被告は，憲法上保障された表現の自由に基づいて，本件街宣活動を行ったものである。

　原告は，○○市役所の職員という公人としての立場にありながら，本件駐車場について二重の賃貸借契約を締結するという違法な行為を行ったものであり，社会大衆の批判を受けても当然である。また，原告は，違法な行為を行ったことで，名誉，信用及び人格的権利等を自ら放棄したものである。

　したがって，被告の本件街宣活動は，違法性がない。

第3　当裁判所の判断
1　前記第2の1の事実に加え，証拠（甲8，9，原告本人，被告本人）及び弁論の全趣旨によれば，以下の事実が認められる。

(1) 被告は，平成○○年○○月○○日午後，○○市役所を訪れ，同所において勤務中の原告に対し，本件駐車場について二重の賃貸借契約が締結されているとして，「○○のところの駐車場の二重契約について，お聞きしたいことがある。」などと申し向けた。

　そこで，原告は，被告に対し，別の場所に駐車場を確保して対応して

いるので二重契約ではない旨や，○○マンションの賃借人に駐車場の場所が変わったことを説明した旨を回答した。
(2) しかし，被告は，原告の説明に納得せず，同年○○月○○日ころの午後及び同年○○月○○日午後にも，○○市役所を訪れ，同所において勤務中の原告に対し，本件駐車場が二重契約である旨の指摘をした。

さらに，被告は，同年○○月○○日，○○市役所の原告宛てに電話をかけた。
(3) 被告は，同年○○月○○日から同年○○月○○日までの間，同年○○月○○日を除いて毎日，合計14回にわたり，別紙宣伝文記載の文言又は同趣旨の文言による声明を流して，本件街宣活動を行った。
(4) 原告は，同年○○月○○日及び同年○○月○○日，○○警察署警備課に相談に行き，同年○○月○○日及び同年○○月○○日には，被告が街宣活動を行っている際，これを○○警察署に通報するなどした。
(5) 原告は，同年○○月○○日，被告に対し，直ちに街宣活動を中止するよう求める旨の通知書を内容証明郵便で発送し，翌○○日，被告に配達されたが，被告は，街宣活動を中止しなかった。

被告は，原告が，同年○○月○○日に街宣活動の禁止の仮処分命令を申し立て，仮処分命令申立書の送達を受けた後も，街宣活動を中止せず，同年○○月○○日にされた本件仮処分決定が被告に送達されたころ，ようやく街宣活動を中止した。

もっとも，被告は，同年○○月○○日付けで，本件仮処分決定に対する保全異議を申し立てた。

その後，被告は，保全異議の申立てを取り下げたが，これは，原告が同年○○月○○日に本件訴訟を提起したことに伴い，本件訴訟の中において争う趣旨で取り下げたものであった。
2(1) 前記認定事実によれば，被告は，原告に対し，原告が所有する本件駐車場の賃貸借契約が二重契約に当たるのではないかと指摘し，原告から二重契約に当たらない旨の説明を受けたにもかかわらず，これに納得せず，○○駅西口，原告の勤務する○○市役所，○○マンション及び原告自宅各周辺並びに各場所間の移動中などにおいて，別紙宣伝文記載の文言又は同趣旨の文言による声明を流して，街頭宣伝車による本件街宣活動を繰り返し行ったものであり，このような被告の本件街宣活動は，その内容及び態様に照らし，原告の平穏な生活を妨げ，原告の○○市役所における職務を妨害し，原告の名誉ないし社会的信用を毀損するものと

認められる。

(2) この点につき，被告は，憲法上保障された表現の自由に基づいて，本件街宣活動を行ったものである，原告は，○○市役所の職員という公人としての立場にありながら，本件駐車場について二重の賃貸借契約を締結するという違法な行為を行ったものであり，社会大衆の批判を受けても当然である，原告は，違法な行為を行ったことで，名誉，信用及び人格的権利等を自ら放棄したものであるなどとして，被告の本件街宣活動には違法性がないなどと主張する。

しかしながら，被告の本件街宣活動は，ほぼ連日，原告の勤務先である○○市役所，原告の自宅周辺その他前記認定の街頭において，街頭宣伝車から声明を流すという態様のものであり，その態様自体，正当な表現行為として許容されるべき範囲を逸脱しているものというべきである。

また，原告は，○○市役所の職員であるものの，被告が本件街宣活動において指摘する事項は，原告が個人的に所有している不動産の賃貸借契約に関するものであり，原告の地位に無関係の私的な事項であるから，原告が○○市役所の職員の地位にあることをもって，被告の本件街宣活動の違法性が阻却されるものとは認められない。

さらに，本件全証拠によっても，原告が名誉，信用及び人格的権利等を自ら放棄したものと認めることはできない。

したがって，被告の主張を採用することはできない。

3 前記認定のとおり，被告による本件街宣活動は繰り返し行われたものである上，被告は，本件仮処分決定の送達を受けてからは街宣活動を中止したものの，保全異議を申し立て，保全異議を取り下げた後も，本件訴訟において本件街宣活動の正当性を主張しているものであり，これらの事情に照らせば，被告が，将来，本件街宣活動と同様の行為を再開する高度の蓋然性が認められる。

したがって，原告は，被告に対し，人格権に基づき，別紙所在地目録記載①ないし⑤の各地点から半径500メートル以内（別紙図面において，①ないし⑤の符号を付した赤線で囲まれた各範囲内）に限定して，被告自ら，又は，代理人，使用人，従業員若しくはその他の第三者をして，徘徊し，大声を張り上げ，街頭宣伝車による演説を行うなどして，原告の名誉及び信用を毀損する一切の行為の差止めを求めることができるというべきであり，これを求める原告の請求には理由がある。

なお，上記の請求部分にかかる仮執行宣言については，相当でないから

これを付さないこととする。
4　また，前記2のとおり，被告の本件街宣活動は，原告の平穏な生活を妨げ，原告の○○市役所における職務を妨害し，原告の名誉ないし社会的信用を毀損する違法なものであるから，原告は，被告に対し，不法行為に基づく損害賠償を請求することができるというべきである。

　本件街宣活動の態様その他本件における一切の事情を斟酌すれば，原告の受けた精神的苦痛に対する慰謝料としては，100万円の限度で認容するのが相当であり，また，原告の弁護士費用相当額の損害としては，10万円を認めるのが相当である。

　したがって，原告の被告に対する損害賠償請求は，110万円及びこれに対する不法行為日以後の日である平成○○年○○月○○日から支払済みまで民法所定の年5分の割合による遅延損害金の支払を求める限度で理由があるが，その余の請求部分は理由がない。

5　以上によれば，原告の請求は，主文の限度で理由があるのでこれを認容し，その余の請求は理由がないので，これを棄却することとし，訴訟費用の負担につき，民訴法61条，64条ただし書を，仮執行の宣言につき同法259条1項を，それぞれ適用して主文のとおり判決する。

　　　　　○○地方裁判所○○支部
　　　　　　裁判官　○　○　○　○

〔参考資料7〕　判決文②（控訴審）

平成○○年○○月○○日判決言渡　同日原本領収　裁判所書記官　○○○○
平成○○年(ネ)第○○号街宣活動等禁止等請求控訴事件（原審・○○）
口頭弁論終結日　平成○○年○○月○○日

　　　　　　　　　　　判　　決

　　　　　控訴人　　　○　○　○　○
　　　　　被控訴人　　○　○　○　○
　同訴訟代理人弁護士　○　○　○　○
　　　　　同　　　　　○　○　○　○
　　　　　同　　　　　○　○　○　○

　　　　　　　　　　　主　　文

1 本件控訴を棄却する。
2 控訴費用は，控訴人の負担とする。

事実及び理由

第1 控訴の趣旨
1 原判決中，控訴人敗訴部分を取り消す。
2 被控訴人の請求を棄却する。
3 訴訟費用は第1，2審とも，被控訴人の負担とする。
第2 事案の概要
1 控訴人は政治結社○○を称する者であるところ，本件は，被控訴人が，その職場や自宅周辺，更には○○駅周辺などにおいて控訴人が街頭宣伝車を使うなどして街頭宣伝活動（街宣活動）を行ったことにより，平穏かつ安全に日常生活を営んだり職務を遂行する権利を侵害され，また，名誉ないし社会的信用を毀損されたと主張して，控訴人に対し，人格権に基づき，街宣活動（自ら又は代理人，使用人，従業員若しくはその他の第三者をして，原判決別紙図面①ないし⑤の赤線で囲まれた範囲内，すなわち原判決別紙所在地目録①ないし⑤記載の各地点から半径500メートル以内を徘徊し，大声を張り上げ，街頭宣伝車による演説を行うなどして，被控訴人の名誉及び信用を毀損する一切の行為）の差止めを求めるとともに，不法行為に基づく損害賠償請求として，慰謝料300万円及び弁護士費用30万円の合計330万円並びにこれに対する不法行為後の平成○○年○○月○○日から支払済みまで民法所定の年5分の割合による遅延損害金の支払を求めた事案である。

原審は，控訴人のした街宣活動は被控訴人の平穏な生活を妨げ，職務を妨害し，かつ，名誉ないし社会的信用を毀損するもので，到底正当な表現行為とは認められないなどとして，控訴人に対し，上記の街宣活動の差止めを命ずるとともに，慰謝料100万円及び弁護士費用10万円の合計110万円並びにこれに対する平成○○年○○月○○日から支払済みまで年5分の割合による遅延損害金を支払うよう命じた。

この原判決に対し，控訴人のみが控訴を申し立てた。
2 本件の前提事実及び争点に関する当事者双方の主張は，次のとおり付加，訂正するほか，原判決「事実及び理由」欄の「第2 事案の概要」の1項，2項に記載されたとおりであるから，これを引用する。

(1) 原判決4頁1行目の「別紙街宣文記載」を次のとおり改める。
　「街宣文（「原告（被控訴人）が○○マンションの住民らに貸している本件駐車場を，株式会社○○に二重に賃貸し，5年間もの間，双方から地代を受け取っている」，「原告は，代替地を借りたので問題ないというが，代替地の所有者との個人的な問題であって二重契約を解消したことにはならない」，「原告は，公的職業に従事する者としてどう釈明するつもりであるか」，「原告は，事実を正当化しようと居直り，根拠のない話を繰り返し，責任転嫁を図っている」，「我々の目的は，不正行為の是正と，公的職業に就く人として身の回りは清潔でなければならないことから，相反するような人物に対し，その事実を公表し，社会大衆の裁断を仰ぐことである」などど記載された甲3号証又は乙11号証の街宣。以下「本件街宣文」という。）」
(2) 原判決7頁12行目の末尾に次のとおり加える。
　「被告（控訴人）は，○○警察署において道路使用の許可を受けるなどし，本件街宣文の内容をテープに吹き込んで流す方法により，しかも，街宣車の後部から警察官の随行を受けながら，トラブル等の発生を防止して本件街宣活動を行ったのであり，大声を張り上げたことは一度もなく，職務を妨害したような事実もない。」

第3　当裁判所の判断

　控訴人の本件街宣活動は，被控訴人の自宅や職場の周辺等に街宣車を走らせ，市役所の職員である被控訴人の私事にわたる事柄について，不特定多数の第三者に対し到底平穏とはいえない方法で専ら自己の見解を伝達するものであって，その表現行為の内容及び態様において社会的相当性を著しく逸脱しており，被控訴人の人格権を侵害し，不法行為を構成することは明らかである。したがって，当裁判所も，原判決と同様，控訴人に対し，被控訴人の請求どおり街宣活動の差止めを命ずるとともに，慰謝料として100万円及び弁護士費用として10万円，合計110万円の損害賠償の支払を命ずるべきであると判断する。

　その理由は，次のとおり付加，訂正するほか，原判決「事実及び理由」欄の「第3　当裁判所の判断」に記載されたとおりであるから，これを引用する。

1　原判決8頁8行目の「別紙宣伝文記載」を「本件街宣文」に改め，同9行目の末尾に「被告（控訴人）は，街宣車を走行させながら声明を流していたところ，警察が後ろから追尾してくると音量を落とすものの，そうで

第3章　訴訟等の活用による対応

ないときは音量を徒に上げることがあった。」を加える。
　2　原判決9頁3行目の「別紙宣伝文記載」を「本件街宣文」に改め，同23行目の末尾に「被告は，原告（被控訴人）が本件駐車場に関して二重契約をした旨を盛んに力説するが，原告が本件駐車場に関して何らかの違法行為をしたものというには根拠が薄弱であり（本件駐車場について，○○マンションの賃借人への対応，○○や株式会社○○との契約締結の経緯等に関する原告の説明は，それなりに自然で合理的である。），また，仮に何らかの違法事由が存するとしても，被告の本件街宣活動の違法性について何ら消長を来すことはない。」を加える。
　3　原判決9頁末行を「その他，本件街宣活動の違法性を否定する被告の主張は，いずれも採用することができない。」に改める。
第4　結論
　　　よって，被控訴人の本件請求を前記の限度で認容した原判決は正当であって，控訴人の本件控訴は理由がない。

　　　　○○高等裁判所第○○民事部
　　　　　　裁判長裁判官　　○　　○　　○　　○
　　　　　　　　裁判官　　○　　○　　○　　○
　　　　　　　　裁判官　　○　　○　　○　　○

（注1）　当初から和解をほのめかしており金員目的が明白であることから、毅然とした態度で拒絶し、警察への相談、上司への相談が必要となる事例であるが、本件ではそれを行った。
（注2）　内容証明で街宣行為が止まらない以上、仮処分が必要で、本件では、債務者が街宣を行っていた地点の5カ所から半径500メートルの範囲での街宣禁止の決定がなされた。距離についてはケースバイケースであり、2000メートルが認められたこともある。なお、申立書記載の街宣禁止の範囲は他の事例も参照のこと。
（注3）　本件は保全異議がなされたこともあり、本訴、控訴審まで行われた。なお、損害金に対する執行の実現の見込みがないこと、平穏になったことから、執行は行われていない。被害を防止するだけではなく、被害回復まで図りたいところではあるが、損害金に対する執行の実現の見込み、依頼者の意向によっては悩むところである。

〈事例2〉 県下全域にわたる街宣行為等の禁止をめぐり、仮処分・間接強制・事実到来執行文付与・強制競売まで至った事例

❖事案の概要❖

　政治結社幹部を名乗るＡらは、某県の協同組合連合会Ｂが子会社へ不正融資をしたと言いがかりを付けて、Ｂの役職員らとの面談強要・架電行為を繰り返し、Ｂを誹謗中傷するビラ撒きを繰り返し、街宣活動も繰り返していた。ビラ撒き・街宣活動は、県下全域に及んでいた。
　そこで、Ｂは、県下全域にわたる事務所および役職員らの自宅への①街宣禁止、②ビラ撒き禁止、③立入・架電・面談禁止、の３点につき仮処分の申立てをし、これらを認める仮処分決定が下された。
　しかし、Ａらの街宣行為等は止まらなかったことから、前記仮処分の違反を理由とする間接強制決定の申立てをし、街宣行為およびビラ撒き１分当たり25万円の割合の金員を支払えとの決定が下された。
　それにもかかわらずＡらの妨害行為は続いたことから、事実到来執行文付与の申立てをし、執行文も付与された。
　それでもＡらの妨害行為は続いたことから、Ａの自宅の強制競売を申し立て、これを認める強制競売開始決定が下されて、ようやく妨害行為は止まった。

【書式例22】　仮処分命令申立書

仮処分命令申立書

平成○○年○○月○○日

○○地方裁判所　御中

債権者ら代理人　○　○　○　○

353

当事者の表示　　　別紙当事者目録記載のとおり
仮処分により保全すべき権利　　人格権

申立ての趣旨

債務者両名は，自ら左記の行為をしてはならず，又は第三者をして左記の行為を行わせてはならない。

記

1　別紙仮処分対象者目録記載の事務所ないし自宅の入口から半径700メートル以内において，街宣車で徘徊し，演説するなどして，債権者らの業務・生活を妨害し名誉・信用を毀損する一切の行為
2　別紙仮処分対象者目録記載の事務所ないし自宅に対し，債権者○○協同組合連合会を誹謗中傷する内容のビラを配布し，債権者らの業務・生活を妨害し名誉・信用を毀損する一切の行為
3　別紙仮処分対象者目録記載の事務所ないし自宅に対し，立ち入り，架電し，面談を強要するなどして，債権者らの業務・生活を妨害する一切の行為

との裁判を求める。

申立ての理由

第1　被保全権利
　1　仮処分対象者
　　(1)　債権者○○協同組合連合会（債権者○○共連）は，○○協同組合の実施する共済部門を受け持つ○○法上の県域の団体であって，その住所地に所在する○○共連ビルに事務所を設け，右事務所において業務を行っている。
　　　　申立外○○協同組合本支店（○○本支店）は，その各住所地に所在する事務所において業務を行っている。
　　(2)　債権者○○（債権者○○）は，債権者○○共連の代表理事会長の地位にあり，その住所地に所在する自宅に家族8名で居住している。
　　　　債権者○○（債権者○○）は，債権者○○共連の代表理事副会長の地位にあり，その住所地に所在する自宅に家族7名で居住している。
　　　　債権者○○（債権者○○）は，債権者○○共連の代表理事常務の地位

にあり，その住所地に所在する自宅に家族2名で居住している。
　債権者○○（債権者○○）は，債権者○○共連の理事の地位にあり，その住所地に所在する自宅に家族5名で居住している。
　債権者○○（債権者○○）は，債権者○○共連の子会社である株式会社○○の代表取締役及び債権者○○共連の部長の地位にあり，その住所地に所在する自宅に家族5名で居住している。
　申立外○○（○○）は，○○協同組合の組合長の地位にあり，その住所地に所在する自宅に家族2名で居住している。
　申立外○○（○○）は，○○協同組合の副組合長の地位にあり，その住所地に所在する自宅に家族3名で居住している。
　申立外○○（○○）は，債権者○○共連の総務部統括部長の地位にあり，その住所地に所在する自宅に家族5名で居住している。
　申立外○○（○○）は，債権者○○共連の企画管理室専門部長の地位にあり，その住所地に所在する自宅に家族4名で居住している。
 2　被保全権利―人格権
　(1)　債権者○○共連及び○○本支店は，その住所地に事務所を設けて業務活動を行っており，同所等において「平穏かつ安全に業務活動を行う権利」を有するとともに，社会一般に対し団体としての「名誉及び信用を保持する権利」を有している（人格権）。
　(2)　債権者○○，同○○，同○○，同○○，同○○，○○，○○及び○○ら8名は，その住所地にある自宅に家族と居住して日常生活を営んでおり，同所等において「平穏かつ安全に日常生活を営む権利」を有するとともに，社会一般に対し個人としての「名誉及び信用を保持する権利」を有している（人格権）。
第2　保全の必要性
 1　債務者両名
　　債務者○○（債務者○○）は，○○会○○県○○会委員長，○○党○○支部幹事，○○県○○支部長を名乗る者である（甲1の2）。
　　債務者○○（債務者○○）は，○○会○○県○○会副委員長，○○党○○支部幹事を名乗る者である（甲1の2）。
 2　業務妨害，生活妨害，名誉・信用毀損等の実状
　(1)　面談強要・架電行為
　　ア　平成○○年○○月○○日午前11時45分，債務者両名が○○と称する者を連れ，何の前触れもなく突然債権者○○共連の事務所に現れた

355

（甲1の1）。

　債務者らは，「全国○○会」の肩書の入った名刺（甲1の2）を差し出した上，対応した債権者○○に対し，子会社である○○株式会社に対して債権者○○共連が行った融資の件につき詳細に説明するよう求め，当時会長であった債権者○○との面談を強く要求した。

　債権者○○が，組合員でもない債務者らに対して説明する根拠がないことから，右要求を固辞したところ，債務者らは「総会に出ていくぞ。街宣まではやらないが。」との脅迫めいた言葉を吐いて退去した。

イ　その後も，別紙面談強要・架電行為目録記載の通り，債務者らは，債権者○○共連の事務所に立ち入ったり架電する等の方法で，執拗に説明や面談等の不当要求を繰り返した。

　この中で，債務者らは，次のような脅迫まがいの言葉を繰り返し述べ，自らの不当要求を受け入れさせようとした。

　「毎日毎日，新聞記者が来ると思いますよ。○○新聞を呼びましょうか。」（甲2）。

　「自分は○○員長をしているが，○○日に10人位でバス1台仕立て乗り込む。」「○○，県，組合長会に対し，特別背任罪としての書類は用意してある。その前に全○○を回る。」「新聞に出ると，○○民に対する差別問題となる。身内も含め大変なことになるだろう。」「実は，○○と○○に1週間ほど街宣し，ホメ殺しする準備はしていた。」「これが終わったら街宣車を計画している組合長が3人いる。」（甲3）。

　「街宣車を回すぞ。去年の右翼なんかとは訳が違うのだから。」（甲4）。

ウ　同年○○月○○日，対応に苦慮した債権者○○共連より委任を受けた債権者ら代理人から，債務者○○に対し，同日付通知書が出され，今後債権者○○共連やその役員に対する質問事項等は債権者ら代理人宛に連絡するよう受任通知を出した（甲5）。この直後，後記のビラ撒き行為が開始された。

エ　同年○○月○○日，債務者両名が○○法律事務所に来会し，債権者ら代理人と面談した（甲6）。

　債権者ら代理人が，債権者○○共連の役職員に対する面談強要を今後一切行わないよう強く申し入れると，債務者両名は「今後は間接的な方法によって不特定多数の人たちに問い合わせていくことになるだろう。」と述べ，今後ビラ撒き行為や街宣行為が行われることを匂わ

せた。
　　オ　その後，債権者らの自宅に対する嫌がらせ電話が続いた（甲7の1及び2）。
　　カ　右記載以外の面談強要・架電行為の詳細については，別紙面談強要・架電行為目録記載の通り。
(2) ビラ撒き行為
　　ア　平成○○年○○月○○日以降，債権者○○共連に対する誹謗中傷を内容とするビラが，債権者○○共連の役職員の自宅や○○本支店など○○県下全域で不特定多数人に配布されている。
　　　　右ビラには，債権者○○共連がその子会社である○○株式会社に対して○○億円の不正融資を行ったとの事実が摘示され，「○○組合員を守る会○○連盟」と記載されている（甲8の1ないし7）。
　　イ　右ビラ撒き行為に使用されている車両（○○△△，○○△△）のうち，後者の所有名義人は株式会社○○となっている（甲9）。債務者○○は，株式会社○○の代表取締役である（甲10）。
　　ウ　ビラ撒き行為の詳細については，別紙ビラ撒き目録記載の通り。
(3) 街宣行為
　　ア　平成○○年○○月○○日以降，「○○組合員を守る会○○連盟」と記載された横断幕を付けた街宣車（○○△△，いすゞビッグホーン）が，債権者○○共連に対する誹謗中傷を内容とする街宣行為を繰り返し，その際前記ビラ撒き行為も同時に行っている（甲11）。
　　　　右街宣行為の対象とされているのは，債権者○○共連の役職員の自宅及び○○本支店であり（甲12の1ないし12），その地域は○○県下全域に及んでいる。
　　　　右街宣における演説の内容は，やはり債権者○○共連がその子会社である○○株式会社に対して○○億円の不正融資を行ったとの事実を摘示するものである（甲13，甲14，甲15，甲16）。
　　　　なお，同年○○月○○日の県庁前における街宣行為の詳細については別紙のとおりである（甲17）。
　　イ　債務者○○は，右街宣車の所有名義人である（甲18）。債務者○○は，街宣の際にマイクで演説を行っている。
　　ウ　街宣行為の詳細については，別紙街宣行為目録記載の通り。
　　　　なお，街宣行為の被害者は，以下の通り。
　　　　債権者○○（3回），債権者○○（5回），債権者○○（5回），債

権者○○（2回），債権者○○（2回），○○，○○（2回），○○，
○○，○○
　　○○地区本部，○○本店，○○，○○町（2回），○○基幹支店，
○○中央本店（3回），○○，○○センター直売所，○○地区本部，
○○地区本部，○○地区本部，○○地区本部，○○町本店

3　保全の必要性
(1)　債務者両名の行為の違法性

　　債務者両名の摘示する事実は，全く事実無根であり，債権者○○共連としては債務者両名から何ら糾弾される謂れはない。

　　債務者両名が，債権者○○共連の不正融資を糾弾し，その経営陣の責任を追及したいのであれば，刑事告発や民事訴訟等の正当な方法を採るべきである。

　　脅迫まがいの言葉を吐き，街宣やビラ撒き等の嫌がらせ行為を執拗に繰り返す債務者両名の行動は，卑劣極まりない。

　　債務者両名の行為は，刑法230条（名誉毀損罪），同233条（信用毀損及び業務妨害罪），同234条（威力業務妨害罪）に該当する犯罪行為であり，表現の自由の保護に値しない違法行為であることは明らかである。

(2)　今後の活動継続の蓋然性

　　平成○○年○○月○○日，債権者ら代理人は，債務者両名に対し，同日付警告書を以て，街宣行為及びビラ撒き行為を直ちに中止するよう警告した（甲19）。

　　同年○○月○○日，右警告書の通知人及びその代理人に対し，債務者○○から同年○○月○○日付通知書と題する書面が送付されてきた。右書面によると，○○連盟を名乗って活動を行っているのは債務者○○であり，○○連盟としては活動を止める考えはない，債権者らに対する対決姿勢を強め，今後も活動を継続することをここに宣言する，とのことであった（甲20）。

　　右のような債務者両名の姿勢から見て，債務者両名が今後とも債権者らに対する街宣行為，ビラ撒き行為および面談強要・架電行為等の諸活動を継続して行うであろうことは明白である。

(3)　仮処分対象者の範囲

　　これまでに行われた債務者両名による街宣ないしビラ撒き行為の対象は，個人の自宅及び○○本支店をあわせて，○○県下全域に広がっている。

債権者ら代理人は，債務者両名が○○県下全域を申請地域とする道路使用許可申請を行っていることを確認すべく，警察に対し，弁護士法第23条の2に基づく照会請求を行っており（甲21），現在回答待ちの状態である。

　債務者両名は，平成○○年○○月○○日の県庁前における街宣行為の演説の中でも，「私共○○会員を守る会『○○連盟』が，○○が開かれた新しいものに刷新されるためには，このような衆知広報活動を各地において大大的に展開して参ることが必要かと存ずる次第でございます。○○県下の主要な都市部，あるいは農村部，そして北部の山間部へも巡回広報して参る予定でおります。」と発言している（甲16）。

　右のような事情に照らせば，債務者両名は今後も○○県下全域で街宣ないしビラ撒き行為を行う蓋然性は極めて高い。

　しかし，これまでの債務者両名の行動を分析しても，債権者○○共連の役職員及び○○本支店を無作為に選択して攻撃しており，そこには一定の法則性を見出だせない。債務者両名が今後どの役職員ないし○○本支店を攻撃対象にするかを予想することは，極めて困難である。

　ところが，街宣ないしビラ撒き行為が行われた都度，後追い的に仮処分申立てを行わざるを得ないのであれば，債務者両名の行動は野放し状態になり，債権者らの営業権，生活権，名誉・信用等を保全することは不可能である。

　それ故，街宣禁止・ビラ撒き禁止等の本件仮処分を実効性あるものにするためには，債権者○○共連および全ての○○本支店を含む別紙仮処分対象者目録記載の仮処分対象者全員をその対象とする必要がある。

(4) 以上の次第であり，債務者両名による業務妨害，生活妨害，名誉・信用毀損行為を直ちに禁止する必要があるので，本申立てに及ぶ。

疎明方法

甲1の1	○○経営問題に関する事項（○○・○○・○○）
甲1の2	名刺
甲2	○○経営問題に関する事項（○○・○○・○○）
甲3	○○経営問題に関する事項（○○・○○・○○）
甲4	会話メモ（○○・○○・○○）
甲5	通知書（○○・○○・○○付）

甲6	相談の件（○○・○○・○○）	
甲7の1および2	電話内容メモ（○○・○○・○○および○○・○○）	
甲8の1ないし7	ビラ	
甲9	登録事項等証明書	
甲10	商業登記事項証明書	
甲11	写真報告書	
甲12の1ないし12	住宅地図	
甲13	街宣録音内容（○○・○○・○○）	
甲14	街宣活動要旨（○○・○○・○○）	
甲15	街宣活動要旨（○○・○○・○○）	
甲16	街宣活動要旨（○○・○○・○○）	
甲17	陳述書	
甲18	登録事項等証明書	
甲19	警告書（○○・○○・○○付）	
甲20	通知書（○○・○○・○○付）	
甲21	照会請求書（○○・○○・○○付）	
甲22	報告書	

添付書類

1	甲号各証	各1通
2	資格証明書	1通
3	訴訟委任状	1通

当事者目録

○○市○○町○○
債権者　○○協同組合連合会
右代表者　代表理事会長　○　○　○　○
○○県○○郡○○町○○
債権者　○　○　○　○
○○市大字○○
債権者　○　○　○　○
○○県○○町○○

```
債権者　○　○　○　○
○○県○○郡○○町○○
債権者　○　○　○　○
○○県○○郡○○○○
債権者　○　○　○　○

右債権者ら代理人
○○市○○△丁目△番△号　○○会館○階
弁護士　○　○　○　○
　同　　○　○　○　○
　同　　○　○　○　○
　同　　○　○　○　○
　同　　○　○　○　○
○○市○○△丁目△番△号　○○ビル○階
弁護士　○　○　○　○
　同　　○　○　○　○
○○市○○
債務者　○　○　○　○
○○市○○
債務者　○　○　○　○
```

〔参考資料8〕　仮処分決定

仮処分決定

　当事者の表示　別紙当事者目録記載のとおり

　右当事者間の平成○○年㈲第○○号仮処分命令申立事件について，当裁判所は，債権者らの申立てを相当と認め，債権者らに共同して債務者らのために各金50万円の担保を立てさせて，次のとおり決定する。

主　文

　債務者らは，自ら左記の行為をしてはならず，第三者をして左記の行為を行わせてはならない。

361

記
1 別紙仮処分対象者目録記載の事務所ないし自宅の入口から半径700メートル以内において，街宣車で徘徊し，演説するなどして，債権者らの業務，生活を妨害し名誉，信用を毀損する一切の行為
2 別紙仮処分対象者目録記載の事務所ないし自宅に対し，債権者○○協同組合連合会を誹謗中傷する内容のビラを配布し，債権者らの業務，生活を妨害し名誉，信用を毀損する一切の行為
3 別紙仮処分対象者目録記載の事務所ないし自宅に対し，立ち入り，架電し，面談を強要するなどして，債権者らの業務，生活を妨害する一切の行為

平成○○年○○月○○日
　○○地方裁判所第○○民事部
　　裁判官　○　○　○　○

【書式例23】　間接強制決定の申立書

間接強制決定の申立書

平成○○年○○月○○日
○○地方裁判所　御中

申立人債権者ら代理人
弁護士　○　○　○　○
同　　　○　○　○　○
同　　　○　○　○　○
同　　　○　○　○　○
同　　　○　○　○　○
同　　　○　○　○　○
同　　　○　○　○　○

当事者の表示　　別紙のとおり

申立ての趣旨

1 債務者両名は，本決定送達の日以後，自ら下記の行為をしてはならず，第

三者をして下記の行為を行わせてはならない。

記

(1) 別紙仮処分対象者目録記載の事務所ないし自宅の入口から半径700メートル以内において，街宣車で徘徊し，演説するなどして，債権者らの業務，生活を妨害し名誉，信用を毀損する一切の行為
(2) 別紙仮処分対象者目録記載の事務所ないし自宅に対し，債権者○○協同組合連合会を誹謗中傷する内容のビラを配布し，債権者らの業務，生活を妨害し名誉，信用を毀損する一切の行為
(3) 別紙仮処分対象者目録記載の事務所ないし自宅に対し，立ち入り，架電し，面談を強要するなどして，債権者らの業務，生活を妨害する一切の行為
2 債務者両名が，自ら前項の行為し，第三者をして前項の行為を行わせたときは，債権者らに対し，前項(1)については1分当たり金25万円，同(2)については1回当たり金25万円，同(3)については1回当たり金10万円の割合による金員を支払え。

との裁判を求める。

申立ての理由

1 上記当事者間の御庁平成○○年㈣第○○号事件の仮処分決定正本に基づき，債務者両名は右仮処分決定正本送達の日以後，自ら申立ての趣旨第1項記載の行為をしてはならず，第三者をしてこれを行わせてはならない義務がある。
2 にもかかわらず，債務者両名は，別紙行為目録記載の通り，申立ての趣旨第1項記載の行為を行った。
3 よって，債権者らは民事執行法第172条により間接強制の決定を求めたく本申立てに及んだ次第である。

添付書類

1	仮処分決定正本	1通
2	正本送達証明書	1通
3	資格証明書	1通
4	訴訟委任状	6通

当事者目録

○○市○○町○○
債権者　○○協同組合連合会
　右代表者
　　　○　○　○　○
債権者
　　　○　○　○　○
債権者
　　　○　○　○　○
債権者
　　　○　○　○　○
債権者
　　　○　○　○　○
右債権者ら代理人
　　　○○市○○△丁目△番△号　○○会館○階
　　　　弁護士　○　○　○　○
　　　　　　同　○　○　○　○
　　　　　　同　○　○　○　○
　　　　　　同　○　○　○　○
　　　　　　同　○　○　○　○
　　　○○市○○△丁目△番△号　○○ビル○階
　　　　弁護士　○　○　○　○
　　　　　　同　○　○　○　○
債務者
　　　○　○　○　○
債務者
　　　○　○　○　○

行為目録

連絡のあった日時	場　所	回数	時　刻	内　容
○○月○○日（水）		回	A 9：30頃～ A 9：50頃	付近で街宣行為及びビラ撒き
		回	A10：00頃～	付近で街宣行為及

第3章　訴訟等の活用による対応

			A10：25頃	
		回	A10：30頃～ A10：50頃	付近で街宣行為及びビラ撒き
		回	A11：50頃～	付近で街宣行為及びビラ撒き

行為目録

連絡のあった日時	場　所	回数	時　刻	内　　容
○○月○○日 （水）		回	A 9：30頃～ A 9：50頃	付近で街宣行為及びビラ撒き
		回	A10：00頃～ A10：25頃	付近で街宣行為及びビラ撒き
		回	A10：30頃～ A10：50頃	付近で街宣行為及びビラ撒き
		回	A11：50頃～ A12：20頃	付近で街宣行為及びビラ撒き
		回	A12：25頃～ A12：55頃	付近で街宣行為及びビラ撒き
		回	P 2：00頃～ P 2：30頃	付近で街宣行為及びビラ撒き
	（裁判所との間） の公道にて	回	P 3：40頃～ P 3：55頃	付近で街宣行為及びビラ撒き
		回	P 4：20頃～ P 4：40頃	付近で街宣行為及びビラ撒き
	自　宅	回	P 4：55頃～ P 5：15頃	付近で街宣行為及びビラ撒き

行為目録

連絡のあった日時	場　所	回数	時　刻	内　　容
○○月○○日 （金）	（裁判所との間） の公道にて	回	A 9：35頃～ A 9：45頃	音楽だけ流す
		回	A 9：50頃～ A10：30頃	付近で街宣行為及びビラ撒き
		回	A10：40頃～ A10：50頃	付近で街宣行為及びビラ撒き
	（裁判所との間） の公道にて	回	A11：00頃～ A11：10頃	付近で街宣行為及びビラ撒き
		回	A11：50頃～ A12：17頃	付近で街宣行為及びビラ撒き
		回	A12：20頃～ A12：45頃	付近で街宣行為及びビラ撒き

第3章 訴訟等の活用による対応

| | （裁判所との間）（の公道にて） | 回 | P 1：40頃〜P 1：55頃 | 付近で街宣行為及びビラ撒き |

<table>
<tr><td colspan="5" align="center">行為目録</td></tr>
<tr><td>連絡のあった日時</td><td>場　所</td><td>回数</td><td>時　刻</td><td>内　　容</td></tr>
<tr><td>○○月○○日
（日）</td><td rowspan="4">（行為禁止区域
内（100メートル以内））</td><td>回</td><td>A11：00頃〜
P 3：00頃</td><td>付近で街宣・署名行為及びビラ撒き</td></tr>
<tr><td>回</td><td>P 4：10頃〜
P 4：30頃</td><td>付近で街宣・署名行為及びビラ撒き</td></tr>
<tr><td>回</td><td>P 5：15頃〜
P 6：00頃</td><td>付近で街宣行為及び今後署名行為する旨ビラ撒きは不明</td></tr>
<tr><td>回</td><td>不　明</td><td>ビラ撒き</td></tr>
</table>

〔参考資料9〕　決定（間接強制）

事件番号　平成○○年(ヲ)第○○号

決　定

当事者の表示　　別紙目録のとおり

　上記当事者間の○○地方裁判所平成○○年(ヨ)第○○号仮処分命令申立事件の執行力ある仮処分決定正本に基づく債権者の申立てを相当と認め，次のとおり決定する。

主　文

1⑴　債務者らは，各自，本決定の日以後，債権者○○協同組合連合会の業務を妨害する何らかの行為を，自ら単独あるいは共同で行い又は第三者をして行わせ，かつ，その行為が，別紙目録記載の各事務所又は研修所のいずれかの入り口から半径700メートル以内において，街宣車で徘徊したり演説したりする方法，あるいはこれに類する方法によるものである場合には，債権者○○協同組合連合会に対し，その妨害行為の時間に応じ，妨害行為1分当たり25万円の割合の金員を支払え。
　⑵　債務者らは，各自，本決定の日以後，債権者○○協同組合連合会の業務を妨害する何らかの行為を，自ら単独あるいは共同で行い又は第三者をし

て行わせ，かつ，その行為が，別紙目録記載の債権者○○ほかの各個人の自宅のいずれかの入り口から半径250メートル以内において，当該自宅及びその近隣に，債権者○○協同組合連合会を誹謗又は中傷する内容のビラを配布する方法，あるいはこれに類する方法によるものである場合には，債権者○○協同組合連合会に対し，その妨害行為の時間に応じ，妨害行為1分当たり25万円の割合の金員を支払え。

2(1) 債務者らは，各自，本決定の日以後，債権者○○の生活を妨害する何らかの行為を，自ら単独あるいは共同で行い又は第三者をして行わせ，かつ，その行為が，別紙目録記載同債権者の自宅の入り口から半径700メートル以内において，街宣車で徘徊したり演説したりする方法，あるいはこれに類する方法によるものである場合には，同債権者に対し，その妨害行為の時間に応じ，妨害行為1分当たり25万円の割合の金員を支払え。

(2) 債務者らは，各自，本決定の日以後，債権者○○の生活を妨害する何らかの行為を，自ら単独あるいは共同で行い又は第三者をして行わせ，かつ，その行為が，別紙目録記載同債権者の自宅の入り口から半径250メートル以内において，同債権者の自宅及びその近隣に，債権者○○協同組合連合会を誹謗又は中傷する内容のビラを配布する方法，あるいはこれに類する方法によるものである場合には，債権者○○に対し，その妨害行為の時間に応じ，妨害行為1分当たり25万円の割合の金員を支払え。

(略)

17(1) 債務者らは，各自，本決定の日以後，債権者○○の生活を妨害する何らかの行為を，自ら単独あるいは共同で行い又は第三者をして行わせ，かつ，その行為が，別紙目録記載同債権者の自宅の入り口から半径700メートル以内において，街宣車で徘徊したり演説したりする方法，あるいはこれに類する方法によるものである場合には，同債権者に対し，その妨害行為の時間に応じ，妨害行為1分当たり25万円の割合の金員を支払え。

(2) 債務者らは，各自，本決定の日以後，債権者○○の生活を妨害する何らかの行為を，自ら単独あるいは共同で行い又は第三者をして行わせ，かつ，その行為が，別紙目録記載同債権者の自宅の入り口から半径250メートル以内において，同債権者の自宅及びその近隣に，債権者○○協同組合連合会を誹謗又は中傷する内容のビラを配布する方法，あるいはこれに類する方法によるものである場合には，債権者○○に対し，その妨害行為の時間に応じ，妨害行為1分当たり25万円の割合の金員を支払え。

```
平成○○年○○月○○日
    ○○地方裁判所第○○民事部
        裁判官　○　○　○　○
```

【書式例24】　事実到来執行文付与の申立書

```
              事実到来執行文付与の申立書

                              平成○○年○○月○○日
○○地方裁判所第○○民事部　御中
                              債権者ら訴訟代理人
                                  弁護士　○　○　○　○
                                  弁護士　○　○　○　○
                                  弁護士　○　○　○　○
                                  弁護士　○　○　○　○
                                  弁護士　○　○　○　○

債権者　○○協同組合連合会
              他16名
債務者　○　○　○　○
              他1名
```

　右当事者間の御庁平成○○年㋵第○○号間接強制決定申立事件につき，平成○○年○○月○○日に決定が下されましたが，この度，債務者らが右決定に違反し，第三者である○○をして街宣車で徘徊し演説させるなどの行為を行わせていたことが判明しましたので，執行文の付与を受けたく申し立てます。

添付書類

1　仮処分決定正本写し
2　仮処分決定正本写し
3　仮処分決定正本写し
4　報告書
5　街宣行為目録
6　資料 No.1 ないし No.16
7　○○街宣録音時間集計

8　ファックス用紙3枚
9　受信管理記録
10　商業登記事項証明書

街宣行為目録（〇〇〇〇）					
連絡のあった日時	場所	街宣時間	時　刻	資料No
〇〇月〇〇日 （水）	〇〇	 6分50秒 10分35秒	A 8：30頃 A 8：45頃 A 8：45　〜 A10：00　〜 A11：54頃〜 A11：59頃 A　：　頃〜 A　：　頃 A12：30頃〜 A　：　頃	 資料No.9 資料No.10

【書式例25】　強制競売申立書

強制競売申立書

平成〇〇年〇〇月〇〇日

〇〇地方裁判所第〇民事部　御中

　　申立債権者　〇　〇　〇　〇
　　　　　　　　〇　〇　〇　〇
　　代理人弁護士　〇　〇　〇　〇
　　　　同　　　　〇　〇　〇　〇
　　電話　〇〇〇－〇〇〇－〇〇〇〇
　　FAX　〇〇〇－〇〇〇－〇〇〇〇
　　　　当事者　　⎫
　　　　請求債権　⎬　別紙目録記載のとおり
　　　　目的不動産　⎭

債権者らは，債務者に対し，別紙請求債権目録記載の執行力のある間接強制決定の正本に表示された上記債権を有しているが，債務者がその支払をしないので，債務者所有の上記不動産に対する強制競売手続の開始を求める。

添付書類

1．執行力のある間接強制決定の正本　2通
2．送達証明書　2通
3．土地登記事項証明書　1通
4．建物登記事項証明書　2通
5．公課証明書　2通
6．委任状　2通

以　上

当 事 者 目 録

〒〇〇〇-〇〇〇〇　〇〇県〇〇
　　　　　　　　　債権者　〇　〇　〇　〇
〒〇〇〇-〇〇〇〇　〇〇県〇〇
　　　　　　　　　債権者　〇　〇　〇　〇
〒〇〇〇-〇〇〇〇　〇〇県〇〇市〇〇△丁目△番△号
　　　　　　　　　代理人弁護士　〇　〇　〇　〇
　　　　　　　　　　　　　同　　〇　〇　〇　〇
〒〇〇〇-〇〇〇〇　〇〇県〇〇市
　　　　　　　　　債務者　〇　〇　〇　〇

請 求 債 権 目 録

　債権者らと債務者との間の〇〇地方裁判所平成〇〇年(ヲ)第〇〇号，同〇〇号間接強制決定申立事件の執行力のある間接強制決定の正本に表示された下記債権

記

(1) 元金
　　債権者○○につき金4,145,810円
　　債権者○○につき金1,104,150円
　　ただし，上記間接強制決定記載の事実の到来に基づく金員

物　件　目　録

(1)　所　　在　○○○○
　　　地　　番　○○○○
　　　地　　目　○○○○
　　　地　　積　○○○○

(2)　所　　在　○○○○
　　　家屋番号　○○○○
　　　種　　類　○○○○
　　　構　　造　○○○○
　　　床 面 積　○○○○

〔参考資料10〕　強制競売開始決定

平成○○年(ヌ)第○○号

強制競売開始決定

当 事 者　別紙目録のとおり
請求債権　別紙目録のとおり

　債権者の申立てにより，上記債権の弁済に充てるため，別紙請求債権目録記載の執行力のある債務名義の正本に基づき，債務者の所有する別紙目録記載の不動産について，強制競売の手続を開始し，債権者のためにこれを差し押さえる。

　平成○○年○○月○○日
　○○地方裁判所
　　　裁判官　○　○　○　○

第3章　訴訟等の活用による対応

街宣行為目録（〇〇〇〇）				
連絡のあった日時	場所	街宣時間	時　刻	資料 No
〇〇月〇〇日 （木）	〇〇	12分30秒	A 8：30頃〜 A 8：50頃 A 8：57頃〜 A 9：50頃 A11：40頃〜 A11：45頃 A11：50頃〜 A12：00頃 A12：13頃〜 A12：30頃 P 1：35頃〜 P 1：40頃 P 3：00頃〜 P 3：15頃 P 4：05頃〜 P 4：20頃	資料 No.11

（注1）　本事案は、県下全域に本支店を有している協同組合をターゲットにした街宣活動に対して、仮処分等を申し立てたものである。街宣行為が、どの本支店になされるのか予測不能であったため、県下全域の本支店・役員の自宅の周辺での街宣活動等を禁止する仮処分を求め、結果として、県下ほぼすべての街宣活動を禁止対象とすることができた。

（注2）　しかし、上記仮処分の決定が出されても、債務者の街宣行為は止まらず、「間接強制決定の申立て→決定→事実到来執行文付与の申立て→執行文付与→強制競売申立て→強制競売開始決定」という手続を経て、ようやく、債務者の街宣行為が止まった。仮処分のみでは街宣活動等が止まらない場合に、参考になると思われる。

（注3）　「間接強制」（民事執行法172条）とは、債務を履行しない債務者に対し、債務の履行を確保するために相当と認められる一定の金銭を債権者に支払うべきことを命じ、債務者に心理的な強制を加えて、債務者自身の手により請求権の内容を実現させる方法をいう。本事案のように「街宣行為等を『しない』」という不作為を目的とする債務を履行しない場合は、間接強制によらざるを得なくなる。

(注4)「事実到来執行文付与」(民事執行法27条1項)とは、債務名義の内容が債権者の証明すべき事実の到来に係る場合に、債権者が事実の到来を文書で証明したときに限り執行文が付与されるもので、実務上、条件成就執行文ともいわれる。本事案では、街宣活動等で債権者の業務を妨害した場合、債務者に対して、「妨害行為1分当たり25万円の金員を支払え」との間接強制決定が出されたが、債務者は、その後も街宣行為等を行ったため、金銭支払いの強制執行(本事案では債務者の自宅に対する強制競売)を求める準備として、事実到来執行文付与の申立てをした。

(注5)「強制競売」(民事執行法45条1項)とは、執行裁判所が債務者の不動産を売却し、その代金をもって債務者の債務の弁済に充てる執行手続である。本事案では、「妨害行為1分当たり25万円の金員を支払え」との間接強制決定(および、事実到来執行文)に基づいて、債務者が支払うべき金員を、債務者の自宅を競売することで、弁済に充てるものである。この強制競売開始決定がなされて、はじめて債務者の街宣行為等は止まった。

第3章 訴訟等の活用による対応

〈事例3〉 現町長が街宣され、自宅に車を突入された事例

❖事案の概要❖

　町長ＡおよびＢ庁舎等がＢ塾を名乗るＣ組の組長ＤおよびＥ組員Ｅらにより、長期間多数回にわたり違法街宣をかけられた。これに対して、街宣禁止の仮処分・間接強制の決定を得たところ、Ｃ会組員による報復行為としてＡの自宅への車の突入・建物破壊事件が発生した。

　本事件は行政対象暴力の最たるものとして、関東弁護士連合会の民暴弁護士が協力して対応することになった。まず、業務妨害等禁止仮処分の申請をし、同決定が下されたが街宣活動は止まらず、間接強制の申立てもし、同決定が下された。その後、Ｄらに対する損害賠償請求並びに謝罪広告掲載を求める訴えを提起したが、資料収集のため本案提起前に証拠保全の申立てを行い、同決定が下された。そして、損害賠償・謝罪広告掲載を求める訴訟で認容判決が下されたが、Ｄらが謝罪広告を掲載しなかったため、謝罪広告掲載命令の申立てをし、同決定が下され、新聞各紙に謝罪広告が掲載された。

【書式例26】　証拠保全申立書

証拠保全申立書

平成〇〇年〇〇月〇〇日

〇〇地方裁判所　御中

申立人代理人弁護士　〇　〇　〇　〇

当事者の表示
　　別紙当事者目録記載のとおり
起訴前の証拠保全申立事件

申立ての趣旨

　相手方送達場所に臨み，その事務所の状況及び同所に保管されている別紙物

件目録記載の物件について検証する。
　相手方は右検証物を証拠調べ期日において提示せよ。
との決定を求める。

申立ての理由

第1　立証事実
　1　相手方がその組長となっている指定暴力団○○会○○家○○三代目Ｃ組の上部組織からの指示命令，もしくは地元建設業者及び談合による利権を得ていた政治家からの要請により，地元建設業者の従前からの談合による不正な利益及び政治家の利権を維持回復するため，従前の談合行政の改善策をはかっていた申立人に○○町長の職を辞職させ，もしくは町長としての正当な業務を妨害する目的のため，その配下の組員達に指示命令し，もしくは同人らと共同し，平成○○年○○月○○日から同年○○月○○日までの間計45回に渡り，○○役場また申立人自宅付近等に街宣車を乗り付け，拡声器から軍歌並びに般若心経の経文テープを流すなどして威嚇困惑をさせた上，全く事実無根である申立人の談合疑惑や賄賂授受などの事実を摘示し，また「極悪非道のＡ町長」「インチキ町長」「リベートのＡちゃん」などの誹謗中傷を述べ立て，さらに申立人に町長職の辞職を要求し，その上街頭で同種内容の記載されたビラを配付するなどし，公然と申立人の名誉，信用，名誉感情等の人格権を侵害し，また申立人の町長としての業務を妨害し，町長の職を辞職させるよう強要した事実。
第2　証拠保全の理由
　1　当事者
　　(1)　申立人は，平成○○年○○月○○日より○○県○○町の町長の職にある者である。
　　(2)　相手方は，指定暴力団○○会○○家○○三代目Ｃ組（以下「Ｃ組」という）の組長及び政治結社Ｂ（以下「Ｂ」という）の塾頭の地位にある者である（疎甲第20号証）。
　2　Ｃ組及びＢの一体性
　　(1)　前述したとおり，相手方は暴力団Ｃ組の組長であり，Ｂの塾頭である。Ｂはいわゆる右翼団体を標榜しているものの，その実体はＣ組そのものにほかならない。
　　(2)　Ｂの会員とＣ組の構成員は完全に一致している。

これらの者の氏名と甲塾並びに乙組の地位は以下のとおりである。

氏名	Bでの地位	C組での地位
D	塾頭	組長
H	本部長	組長代行
I	本部長	組員
J	行動隊長，会計責任者	組員
K	塾生	組員
L	塾生	組員
M	塾生	組員
E	塾生	組員

　ちなみに，平成○○年○○月○○日時点においては，これらの者の内Hが銃刀法違反により，I，Jが恐喝により，Mが覚せい剤取締法違反により，それぞれ服役中であった（以上疎甲第20号証）。

(3) B塾とC組は同一事務所にある。
　同事務所が本件送達場所である。
　B塾及びC組は電話回線だけはそれぞれ独立に有しているものの，曜日により決まっている電話当番は同一人が割り当てられている（以上疎甲第20号証）。

(4) B塾は昭和○○年○○月○○日，政治資金規制法に基づく政治団体としての届出を行っているが，その後収支報告を行わなかったため平成○○年○○月○○日以降同法第17条2項により，未届団体と見なされていた。
　その後，平成○○年○○月○○日に相手方が再び政治団体としての届出を行った（疎甲第18号証）。
　少なくとも，再届出の段階では前述したとおり構成員，事務所ともC組とほぼ完全に一致していた（疎甲第20号証）。
　なお，B塾は政治団体としての届出は行っているものの，政党その他公益法人としての法人格は取得していない。

(5) 以上のとおり，B塾は政治団体としての届出を行っているとは言え，実体は暴力団C組そのものに他ならない。
　いわゆる暴対法施行後，暴力団は同法の適用を回避するため，以前にも増して実体隠しの各種の偽装手段を講じている。
　C組が甲塾の看板を掲げているのもこの様な実体隠しの偽装手段の一環に他ならないのである。

実際，申立人宅建物に対する建造物損壊罪等で有罪判決を受けたE自身，政治的思想があってB塾に入会した訳ではなく，偶々C組がB塾という右翼組織の看板を掲げていたため同組の組員となると同時に必然的にB塾の塾生となった旨，またB塾においては会費等の支払もなく組長かつ塾頭である相手方から小遣いをもらっている旨を刑事手続において供述している（疎甲第20号証）。

B塾が右翼を標榜しているとはいえ，その実体は暴力団C組そのものであることは明らかである。

3　街宣活動等，相手方の申立人に対する攻撃の概略
(1)　相手方の指示命令によるB塾名での街宣活動は，○○町の公共事業の入札日であった平成○○年○○月○○日に突然始まった。

相手方はその配下の組員とともに，○○町役場に街宣車を乗り付け，右翼独特の威嚇的且つ侮辱的な表現方法により拡声器をとおし約30分間に渡り，以下のような申立人に対する誹謗中傷を繰り返した。

「申立人は選挙の際，前町長時代の談合不正を批判したのに，自ら建設業者の談合組織を作った。

申立人が○○町の公共工事の入札価格をこれら建設業者に漏らしている。

申立人はこれら建設業者とともに町民の血税を食い物にしている。

申立人は一部の建設業者から町長選挙の際多額の陣中見舞いを受けたり，その他にも申立人が経営している食品店から鮮度の悪い新巻鮭を300から400本も購入してもらっているなど建設業者と不正な関係が築かれている。

申立人は町長就任以前にも不動産業において不正な利益を得ている。

申立人はインチキ町長であり，辞任を求める。」

(2)　その後も同年○○月○○日までの間，相手方の指示命令によるB塾名での街宣活動は別紙「街宣取り組み状況一覧表」（この一覧表は○○県○○警察署司法警察員○○作成の平成○○年○○月○○日付捜査報告書に添付されていた表であり，警察に現認された街宣活動状況が記録されたものである，疎甲第3号証）のとおり計45回に渡り繰り返された。

これら街宣活動で報じられた内容は，極めて悪質な申立人に対する誹謗中傷の繰り返しであった。

(3)　申立人は，相手方に対し，平成○○年○○月○○日，御庁に街宣活動等の禁止を求める仮処分を申し立て，同年○○月○○日これを認容する

決定を受けた（御庁平成〇〇年(ヨ)第〇〇号仮処分命令申立事件，疎甲第4号証）。

　相手方は，同月〇〇日に前述の御庁による街宣活動等を禁ずる仮処分決定の送達を受けたにも拘わらず，これを公然と無視し，同月〇〇日再度街宣活動をその構成員であるEに行わせた。

(4)　さらに，同仮処分決定に挑戦するかのように，同日深夜に，前述のEに申立人自宅に自動車で突入させたうえ，同人所携のバットで玄関扉を殴打させるなどの建造物損壊等の事件を引き起こさせた。

(5)　この建造物損壊事件については実行犯のEのみが起訴され，平成〇〇年〇〇月〇〇日，懲役3年執行猶予5年の判決を受けている（疎甲第1号証）。

4　背後者の存在

(1)　別紙「街宣取り組み状況一覧表」は前述したとおり，〇〇署における前述のEの建造物損壊等被告事件の取調べの際作成されたものである（疎甲第3号証）。

　同表からも明らかなとおり，相手方のB塾名での街宣活動は町議会の開催日，また同議会100条委員会開催日に併せ行われていることが多い。

　100条委員会は秘密会であり，その議事内容はもとより日程も委員以外は知ることができない。

　ところが，相手方の街宣活動は100条委員会の開催日に合わせ，同委員会の委員でなければ知らない筈の内容が申立人に対する攻撃材料とされていたのである。

　町議会，また100条委員会の審議内容が相手方らに筒抜けとなっていたことは明らかなのである。

(2)　〇〇町においては申立人が町長に立候補する以前の平成〇〇年〇〇月に，地元建設業者35社に対する公正取引委員会の排除勧告がなされていた（疎甲第2号証の1）。

　公正取引委員会は排除勧告の前提事実として，平成〇〇年〇〇月から平成〇〇年〇〇月までの〇〇件（総額〇〇億〇〇万円）の公共工事における談合を認定していた（疎甲第25号証）。

　申立人は，〇〇町におけるこの様な談合体質の改善を選挙公約として町長に立候補し，当選した（疎甲第1号証）。

　しかし，町議会議員の中には従前の公共事業の談合に深く関わってい

た者が多数残っていた。

町議会議員の一部からは，申立人の談合排除の政策に対して，露骨な嫌がらせが行われた。

(3) この様な状況下に，町議会と相手方が時を一にして町長である申立人に対しての談合疑惑の攻撃が開始されたのである。

その後，町議会は100条委員会を設置し，同委員会と機を一にして相手方の街宣活動が行われたことは前述したとおりである。

相手方や100条委員会の申立人に対する攻撃内容は全く事実無根のものであった。

100条委員会は申立人らに対し強引に偽証罪の告発まで行ったが，これは明らかに申立人の失脚を目的とした不当な政治的な圧力であった。

実際，100条委員会の告発にもかかわらず申立人は一切事情聴取すら受けていない状況である。

(4) 相手方の街宣活動は甲塾名で行われているものの，甲塾の実体が暴力団C組そのものであることは前述してきたとおりである。

残念ながら日本社会には相手方の様な暴力団を使い，自らの目的を達成しようとする者がいる。

この様な者たちが暴力団をはびこらせる原因ともなっている。

前述してきた相手方の街宣活動においても，相手方の背後に相手方及び議会を動かした者がいることは明らかなのである。

町議会が本来の立場を忘れ，その審議や100条委員会を政治的な反対者の攻撃に悪用したことは民主政治にとり極めて危険なことである。

それだけに止まらず，相手方のような暴力団を利用し，暴力的言動で反対者を攻撃し，政治的な活動を妨害し，辞任を要求するなどと言うことは，民主主義に対する挑戦と言わざるを得ない。

(5) Eの供述によれば，相手方はB塾名で2カ月に一度，関連団体と思われる○○倶楽部から送付されてくる「N」なる機関誌を地元土木建設業者40社程度に再送付し，購読料5000円を振り込みさせている事実が明らかとなっている（疎甲第20号証）。

また，C組の上部組織○○会○○一家○○三代目の組長Oは「P」なる業者団体組織を結成しており，この「P」には○○町建設業協会に所属する多数の建設業者，また○○町町議会議員の一部も参加している。

Oと相手方は暴力団の世界で言う親分子分の関係にあり，相手方はOの命令には絶対服従の関係にある。

　　　　　この様に，相手方と地元土木建設業者及び町議会議員らの政治家との間には，機関誌「N」あるいは「P」を通じて密接な繋がりがあることが十分伺われる。
　　(6)　右各事実からは，相手方の街宣活動は，地元の建設業者，政治家もしくは「P」関係者からの要請により，これら地元建設業者等の談合利益また，政治家の利権を守るために行われたと考えざるをえないのである。
　5　相手方の不法行為責任
　　　以上述べてきたとおり，街宣活動はB塾名で行われているものの，これらはすべて相手方の指示命令で行われたものであり，街宣活動の主体は相手方自身である。
　　　この街宣活動は，地元業者の公共事業における談合利益と政治家の利権確保のため，申立人の町長としての政治活動を妨害する目的で行われたものである。
　　　また，その方法も，延べ45回に渡る執拗さで，拡声器から軍歌・般若心経等の経文テープを流すなどして申立人及び周囲の者を畏怖困惑させたうえで，申立人を誹謗中傷するというものである。
　　　さらに，最後の街宣活動は街宣禁止の仮処分決定後に行われ，加えて街宣禁止の仮処分決定に対する報復措置として建造物損壊等事件まで引き起こすなど，極めて執拗且つ悪質である。
　　　相手方の街宣活動はB塾名で行うといういわゆる右翼の政治活動という形をとってはいるものの，目的の違法性，表現内容の悪質性，表現方法の暴力性等，到底政治的表現行為とは言えず，その範疇を明らかに逸脱したものである。
　　　相手方の申立人に対する誹謗中傷は全く事実に反するものであり，これにより申立人の名誉，信用及び名誉感情は著しく毀損され，また相手方の執拗且つ威嚇的活動により恐怖感を覚えるとともに町長としての業務遂行に甚だしい悪影響を与えられた。
　　　相手方の街宣活動は，悪質な人格権侵害行為として民法第709条及び同第710条の不法行為に該当することは明らかである。
　6　保全の必要性
　　(1)　申立人は，相手方に対し，本件街宣活動について，人格権侵害に基づく不法行為を原因とする損害賠償請求訴訟を提起する予定でいる。
　　(2)　相手方からは，街宣活動は政治活動であり，憲法で保障されている表現の自由に該当する旨の反論が予想される。

街宣活動の目的，摘示された内容及び街宣活動の態様から，政治的表現行為の範疇に該当しないものであることは前述したとおりである。

ところでこの目的の違法性については，本案訴訟で争点の一つとなることが予想される。

この目的の違法性の争点については，相手方の背後で指示した者の関係が重要な事実となるが，残念ながら建造物損壊等事件における刑事訴訟記録（疎甲第3号証ないし同第23号証）においてはこの背後者等の関係が明らかとなっていない。

相手方の反社会性は明白であるが，相手方の様な暴力団を利用し，人々の恐怖心につけ込み不当な利益を図ろうとする者の反社会性も見過ごすわけにはいかない。

申立人は，相手方だけではなくその背後者を含めて損害賠償請求訴訟を予定している。

(3) これら背後者の相手方に対する要請，もしくは指示命令を証明する資料は相手方事務所に存する可能性が高い。

しかし，相手方は暴力団組長である。

訴訟が提起された場合，証拠を隠滅し，もしくは変造偽造する危険性は極めて高いと言わざるをえない。

従って，本案訴訟提起以前に相手方が保管する書類等を保全しておかなければ，右事実の立証は不可能となってしまう。

よって，別紙物件目録記載の書類等の検証及び提示命令を求めるものである。

また，相手方事務所の状況の検証は，相手方がB塾という右翼団体とC組という暴力団を単に名前だけ使い分けているに過ぎず，それぞれ独立した事務処理を行っておらず，Bとは名のみの存在であることを明らかにするために必要である。

(4) 本件の様な自治体の首長に対する襲撃事件は全国各地で発生している。

また，右翼街宣活動による反対者に対する不当な圧力活動も全国で頻発している。

特に本件では，暴力団が右翼を名乗り政治活動に名を借り，暴力的言動で申立人の正当な政治活動を妨害しようとした事件である。

暴対法施行後，各地の暴力団でその実体を隠すため，各種の画策を図っていることは前述したとおりである。

本件のような暴力的活動による政治的な圧力を放置することは，地方

政治における民主主義を破壊することにもつながりかねない。
　この様な意味でも，相手方だけではなく，この様な暴力組織を利用する者に対して厳格にその責任を追及していく必要がある。
(5)　よって，本件申立てに及んだ次第である。

疎明方法

別紙疎明資料一覧表のとおり

添付書類

1	疎甲号証写し	各1通
2	委任状	1通

物　件　目　録

1　B塾及びC組それぞれの会則，名簿，会計帳簿，請求書・領収書等の会計書類，印鑑，ゴム印，電話当番割当表，行動予定表，名刺，挨拶状，電話番号メモ，住所録，その他B塾及びC組それぞれの活動状況を明らかにする一切の資料。

2　本件街宣活動の際に使用された演説原稿，ビラ，軍歌・経文等の録音テープ，戦闘服，紋章ないし腕章及び行動予定表等，本件街宣活動に関連する一切の資料。

3　機関誌「N」，その送付書，その送付先が記載された文書，購読料請求書，購読料送金先が記載された文書，購読料送金先の預金通帳等，機関紙「N」に関係する一切の資料。

4　100条委員会議事録，同委員会の名簿同委員会委員からの通知ないし要請文書，同委員会に関する内容が記載されたメモ，その他作成書の如何を問わず同委員会に関する内容が記載されている一切の文書。

5　P会の名簿，P会会則，P会開催通知，P会関係者による本件街宣活動に関する指示要請文書，その他P会との関連を示す一切の資料。

6　前記のほか，作成者の如何を問わず第三者による本件街宣活動についての指示要請，応援，同調等，第三者と本件街宣活動との関わりを示す一切の文書。
　（なお，本件街宣活動とは，本申立書添付「街宣取り組み状況一覧表」に記

載されている計45回に渡る街頭宣伝活動を総称したものである。）

〔参考資料11〕 証拠保全決定

証拠保全決定

　　○○県○○郡○○町○○△番地の△
　　　　申立人　　　　A
　　　　代理人弁護士　別紙当事者目録のとおり
　　○○県○○市○○町△丁目△番△号　政治結社B塾内
　　　　相手方　　　　D

　右当事者間の当庁平成○○年(モ)第○○号証拠保全申立事件について，当裁判所は，右申立を相当と認め，次のとおり決定する。

主　文

　相手方肩書記載の事務所に臨み，同事務所内の状況及び同所に保管されている別紙物件目録記載の物件を検証する。
　相手方は，右検証物を証拠調期日において提示せよ。
　右証拠調期日を，平成○○年○○月○○日午後1時20分と指定する。
　　平成○○年○○月○○日
　　　○○地方裁判所○○支部
　　　　裁判官　○　○　○　○

〔参考資料12〕 判決文（損害賠償等請求事件）

平成○○年○○月○○日判決言渡　同日判決原本領収　裁判所書記官
平成○○年(ワ)第○○号損害賠償等請求事件（平成○○年○○月○○日口頭弁論終結）

判　決

○○県○○郡○○町△番地の△
　　原　告　○　○　○　○
　　　（以下「原告A」という。）

　　　　同　所
　　　　原　告　○　○　○　○
　　　　　（以下「原告Q」という。）
　　　　原告ら訴訟代理人弁護士　別紙原告ら代理人目録記載のとおり
○○県○○郡○○町△△
　　　　被　告　○　○　○　○
　　　　　（以下「被告D」という。）
○○県○○市△丁目△番△号△号室
　　　　被　告　○　○　○　○
　　　　　（以下「被告E」という。）
　　　　被告ら訴訟代理人弁護士　○　○　○　○

主　文

1　被告らは，各自，原告Aに対し，
　(1)　360万円及びこれに対する平成○○年○○月○○日から支払済みに至るまで年5分の割合による金員を支払え。
　(2)　別紙広告目録記載の新聞各紙にそれぞれ同記載の掲載条件で同記載の謝罪広告を1回掲載せよ。
2　被告らは，各自，原告Qに対し，248万3750円及びこれに対する平成○○年○○月○○日から支払済みに至るまで年5分の割合による金員を支払え。
3　原告らのその余の請求をいずれも棄却する。
4　訴訟費用は，これを5分し，その4を被告らの，その余を原告らの各負担とする。
5　この判決は，主文1項の(1)及び2項につき，仮に執行することができる。

事実及び理由

第1　原告らの請求
　1　原告Aにつき
　　(1)　被告らは，各自，原告Aに対し，2230万円及びこれに対する平成○○年○○月○○日から支払済みに至るまで年5分の割合による金員を支払え。
　　(2)　別紙広告目録記載の新聞各紙にそれぞれ同記載の掲載条件で同記載の謝罪広告を1回掲載せよ。

2 原告Qにつき
　　被告らは，各自，原告Qに対し，643万3750円及びこれに対する平成〇〇年〇〇月〇〇日から支払済みに至るまで年5分の割合による金員を支払え。
第2　事案の概要
　本件は，原告Aが，被告らほかのいわゆる街宣活動（以下「本件街宣行為」という。）によって名誉を毀損されたことなどを原因として，被告らに対し，損害賠償及び謝罪広告を求め，また，原告Qが，その所有する自宅を被告Eの運転する自動車で襲撃されるなどの行為（以下「本件襲撃行為」という。）によって損壊されたことを原因として，被告らに対し，損害賠償を求めている事案である。
第3　前提となる事実
1　以下の2ないし5の各事実は，当事者間に争いがないか，あるいは，以下の括弧内に挙示する証拠ないし弁論の全趣旨によって認めることができ，この認定を妨げる証拠はない。
2　当事者等
　(1)　原告Aは，平成〇〇年〇〇月に施行された〇〇県〇〇郡〇〇町の町長選挙において当選して同町長に就任し，平成〇〇年〇〇月に施行された2期目の選挙にも当選し，現在，その職にある者である。
　(2)　原告Qは，原告Aの父親であり，その肩書住所地に自宅である鉄骨木造陸屋根瓦葺2階建居宅（家屋番号・〇〇〇〇番〇，以下「本件建物」という。）を所有し，本件建物には，原告ら家族が居住している。
　(3)　被告Dは，暴力団員による不当な行為の防止等に関する法律に基づく指定暴力団〇〇（1次団体，会長・〇〇〇〇）〇〇一家（2次団体，総長・〇〇〇〇）〇〇三代目（3次団体，組長・同〇〇）に属し，〇〇県〇〇市〇〇町△丁目△番△号に事務所を置くC（4次団体）の組長であり，かつ，政治結社として届出がされているBの塾頭である。なお，Bは，Cと事務所が同一で，構成員も一致している。
　(4)　被告〇〇は，〇〇の組員（準構成員）であり，かつ，Bの塾生であった（甲12の1，同13，被告〇〇本人）。
　(5)　〇〇は，〇〇県〇〇市△△番地に事務所を置き，〇〇が会長となっているいわゆる右翼団体である（甲12の1）。
3　本件街宣行為
　(1)　本件街宣活動は，その主体・内容はともかく，別紙街宣活動一覧表記

載のとおり，平成○○年○○月○○日から同年○○月○○日まで，延べ45日間，合計59回にわたって行われたものであって，原告Aほか2名（F及びG）を対象とするものであった。

(2) 原告Aほか前記2名は，同年○○月○○日，○○地方裁判所○○支部において，同原告ほか2名を債権者，被告D，Eを債務者として街宣禁止の仮処分決定を受けた（平成○○年(ヨ)第○○号事件，甲3）。

(3) 本件街宣行為のうち，45日目の平成○○年○○月○○日に行われた最終の街宣活動は，前記仮処分決定を受けた後に行われたものである。なお，原告Aほか2名は，同年同月○○日，前記支部において，違反1日につき30万円の支払を命じる旨のいわゆる間接強制決定を受けている（平成○○年(ヲ)第○○号，甲4）。

4 本件襲撃行為

被告Eは，前記最終の街宣活動が行われた平成○○年○○月○○日の午後○○時○○分ころ，原告ら家族が自宅として居住している原告Q所有の本件建物に同被告の運転する自動車で突入し，1階玄関付近の外壁に衝突させ，同壁画部を凹損させたうえ，さらに，所携の金属バットで玄関扉を殴打するなどして，同扉の桟部分を凹損及びガラス4枚を破損させるなどした。これが本件襲撃行為であるが，同被告は，住居侵入及び建造物損壊の罪で，平成○○年○○月○○日，○○地方裁判所○○支部において，懲役3年・執行猶予5年の有罪判決を受けている。

5 本件に関する新聞報道

本件街宣行為及び本件襲撃行為のほか，本件訴訟の提起については，多数の新聞（全国紙の○○版及び○○県内の地方紙）に掲載されている（甲85ないし92，95，97，99）。

第4 本件訴訟の争点

1 原告Aの請求に係る争点

(1) 第1の争点は，本件街宣行為による被告らの原告Aに対する不法行為の成否であるところ，この点に関する同原告及び被告らの主張は，要旨，次のとおりである。

（原告A）

① 本件街宣行為の不法行為該当性

本件街宣行為は，主として別紙名誉毀損等一覧表記載の内容からなるものであって，A欄は，事実を摘示して行われた街宣行為，B欄は，意見ないし論評を表明して行われた街宣行為，C欄は，両者が渾然し

て区別し得ない街宣行為からなる（なお，同表は，本件街宣行為を録取した録音テープを反訳して作成したものであって，街宣日時の記載がないものは，録音テープから録音日時が特定できないものであるが，いずれも本件街宣行為を録取したものである。）が，原告Ａに対する不法行為を構成するものであることは明らかである。すなわち，

(ｱ) 名誉毀損

本件街宣行為は，町長である原告Ａが，○○町の発注する公共工事に関する談合組織を作り，入札価格を漏らし，不正な入札行為を行い，しかもリベートを受け取ったとの印象を一般の聴取者に与えるものであって，同原告の名誉を著しく毀損するものであった。

(ｲ) 信用毀損

本件街宣行為は，前記のとおり，原告Ａがリベートを受け取っているなどという虚偽の事実を流布するものであって，同原告の経済的信用を著しく低下させるものであった。

(ｳ) 業務妨害

また，本件街宣行為によって，被告らは，○○町における談合の排除を施策として掲げる原告Ａが自ら談合に関与しているかのような虚偽の事実を宣伝し，しかも，隊服を着た被告ら及びＢの塾生らが街宣車で乗り付け，威迫威圧的な言動を奔するなどし，さらには，同原告に対して町長の職を辞するよう強要し，同原告の町長としての業務の遂行を著しく妨害するものでもあった。

(ｴ) 平穏な生活の侵害

さらに，本件街宣行為は，暴力団である被告らが，延べ45日，総数59回にわたり，原告Ａの自宅にまで街宣車で乗り付けて街宣行為を行ったものであり，本件街宣行為によって，同原告だけでなく，その家族の身体・生命に対しても強い恐怖感を与えたものであって，同原告は，本人及びその家族の生命身体に対する安心感もしくは平穏に生活する権利を著しく侵害された。

② 本件街宣行為と被告らの責任原因

(ｱ) 本件街宣行為は，被告Ｄが被告ＥほかＢの塾生を指揮して行ったものであるから，被告らは，共同不法行為者として，本件街宣行為の全部につき，不法行為責任がある。

(ｲ) 被告らは，本件街宣行為のうち，45日目の平成○○年○○月○○日に行われた最終の街宣活動は，被告Ｅが単独で行ったものであ

って，被告Ｄの指揮を否認するが，被告らの身分関係からして，被告Ｅが被告Ｄの指揮を受けないで本件街宣行為を行ったとは考えられず，最終の街宣活動を含め，本件街宣行為は，被告Ｄの指揮によるものであるから，被告Ｄが最終の街宣活動についても，不法行為責任を免れ得るものではない。

(ｳ) また，本件街宣行為のうちには，別紙街宣活動一覧表の備考欄記載のとおり，○○が行っている街宣行為もあるが，同会の会長○○と被告Ｄとは，いずれも前記○○の輩下の関係にあるうえ，○○の街宣車には，○○の名前が○○の名前と並記されていること，○○の街宣行為の日時・場所・内容と○○の街宣行為の日時・場所・内容とがほぼ同じであったことなどからすれば，○○が行った街宣行為は，被告らの街宣行為の応援のためであって，被告らとの間に共謀があることは明らかであるから，その主観的関連共同性からして，被告らは，○○が行った街宣行為を含め，本件街宣行為の全部につき，共同不法行為者としての責任を負うべきものである。

③ 本件街宣行為の違法性阻却の有無

被告らは，本件街宣行為は，公共の利害に関する事実に係り，かつ，その目的がもっぱら公益を図ることにあったか否かはともかく，事実を摘示して行った街宣行為については，当該事実が真実であったとして，違法性が阻却されると主張するところ，いわゆる真実性の証明の対象となっているのは，せいぜい，(ｱ)原告Ａが，平成○○年○○月，○○ホテルにおいて，自ら率先して談合組織である○○（あるいは○○）を発足させた，(ｲ)同原告が，町長の立場を利用して，入札価格を○○株式会社（以下「○○」という。）に漏洩した，(ｳ)同原告が，町長に就任する前から，○○とは特別な関係にあって，○○をいわば金庫番にして，裏金を作るために入札価格を漏洩して落札させている，(ｴ)同原告が，町長に就任する前から，宅建業法の違反を犯している，というものであるが，いずれも当該事実が真実であると読める的確な証拠もなく，真実性の証明がされていないうえ，被告らがその摘示した事実を真実であると信じたことが相当であった旨のいわゆる相当性の証明については，被告らにおいて，その証明をする予定がない旨を明らかにしているのであるから，本件街宣行為につき，被告らが名誉毀損の不法行為責任を免れないことは明らかである。

（被告ら）

① 本件街宣行為の不法行為該当性
　本件街宣行為の内容が別紙名誉毀損等一覧表記載の内容であったことは認める。
② 本件街宣行為と被告らの責任原因
　本件街宣行為のうち，最終の街宣行為については，被告Ｄの指揮はなく，被告Ｅが単独で行ったものである。
③ 本件街宣行為の違法性阻却の有無
　本件街宣行為が原告Ａの名誉を毀損するものであっても，事実を摘示して行った街宣行為については，以下のとおり，当該事実が真実であるから，また，意見ないし論評を表明して行った街宣行為については，公職にある同原告の政治的姿勢を追求するための政治的論評として，表現の自由の範囲に含まれる表現活動であるから，いずれも違法性が阻却され，名誉毀損の不法行為は成立しない。すなわち，

(ア)　本件街宣行為で取り上げられている○○は，これまで○○町に受注実績が過去にほとんどない県外の業者であり，原告Ａを支持する建設業者によって構成されている○○の会員であるが，平成○○年度において，○○が○○町と契約した件数は，元請4件及び下請（代理落札）2件であり，同時期に新たに指名された町外の土木業者の中で突出している。しかも，○○町の契約検査課においては，○○を指名業者として推薦していないにもかかわらず，原告Ａは，単独で18回も○○の指名業者推薦を行っているが，○○を優遇するための業者選定であって，○○町町長として公共工事における予定価格，最低制限価格を決定する立場にあることから，○○を特別指名し，予定価格・最低価格が決定されると，これを○○の専務取締役である○○に内通して○○に落札させようと企て，その落札価格を教示していたものである。

(イ)　○○以外にも，原告Ａが追加指名した業者が落札している公共工事があるが，これについても，原告Ａが価格を内報し，落札させていた疑いがある。

(ウ)　○○町の平成○○年度の「入札書取書」によれば，その落札価格のほとんどが入札予定価格の1パーセントないし8パーセントの範囲にあるから，入札予定価格があらかじめ漏洩されていたと解さない限り，不可能な落札価格となっている。

(エ)　以上のような事実に照らせば，原告Ａが業者と癒着して談合に

関与していたことは真実であったと認められるべきものである。
　(オ)　因みに，○○町議会は，いわゆる100条委員会として，○○町公共工事入札執行及び工事に関する調査特別委員会当委員会を設置し，平成○○年度における公共工事入札執行及び工事に関する事項を調査し，その結果，同原告及び○○が，同委員会での証人尋問に際して，それぞれ虚偽の証言をしたと判断し，両名を地方自治法100条9項の規定により○○警察署長に告発すべきであると決定しているが，このことも，同原告が談合に関与していたことを裏付けるものである。

(2)　第2の争点は，本件街宣行為につき，被告らの不法行為が認められる場合における原告Aの損害賠償請求及び謝罪広告請求の当否であるが，この点に関する同原告の主張は，要旨，次のとおりである。
　① 損害賠償請求
　　(ア)　原告Aは，屈辱的な内容からなる極めて執拗な本件街宣行為によって，その名誉を著しく傷つけられた。
　　　しかも，被告らの本件街宣行為は，原告Aの町長としての業務の遂行を妨害するような精神的圧迫を加えるものであると同時に，街宣車を用い，特有の服装，表現，効果音を用いて行われたものであり，同原告は，被告らが街宣行為以上の実力行為に及ぶのではないかとの恐怖心を感じ続けていた。
　　　以上のように，原告Aは，極めて甚大な精神的損害を被ったので，相当な慰謝料の支払が認められるべきである。
　　(イ)　さらに，その慰謝料の額を算定するに当たって，以下の事情を斟酌して，これを増額すべきものである。すなわち，
　　　ア　原告Aは，選挙公約として掲げた談合排除の施策を実行するために町長の職務を全うしたため，被告らの本件街宣行為による攻撃を受けることになったものであって，同原告には何ら落ち度がない。
　　　イ　被告らは，本件街宣行為によって，談合体質を改めようとした原告Aを辞職させようとしたものであって，本件街宣行為は，選挙民の意思をも不当に歪め，地方自治の理念である直接民主制を危殆に瀕しさせる極めて悪質な行為である。
　　　ウ　本件街宣行為は，政治結社の隠れ蓑をまとって行われているが，実体は暴力団の違法，不当な行為にほかならず，このような行為

を容認することは，右翼を標榜する暴力団の行為を助長し，ひいては，暴力的な言論によって自由な言論を萎縮させる結果になり，民主主義社会の崩壊さえ招きかねない極めて危険性の高い行為である。

　エ　本件街宣行為のうち，最終の平成○○年○○月○○日に行われた街宣行為は，○○地方裁判所○○支部の同月1日付け街宣禁止の前記仮処分決定を受けたにもかかわらずに行われたものであって，司法制度をも冒涜する暴挙である。

　オ　また，平成○○年○○月○○日，前記支部は，いわゆる間接強制決定をしているが，原告Ａらが提出した損害見積書（甲6）を参考に，被告らが街宣行為禁止の命令に違反した場合に1日当たり30万円の金員の支払を命じている。

(ウ)　本件街宣行為によって原告Ａの被った精神的苦痛を慰謝するに足りる金員は，前記(ア)・(イ)の事情を考慮すると，1日当たり少なくとも前記30万円が相当であるから，本件街宣行為が行われた45日分で合計1350万円となる。

(エ)　弁護士費用

原告Ａは，本件訴訟及びこれに先立つ以下の(ア)及び(イ)の手続につき，いずれも弁護士に委任せざるを得なかったが，これによって，合計880万円相当の損害を被った。

　ア　前記仮処分命令及び間接強制手続の申立て　　380万円
　イ　本件訴訟のための証拠保全手続の申立て　　　250万円
　ウ　本件訴訟の提起　　　　　　　　　　　　　　250万円

(オ)　よって，原告Ａは，民法709条，719条に基づき，被告らに対し，以上合計2230万円及びこれに対する本件街宣行為の最終日である平成○○年○○月○○日から支払済みに至るまで民法所定の年5分の割合による遅延損害金の支払を求める。

②　謝罪広告請求

(ア)　本件は，○○町町長という原告Ａの政治家としての信用が被告らの本件街宣行為により執拗，かつ，徹底的に攻撃され，重大な侵害を受けた事案である。

(イ)　原告Ａは，町長選において当選することができたが，次点の候補者との得票差は，1280票ばかりの僅差であった。このような接戦になった原因として，被告らの本件街宣行為による同原告に対する

誹謗，中傷があることは否定できない。
　　原告Aは，町長に再選されているが，これによって，同原告の被告らの本件街宣行為によって侵害された政治家としての信頼が回復されたというわけではない。
　　さらにまた，一般論としても，暴力団や標榜右翼に対する金銭給付を命ずる判決の強制執行には，極めて困難が予想されるところである。
　㈦　原告Aの政治家としての信用を回復するためには，前記した本件街宣行為の悪質性及び同原告の被害の甚大さなどに鑑みれば，損害賠償のほか，謝罪広告を求める必要がある。
　㈢　しかるところ，名誉回復の措置として謝罪広告が認められる場合においては，名誉毀損の不法行為に係る媒介手段によって謝罪広告が認められるのが一般的であるが，本件においては，名誉毀損の不法行為は街宣活動によっているので，これを媒介手段として名誉回復の措置を講ずることはできないので，新聞紙上に謝罪広告を掲載するのが相当である。
　㈣　よって，原告Aは，民法723条に基づき，被告らに対し，別紙広告目録記載の謝罪広告の掲載を求める。
2　原告Qの請求に係る争点
⑴　第1の争点は，本件襲撃行為につき，被告Eの原告Qに対する不法行為の成立を前提に，被告Dが共同不法行為責任ないし使用者責任を負うか否かであるが，この点に関する原告Q及び被告らの主張は，要旨，次のとおりである。
（原告Q）
　①　共同不法行為責任
　　　被告Dと被告Eとの間には，本件襲撃行為についても，共謀があったか，仮に共謀がないとしても，被告Dには，Bの塾生である被告Eの本件襲撃行為を事前に予見できたのに，これを防止するための何らの措置も講じなかった過失があるから，被告Dは，被告Eとの共謀による共同不法行為ないし過失による共同不法行為の成立を理由として，原告Qが本件襲撃行為によって被った損害を賠償する責任がある。
　②　使用者責任
　　　共同不法行為責任が認められないとしても，被告Eは，Cの組員

であり，被告Ｄは，被告Ｅを指揮監督する関係にあった。

　被告Ｅは，○○の名前を表記した街宣車を利用して本件街宣行為を行っているので，本件街宣行為が同被告の事業であることは明らかであるところ，被告Ｅは，本件街宣行為に関連して本件襲撃行為に及んでいるものであるから，本件襲撃行為は，同被告が被告Ｄの事業の執行として行ったものということができる。

　したがって，被告Ｄは，被告Ｅの使用者として，同被告が本件襲撃行為によって原告Ｑが被った損害を賠償する責任がある。

（被告ら）
① 本件襲撃行為につき，被告らが共謀したとの事実及び被告Ｄに過失があったとの事実は，いずれも否認する。本件襲撃行為は，被告Ｅが独自の判断で挙行したものであって，被告Ｄが被告Ｅと共謀したことはなく，被告Ｄが被告Ｅの本件襲撃行為を予見できたこともない。
② 被告Ｄが被告Ｅの使用者として責任を負うことは争わない。

(2) 第２の争点は，被告らの不法行為責任が認められる場合の原告Ｑの損害賠償請求の当否であるが，この点に関する同原告の主張は，要旨，次のとおりである。
① 財産的損害
　本件建物の修理には，123万3750円の費用を必要とする。
② 精神的損害
　本件襲撃行為は，家人が寝静まった深夜，自動車で突入し，奇声をあげながら，所携のバットで玄関等を損壊したというものであって，原告Ｑの恐怖心は，筆舌に尽くしがたいものがあり，その精神的苦痛を慰謝するに足りる金員は，少なくとも300万円をもって相当とする。
③ 弁護士費用
　原告Ｑは，本件訴訟の提起及びこれに先立つ被告Ｄに対する動産仮差押手続を申し立てるために，いずれも弁護士に委任せざるを得なかったので，これによって，以下の弁護士費用相当の損害を被った。
　(ア) 動産仮差押手続の申立て　90万円
　(イ) 本件訴訟の提起　　　　　130万円
④ よって，原告Ｑは，民法709条，719条ないし715条に基づき，被告らに対し，以上合計643万3750円及びこれに対する本件襲撃行為の日

第3章　訴訟等の活用による対応

　　　である平成○○年○○月○○日から支払済みに至るまで民法所定の年
　　　5分の割合による遅延損害金の支払を求める。
　第5　当裁判所の判断
　　1　原告Aの請求の当否
　　　(1)　第1の争点（被告らの不法行為の成否）について
　　　　①　本件街宣行為の内容が別紙名誉毀損等一覧表に記載のとおりであっ
　　　　たことは，前記のとおり，当事者間に争いがなく，当該事実によれば，
　　　　本件街宣行為は，○○町の町長である原告Aが，○○町の発注工事
　　　　において談合組織を作り，入札価格を漏らし，不正な入札行為を行い，
　　　　しかも，リベートまで受け取り，さらに，宅建業法に違反するなどの
　　　　不正行為ないし違法行為を行ったとの印象を一般の聴取者に与える内
　　　　容のものであって，同原告の社会的評価のみならず，その経済的信用
　　　　をも低下させるものであったことは明らかである。
　　　　　また，当該事実に証拠（甲11の1ないし6，甲52及び53，甲55ない
　　　　し58，原告A本人）及び弁論の全趣旨を総合すれば，本件街宣行為
　　　　は，原告Aが談合に関与しているとか，同原告に対して町長を辞職
　　　　するよう強要するような内容であって，○○町の町議会が開催されて
　　　　いるときに，大音量で○○町の町役場前などで繰り返し行われている
　　　　ことのほか，同原告の自宅前でも行われ，さらに，お経，軍歌なども
　　　　流していたことが認められるから，同原告の町長としての業務の遂行
　　　　のみならず，その私生活においても，平穏に生活する権利ないし利益
　　　　が侵害されたことは推認するに難くない。
　　　　　したがって，本件街宣行為が原告Aに対する名誉毀損その他の同
　　　　原告主張の不法行為を構成するものであったことは否定できない。
　　　　②　そこで，次に，本件街宣行為の主体について検討すると，本件街宣
　　　　行為には，○○が行っているものもあるが，弁論の全趣旨によれば，
　　　　○○の街宣行為は，○○の街宣行為と歩調を同じにして行われている
　　　　と認められるので，互いに街宣行為の内容を知悉し，これを利用し合
　　　　う関係にあったと推認されるから，○○の行った街宣行為についても，
　　　　その違法性が阻却される場合は格別，そうでない限り，被告らも，共
　　　　同不法行為者としての責任を負うべきものである。
　　　　　被告らは，本件街宣行為の最終に行われた街宣行為については，被
　　　　告Eが被告Dの指揮を受けて行ったものではなく，被告Eが単独で
　　　　行ったものであるから，被告Dの共同不法行為を構成するものでは

ないと主張するが，被告らの身分関係及びそれまでの本件街宣行為に照らせば，最終の街宣行為も，被告Eが被告Dの意向に従って行ったものであると推認するのが相当であって，他にその推認を妨げる証拠はないので，被告Dが共同不法行為者としての責任を免れるものではない。

したがって，本件街宣行為は，その全部につき，被告らの原告Aに対する共同不法行為を構成するものといわなければならない。

③ 被告らは，本件街宣行為において摘示された事実は，いずれも真実であるので，また，意見ないし論評の表明にわたる部分も，表現の自由の範囲に含まれる表現であるので，いずれも違法性が阻却され，名誉毀損の不法行為は成立しないと主張し，証拠（乙6，乙21，被告D本人）中には，被告らの主張に沿う部分がある。

しかしながら，別紙名誉毀損等一覧表のA欄記載の○○町の公共工事の発注における談合の有無については，弁論の全趣旨によると，平成○○年度ないし○○年度の公共工事の入札予定価格と落札価格との比較からして，疑問を抱くような工事がないとはいえないが，談合の事実それ自体を認めるに足りる証拠はなく，まして，本件街宣行為で摘示されているように，原告Aが自ら率先して談合組織として○○を発足させ，談合に関与していたとの事実も，同原告が○○に入札価格を内通して談合させ，リベートまで貰っていたとの事案も，それが真実であると認めるに足りる証拠はない。また，同原告が宅建業法に違反して建物の建築などを行っていたとの事実も，証拠（乙7ないし19，被告D本人，原告A本人）によれば，同原告が被告ら主張の建物の処分などに関係していたことがないとはいえないが，同原告が宅建業法を始めとする関係法令に違反して建物の建築などを行っていたとの事実を認めるに足りる証拠はなく，本件街宣行為で摘示されている事実が真実である旨の前記証拠は，いずれも被告Dの憶測の域を出ないものといわざるを得ない。本件街宣行為のその余の部分についても，被告らの主張に沿う前記証拠は，いずれも信用性に乏しい伝聞か，あるいは，被告Dの憶測にすぎず，本件街宣行為の内容が真実であることを進んで検討させるだけの具体性はなく，また，前記一覧表B欄記載についても，その前提となっている事実が真実であったと認めるに足りる証拠がないばかりでなく，人身攻撃に及ぶなど意見ないし論評としての域を逸脱したものでないと認めるに足りる証拠

もない。

　　したがって，本件各街宣行為は，原告Aに対する名誉毀損の不法行為を構成する部分について，これが公共の利害に関する事実に係り，かつ，被告らがもっぱら公益を図る目的であったと仮定しても，いわゆる真実性の証明がなく，かつ，被告らにおいていわゆる相当性の証明をする予定がないことを明らかにしている本件においては，名誉毀損の違法性が阻却される余地はなく，名誉毀損以外の部分を含め，本件街宣行為が原告Aに対する不法行為を成立させるものであることは明らかである。

(2) 第2の争点（損害賠償請求及び謝罪広告請求の当否）について
① 原告Aがその名誉を毀損されるなどした本件街宣行為によって著しい精神的苦痛を被ったことは，優に推認し得るところ，名誉毀損の不法行為については，損害賠償のほか，それに代えて，又はそれとともに，民法723条所定の原状回復処分として，いわゆる謝罪広告も求めることができるが，その趣旨は，名誉毀損の不法行為の被害者について，金銭による損害賠償のみでは補てんされ得ない，毀損された被害者の人格的価値に対する社会的な評価自体を回復することを可能にすることにある。

　　そこで，この見地から本件についてみると，本件街宣行為は，前説示のとおり，別紙名誉毀損一覧表A欄記載の部分については，被告らにおいて，その摘示された事実が真実であると信じたことが相当であった旨の相当性の証明を予定していない，もっぱら当該事実が真実であった旨の真実性の証明のみによって違法性が阻却され得る場合であるところ，その真実性の証明がないので，要は，当て推量の憶測で原告Aの名誉を毀損したものと言わざるを得ない表現活動であること，また，同表B欄記載の部分についても，証拠（前掲甲11の1ないし6）によって明らかなとおり，その域を逸脱し，原告Aに対する人身攻撃にまで及ぶ表現活動であること，しかも，街宣行為は，周囲の者に対し，これを聴取することを余儀なくさせる表現活動であること，その結果として，名誉を毀損された原告Aにおいては，街宣行為の回数，態様などからして，その政治的生命を左右しかねない被害を被っているので，その被害回復のためには，金銭による損害賠償だけでは十分でないばかりでなく，進んで，損害賠償以外の方法による被害回復が図られる必要があること，本件に関係する記事が全国紙

の地方版及び○○県下の地方紙に掲載されていること，その他，前認定に係る事実関係の下においては，本件街宣行為によって毀損された原告Aの名誉を回復するためには，損害賠償とともに，民法723条所定の原状回復処分が認められるべきものといわなければならない。

　そして，その原状回復処分としては，本件事案にあっては，被告らに対し，少なくとも別紙広告目録記載の謝罪広告を同記載の新聞各紙に同記載の掲載条件で1回掲載するよう命ずるのが相当であると認める。

② 次に，原告Aが被告らに対して求めることができる損害賠償についてみると，前説示のとおり，本件は，謝罪広告が認められるべき場合であるほか，その謝罪広告によって同原告の被った損害ももっぱら補てんされることなどを考慮すれば，被告らに賠償を求めることができる慰謝料の額は，300万円をもって相当と認める。

③ また，本件街宣行為と相当因果関係のある弁護士費用相当の損害は，本件事案の性質，難易，本件訴訟の審理の経過のほか，謝罪広告請求が認容されること，前記慰謝料の認容額などを考慮すると，60万円と認めるのが相当である。

④ したがって，原告Aが被告らに対して賠償を求めることができる損害額は，以上合計360万円となる。

2　原告Qの請求の当否
(1)　第1の争点（被告Dの責任の有無）について
① 本件襲撃行為につき，被告Eが不法行為責任を負うことは，当事者間に争いがないところ，原告らは，本件襲撃行為に対する被告Dの責任として，被告Eとの共謀による共同不法行為ないし被告Dの過失行為による共同不法行為の成立を主張するが，本件全証拠をもってしても，本件街宣行為についてはともかく，本件襲撃行為についてまで，被告らが共謀していたとの事実までは認められず，また，原告ら主張の被告Dの過失行為についても，同被告が，その前提となる被告Eの本件襲撃行為を予見し，かつ，これを回避し得たとまで認めるに足りる証拠はない。

② もっとも，被告Eの本件襲撃行為につき，被告Dが被告Eの使用者として責任を負うことは，被告Dの自認するところである。

③ したがって，本件襲撃行為につき，被告Dは，民法715条に基づき，被告Eは，同法709条に基づき，それぞれ原告Qに対する損害賠償責

397

任を免れないものである。
(2) 第2の争点（損害賠償請求の当否）について
　① 財産的損害
　　証拠（甲14）及び弁論の全趣旨によれば，本件建物の修理に要する費用は，合計123万3750円であると認められる。
　② 精神的損害
　　本件襲撃行為は，被告Eが，深夜，自動車で原告Qの自宅に自動車で突入しただけでなく，所携のバットで玄関を損壊したものであって，そのような態様で自宅を襲撃された同原告が多大の精神的苦痛を被ったことは明らかであるところ，その苦痛を慰謝するに足りる金員は，前記財産的損害が補てんされたとしても，なお100万円をもって相当と認める。
　③ 弁護士費用
　　本件事案の性質，難易，本件訴訟の審理の経過，前記認容額等に鑑みれば，原告Qが本件襲撃行為と相当因果関係のある弁護士費用相当の損害として被告らに賠償を求めることができる金額は，25万円と認めるのが相当である。
　④ したがって，原告Qが被告らに対して賠償を求めることができる損害額は，以上合計248万3750円となる。
3　よって，原告らの被告らに対する本訴請求は，原告Aにおいては，前記360万円及びこれに対する本件街宣行為の最終日である平成○○年○○月○○日から支払済みに至るまで民法所定の年5分の割合による遅延損害金の支払並びに謝罪広告を求める限度で，原告Qにおいては，前記248万3750円及びこれに対する本件建造物損壊行為の日である平成○○年○○月○○日から支払済みに至るまで民法所定の年5分の割合による遅延損害金の支払を求める限度でそれぞれ理由があるから，これを認容し，原告らのその余の請求をいずれも棄却することとして，主文のとおり判決する。

○○地方裁判所第○○民事部
　　　裁判長裁判官　　○　　○　　○　　○
　　　裁判官　　　　　○　　○　　○　　○
　　　裁判官　　　　　○　　○　　○　　○

【書式例27】　謝罪広告掲載命令申立書

謝罪広告掲載命令申立書

平成○○年○○月○○日

○○地方裁判所第○○民事部　御中

　　　　　　　　　　　　申立債権者代理人弁護士　○　○　○　○
　　　　　　　　　　　　　　　　　　　同　　　　○　○　○　○
　　　　　　　　　　　　　　　　電　話　○○○-○○○-○○○○
　　　　　　　　　　　　　　　　ＦＡＸ　○○○-○○○-○○○○

　　　当事者の表示　別紙当事者目録記載のとおり

申立ての趣旨

　債権者は，別紙広告目録記載の新聞各紙にそれぞれ同記載の掲載条件で同記載の謝罪広告を債務者らの費用をもって掲載することができる。
との決定を求める。

申立ての理由

　債権者が有している下記事件の執行力ある債務名義の正本に基づき，債務者らは別紙広告目録記載の謝罪広告をなすべき義務を有するところ，その履行をしないので，申立ての趣旨記載の裁判を求める。

記

　　○○地方裁判所平成○○年(ワ)第○○○○号
　　損害賠償等請求事件の判決

添付書類

　１．執行力ある判決正本　　　　　　　　　１通
　２．判決正本送達証明書　　　　　　　　　２通
　３．委任状　　　　　　　　　　　　　　　１通

広告目録

１　広告内容
　(1)　見出し

399

謝罪広告
(2) 本文
　　D, Eは, 平成〇〇年〇〇月〇〇日から同年〇〇月〇〇日までの間, A氏が同町発注の公共事業において談合に関与しているかのような街宣行為を行いました。
　　しかしながら, 当該街宣行為の内容は, 真実に反するものでした。
　　したがって, 私どもは, Aの名誉を毀損したことに対し, 謝罪の意を表します。
　　平成〇〇年〇〇月〇〇日

　　　　　　　　　　　　　　　　　　　　　　　　　　　B組
　　　　　　　　　　　　　　　　　　　　　　　組長　　D
　　　　　　　　　　　　　　　　　　　　　　　組員　　E

A　殿
2　掲載条件
(1) 掲載すべき新聞
　　朝日新聞, 読売新聞, 毎日新聞, 産経新聞及び東京新聞の各朝刊〇〇県地方版, 株式会社〇〇新聞社発行の〇〇新聞の朝刊県西版, 株式会社〇〇タイムス社発行の〇〇新聞及び株式会社〇〇新聞社発行の〇〇新聞の各朝刊
(2) 広告の大きさ等
　① 紙面の大きさ
　　(ア) 縦　14段組中の2段組
　　(イ) 横　7センチメートル
　② 活字の大きさ
　　前記紙面に見出し及び本文が掲載し得る範囲で最大限の活字

〔参考資料13〕　決定文（謝罪広告）

平成〇〇年(ヲ)第〇〇号

決　　定

当事者の表示　別紙当事者目録記載のとおり

上記当事者間の, 〇〇地方裁判所平成〇〇年(ワ)第〇〇号事件の執行力ある判

決正本に基づく本申立を相当と認め，次のとおり決定する。

　　　　　　　　　　　主　　文

　債権者は，別紙広告目録記載の新聞各紙にそれぞれ同記載の掲載条件で同記載の謝罪広告を債務者らの費用をもって掲載することができる。
　平成〇〇年〇〇月〇〇日
　　　〇〇地方裁判所第〇民事部
　　　　裁判官　〇　〇　〇　〇

(注1)　組事務所に対する証拠保全手続を行い、証拠収集に利用した点が画期的であった。これにより、えせ右翼団体と暴力団との同一性の立証、使用者責任追及訴訟、不法行為目的の立証などのための資料収集ができた。
(注2)　違法な街宣活動に対して、名誉回復の措置として謝罪広告の掲載を求めた点にも特色がある。
(注3)　組長に対する使用者責任追及訴訟も検討されたが、部分的なものにとどまった。
(注4)　古典的かつ悪質な行政対象暴力であり、関東弁護士会連合会の弁護士が多数参加して弁護団を結成し対応した。複数の単位弁護士会の弁護士が協力し合う関係を築き上げることができ、意義があった。

〈事例4〉 電柱撤去工事に対する妨害を仮処分等により排除した事例

❖事案の概要❖

　Aは、電信事業を業とする会社である。Aは、従前、第三者所有の土地上に電柱を所有し、その敷地使用権を有していた。しかし、当該土地の所有権が競売による売却を原因として第三者からBに移転し、結果的にAはその敷地使用権を失った。

　Aは、委託業者を通じて電柱の撤去をしようとしたが、Bは、撤去に際して委託業者がBの土地へ立ち入ることをかたくなに拒否した。他方で、Bは、自らが独自に見積もった電柱撤去費用を請求したり、業者の不誠実な対応を理由として慰謝料と謝罪を要求した。

　これに対し、Aが撤去工事妨害禁止の仮処分を申し立てたところ、裁判所は、申立てを認容し、撤去工事を妨害してはならない旨の決定をした。

　Bは、仮処分決定に対し異議を申し立てたが、原決定を認可する旨の決定がなされた。しかし、仮処分を認可する旨の決定がなされた後にも、Bは、Aの撤去作業に対し、作業員に罵声を浴びせるなどの妨害行為に及んだ。さらに、Bは民事保全法37条に基づく起訴命令の申立てを行い、それに基づき、Aは本案訴訟を提起して、妨害禁止を求めた（結果的に本案訴訟でも原告の請求が認容された）。

【書式例28】　工事妨害禁止仮処分命令申立書

工事妨害禁止仮処分命令申立書

平成〇〇年〇〇月〇〇日
〇〇地方裁判所〇〇支部　御中

債権者代理人弁護士　〇　〇　〇　〇

当事者の表示
　　　別紙当事者目録記載のとおり
工事妨害禁止仮処分事件

申立ての趣旨

　別紙申立の趣旨記載のとおり

申立ての理由

第1　被保全権利
　1　当事者
　(1)　債権者は，○○に関する法律・改正平成○○年法○○号により設立された会社であって，○○事業を経営することを目的とし，○○地域において行う○○業務及びこれに附帯する業務を含む会社である（証拠略）。
　(2)　申立外株式会社Cは，①○○設備に関わる設備提案，設計，工事，コンサルティングおよび設備・品質管理　②○○設備に関わる各種機器・機材の開発，販売，工事及び保守並びに各種ネットワークサービスの申込み受付，販売　③コンピューターのネットワークシステム及びソフトウェアの企画，設計，研究，開発，販売，工事，保守及びコンサルティング　④○○法に基づく○○事業等を目的とする会社であって（証拠略），申立外株式会社D（本社・○○市）が，債権者から，「サービス運営等総合業務基本契約」，「サービス運営等総合業務契約」，並びに，同社のサービス運営等総合業務共通仕様書，サービス運営等総合業務仕様書（証拠略）に基づき業務委託を受けたサービス運営等総合業務につき，○○管内における通信サービス運営に関する業務（保守維持業務，設備管理業務を含む。）の委託を受けて，債権者が土地使用契約に基づき設置した電柱等通信設備を占有管理し，本件電柱敷地を占有している（証拠略）。
　(3)　債務者は，平成○○年○○月○○日，別紙登記目録記載のとおり別紙物件目録記載の土地，建物を競売による売却を原因として取得し，申立外E会社から所有権移転を受けた者であって，現に同物件目録3記載の建物を債務者の名称で使用し，同目録記載の各土地を占有している（証拠略）。
　2　土地使用契約と通信設備等（占有）の状況
　(1)　平成○○年○○月○○日，債権者は申立外E会社と，同申立外人の

所在地（○○市）内の土地に同地を使用して電気通信線路等を設置することを内容とする使用契約（以下，「本件契約」という。）を締結し，これに基づき電柱（○○幹26左19，同26左20）を建て，そのころ電柱敷地の占有を開始した（証拠略）。
 (2) 本件契約に基づく土地の使用期間は，平成○○年○○月○○日から同○○年○○月○○日まで15年間（満了後は，申し出しない限り自動継続）とし，電柱等敷地の使用料を申立外人の指定した支払方法により支払い，同○○年○○月○○日に同○○年○○月○○日迄分（3カ年分）の使用料を同申立外人に支払済みである（証拠略）。
 3 妨害行為（妨害の言動と妨害のおそれ）
 (1) 平成○○年○○月○○日，申立外株式会社Cは，○○株式会社○○営業所の担当者より電話で「お客様のF氏から無断で敷地内に電柱が建っているとの申告があり，調査した結果，債権者所有の電柱であることが判明した。このお客様は以前から○○株式会社とトラブルのあるお客様であるので一緒に現地に行ってもらいたい」との要請を受け，同社の所外設備担当社員を現地に派遣し対応することにした。
 (2) 翌○○日，申立外株式会社Cの担当社員及び○○株式会社○○営業所の担当者は，現地で債務者代表役員のFと会ったところ，一方的に○○株式会社の対応のまずさを捲し立て，出向いた担当社員らの話を聞こうとせず，C社の担当社員に向かって「お前は○○のものか，とにかく電柱をすぐに退かせ」と一方的に激しい口調で言われ，本件電柱の上記契約状況を説明しようとしたところ「そんな事はどうでもいい」と言われ，恐ろしくて何も言うことができなくなり，立ち帰ってきた。
 　その後，○○月○○日，C社の担当社員ら4人が債務者方に出向き，屋外でこれまでのお詫びと過去（債務者が土地所有権を取得した後）の本件契約に基づく土地の使用料の遡及払いの申し出をしようとしたが，債務者代表役員本人のFは，大声で「ワシはあの電柱は許可していない。すぐに外に出せ」と怒鳴り，担当社員が「工事ができるか検討させてください」と懇請したところ，Fは「お前らのとこで勝手に立てた電柱だ。すぐに外に出せ，周りの石垣は絶対に壊すな」「○○月中に工事は終われ」などと一方的に言われ，担当社員らはその場から立ち帰ってきた。
 (3) ○○月○○日，C社は，同社が本件電柱の撤去工事を行うことを債務者に話したが，「敷地内には絶対に入らせない。空からヘリコプターで

も持って来てやってくれ。店は365日営業しているから，道をふさぐことは許さない。営業妨害するのか」などと大声を出し，更には，「できないと思っているかもしれないがやると言ったら必ず俺はやる。自分で工事し，きっちり○○○に費用は請求する」などと言い，担当社員が「F側での電柱撤去工事は了承できない」旨話すと立腹し，「お前がそういう態度ならこちらも強引に明日から工事する」と目の前で電話をかけ「明日から工事してくれ，責任は俺が取る。そちらには迷惑はかけないから」と話していたので，同担当社員は，万が一を想定し，電気通信設備の故障や他の電柱が倒壊し，近隣の住宅の倒壊及び人身事故発生のおそれのあることを考慮し，○○株式会社と連携して債務者の敷地の外で電柱の倒壊等防止のための補強策を行ったが，翌○○日，債務者代表役員本人は自ら重機（コンボ）を運転し，本件電柱根際の掘削を開始したので，工作物損壊のおそれがあるため警察に通報し，現場での掘削行為の制止を求めた（証拠略）。

(4) この後も，債務者は，無理難題の不相当な要求行為をなす一方で，債権者所有の本件電柱の敷地使用は不法占有であると理由付けして「すぐに外に出せ」「枝一本折ったら許さん」などと言い，強行に電柱の撤去を要求し続けている（証拠略）。

(5) 債権者は，○○約款に従い，○○事業者として公共的○○事業のため，その利用者に公平に○○役務の提供をする義務があり，正当な理由（例えば，申込者が土地の不法占有者や違法建物の居住者であるような場合は役務提供の拒否は正当な理由となり得るだろう）が，ない限り，○○役務の提供を拒否することはできない。

　加入契約者たる債務者は，○○及び端末設備を設置するために必要な場所を債権者に提供する義務があり，正当な理由がない限り使用承諾を拒否できないものと解され，債務者は，土地所有権の移転を受け，本件契約上の地位を継承した者として，電気通信設備を善良な管理者の注意をもって保管する義務があると解される（証拠略）。

(6) しかるに債務者は，上記のとおり，使用承諾を拒否し，本件電柱の撤去を強行に要求する傍ら，債権者の別紙工事目録記載の電柱の撤去及び共同架設物，引込線等の位置替等の工事を妨害する言動を強くとり続けている。

4　被保全権利のまとめ

　債権者には，本件契約に基づく電柱敷地使用権の消滅により生じた所有

405

工作物の収去権（民269条）が存する。よって，債務者の前記妨害行為の排除並びに予防を請求する権利を有する。

第2　保全の必要性

1　債権者が本件仮処分命令の申し立てをもって工事妨害の禁止を求める電柱撤去工事は，別紙工事目録記載のとおり電柱（○○幹26左20）の撤去及び共同架設物，引込線等の位置替等の工事であって，作業内容は，通信線の吊線新設，引込線新設，切替え，債務者方への移架及び切替，架空ケーブル撤去，電柱撤去用足場組立て，電柱上部切断，電柱根元粉砕，埋め戻し，原状復旧に至るまで多様であり，撤去工事に着手後完了するまでに6日間の作業日程を要し，この間に共架した電力線については，共同支線取付，引込線切替え，低圧線アーム撤去及び支線上部撤去（伐採作業）を実施し，○○については引込線張替作業が行われることになる。撤去工事や切替工事は高所作業をともなうため，道路上にバケット車，大型クレーン車を停車させ，これらを操縦して行うことになり，廃材等搬出のため運搬用トラックが出入りすることになる（証拠略）。

更に，引込線切替作業は，債務者所有建物に新通信線を接続し，旧通信線を切断した上，債務者加入電話（○○○—○○○—○○○○，ただし，甲個人名義）等4回線の発信及び着信の確認試験を終えて完了するもので1回線につき断線（不通話の時間）が最大10分間程度見込まれるものであり，同様にケーブルTVの引込線張替作業についても1件当たり10分間程度の断線が見込まれるものである。

債務者は，これまでに「敷地内には絶対に入らせない。空からヘリコプターでももって来てやってくれ」「道をふさぐことは許さん」「枝一本落とすな」など激しい口調で言い放っており，平成○○年○○月○○日には，債務者代表役員甲本人が「自分で工事して電柱を倒す」などと言い，翌○○日には，同人自ら重機（コンボ）を運転し，当該電柱（○○幹26左20）根際の掘削行為に及ぶなど実力をもって妨害行為の挙に出たことなどから，本件電柱撤去工事にかかれば，債務者又はその指図に従う者の人力による抵抗，妨害行為を受けるおそれがあり，実行によって債権者の本件電柱撤去工事並びに委託業者の作業，工事の障害となるだけでなく，債権者の通信設備の故障や倒壊の危険を伴うおそれがあり，引いては，現場作業員の生命・身体に対する危難を招き，あるいは通行人に対する被害を引き起こすおそれがある。

2　債権者は，申立外E会社との本件契約により，同会社の当該土地の利

用を著しく妨げない限度で本件電柱を建柱し，引込線（○○）を架設していたのであり，現に債務者は引込線（○○）を利用しているのにかかわらず，その限度での本件電柱敷地の使用を認めない，許さないとするものであって，本件電柱の撤去要求は本来権利の濫用に外ならないものである。
3　本件撤去工事は，債権者が所有者の工作物収去権の行使としてその工事を行うのであって，本件電柱敷地に立ち入って作業員が撤去工事を行う限度において受忍義務があり，受忍することにより格別財産上の損害，費用の負担を伴うものでもないのに，強く抵抗をあらわにしている。
4　したがって，債権者は，撤去工事妨害禁止の不作為の給付判決を求める訴えを本案訴訟として準備中であるが，上述した理由により，その勝訴判決の下るのを現状のままで待っていることはできないので，本件申立てに及ぶものである（証拠略）。

疎明方法

（略）

添付書類

1．甲第1号証ないし甲第25号証　　　　　各1通
2．資格証明書　　　　　　　　　　　　　2通
3．委任状　　　　　　　　　　　　　　　1通

以上

申立ての趣旨

　債務者は，自らまたは第三者をして債権者の委託した施工業者が別紙工事目録記載の電柱の撤去工事をすることを妨害してはならない。

当事者目録

○○市○○区
債権者　A
上記代表者代表取締役　○　○　○　○
上記代理人支配人　○　○　○　○

○○市○○区
○○法律事務所（送達場所）
上記債権者代理人弁護士

○○市○○区
○○市○○区
債務者　B
上記代表者代表役員　F

物件目録

(省略)
登記目録
○○法務局：○○支局
(省略)
工事目録
1．線路名及び電柱番号　○○幹26左20
2．電柱の種別　　　　　共架用コンクリートポール（表1）
3．電柱の所在地　　　　(省略)
4．地番及び地目　　　　(省略)
5．工事の種類及び内容　(省略)
疎明方法

(表1) (省略)

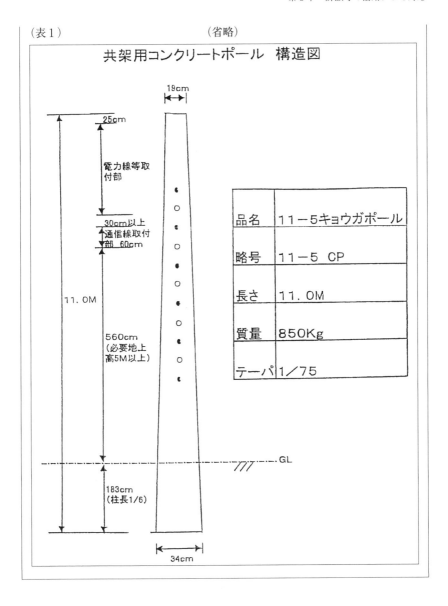

第３章　訴訟等の活用による対応

〔参考資料14〕　決定文①（工事妨害禁止仮処分申立て）

平成○○年(ヨ)第○○号　工事妨害禁止仮処分申立事件

決　定

当事者の表示　別紙当事者目録のとおり

主　文

1　債務者は，自ら又は第三者をして，債権者が委託した施工業者が別紙工事目録記載の電柱の撤去工事することを妨害してはならない。
2　手続費用は債務者の負担とする。

理由の要旨

1　申立て
　　主文１項と同旨
2　被保全権利
　　疎明によれば，債権者は○○業務及びこれに付帯する業務を営んでいる会社であり，別紙工事目録記載の電柱（本件電柱）を所有していること，本件電柱は，現に，債権者の○○業務の他，○○株式会社の○○等の架設にも用いられていること，債権者は，かつては本件電柱の敷地使用権を有していたが，債務者が，本件電柱の敷地の所有権を，他の土地とともに競売による売却を原因として取得したため，これを債務者に対抗できなくなり，結果的に本件電柱の敷地使用権を有しない状態にあること，債務者は本件電柱の敷地の使用を認めず，その撤去を要求していること，の各事実が認められる。
　　これによれば，債権者は，債務者に対して，本件電柱撤去の義務を負っているが，同時に，その業務の性質上，上記撤去工事を電気通信の維持や電力供給の維持等を図りながら行わなければならない立場にあるから，信義則に基づき，その工事のために，債務者に対し，必要な範囲で債務者の土地を使用することを要求する権利があり，債務者はこれを受忍する義務があるというべきである。
　　そうすると，債権者主張の被保全権利を認めることができる。
3　保全の必要性
　　疎明及び審尋の全趣旨によれば，債権者と債務者は，平成○○年○○月ご

ろから，債権者から電柱の管理業務の委託を受けた株式会社Bの担当者を通じて本件電柱の敷地の使用又は本件電柱の撤去について交渉をしていたこと，その交渉の過程で，B社の担当者からの本件電柱の敷地使用の申出に対しては，厳しくこれを拒絶し，他方，同担当者が○○月○○日に撤去工事の打ち合わせをしようとした際には，敷地への立入りを一切拒絶し，接面道路の使用も許さないという態度を示したり，さらには，○○月○○日には自ら重機を持ち込んで本件電柱の根際の地面を掘削しようとしたりしたこと，その後は，町会議員を仲介に入れて，原状回復工事をしないままでの原状回復工事をした前提での補償を要求する，弁護士の介入の排除を要求するなどしたこと，債務者は債権者に対応のまずさについて謝罪を要求し，要求に応じないと本件電柱の撤去工事を認めないとの姿勢を示していることの各事実を一応認めることができる。

　以上の疎明事実によれば，債権者は，本件電柱の所有権及び前記の債権者の地域電気通信業務等の業務遂行権に基づき，本件電柱が担っている電気通信などの機能に対する危険を防止するため，その機能の代替工事を含む本件電柱の撤去工事を早急に実施する緊急の必要性を要していると一応認められ，かつ，その工事を円滑に実施するためには，債務者及びその意を受けた第三者からの妨害を排除又はこれを予防して，その妨害によって債権者に生じるおそれのある急迫の危険及び著しい損害を避ける必要性もあると一応認めることができる。

4　結論

　以上によれば，債権者の本件申請は理由があるからこれを認容する。

　なお，債務者が受忍すべき債権者の工事には，債権者から委託を受け，あるいは債権者の下請として実際の工事を担当する業者の行う工事が含まれるのは勿論であるし，債権者及びこれらの者の従業員の必要な範囲での債務者所有の土地への立ち入り，道路の使用，架線・ケーブル等の張り替えに伴う通信等の切断を含むものである。

　　平成○○年○○月○○日
　　　○○地方裁判所○○支部
　　　　　裁判官　○　○　○　○

〔参考資料15〕 決定文②(工事妨害禁止仮処分異議申立て)

平成○○年㈲第○○号　工事妨害禁止仮処分異議申立事件

決　定

○○市○○区
　　債権者　　　　　　　　　A
　　同代表者代表取締役　　○　○　○　○
　　同代理人支配人　　　　○　○　○　○
　　同代理人弁護士　　　　○　○　○　○
○○市○○区
　　債務者　　　　　　　　　B
　　同代表者代表役員　　　　F

主　文

1　債権者と債務者間の○○地方裁判所○○支部平成○○年㈲第○○号工事妨害禁止仮処分申請事件について，同裁判所が平成○○年○○月○○日にした仮処分決定を認可する。
2　訴訟費用は債務者の負担とする。

理　由

第1　事案の概要及び争点
　1　事案の概要
　　債権者は，主文1項記載の仮処分決定(以下「原決定」という。)別紙工事目録記載の電柱(以下「本件電柱」という。)の敷地使用権を取得して使用していたが，債務者が当該敷地を含む土地を競売によって取得したため，これを対抗できなくなり，債務者からの本件電柱の撤去を求められた。
　　債権者は，原決定別紙工事目録記載の工事(以下「本件工事」という。)を施工する緊急の必要性があるが債務者らによりこれを妨害されるおそれがあるとして，本件電柱の所有権等に基づき，本件工事の妨害禁止の仮処分を求めた。本件は，これを許容した原決定に対し，債務者が保全異議の申立てをした事案である。

2　争点

本件の争点は，被保全権利の存在が認められるかどうか，また，保全の必要性が認められるかどうかである。

第2　当裁判所の判断

1　当裁判所の認定判断は，2のとおり付加するほか，原決定の理由の要旨と同一であるからこれを引用する。

2(1)　被保全権利について

債務者は，保全異議段階において，被保全権利の不存在を主張するものの，その理由を具体的に主張しておらず，かえって，債務者は必要な範囲で債務者の土地を債権者が使用することを認めている旨述べており，被保全権利の存在を認定した原決定の判断を覆すに足りる事情は何ら認められない。

(2)　保全の必要性について

債務者は，必要な範囲で債務者の土地を債権者が使用することを認めており，本件電柱を撤去する方法として，債権者が主張する方法で撤去すると現場を支えている岩が崩れるなどして大変な被害が出るので，撤去を認めていないものにすぎないから，保全の必要性がない等と主張する。

しかしながら，債権者主張の工法は，本件電柱の回りにできるだけ影響が及ばないようにするため，人力で本件電柱の回りを掘削するなどの配慮をし，撤去後は土砂で埋戻しをして原状回復するというのであって（甲26，審尋の全趣旨），その工法が合理的でないと認めるに足りる資料は見当たらない。なお，債務者は，債権者主張の工法よりも回りに影響の少ない工法が実際的に可能であるか等について，具体的な主張をしていない。

また，債務者は，本件電柱の撤去の際，周囲の樹木の枝，根などが傷つけられるなどともいうが，本件電柱の周囲の状況に照らし，その撤去に当たっては，樹木の枝や根のある程度の切除は不可避であると認められ（甲24の1，2，乙1，2，5ないし10），そのようなおそれがあることを理由に，本件工事が不適当，不合理であると認め難い。

そして，債務者は必要な範囲で債務者の土地を債権者が使用することを認めているなどというが，上記のように，債務者がいうのは，樹木を損傷しないなどという，実際には施工が不可能な条件が満たされなければ，施工に同意しないという趣旨のもので，実質的にはおよそ債権者が

実施する工事を拒否するものにほかならないことは明らかであり，債務者の上記主張は理由がない。
　　そして，原決定の理由の要旨第3項認定の各事実によれば，債権者が本件工事を実施する緊急の必要性が認められ，また，原決定に基づいて債権者が本件工事に着手した際にも，現に債務者らによってこれを妨害する行為がなされたことを併せ考慮すれば，債務者らによる妨害のおそれが大きいことも明らかであるから，保全の必要性はこれを認めることができる。
　(3)　結論
　　以上によれば，被保全権利及び保全の必要性はいずれもこれを認める事ができ，原決定は相当であるから，これを認可することとし，主文のとおり決定する。
平成〇〇年〇〇月〇〇日
　　〇〇地方裁判所〇〇支部
　　裁判官　〇　〇　〇　〇

【書式例29】　訴状（工事妨害行為差止請求）

訴　状

平成〇〇年〇〇月〇〇日

〇〇地方裁判所〇〇支部　御中

原告訴訟代理人弁護士　〇　〇　〇　〇

当事者の表示
　別紙当事者目録記載のとおり
工事妨害行為差止請求事件

請求の趣旨

　別紙請求の趣旨記載のとおり

請求の原因

1　当事者

(1) 原告は，○○等に関する法律・改正平成○○年法○○号により設立された会社であって，○○事業を経営することを目的とし，○○地域において行う○○業務及びこれに附帯する業務を営む会社であり，電柱（○○幹26左20，以下「本件電柱」という。）の所有者である（証拠略）。
(2) 訴外株式会社Cは，①電気通信設備に関わる設備提案，設計，工事，コンサルティング及び設備・品質管理　②電気通信設備に関わる各種機器・機材の開発，販売，工事及び保守並びに各種ネットワークサービスの申込み受付，販売　③コンピューターのネットワークシステム及びソフトウェアの企画，設計，研究，開発，販売，工事，保守及びコンサルティング　④電気通信事業法に基づく第二種電気通信事業等を目的とする会社であって，訴外株式会社D（本社・○○市）が，原告から，「サービス運営等総合業務基本契約」，「サービス運営等総合業務契約」，並びに，同社のサービス運営等総合業務共通仕様書，サービス運営等総合業務仕様書に基づき業務委託を受けたサービス運営等総合業務につき，○○管内における通信サービス運営に関する業務（保全維持業務，設備管理業務を含む。）の委託を受けて，原告が土地使用契約に基づき設置した電柱等通信設備を占有管理し，本件電柱敷地を占有している（証拠略）。
(3) 被告は，平成○○年○○月○○日，別紙登記目録記載のとおり，別紙物件目録記載の土地，建物を競売による売却を原因として取得し，訴外E会社から所有権移転を受けた者であって，現に同物件目録3記載の建物をYの名称で使用し，同目録記載の各土地を占有している（証拠略）。
2　土地使用契約と通信設備等使用の状況
(1) 平成○○年○○月○○日，原告は訴外E会社と，同訴外人の所在地内の土地に同地を使用して電気通信線路等を設置することを内容とする使用契約（以下，「本件契約」という。）を締結し，これに基づき電柱（○○幹26左19，同26左20）を建て，そのころ本件電柱敷地の占有を開始した（証拠略）。
(2) 本件契約に基づく土地の使用期間は，平成○○年○○月○○日から同○○年○○月○日まで15年間（満了後は，申し出しない限り自動継続）とし，電柱等敷地の使用料を訴外人の指定した支払方法により支払い，同○○年○○月○○日に同○○年○○月○○日迄分（3カ年分）の使用料を同訴外人に支払済みである（証拠略）。
3　妨害行為（妨害の言動と妨害のおそれ）
(1) 平成○○年○○月○○日，C社は，訴外E電力株式会社○○営業所の

担当者より電話で「お客様の甲氏から無断で敷地内に電柱が建っているとの申告があり，調査した結果，原告所有の電柱であることが判明した。このお客様は以前から○○株式会社とトラブルのあるお客様であるので一緒に現地に行ってもらいたい」との要請を受け，同社の所外設備担当社員を現地に派遣し対応することにした。

(2) 翌○○日，C社の担当社員および○○株式会社○○営業所の担当者は，現地で被告代表役員の甲と会ったところ，一方的に○○株式会社の対応のまずさを捲し立て，出向いた担当社員らの話を聞こうとせず，C社の担当社員に向かって「お前は○○のものか，とにかく電柱をすぐに退かせ」と一方的に激しい口調で言われ，本件電柱の上記契約状況を説明しようとしたところ「そんな事はどうでもいい」と言われ，恐ろしくて何も言うことができなくなり，立ち帰ってきた。

その後，○○月○○日，C社の担当社員ら4人が被告方に出向き，これまでのお詫びと過去（被告が土地所有権を取得した後）の本件契約に基づく土地の使用料の遡及払いの申し出をしようとしたが，Fは，大声で「ワシはあの電柱は許可していない。すぐに外に出せ」と怒鳴り，担当社員が「工事ができるか検討させてくだいさい」と懇請したところ，甲は「お前らのとこで勝手に立てた電柱だ。すぐに外に出せ，周りの石垣は絶対に壊すな」「○○月中に工事は終われ」などと一方的に言われ，担当社員らはその場から立ち帰ってきた。

(3) ○○月○○日，C社は，同社が本件電柱の撤去工事を行うことをFに話したが，「敷地内には絶対に入らせない。空からヘリコプターでも持って来てやってくれ。店は365日営業しているから，道をふさぐことは許さない。営業妨害するのか」などと大声を出し，更には，「できないと思っているかもしれないがやると言ったら必ず俺はやる。自分で工事し，きっちり○○○○に費用は請求する」などと言い，担当社員が「F側での電柱撤去工事は了承できない」旨話すと立腹し，「お前がそういう態度ならこちらも強引に明日から工事する」と目の前で電話をかけ「明日から工事してくれ，責任は俺が取る。そちらには迷惑はかけないから」と話していたので，同担当社員は，万が一を想定し，電気通信設備の故障や他の電柱が倒壊し，近隣の住宅の倒壊及び人身事故発生のおそれのあることを考慮し，○○株式会社と連携して被告の敷地の外で本件電柱の倒壊等防止のための補強策を行ったが，翌○○日，Fは自ら重機を運転し，本件電柱根際の掘削を開始したので，工作物損壊のおそれがあるため警察に通報し，現場で

の掘削行為の制止を求めた（証拠略）。
(4) この後も，被告は，無理難題の不相当な要求行為をなす一方で，原告所有の本件電柱の敷地使用は不法占有であると理由付けして「すぐに外に出せ」「枝一本折ったら許さん」などと言い，強行に本件電柱の撤去を要求し続けた（証拠略）。
(5) 原告は，○○約款に従い，○○事業者として公共的○○事業のため，その利用者に公平に○○役務の提供をする義務があり，正当な理由（例えば，申込者が土地の不法占有者や違法建物の居住者であるような場合は役務提供の拒否は正当な理由となり得るだろう）がない限り，○○役務の提供を拒否することはできない。

　加入契約者たる被告は，○○及び端末設備を設置するために必要な場所を原告に提供する義務があり，正当な理由がない限り使用承諾を拒否できないものと解され，被告は，土地所有権の移転を受け，本件契約上の地位を継承した者として，電気通信設備を善良な管理者の注意をもって保管する義務があると解される。（証拠略）
(6) しかるに被告は，上記のとおり，使用承諾を拒否し，本件電柱の撤去を強行に要求する傍ら，原告の別紙工事目録記載の本件電柱の撤去及び共同架設物，引込線等の位置替等の工事を妨害する言動を強くとり続けた。

4　被保全権利

　よって，原告は，原状回復のため本件電柱の所有権に基づき，電柱敷地使用権の消滅により生じた所有電柱等工作物をその設置場所に立入り収去する権利を有する。

5　仮処分決定
(1) 原告は，訴外E会社との本件契約により，同会社の当該土地の利用を著しく妨げない限度で本件電柱を建柱し，○○を架設していたのであり，現に被告代表者及び関係者は引込線を利用している。
(2) 原告が本件仮処命令の申し立てをもって工事妨害の禁止を求める電柱撤去工事は，別紙工事目録記載のとおり，本件電柱（○○幹26左20）の撤去及び共同架設物，引込線等の位置替等の工事であって，作業内容は，通信線の吊線新設，引込線新設，切替え，被告方への移架及び切替え，架空ケーブル撤去，電柱撤去用足場組立て，電柱上部切断，電柱根元粉砕，抜去，埋め戻し，植栽等原状復旧に至るまで多様であり，工事に着手後完了するまでにおよそ6日間の作業日程を要し，この間に共架した電力線については，共同支線取付，引込線切替え，低圧線アーム撤去及び支線上部撤

去（伐採作業）を実施し，○○については引込線張替作業を行うことになる。撤去工事や切替工事は高所作業をともなうため，被告所有地外の民家の敷地内路上にバケット車，大型クレーン車を停車させ，これらを操縦して行うことになり，廃材等搬出のため近隣道路を運搬用トラックが出入りすることになる（証拠略）。

　更に，引込線切替作業は，被告所有建物に新通信線を接続し，旧通信線を切断した上，上記被告加入電話等5回線の発信及び着信の確認試験を終えて完了するもので，1回線につき断線（不通話の時間）が最大10分間程度見込まれるものであり，同様にケーブルTVの引込線張替作業についても1件当たり10分間程度の断線が見込まれるものである。

(3) Fは，これまでに「敷地内には絶対に入らせない。空からヘリコプターでも持って来てやってくれ」「道をふさぐことは許さん」「枝一本落とすな」など激しい口調で言い放っており，上記妨害行為のとおり，平成○○年○○月○○日には甲が「自分で工事して電柱を倒す」などと言い，翌○日には，同人自ら重機を運転し，本件電柱（○○幹26左20）根際の掘削行為に及ぶなど実力をもって妨害の挙に出たことなどから，本件電柱撤去工事にかかれば，被告またはその指図に従う者の人力による抵抗，妨害行為を受けるおそれがあり，実行によって原告の本件電柱撤去工事並びに委託業者の作業，工事の障害となるだけでなく，原告の通信設備の故障や倒壊の危険を伴うおそれがあり，引いては，現場作業員の生命・身体に対する危難を招き，あるいは通行人に対する被害を引き起こすおそれがある。

(4) 本件電柱撤去工事は，原告が工作物収去権の行使としてその工事を行うのであり，作業員が本件電柱敷地に立ち入って撤去工事を行う限度において受忍義務があり，かつ，受忍することにより格別財産上の損害，費用の負担を伴うものでもないのに，自ら妨害の言動をあらわにし，工事の着手を妨げる妨害行為を続けた（証拠略）。

(5) そこで，原告は，撤去工事妨害差止めの（不作為の給付）判決を求める訴えの提起を準備し，平成○○年○○月○○日，貴庁に工事妨害禁止の仮処分命令の申し立てをなし，同年○○月○○日，本件仮処分決定を受けたので，同月○○日撤去工事を開始したところ，甲は「異議申し立てをしようとする際中に無断で工事をするとは何ごとか」「おれは許さないからな。とことんやる」「おれは家宅侵入でこいつらを訴えてやる」「営業妨害で訴えてやる」等激高して暴言を吐き散らし，作業員に詰め寄るなどして作業の手を止めさせ，工事を妨害したので以後の工事の継続は困難と考え，異

議申立事件の審理が終わり，決定の発令があるまでやむなく本件電柱撤去工事を中止することにした。
(6) 同年〇〇月〇〇日，被告は，本件仮処分決定に対し，貴庁に異議申立てをなしたところ，同異議申立事件について審尋が行われ，同年〇〇月〇〇日，本件仮処分決定の認可決定が発令された（証拠略）。

6 結論
　よって，原告には被保全権利及び原告が本件電柱撤去工事を行う緊急の必要性があるので，被告に対し，請求の趣旨記載の判決を求めるため提訴に及ぶ次第である。

証拠方法

（略）

附属書類

1．甲第1号証ないし甲第32号証　　　　各1通
2．資格証明書　　　　　　　　　　　　2通
3．委任状　　　　　　　　　　　　　　1通

以上

〔参考資料16〕　判決文（工事妨害行為差止請求）

平成〇〇年〇〇月〇〇日判決言渡　同日原本領収　裁判所書記官
平成〇〇年(ワ)第〇〇号　工事妨害行為差止請求事件
口頭弁論終結日　平成〇〇年〇〇月〇〇日

判　決

〇〇市〇〇区
　　原　　告　　　　　　A
　　上記代表者代表取締役　〇　〇　〇　〇
　　上記訴訟代理人支配人　〇　〇　〇　〇
　　上記訴訟代理人弁護士　〇　〇　〇　〇
〇〇市〇〇区
（送達場所）〇〇市〇〇区
　　被　　告　　　　　　B

第3章　訴訟等の活用による対応

　　　上記代表者代表役員　　　F

主　文

1　被告は，原告に対し，自ら又は第三者をして原告の委託した施工業者が別紙工事目録記載の電柱の撤去工事をすることを妨害してはならない。
2　訴訟費用は被告の負担とする。

事実及び理由

第1　請求趣旨
　　主文と同旨
第2　事案の概要等
　1　事案の概要
　　　本件は，○○業務及びこれに附帯する業務を営む原告が，被告の要求に応じて被告の敷地内から原告所有の電柱等の撤去をしようとしたところ，被告がこれを妨害したとして，工事妨害禁止の仮処分決定を得たうえで，電柱等の撤去工事を行ったものであるところ，上記仮処分に関しての起訴命令が発せられたため，同起訴命令に基づいて提起された本案訴訟である。
　2　争いのない事実及び証拠によって認められる事実（証拠によって認定した事実については，末尾に証拠を掲載した。）
　(1)　原告は，○○に関する法律・改正平成○○年法○○号により設立された会社であって，○○事業を経営することを目的とし，○○地域において行う○○業務及びこれに附帯する業務を営む会社であり，別紙工事目録記載の電柱（以下，「本件電柱」という。）の所有者である（争いがない。）。
　(2)　原告は，本件電柱の敷地に関し，平成○○年○○月○○日，当時の敷地部分の所有者であった訴外E会社との間で使用契約を締結し，以後，本件電柱の敷地部分を占有し，本件電柱を原告の○○業務の他，○○株式会社の○○線等の架設にも用いてきた（甲18ないし20）。
　　　ところが，被告が本件電柱の敷地部分の所有権を他の土地とともに競売による売却を原因として取得したため，原告の上記使用契約に基づく敷地使用権を被告に対抗できなくなり，結果的に本件電柱の敷地使用権を有しない状態となった（甲6ないし14，16，17）。
　(3)　原告は，平成○○年○○月頃から，原告が電柱の管理業務を委託して

いる訴外株式会社Ｃの担当者を通じて，被告に対し，本件電柱の敷地の使用又は本件電柱の撤去についての交渉をしてきたが，被告は，本件電柱の敷地の使用を拒絶するとともに，本件電柱の撤去についても，これを強硬に要求する一方で，原告が本件電柱を撤去し，共同架設物，引込線等の位置替等の工事等をすることについては妨害する旨の言動をとり続け，被告敷地への立ち入りを一切拒絶し，接面道路の使用も許さない態度を示した（甲２，５の１ないし４，23，24の１ないし３，25）。
(4) 原告は，平成○○年○○月○○日，当裁判所に工事妨害禁止の仮処分の申立をなし，同年○○月○○日，本件請求の趣旨と同旨の仮処分決定を得た。被告は，同年○○月○○日，同仮処分決定に対する異議を申し立てたが，同年○○月○○日，同仮処分決定を認可する旨の決定がなされた（甲27ないし32）。
(5) 被告は，上記仮処分決定に基づく原告の本件電柱の撤去作業に対しても妨害行為を行ったばかりか，異議申立に基づき同仮処分決定を認可する旨の決定がなされた後も，原告の本件電柱の撤去作業に対して，作業の中止を求めて作業員に罵声を浴びせるなどの妨害行為に及んだが，原告は，平成16年５月21日，○○等及び本件電柱の撤去，植栽の復旧等を完了した（甲26，33）。
(6) なお，原告は，民事保全法37条による起訴命令に基づき，本件訴訟を提起したものである（弁論の全趣旨）。
3 争点及び当事者の主張
本件電柱等を撤去するにつき，その妨害を排除し得る権利の存否（争点）
(1) 原告の主張
原告は，○○約款に従い，○○事業者として公共的○○事業のため，その利用者に公平に○○役務の提供をする義務があり，正当な理由がない限り，○○役務の提供を拒否することができない。
加入契約者たる被告は，○○及び端末設備を利用するために必要な場所を原告に提供する義務があり，正当な理由がない限り使用承諾を拒否できないものと解され，被告は，土地所有権の移転を受け，本件契約上の地位を承継した者として，電気通信設備を善良な管理者の注意義務をもって保管する義務があると解される。
ところが，被告は，本件電柱の敷地部分の使用承諾を拒否し，本件電柱の撤去を強硬に要求する傍ら，原告の別紙工事目録記載の本件電柱の

撤去及び共同架設物，引込線等の位置替等の工事を妨害する言動を強くとり続けているものであり，そのような場合には，原告は，原状回復のため，本件電柱の所有権に基づき，電柱敷地使用権の消滅により生じた所有電柱等工作物をその設置場所に立ち入り撤去する権利を有するものである。
　(2)　被告の主張
　　　被告は，本件電柱等の撤去工事に反対をしているわけではなく，原告の誠実な対応を要求しているだけであるから，妨害を排除し得るとする原告の権利は認められず，また，保全の必要性としての緊急性も認められない。
第3　当裁判所の判断
1　本件が提起された経緯及びこれに関連する事実については，上記認定のとおりである。
2　そこで，原告には本件電柱等を撤去するにつきその妨害を排除し得る権利を有するか否かについて検討するに，本件電柱が原告の所有にかかるものであること，上記認定によれば，原告は，本件電柱の敷地の使用継続を被告から拒絶され，被告からの要請に応じて，被告に対して本件電柱等を撤去する申し入れをしたものであるところ，本件電柱等を撤去するについては，原告の依頼する業者が一時的に被告敷地内に立ち入って作業をすることは必要不可欠なことであり，そのことによって被告の敷地利用権が一時的に制約されるとしても，原告による作業の期間及び方法等が社会的に是認されるような内容である限り，被告としてはこれを是認すべき法的義務があるものと解すべきであり，被告が敷地の所有権あるいは占有権を理由にこれを拒絶することは，権利の濫用として許されないものといわなければならない。
3　被告は，被告が本件電柱等の撤去工事に反対をしているわけではなく，原告の誠実な対応を要求しているだけであるから，妨害を排除し得るとする原告の権利は認められない旨主張するが，被告は，原告が本件電柱を撤去し，共同架設物，引込線等の位置替等の工事等をすることについては妨害する旨の言動をとり続け，被告敷地への立ち入りを一切拒絶し，接面道路の使用も許さない態度を示したこと，当裁判所の工事妨害禁止の仮処分決定に基づく原告の本件電柱の撤去作業に対しても妨害行為を行ったばかりか，異議申立に基づき同仮処分決定を認可する旨の決定がなされた後も，原告の本件電柱の撤去作業に対して，作業の中止を求めて作業員に罵声を

浴びせるなどの妨害行為に及んだものであることは上記認定のとおりであるから，被告の主張は理由がない。

また，本件訴訟の提起が，民事保全法37条による起訴命令に基づき，本件訴訟を提起したものであることは上記認定のとおりであるから，原告が，平成○○年○○月○○日，○○等及び本件電柱の撤去，植栽の復旧等を完了したとしても，訴えの利益が否定されるべきものとはいえない。

4　結論

以上によれば，本訴請求は，その余の点について判断するまでもなく，理由があるから認容することとし，訴訟費用の負担につき民事訴訟法61条に従い，主文のとおり判決する。

○○地方裁判所○○支部第○民事部
　裁判官　　○　　○　　○　　○

(注1)　債務者審尋がなされたが、保証金はなく、認容決定が下された。
(注2)　申立書における申立ての趣旨は「債務者は、自ら又は第三者をして債権者が委託した施工業者が別紙物件目録記載の電柱の撤去工事をすることを妨害してはならない」とされており、添付された別紙物件目録には、電柱番号、電柱種別、所在地、地番地目、工事の種類および内容などが記載されている。
(注3)　債務者が仮処分決定に対する異議を申し立て、さらに、起訴命令を申し立て、それに基づき本案訴訟の提起がされたという点で、着目すべき事案である。

第3章　訴訟等の活用による対応

〈事例5〉　学校法人に対する街宣行為に対し、差止請求訴訟を
　　　　　起こし認容された事例

❖事案の概要❖

　AおよびBは、主に大学受験のための予備校の運営を業とする学校法人である。Cは、A、Bの運営する予備校の周りで、街宣車を使用して、数日にわたり10回以上街宣行為を実施し、原告らを誹謗中傷する発言を繰り返した。
　これに対し、A、Bらは街宣禁止の仮処分を申し立て、これを認める決定を得た。さらに、被害回復のため本案訴訟を提起して街宣の差止めと損害賠償（原告ら合計300万円）を求めた事案である、結果として、差止めは認容され、損害賠償請求も一部認容された（原告ら合計80万円）。
　掲載した資料は、被害回復が図られた本案訴訟の判決文である。

〔参考資料17〕　判決文（街宣差止め等請求）

```
平成○○年○○月○○日判決言渡　同日原本領収　裁判所書記官　○○○○
平成○○年(ﾜ)第○○号　街宣差止等請求事件
口頭弁論終結日　平成○○年○○月○○日

                       判　　決

○○県○○市○○
    原　　　　　告　学校法人A
    同代表者理事長　○　○　○　○

○○県○○市○○
    原　　　　　告　学校法人B
    同代表者理事長　○　○　○　○
    原告ら訴訟代理人弁護士　○　○　○
        同　　　　　　　　○　○　○　○
```

　　　　　　　　同　　　　　○　○　○　○
○○県○○市○○
　　　被　　　　告　　　　Ｃ

　　　　　　　　　　主　文

1　被告は，別紙場所目録記載の各場所において，街宣車で徘徊し，大声を張り上げ，演説し，音楽を放送するなどして，原告らの業務を妨害する一切の行為を自ら行い又は第三者をしてさせてはならない。
2　被告は，原告学校法人Ａに対し，50万円及びこれに対する平成○○年○○月○○日から支払済みまで年5分の割合による金員を支払え。
3　被告は，原告学校法人Ｂに対し，30万円及びこれに対する平成○○年○○月○○日から支払済みまで年5分の割合による金員を支払え。
4　原告らのその余の請求をいずれも棄却する。
5　訴訟費用は，これを3分し，その2を被告の負担とし，その余は原告らの負担とする。
6　この判決は，第1項から3項までに限り，仮に執行することができる。

　　　　　　　　　　事　実

第1　当事者の求めた裁判
　1　請求の趣旨
　　(1)　主文第1項と同旨
　　(2)　被告は，原告学校法人Ａに対し，200万円及びこれに対する平成○○年○○月○○日から支払済みまで年5分の割合による金員を支払え。
　　(3)　被告は，原告学校法人Ｂに対し，100万円及びこれに対する平成○○年○○月○○日から支払済みまで年5分の割合による金員を支払え。
　　(4)　訴訟費用は被告の負担とする。
　　(5)　仮執行宣言
　2　請求の趣旨に対する答弁
　　(1)　原告らの請求をいずれも棄却する。
　　(2)　訴訟費用は原告らの負担とする。
第2　当事者の主張
　1　請求原因
　　(1)　原告学校法人Ａ（以下「原告Ａ」という。）関係
　　　ア　原告Ａは，○○県○○市○○区○○所在の○○予備学校○○校

(以下「○○校」という。）を運営する学校法人である。
　　イ　被告は，別表1記載のとおり，平成○○年○○月○○日から同月○○日まで及び同月○○日，1台から3台の街宣車両を使用し，○○校の周囲を最徐行しながら，同月○○日に6回，同月○○日に3回，同月○○日に6回，同月○○日に3回，各5分程度，拡声器から大音量で音楽を流したり，原告Aを誹謗中傷する発言をしたりして，原告Aの関係者の名誉，信用を毀損する行為を繰り返した。
　　ウ　原告らは，平成○○年○○月○○日，イの街宣行為の禁止を求める仮処分を申し立て（○○地方裁判所平成○○年(ヨ)第○○号仮処分命令申立事件），同月○○日に同申立てを認める仮処分決定（以下「本件仮処分決定」という。）がされた。被告は，本件仮処分決定を受けたことから，街宣行為を停止したが，本件仮処分決定がなければ依然として街宣行為を続ける意思を有していた。
　　エ　原告Aは，○○月から○○月に大学入試を控える受験生らに対し，○○校で最後の大まとめの受験指導をし，最高の受験環境を提供する使命を負っていた。しかし，受験生が勉強している○○校の周囲で行われた街宣行為により，受験生は勉強に集中できず，行動右翼が原告Aを攻撃しているという恐怖心を植え付けられ，受験環境が破壊された。原告Aが整った受験環境を提供できないと，原告Aは父兄の信頼を失うおそれがあるから，大学受験指導を行う予備校にとっては致命的で重大な問題である。
　　　　また，大音量の街宣行為により原告Aにおける職員の電話や口頭でのやりとりが阻害され，行動右翼の攻撃対象になっていることによる恐怖心により職員が平穏に業務を行うことができなくなり，職員の業務の遂行に支障が生じた。
　　オ　したがって，原告Aは，イの街宣行為により業務を著しく妨害され，名誉，信用を毀損され，多大な労力を費やして心労を受けたのであり，これによって被った有形，無形の損害は，200万円を下ることはない。
　(2)　原告学校法人B（以下「原告B」という。）関係
　　ア　原告Bは，○○県○○市○○所在の○○を運営する学校法人である。
　　イ　被告は，別表1記載のとおり，平成○○年○○月○○日から同月○○日まで，1台から3台の街宣車両を使用し，○○の正門下の公道に

車両を停止させ又は○○の周囲を最徐行しながら，同月○○日に5回，同月○○日に3回，同月○○日に5回，各6分程度，拡声器から大音量で音楽を流したり，原告Bを誹謗中傷する発言をしたりして，原告の関係者の名誉，信用を毀損する行為を繰り返した。

ウ　(1)ウと同じ。

エ　原告Bは，学生に対し高等教育を施して人材を養成し，大学教授や研究者に対し学問，研究に集中できる環境を提供する使命を負っている。しかし，街宣行為により，学生，研究者等が学問，研究に集中できず，行動右翼が原告Bを攻撃しているという恐怖心を植え付けられた。原告Bは，学問，研究を行う環境を提供できないと，学生や研究者等の信頼を失うおそれがあるから，原告Bにとっては存亡の危機に瀕しかねない問題である。

　また，大音量の街宣行為により原告Bにおける職員の電話や口頭でのやりとりが阻害されるとともに，近隣から多数の苦情電話を受けてその対応を強いられ，行動右翼の攻撃対象になっていることによる恐怖心により職員が平穏に業務を行うことができなくなり，職員の業務の遂行に支障が生じた。

オ　したがって，原告Bは，イの街宣行為によって業務を著しく妨害され，名誉，信用を毀損され，多大な労力を費やして心労を受けたのであり，これによって被った有形，無形の損害は，100万円を下ることはない。

(3) よって，原告らは，被告に対し，受忍限度を超えた業務妨害を理由とする妨害排除及び妨害予防請求権に基づき，主文第1項のとおり街宣行為の差止めを求め，また，不法行為による損害賠償請求権に基づき，原告Aにつき200万円，原告Bにつき100万円及びこれらに対する街宣行為が停止された日から支払済みまで民法所定の年5分の割合による遅延損害金を支払うことを求める。

2　請求原因に対する認否
(1) 請求原因(1)ア及びウは認め，エ及びオは否認する。イについては別表2の範囲で認め，その余は否認する。
(2) 請求原因(2)ア及びウは認め，エ及びオは否認する。イについては別表2の範囲で認め，その余は否認する。
(3) 被告は，原告○○の理事長あてに，家族の在り方について問うべく公開質問状を提出したが，原告○○から期待に反する対応を受けたことか

ら，同糾状において糾弾活動を行うと宣言したところに従い，街宣行為を行ったものであり，業務妨害の意図はない。

理　由

1　街宣行為の差止請求について
 (1)　請求原因(1)ア及びウ，(2)ア及びウの事実は，当事者間に争いがない。
 (2)　請求原因(1)イ及び(2)イは，別表2の範囲の事実については，当事者間に争いがない。
 (3)　前記争いのない事実及び弁論の全趣旨によれば，政治団体○○の代表者塾長である被告は，最大3台の街宣車両及び拡声器を用いて，原告Aに対し4日間にわたり計18回，原告Bに対し3日間にわたり計13回，○○校又は○○の周囲を最徐行して回ったり正門前で停止したりしながら，別表2の街宣内容記載の発言を行っていたことが認められ，これらの行為は，原告らの平穏に業務を遂行する利益及び信用を著しく害し，事後的な損害賠償では回復困難な重大な損害を発生させるものといえる。
　　　そして，被告は，本件仮処分決定の送達を受けたことによって街宣行為を停止したものの，本件仮処分決定がされなければ依然として街宣行為を続ける意思を有していた（当事者間に争いがない。）のであるから，本件仮処分決定がされなければ街宣行為が今後も繰り返し行われる蓋然性が高いため，差止めの必要性があるといえる。
　　　したがって，街宣行為の差止めを求める原告らの請求は理由がある。
2　損害賠償請求について
　　1認定の事実によれば，被告による街宣行為は，原告らの平穏に業務を遂行する利益及び信用を違法に侵害したものということができ，その頻度，時間，態様等を勘案すると，原告Aにつき50万円の，原告Bにつき30万円の無形の損害がそれぞれ生じたと認めるのが相当である。
3　以上のとおり，原告らの差止請求は，理由があるからこれを認容し，原告らの損害賠償請求は，原告Aにつき，50万円及びこれに対する不法行為の後である平成○○年○○月○○日から支払済みまで年5分の割合による遅延損害金の支払を求める限度で，原告Bにつき，30万円及びこれに対する不法行為の後である平成○○年○○月○○日から支払済みまで年5分の割合による遅延損害金の支払を求める限度で理由があるから，それぞれその限度で認容し，原告らのその余の請求はいずれも理由がないからこ

れを棄却することとし，主文のとおり判決する。

○○地方裁判所民事第○○部
　　裁判長裁判官　○　○　○　○
　　　　裁判官　○　○　○　○
　　　　裁判官　○　○　○　○

場所目録

1　○○予備校○○校（○○県○○市○○区○○）の建物正面入り口から半径300メートル以内の場所（別紙図面1の赤い円の範囲内）

2　○○（○○県○○市）の正門から半径500メートル以内の場所（別紙図面2の赤い円の範囲内）

（注1）　裁判所は、「被告は、本件仮処分決定の送達を受けたことによって街宣行為を停止したものの、本件仮処分決定がされなければ依然として街宣行為を続ける意思を有していたのであるから、本件仮処分決定がされなければ街宣行為が今後も繰り返し行われる蓋然性が高いため、差止めの必要性はあるといえる」として、差止めの必要性を肯定した。

（注2）　被害回復を図るため、そして、街宣行為者から利益を剥奪するために可能であれば、積極的に損害賠償請求の本案訴訟を提起していくべきである。

第4章　その他の方法による対応

〈事例1〉　会社の支配権争いに関する訴訟中になされた暴行事件に対して告訴した事例

❖事案の概要❖

　人材派遣業等を営むＡ社では、代表取締役であるＢとその妻であり株主でもあるＣとの間で経営支配権をめぐって争いが生じていた。Ｃは、Ａ社を被告として、株主総会決議不存在確認訴訟を提起した。

　Ｃの実質的代理人として行動するＤおよびＥは、Ａ社に乗り込みＢとの面談を強要するだけでなく、Ｅは前記訴訟におけるＡ社の訴訟代理人弁護士Ｆ及びＧに対して手拳で殴打する等の暴行事件を法廷棟で起こした。その後もＤらは、Ｂが取締役を務めるＨ社、Ｉ社およびＪ社を訪れたり、電話をかけたりしてＢとの面談を強要し、Ｂと面会した際には、前記訴訟の断念や金銭の支払いを要求していた。それ以外にもＤらは、Ｈ社等の役員の自宅を訪れ面談を強要している。

　そこで、Ｂ、Ｈ社、Ｉ社およびＪ社が、ＤおよびＥに対して、①迷惑電話架電・面談強要禁止、②会社への立入禁止の2点につき仮処分の申立てをするとともに、ＦおよびＧが、Ｅの前記暴行事件につき刑事告訴した（Ｅは暴行罪で逮捕され、懲役1年、執行猶予3年の判決が下された）。

【書式例30】　告訴状

告訴状

平成〇〇年〇〇月〇〇日
〇〇県警察〇〇警察署　御中
〇〇市〇〇区〇〇△丁目△番△号
〇〇2階
告訴人　A
〇〇市〇〇区〇〇△丁目△番△号
〇〇8階
告訴人　B
〒〇〇〇-〇〇〇〇　〇〇市〇〇区〇〇△丁目△番△号
〇〇ビル〇階
告訴人ら代理人　弁護士　〇〇〇〇
同　弁護士　〇〇〇〇
電　話　〇〇〇―〇〇〇―〇〇〇
ＦＡＸ　〇〇〇―〇〇〇―〇〇〇
〇〇市〇〇区〇〇町△番地
被告訴人　〇　〇　〇　〇

告訴の趣旨

　下記告訴事実記載にかかる被告訴人の行為は，暴行罪（刑法第208条）に該当するので，捜査の上，厳重に処罰（訴追）されたく，告訴いたします。

告訴事実

　被告訴人は，平成〇〇年〇〇月〇〇日午後〇〇時〇〇分ころ，〇〇地方裁判所（〇〇市〇〇△―△―△）法廷棟4階法廷前廊下において，告訴人F（以下「F」という）の右腕をつかんで振り回し，廊下の壁に向かってFを投げつけ，次に，告訴人G（以下「G」という）に対し，シャツの襟を右腕でつかみあげ，Gの左胸上部を手拳で数回殴打する等の暴行を加えたものである。

第4章　その他の方法による対応

告訴に至る経緯

1　告訴人両名は弁護士である。
　　平成〇〇年〇〇月〇〇日，原告Cが，株式会社Aを被告として株主総会決議不存在確認請求の訴訟（平成〇〇年(ワ)〇〇号）を提起した。告訴人両名は，株式会社Aの訴訟代理人となり，上記訴訟の業務を行っていた。

2　被告訴人は，暴力団の元大物幹部であるDと行動を共にしている者である。
　　被告訴人及びDは，Cに対し強い影響力を持ち，実質的にCの代理人として行動している。

3　被告訴人及びDは，上記訴訟前から当時の株式会社A代表取締役Bに面談を求め，A本社に乗り込み，業務の邪魔であると言われ続けても退出せず，A本社で一度，〇〇法律事務所で一度警察の介入を受けた。

4　平成〇〇年〇〇月〇〇日，上記訴訟の期日直後，〇〇地方裁判所法廷棟4階の廊下において，Dが準備書面の内容等に不満があるとしてFを呼び止めた。Fは〇〇で裁判があり急いでいたので，その旨を告げ，エレベーターで降りようとしたところ，被告訴人が「逃げるな」と怒鳴りながら，エレベーターに乗ろうとしていたFの右腕をつかんで振り回し，エレベーター反対側の壁に向かってFを投げつけた。Fは持っていた鞄を落とし，上半身を壁に打ち付けた。
　　それを見たGが強い口調で暴力は止めろと告げると，被告訴人は「なんだー」と言いながら，Gの首筋のシャツの襟を右腕でつかみ上げた。Gは暴力を止めるように言い続けたが，更に被告訴人は，Gの左胸上部を手拳で殴打した。この後，被告訴人は，Gに対し，襟をつかんで押し，手拳で胸部を殴打するという暴行を3回繰り返した。
　　騒ぎを聞きつけた〇〇地方裁判所の民事〇〇部〇〇係の女性書記官が暴力を止める様に口頭で制止したが，被告訴人の手拳でGの胸部を殴打するという暴行は続き，Gが警察に行くと告げると，更に被告訴人は「警察に行こうじゃないか」と言いながら，襟をつかみ手拳でGの胸部を殴打するという暴行を2回繰り返した。
　　尚，本件暴行については，上記訴訟における原告Cの訴訟代理人である〇〇弁護士が，被告訴人の暴行事件について認め，代理人としてお詫びを申し上げる旨の準備書面を裁判所に提出している。

5　以上の被告訴人の行為は，暴行罪に該当するものである。被告訴人の行為

は，訴訟の相手方やその代理人までをも暴力によって服従させようとするものであり，絶対に許されないものである。
　以上の次第で，被告訴人の厳重な処罰を求めるため，ここに告訴するものである。

添付書類

1	準備書面の写し（原告側・被告側）	各1通
2	告訴人A上申書	1通
3	告訴人B上申書	1通
4	委任状	各1通

〈事例２〉 行政対象暴力に対して警察から相談を受け、告発等により解決した事例

❖事案の概要❖

　Ａは、建物を売却しようとしたＢ（公共団体）の職員Ｃを事務所に呼びつけて、「建物売却に納得できない」「売却には隣地である自分の承諾がいる。暴力団が買ったりしたらたまったものではない」「地区住民の意見を聞け」「公募するのであれば、自分が応募する」などと要求した。Ｂは、Ａの要求を一部受け入れ、売却から貸付へ変更することにして、現状有姿を条件に貸付の相手方を公募したところ、応募したのはＡのみであった。Ａは、Ｃほか２名のＢ職員を上記建物に呼びつけて、建物の修繕・整備を要求するだけでなく、Ａに対して怒号を発し暴行に及んだ。その後、Ｂは警察に相談をしたが、Ａの報復を恐れたＣらは被害届の提出を拒否した。他方で、Ａは、貸付条件について、直接Ｂのトップと交渉を始めてしまい、Ａの不当要求が収まる気配はなかった。

　そこで、警察から相談を受けた弁護士の指導の下で、①受任通知の発送、②Ｂを告発人とする告発状の提出、③Ａに対する貸付拒否の通知書の送付、という対応を行ったところ、Ａが逮捕されて不当要求が止んだ。この点で、本事例は、内容証明郵便の送付により解決した事案であるといえるが、行政、警察および弁護士の連携・協力がうまくいった事案でもあるだろう。

【書式例31】 告発状

平成○○年○○月○○日

○○県○○警察署長　殿

告発状

B市告発代理人
弁護士　○　○　○　○

第1　告発人、被告発人
　　告発人
　　　　〒○○○-○○○○　○○市○○区○○
　　　　　告　発　人　B市
　　　　　代表者市長　○　○　○　○
　　告発人代理人
　　　　〒○○○-○○○○　○○市○○区○○町△丁目△番△号
　　　　　　○○法律事務所
　　　　電話○○○-○○○-○○○○　ファックス○○○-○○○-○○○○
　　　　　弁護士　○　○　○　○
　　被告発人
　　　　住所　〒○○○-○○○○　○○県○○市○○町
　　　　氏名　A
　　　　生年月日　昭和○○年○○月○○日生（○○歳）
　　　　職業　会社役員　（有限会社○○取締役）

第2　告発の趣旨
　　被告発人の所為は，職務強要罪（刑法第95条第2項）に該当すると思料されるので，捜査の上厳重に処罰されたい。

第3　告発事実
　　被告発人は，告発人B市が所有・管理する施設である○○所在の土地・建物を賃借したい旨同市に申請していたものであるが，同市に対し，強いて前記物件を修繕・整備等をさせた上で自己との賃貸借契約締結を承諾させようと企て，平成○○年○○月○○日午前11時ころ，前記場所先において，前記申請の応対に当たっていた同市企画財政部長C（当時○○年），同部財政課参事D（当時○○年）及び同課主任E（当時○○年）に対し，

「雨樋にごみがたまっている。コウモリが屋根裏に巣を作っていたから入口を塞いだので死骸が残っている。消毒しておけ。貸すのだったらそれぐらいのことはせにゃおえまあが。こんなことになったのは行政の怠慢だ。」「市が何人か出せ。金をかけんでも人で応援はできようがな。」「樋の掃除をするかせんかぐらいで協議せにゃいけんのか。行政はそれぐらいの返事ができんのか。」旨申し向けて要求した上，前記Ｃの腹部に自己の腹部を３回にわたり体当たりさせる暴行を加え，もって，同人らをして前記物件を修繕・整備等をさせた上で自己との賃貸借契約締結を承諾させるために暴行を加えたものである。

● 事項索引 ●

【あ行】

明渡請求　*172*
明渡断行　*175*
　──の仮処分　*170*
委託者である住民の特定の方法　*134*
威力利用資金獲得行為　*211*

【か行】

解錠の準備　*81*
街宣活動禁止の仮処分　*39*
街宣活動等禁止請求　*333*
街宣禁止仮処分における被保全権利
　44
街宣禁止の仮処分　*170,177*
街宣禁止の仮処分の禁止範囲　*52*
街宣行為差止めの仮処分　*237*
街宣行為対策チェックリスト　*70*
確認請求　*173*
架電禁止の仮処分　*39*
仮処分における執行官保管　*169*
仮の地位を定める仮処分　*42*
間接強制　*171,174,177,181*
管理組合規約　*111*
管理組合法人　*111*
企業が反社会的勢力による被害を防止す
　るための指針　*3*
強制競売　*313*
強制執行　*173*
行政対象暴力　*179,233,401*
共同不法行為責任　*209*
共同の利益に反する行為の停止等の請求
　（区分所有法57条）　*111*
共同利益背反行為　*110*
　──の停止等の請求　*111,122*
　──の停止等の手続　*110*

組長訴訟　*209,210*
区分所有者　*110,111*
形式的競売　*114*
競売の請求（区分所有法59条）　*114,*
　117,122
現況に関する調査報告書　*84*
権利行使の催告　*172*
行為要件　*6*
公示書　*82,95*
工事妨害禁止仮処分命令申立書　*402*
神戸山口組　*105,109*
告訴　*205*
告訴状　*313*
告発　*205*

【さ行】

債権者使用型　*74*
債権者審尋　*76*
債権者適格　*103*
債権者に生ずる著しい損害または急迫の
　危険　*103*
再発防止命令　*206*
債務者使用型　*74*
債務者審尋の問題点　*46*
債務者適格　*106*
債務者不特定の申立て　*97*
債務者を特定することを困難とする特別
　の事情があること　*79*
債務名義　*80*
差止請求　*172*
事実到来執行文付与　*373*
失権約款　*100*
執行官保管型　*74*
執行官保管等仮処分申立事件　*107*
執行調書　*82,83*

437

事項索引

執行不能の場合　83
執行文の付与　78
指定暴力団　2
指定暴力団員以外の者に対する請求の訴
　訟追行権限　136
自動車運転免許証等の番号　135
社会運動標ぼうゴロ　5
謝罪広告　173,174,179,374
謝罪広告掲載命令申立書　399
車両の車両登録番号からの調査　67
住民説明会　121,122
受忍限度　102
準暴力団　12
使用禁止請求　122
使用禁止の仮処分　117
承継執行文の付与　84
照合用の授権書　135
証拠保全手続　179
証拠保全申立書　374
使用者責任　180,209
使用者責任追及訴訟　401
消除主義　115
上申書（個人情報の取扱い）　159
上申書（無審尋）　155
上申書（無担保）　157
処分禁止の仮処分　39,117
所有権放棄書　85
人格権　172
　——としての平穏生活権や法人の業務
　　遂行権　102
請求権者　111
政治活動標ぼうゴロ　5
政治団体届出の調査　68
占有移転禁止の仮処分　39,73,117,
　170
専有部分の使用禁止の請求（区分所有法
　58条）　112

専有部分の引渡し　116
騒音防止条例　272
総会屋　5
送達　170
属性照会　10,15
属性把握　10
属性要件　6
組織犯罪対策要綱　6
訴訟引受けの申立て　138
疎明　66
損害賠償請求　173

【た行】

代替執行　174,178
立入禁止等仮処分命令　308
立入禁止等の仮処分　291
建物使用目的制限等請求事件　108
建物の区分所有等に関する法律44条2項
　に基づく掲示　126
担保　171
　——の取消決定　84
　——の取戻し　171
担保提供期間　80
担保取消同意書　85
中止命令　2,205,206,207,225
直接強制　174
賃借人などの占有者に対する契約の解
　除・引渡請求（区分所有法60条）
　116
賃貸住宅標準約款　99
提出用の授権書　135
適格団体訴訟　106,132
適格団体訴訟制度　3
適格都道府県センター　132
適格都道府県センター訴訟制度の拡大を
　求める意見書　139
動産仮差押え　170,177

438

事項索引

動産執行　*175*
道路使用許可からの調査　*69*
特殊知能暴力集団　*5*
特定営業　*202*
特定営業者等　*199*
特定接客業務　*202*
特定非営利活動法人の調査　*68*
特別強化地域　*200*
特別決議の要件　*120*

【な行】

内容証明郵便　*225*
ニューサンス（騒音、悪臭等）　*112*
任意的訴訟担当　*132*
任侠山口組　*109*

【は行】

発生していない債権を被保全債権とした
　　保全命令　*99*
反社会的勢力　*2*
反社データベース　*14*
引受承継　*138*
必要的共同訴訟　*116*
被保全権利　*42*
費用の求償　*136*
表明確約条項　*99*
付近住民等に周知　*133*
不法行為責任　*209*
不法占有者　*116*
平成24年の暴力団対策法改正　*132*
弁護士会照会　*18*
弁護団会議　*122*
弁明の機会の付与　*113,121*
法人格を有しない管理組合　*111*
暴排条項　*99*
暴力団　*5*
暴力団員性　*11*

暴力団関係企業　*5*
暴力団組長の立入禁止　*168*
暴力団事務所の規制　*198*
暴力団事務所としての使用の停止および
　　設置された鉄板撤去等の仮処分
　　117
暴力団事務所の使用差止請求訴訟
　　101
暴力団事務所の使用差止めの仮処分
　　101
暴力団組織の潜在化　*97*
暴力団対策法　*5,206*
　　――32条の4　*136*
暴力団代表者の責任　*210*
暴力団排除条例　*4,197*
暴力団排除特別強化地域　*199*
暴力団排除等のための部外への情報提供
　　について　*20*
暴力追放運動推進センター　*3*
暴力的要求行為　*2,206*
保険証の番号　*135*
保護対策　*134*
保証金　*53*
保全執行　*82*
　　――の申立て　*80*
保全の必要性　*43*
保全命令　*79,170*
北方ジャーナル事件　*47*

【ま行】

密接交際者　*123*
民事保全法23条2項　*41*
無催告解除　*99*
無剰余取消し　*114*
無審尋での発令　*47*
迷惑電話架電禁止　*291*
面会強要禁止の仮処分　*316*

439

面接強要禁止　*291*
面談強要禁止等の仮処分　*39*
面談強要行為　*45*

【や行】

用法順守義務違反　*99*
予納金　*81*

【ら行】

利益供与　*101*
　──の規制　*198*
六代目山口組　*105*

● 判例索引 ●

【最高裁判所】

最二小判昭和62・7・17判時1243号28頁･･････････････････････････････････ *116*
最二小決平成28・3・18裁時1648号3頁･････････････････････････････････ *118*

【地方裁判所】

札幌地判昭和61・2・18判タ582号94頁･････････････････････････････ *111,115*
福岡地判昭和62・5・19判タ651号221頁････････････････････････････ *111,113*
福岡地判昭和62・7・14判タ646号141頁････････････････････････････ *111,116*
名古屋地判昭和62・7・27判タ647号166頁･･････････････････････････ *111,115*
静岡地決昭和62・10・9判タ654号241頁･･･････････････････････････････ *168*
秋田地決平成3・4・18判タ763号279頁･･･････････････････････････････ *168*
秋田地決平成3・4・18判時1395号133頁･･････････････････････････････ *107*
大阪地堺支決平成3・9・3判時1452号97頁････････････････････････････ *168*
大阪地堺支判平成4・5・7判時1452号87頁･･････････････････････････ *108,168*
京都地判平成4・10・22判タ805号196頁････････････････････････････ *115,116*
神戸地決平成6・11・28判時1545号75頁･･･････････････････････････････ *168*
神戸地決平成9・11・21判タ971号267頁･･･････････････････････････････ *168*
和歌山地決平成10・8・10判タ1026号294頁････････････････････････････ *168*
東京高判平成16・5・20判タ1210号170頁･･････････････････････････････ *114*
青森地判平成19・2・23判タ1249号68頁･･･････････････････････････････ *11*
仙台地判平成20・11・25裁判所ウェブサイト････････････････････････････ *115*
福岡高決平成21・7・15判タ1319号273頁･･････････････････････････････ *168*
福岡地判平成24・2・9裁判所ウェブサイト･････････････････････････････ *115*
東京地判平成24・9・25判例秘書･････････････････････････････････････ *168*
東京地判平成28・1・19判例集未登載･････････････････････････････････ *11*
東京地判平成28・2・24判例集未登載･････････････････････････････････ *11*
大阪地判平成28・6・15判時2324号84頁･･･････････････････････････････ *42*
福岡地決平成28・9・12判例集未登載･････････････････････････････････ *168*
横浜地小田原支決平成29・3・31判例集未登載･･･････････････････････････ *168*
京都地決平成29・4・27判例集未登載･････････････････････････ *104,105,109*

441

●執筆者一覧●

(50音順)

(1) 執筆者

　〔第1部〕

　　　　第1章　　青山隆治
　　　　第2章　　織田恭央
　　　　第3章　　櫻井雄一、齋藤伸一、杉村洋維
　　　　第4章　　江口裕樹
　　　　第5章　　森田智博
　　　　第6章　　江口裕樹、織田恭央
　　　　第7章　　森田智博
　　　　第8章　　荒生祐樹、井合　翼
　　　　第9章　　布施俊輔、近藤直樹
　　　　第10章　　布施俊輔
　　　　第11章　　竹内　浩、齋藤伸一、杉村洋維
　　　　第12章　　山本泰生、江口裕樹
　　　　第13章　　布施俊輔、近藤直樹、吉場一美
　　　　第14章　　萩原正裕
　　　　第15章　　段　貞行、萩原正裕

　〔第2部〕　櫻井雄一、齋藤伸一、杉村洋維

(2) 編集委員

　青山隆治、荒生祐樹、稲垣賢一、大里定則、大塚嘉一、小林史芳、菅沼博文、高野哲好、田澤俊義、冨永大右、段　貞行、生井澤葵、松本輝夫、峯岸優子、矢部喜明、吉澤俊一

〔旧版執筆者〕
青山　隆治／浅見　雅士／阿部　哲男／新井　弘明／荒生　祐樹／磯部　静夫／海老原夕美／大倉　浩／大里　定則／大西真里子／日下部眞史／小林　史芳／近藤　直樹／佐川　達之／櫻井　雄一／笹井　宏一／佐々木　修／清水　貴行／菅沼　博文／杉原　早苗／高澤　史生／竹内　浩／田澤　俊義／段　貞行／冨澤　幸弘／内藤　貴幸／仲里　建良／永野　貴行／野木　尚郎／野田　泰彦／三上　将延／峯岸　優子／武藤　進／矢部　喜明／山本　泰生／山本　正士／吉澤　俊一／渡邉　仁

(50音順)

編集後記

　私が埼玉弁護士会の民事介入暴力対策委員会の委員になったのが、暴力団員による不当な行為の防止等に関する法律（以下、「暴対法」という）の施行された平成4年でした。暴対法の中止命令により暴力団によるあからさまな示談介入等の民暴事件は相当減りました。しかしながら、暴力団はえせ右翼・えせ同和等に姿を変え企業対象暴力や行政対象暴力が後を絶ちませんでした。これらの不当要求行為に対しては、街宣禁止の仮処分や面談禁止の仮処分等の法的手段が大きな威力を発揮しました。

　ところで、当時、暴力団の組織拡大に伴う暴力団同士の抗争事件は後を絶たず、一般人市民が抗争事件に巻きこまれ、命を落とすという悲惨な事件が多発しました。暴力団被害者の救済を使命とする弁護士は、民法715条の使用者責任という理論構成を用い、暴力団組織のトップに対する損害賠償責任を追及していきました。そして、数々の裁判を重ね五代目山口組トップに対する使用者責任を認めた藤武事件（京都事件）最高裁判決等を契機に、暴対法の改正がなされ、暴力団代表者等に対する損害賠償責任追及の制度が法制化されました。即ち、平成16年には、凶器を使用した対立抗争等に伴う指定暴力団員の暴力行為により被害を被ったことを立証した場合には、過失の有無に関わらず、指定暴力団の代表者等に対し損害賠償の請求ができるとする規定が設けられました。そして、さらに平成20年には、指定暴力団員による威力利用資金獲得行為を行うについて被害を被ったことを立証した場合には、指定暴力団の代表者等に対し損害賠償の請求できるとする規定が設けられるに至りました。現在この規定が、お年寄り等社会的弱者に多大な被害をもたらしている暴力団による特殊詐欺事件の被害救済に大きな威力を発揮していることは、皆様ご存知のとおりです。

　暴力団同士の抗争事件の被害を未然に防止するためには、暴力団の拠点となる暴力団事務所の使用を差し止めることが不可欠であり、われわれ弁護士は、近隣住民の人格権を被保全権利とする暴力団事務所使用差し止め等の仮処分を行ってまいりました。しかしながら、一般市民が暴力団を相手に訴訟等を提起することは容易なことではありません。そこで、平成24年には、暴

対法の改正がなされ、日頃からわれわれ弁護士と連携を密にしている各都道府県の暴追センターが一般市民から委託をうけ、暴力団事務所の使用差止請求訴訟等の原告となる適格団体訴訟制度が法制化されました。その結果、一般市民の方は、暴力団相手の事務所使用差止請求訴訟等の矢面に立たされることはなくなりました。他の暴力団被害回復訴訟等についても同様な制度の法制化が待たれるところです。

さて、これまでの民暴対策は、「企業対暴力団」、「行政対暴力団」という対立軸を念頭に考えられてきましたが、一般市民が暴力団の存在を許容する社会環境がある限り、暴力団被害の根絶はできません。そこで、「企業対暴力団」、「行政対暴力団」という対立軸からさらに発展させ「市民対暴力団」という対立軸のもと、平成23年10月までにすべての都道府県で、暴力団との関係遮断を内容とする暴力団排除条例が施行されました。そして、多くの契約書類等には暴力団排除条項が挿入され、暴力団は経済活動から排除されるようになりました。

このようにして、われわれ弁護士は、長い歴史の中、被害者遺族とともに涙を流し、各地の民暴委員と力を合わせ汗を流しながら、暴力団被害救済のため各種暴力団対策を行ってまいりました。しかしながら、今なお暴力団による特殊詐欺等が横行し暴力団被害の根絶には至っておりません。本書は、実際の経験をもとに暴力団対策の流れを俯瞰する形で、暴力団被害救済の効果的手法をほぼ網羅的に編纂したものです。暴力団被害救済に熱意のある実務家の皆様のお役に立つものと確信する次第です。

令和元年7月吉日

埼玉弁護士会

会長　吉澤　俊一

仮処分等を活用した
反社会的勢力対応の実務と書式〔第2版〕

2019年8月17日　第1刷発行

定価　本体4,700円＋税

編　　者　埼玉弁護士会民事介入暴力対策委員会
発　　行　株式会社　民事法研究会
印　　刷　株式会社　太平印刷社

発　行　所　株式会社　民事法研究会
〒150-0013　東京都渋谷区恵比寿3-7-16
〔営業〕　TEL 03(5798)7257　FAX 03(5798)7258
〔編集〕　TEL 03(5798)7277　FAX 03(5798)7278
http://www.minjiho.com/　　info@minjiho.com

落丁・乱丁はおとりかえします。　ISBN978-4-86556-289-7　C2032　￥4700E
カバーデザイン：袴田峯男

最新実務に役立つ実践的手引書

新技術の導入にあたって、個人情報・知財等、有効な論点や実務を鳥瞰できる！

第4次産業革命と法律実務
──クラウド・IoT・ビッグデータ・AIに関する論点と保護対策──

阿部・井窪・片山法律事務所 服部 誠・中村佳正・柴山吉報・大西ひとみ 著（A5判・270頁・定価 本体3300円＋税）

不正の発見、内部調査・事実認定、社内方針の決定、マスコミ対応まで、不祥事対応の決定版！

ゼミナール 企業不正と日本版司法取引への実務対応
──国際カルテルへの対応まで──

弁護士 山口幹生・弁護士 入江源太 著　　　　　　（A5判・329頁・定価 本体3800円＋税）

抽象的な医師法の条文に、沿革・趣旨を踏まえ、医師法施行令・同規則・判例・行政解釈を織り込んで詳解！

医 師 法──逐条解説と判例・通達──

平沼直人 著　　　　　　　　　　　　　　　　　　（A5判・249頁・定価 本体3500円＋税）

改正入国管理法をはじめ「働き方改革」による各種関連法の改正にも完全対応し、大幅改訂！

外国人雇用の実務必携Q&A〔第2版〕
──基礎知識から相談対応まで──

本間邦弘・坂田早苗・大原慶子・渡 匡・西川豪康・福島継志 著（A5判・331頁・定価 本体3600円＋税）

Vチューバーとの業務委託契約、SNS上の権利侵害やエンタメ業界の労働問題など8設問を新設！

エンターテインメント法務Q&A〔第2版〕
──権利・契約・トラブル対応・関係法律・海外取引──

エンターテインメント・ロイヤーズ・ネットワーク 編　（A5判・398頁・定価 本体4200円＋税）

民法（債権法）・民事執行法・商法等の改正を収録するとともに、船舶執行関連の法改正にも対応させ改訂！

書式 不動産執行の実務〔全訂11版〕
──申立てから配当までの書式と理論──

園部 厚 著　　　　　　　　　　　　　　　　　　（A5判・689頁・定価 本体6100円＋税）

発行 民事法研究会
〒150-0013 東京都渋谷区恵比寿3-7-16
（営業）TEL03-5798-7257　FAX 03-5798-7258
http://www.minjiho.com/　　info@minjiho.com

最新実務に役立つ実践的手引書

契約類型別に裁判例を分類・分析し、「事案の特徴」「判決文」「判決の特徴と意義」の順で懇切・丁寧に解説！

判例 消費者契約法の解説
――契約類型別の論点・争点の検証と実務指針――

升田 純 著　　　　　　　　　　（Ａ５判・373頁・定価 本体4000円＋税）

宗教法人法・墓埋法・労働関係法・情報法・税法、その他日常業務に関連する書式例132件を収録！

宗教法人実務書式集

宗教法人実務研究会 編　　　　　（Ａ５判・345頁・定価 本体4000円＋税）

遺産承継業務、法定相続情報証明制度、改正相続法を含めた実務全般に関する必須知識をＱ＆Ａ形式で解説！

相続実務必携

静岡県司法書士会あかし運営委員会 編　（Ａ５判・326頁・定価 本体3500円＋税）

適格消費者団体における実務経験を有する研究者が、実務上問題となりうる論点を中心に詳説！

詳解 消費者裁判手続特例法

町村泰貴 著　　　　　　　　　（Ａ５判上製・278頁・定価 本体3200円＋税）

改正地方自治法により成立した首長等の損害賠償責任の一部免除制度を収録して改訂した待望の最新版！

住民訴訟の上手な活用法〔第2版〕
――監査請求から訴訟までの理論と実務Ｑ＆Ａ――

井上 元 著　　　　　　　　　　（Ａ５判・513頁・定価 本体5200円＋税）

「保育施設」「介護施設」「スポーツ団体」「事業再編の当事会社」などの類型を追録し改訂増補！

判例にみる損害賠償額算定の実務〔第3版〕

升田 純 著　　　　　　　　　　（Ａ５判・598頁・定価 本体5400円＋税）

発行　民事法研究会
〒150-0013 東京都渋谷区恵比寿3-7-16
（営業）TEL 03-5798-7257　FAX 03-5798-7258
http://www.minjiho.com/　　info@minjiho.com

■最新の情報を収録した待望の実践的手引書！

〈リスク管理実務マニュアルシリーズ〉
悪質クレーマー・反社会的勢力対応実務マニュアル
——リスク管理の具体策と関連書式——

藤川　元　編集代表
市民と企業のリスク問題研究会　編

Ａ５判・351頁・定価　本体3,800円＋税

本書の特色と狙い

▶悪質化したクレーマーによる暴言や理不尽な強要、ネット上でのいわれなき誹謗・中傷による業務妨害、反復される電話によるクレームなど、多様化し広がりをみせるクレーマー被害に対し、迅速かつ適切に対処するためのノウハウと関連書式を開示！

▶近時、潜在化が進み実態が判別しにくくなったといわれる反社会的勢力について、最新の情報に基づいてその判別方法から様々なクレーム・不当要求やトラブル事例に対し、具体的な対応策や解決策を関連書式と一体として解説した実践的手引書！

▶著者は、日頃これらの問題について相談から交渉・対策までを第一線で担う弁護士だけに、内容は誰でも理解できて極めて実践的！

▶特に、飲食店やサービス産業に携わる現場責任者をはじめ、企業や行政の法務・コンプライアンス担当者、弁護士などの法律実家の必携書！

本書の主要内容

第1部　総論編〔基礎知識〕
第2部　具体的トラブル事例とその対応
　第1章　悪質クレーマーとのトラブルとその対応
　　1　商品クレームへの対応〔4事例〕
　　2　多様なクレームへの対応〔9事例〕
　　3　インターネットによる業務妨害への対応〔4事例〕
　　4　第三者を介在させるクレームへの対応〔3事例〕
　　5　クレームの相手方の意図が見えない場合の対応〔1事例〕
　第2章　反社会的勢力とのトラブルとその対応
　　1　反社の判別方法と対応の基本〔4事例〕
　　2　反社の関係者が利害関係者である場合の対応〔4事例〕
　　3　反社の関係者からさまざまな要求があった場合の対応〔5事例〕
　　4　日常生活における反社との付き合い方〔2事例〕
　　5　反社によるさまざまなクレーム・要求とその対応〔4事例〕
第3部　関連資料編

発行　民事法研究会

〒150-0013　東京都渋谷区恵比寿3-7-16
（営業）TEL. 03-5798-7257　FAX. 03-5798-7258
http://www.minjiho.com/　info@minjiho.com

■サクラサイト・悪質サイト被害救済のためのノウハウ！

サクラサイト被害救済の実務

サクラサイト被害全国連絡協議会　編

A 5 判・211頁・定価　本体 2,500円＋税

▷▷▷▷▷▷▷▷▷▷▷▷▷　**本書の特色と狙い**　◁◁◁◁◁◁◁◁◁◁◁◁◁

▶サクラサイト等の悪質サイト被害の現状や特徴、各決済手段類型のしくみなどの基礎知識から、交渉・訴訟等の具体的な対処方法、探偵等二次被害などの今後の課題までを、被害救済に取り組み、研究・実践を続けてきた弁護士が詳しく解説！

▶資料編では、サイト運営業者や決済代行業者等の関係業者に対する通知文例や準備書面例、口座凍結要請書例など、実務に即役立つ記載例を収録！

▶サクラサイト・悪質サイト被害救済に取り組むすべての法律実務家、消費生活相談員の方々に必携となる1冊！

◆◆◆◆◆◆◆◆◆◆◆◆　**本書の主要内容**　◆◆◆◆◆◆◆◆◆◆◆◆

第1章　総　論
　Ⅰ　サクラサイト被害とは
　Ⅱ　サクラサイト被害の歴史

第2章　サクラサイト等悪質サイトの手口・類型
　Ⅰ　サクラサイトの特徴
　Ⅱ　近年多発しているサクラサイト等の手口

第3章　各決済手段類型の仕組み
　Ⅰ　銀行振込による決済
　Ⅱ　クレジットカード決済
　Ⅲ　電子マネー決済
　Ⅳ　コンビニ収納代行決済
　Ⅴ　その他の決済手段
　Ⅵ　決済代行（サクラサイトに利用させている決済代行）

第4章　具体的な対処方法・問題点
　Ⅰ　相談から受任まで
　Ⅱ　交　渉

　Ⅲ　民事訴訟
　Ⅳ　刑事関係の手続とその手続を利用した証拠収集方法
　Ⅴ　関連裁判例
　Ⅵ　回収方法

第5章　占いサイトに関する具体的解決方法
　Ⅰ　はじめに
　Ⅱ　占いサイト被害の特徴
　Ⅲ　法的構成
　Ⅳ　主張立証の方法

第6章　今後の課題～被害予防のために、運営会社が海外の出会い系サイトは利用しない！～
　Ⅰ　海外サイト
　Ⅱ　探偵等二次被害──被害救済を求めるなら、弁護士と面談してから依頼しよう
　Ⅲ　法改正の必要性

【資料編】

発行　民事法研究会

〒150-0013　東京都渋谷区恵比寿3-7-16
（営業）TEL. 03-5798-7257　FAX. 03-5798-7258
http://www.minjiho.com/　info@minjiho.com